COLLECTION ITINÉRAIRES

Écrits et parlés I de Gérald Godin
est le dix-neuvième titre de cette collection
dirigée par Jean Royer.

GÉRALD GODIN

Écrits et parlés I
1. Culture

Édition préparée par André Gervais

l'HEXAGONE

Éditions de l'HEXAGONE
Une division du groupe
Ville-Marie Littérature
1000, rue Amherst, bureau 102
Montréal, Québec
H2L 3K5
Téléphone: (514) 523-1182
Télécopieur: (514) 282-7530

Maquette de la couverture: Nancy Desrosiers

Photo de la couverture: Gérald Godin, au milieu des années soixante.

Mise en pages: Édiscript enr.

Distribution:
LES MESSAGERIES ADP
955, rue Amherst
Montréal, Québec
H2L 3K4
Téléphone: (514) 523-1182
interurbain sans frais: 1 800 361-4806

Dépôt légal: 2e trimestre 1993
Bibliothèque nationale du Québec
Bibliothèque nationale du Canada

À P. J.,
la femme de ma vie et d'après.

Avant-propos

Ceci, en deux volumes, est un recueil d'articles (reportages, critiques, billets, éditoriaux), conférences, discours et préfaces signés Gérald Godin, ainsi que d'entretiens et entrevues accordés par lui. Plusieurs sont méconnus, le poète ou le politicien «cachant» le journaliste. Certains sont inédits.

Le plus ancien date de février 1960, le plus récent de novembre 1992[1]. C'est dire l'ouverture du compas et — un simple coup d'œil à la table des matières permet de le constater — l'ouverture de l'éventail culturel, avec de nombreuses sorties hors de l'enclos légitimé.

On ne trouvera ici, essentiellement, que ce qui, dans les écrits et parlés de Gérald Godin, *parle des autres*[2].

Le tout a été choisi, voire découpé — il n'en reste, quelquefois, qu'un ou quelques extraits —, dans un vaste corpus non littéraire (plus de 1400 entrées de 1958 à aujourd'hui)[3] et dûment organisé en trois volets: «Langue, littérature» (I) et «D'un Québec anthropologique» (II), réunis dans le présent volume, et «Politique» (III), dans un second.

Dans chacun des volets, quelques sections («Joual: avant, après», «Littérature québécoise», par exemple) et sous-sections («Poésie», «Roman, récit, conte», par exemple) où, chaque fois, intervient l'ordre chronologique.

Tout a été relu et, quand cela était nécessaire (orthographiquement, syntaxiquement, date, chiffre, etc.), corrigé.

Toutes les transcriptions des entretiens (CBF-FM, essentiellement) ont été faites par moi. Les autres transcriptions, en conséquence, ont été quelquefois revues.

La référence bibliographique est donnée directement à la fin de chaque écrit ou parlé; l'annotation est réduite au minimum nécessaire.

Une «Chronologie», biobibliographie assez élaborée, complète l'ouvrage.

Voici donc, en deux volumes, le tome I des *Écrits et parlés* de Gérald Godin. Plus écrits que parlés, plus les années soixante et soixante-dix que les années quatre-vingt voire quatre-vingt-dix.

ANDRÉ GERVAIS
février 1992

---

1. Publiés pour une bonne part à Montréal (sauf indication contraire) dans
   — des quotidiens ou des hebdomadaires: *Le Nouvelliste* (Trois-Rivières), *Le Nouveau Journal*, *Échos-Vedettes*, *Le Devoir*, *Québec-Presse* (*supplément*), *La Presse* (*Perspectives*), *Le Journal de Montréal* et *Le Matin*;
   — des magazines ou des revues: *Le magazine Maclean* (qui deviendra *Le Maclean* puis *L'Actualité*), *Cité libre*, *Parti pris*, *La Scouine* (Québec), *Les Lettres françaises* (Paris), *Liberté*, *L'Envers du décor*, *Québec français* (Québec), *L'Appel* (Paris), *Le Temps fou* et *Copie zéro* .
2. On trouvera dans un autre recueil, préparé parallèlement à celui-ci et formant diptyque (devenant ainsi le tome II), les écrits et parlés plus nettement autobiographiques.
3. Dont ont été volontairement écartés les «ensembles» suivants: les entrevues réalisées par Gérald Godin intervieweur, les dossiers d'actualité et les articles écrits directement en anglais. Voir, à la fin du second volume, les bibliographies de ces trois «ensembles».

I
LANGUE, LITTÉRATURE

1
Joual: avant, après

Les insolences du Frère Untel.
Un livre inutile?

La lecture d'un livre comme celui-ci nous mène à des conclusions bien amères.

Quel est ce livre? Une œuvre née de circonstances. Un jour on en a assez, on écrit une lettre au *Devoir*, au prix de Dieu sait quel effort. Car il n'est pas facile, à celui qui n'écrit guère, de s'y mettre et d'accoucher d'une page qui se lise bien. La lettre provoque des réactions, en amène d'autres, enfin, une polémique s'amorce et tout ce qui médite et pense au Canada français suit le débat, s'y intéresse. Je me demande qui, du Frère Untel, d'André Laurendeau ou de Jacques Hébert, a eu l'idée d'en tirer un livre. Très probablement Jacques Hébert.

Première conclusion: la nécessité des livres n'apparaît ici à personne, ou presque. Rares sont ceux qui n'ont pas à dire quelque chose d'important, qui nous secouerait, comme ces *Insolences*, et personne ne s'y décide. Il faut que l'on y soit poussé, comme le Frère Untel par les circonstances, par une force qui nous pousse malgré nous. Et l'on en vient à se dire que ce livre irremplaçable eût bien pu ne jamais exister... Voilà qui montre que le souci de communiquer une pensée, une philosophie, le souci d'influencer n'appartient en somme qu'à quelques politicailleurs qui influencent fort mal et à quelques intellectuels trop peu nombreux et, par le fait même, dont les gens se méfient. On ne croit pas à la pensée, à ses vertus. Ou sinon, ce n'est qu'en groupe restreint, en vase clos, à l'intention précisément de ceux qui en ont le moins besoin.

Le Frère Untel, dans ses *Insolences*, analyse une situation: la nôtre au Canada français. Le parler joual procède de la pensée jouale, que peut-on faire pour y remédier? Une action gouvernementale! Au même titre que l'on protège les truites, protégeons la langue française. Une action éducative, mais à la source même du mal: chez nos éducateurs. On refond des programmes, on adopte de nouvelles mesures et patati et patata, mais de là ne vient pas tout le mal, mais bien de la méthode, de la personnalité et de la culture de nos éducateurs qui, la plupart du temps, n'en ont pas. Combien d'entre eux, après un échec en première année de médecine ou de droit, entrent en pédagogie, au lieu de se mettre à vendre des balayeuses électriques ou des assurances!

Et voilà le propos du Frère Untel. Dans ses derniers chapitres, le Frère Untel d'abord parle de la grande peur des Canadiens français, que son livre dément. Il termine par une lettre à un jeune frère, qui est une lettre à tout catholique et tout simplement un appel à l'héroïsme quotidien, malgré la nuit noire dans laquelle se débattent longtemps les vrais catholiques avant d'en arriver à la grande lumière. Enfin, lisez-le et laissez-moi passer à autre chose.

Ce parler et cette pensée jouals sont typiquement canadiens-français et nous ne méritons que d'être voués aux gémonies pour ce. Je me dis que le parler et la pensée jouals sont tout simplement la forme canadienne-française du conformisme et du confort intellectuel. Partout ailleurs dans le monde, des frères Untel souffrent du conformisme sénile de leurs compatriotes. Dans chaque pays, il y a du joual. Dissipons donc ce malentendu sans pour autant accorder l'absolution à qui que ce soit. *Les insolences du Frère Untel* sont donc l'œuvre la plus antibourgeoise qui ait jamais paru au Canada français. Le *Journal d'un inquisiteur*[1], dans la même veine, est enfantin, dans l'absolu. À côté des *Insolence*s, il se volatilise dans l'atmosphère, il rejoint le néant.

Pourquoi? Parce que *Les insolences* sont simples, claires, sincères, vécues et non pas livresques, ou fraîches sorties des brumes de l'adolescence acnéeuse.

C'est donc dire que *Les insolences* sont un livre nécessaire, qui aura des répercussions où il faut. Sans compter que, par le sujet qui y est traité, ce livre qui force la popularité sera lu par tout le monde et c'est beaucoup de savoir que plus de vingt mille Canadiens français ont lu ce livre, à l'heure où j'écris. Plus de vingt mille Canadiens français ont eu ce choc dans leur petite boîte à penser. Cette étincelle. Et, pour la plupart, ce sera la première fois depuis le cinq-centième but de Maurice Richard. Un livre qui est lu par plusieurs, ici, c'est beaucoup. Peu importe sa valeur. Quand il s'agit des *Insolences*, c'est encore mieux, évidemment.

Mais il est à craindre, et c'est bien là le pire mal, il est à craindre que cette popularité même assassine lentement les idées revigorantes qui y pleuvent. Ces idées deviendront bientôt du patrimoine commun et seront inoffensives dès lors. Elles deviendront à la mode. On en parlera dans les salons, on les avilira, on les stérilisera et ces idées fortes, qui étaient un cri de désespoir et de colère contenu et maîtrisé, ne seront plus que ces murmures qu'entendait le vieillissant J. Alfred Prufrock de T. S. Eliot, d'une chambre avoisinant le salon. L'oreille, la détresse et la mort de Van Gogh, la colère de Rimbaud et d'Isidore Ducasse: tous des objets de musée, sujets de conversation pour qui remplace l'action par la parole vaine. Tout le monde parlera des idées du Frère Untel, personne ne les entendra plus. *Les insolences*, la pluie et le beau temps, ce sera tout comme.

«Ne me chicanez pas sur l'écriture et la langue, je ne suis pas Pascal», nous prévient-on au début de ce livre. On a oublié de nous dire: «Ne vous attachez pas à la forme» et c'est bien plus dangereux encore. La pire chose sera que l'on dise des *Insolences*: «C'est bon en maudit», ou c'est bien fait, ou c'est drôle. Car ce l'est, c'est plaisant à lire, ces *Insolences*, c'est humain, c'est souriant, c'est tendre, par bout. Mais il faudrait que chacun en soit bouleversé, ce qui n'est pas le cas. Car on ne bouleverse que les sensibles qui ne sont pas nombreux et, qui plus est, ne sont pas très efficaces.

Ça créera un courant, peut-être, mais j'en doute.

J'en doute, parce que tout le monde reconnaîtra tout le monde là-dedans, sauf soi-même. On lira *Les insolences*, mais on continuera de se gaver de lutte à la TV. On ne lira pas davantage Montaigne, on continuera de penser et de parler joual, parce que l'on est venu au monde comme ça et qu'on ne change pas un homme. Il n'y a pas plus de gens intelligents aujourd'hui que du temps de Platon.

Ici, le système d'éducation est loin d'être parfait et ses produits sont loin d'être parfaits. C'est clair, net, précis. On sait exactement où des réformes s'imposent et l'on se dit que dans vingt ou trente ans, le système d'éducation pourra être parfait. Mais qu'on ne se leurre pas quant à l'autre moitié de la comparaison: à système d'éducation parfait, les produits ne seront meilleurs. Les élèves ne liront pas davantage, ne s'intéresseront pas davantage aux valeurs élevées. On a vu les systèmes les plus parfaits appliqués un peu partout et qui n'ont pas changé le fond de tel ou tel homme. Un enfant intelligent deviendra un adulte intelligent, son professeur fût-il le dernier des idiots. Un enfant joual deviendra un adulte joual, son professeur fût-il Bergson ou Alain.

Mais il y a plus encore. Et c'est bien là ce dont souffrira davantage le Frère Untel. Tous les complexés, les frustrés, les hirsutes, les opprimés emprunteront la voix du Frère Untel pour exutoire. Ils feront dire au Frère ce qu'il n'a pas écrit ni même pensé.

Ce livre éveilleur et tonique, pur et sincère, deviendra peut-être, entre les mains de refoulés ou de rebelles de fond de cour, un livre révolutionnaire. Alors que le Frère g... pour que les autres soient heureux, ils g... parce qu'ils sont malheureux, puisant dans ce livre des choses qu'ils interpréteront faussement, et ce sera la pire épreuve du Frère Untel. Ce livre dit la vérité et c'est dangereux. C'est tellement fragile, la vérité. Comme l'allumette de Jules Romains. «Un homme civilisé est celui qui avec une allumette pourra f... le feu à tout l'univers, mais préférera allumer sa cigarette», ou quelque chose d'approchant. Un livre d'insolences, ça pourra f... le feu à bien des choses au Québec. Donc, à ne pas laisser entre toutes les mains.

Les insolences du Frère Untel sont-elles une œuvre littéraire? Puisque cette page est consacrée à la littérature. Oui, tout d'abord parce que toute œuvre écrite est littéraire, comme aurait dit La Palice. Mais aussi parce qu'il n'est donné qu'aux écrivains d'émouvoir avec des moyens simples et de forcer le lecteur à demeurer avec eux sans démordre, jusqu'à la dernière ligne.

Par instants, le ton est lyrique, et ce petit frémissement vous gagne et vous réchauffe le cœur, ce qui est causé par ce jusant de la pensée avec le style, cette corde de banjo tendue entre le cœur et les mots.

Le Nouvelliste, 24 septembre 1960

---

1. Gilles Leclerc, *Journal d'un inquisiteur*, Éd. de l'Aube, 1960 (repris par les Éd. du Jour, 1974).

Langage d'ici, langage d'ailleurs

En matière de langage plus qu'en toute autre peut-être, les avis sont partagés. M. Gabriel Robert vient de faire éditer par le Bien public son manuel de bon parler qu'il intitule *Parlons français. Nous disons... nous devrions dire*.

Son livre rendra service, c'est évident, et il faut le lire, ne serait-ce que pour se rappeler le «mal-fondé» de certaines de nos expressions, la laideur de nos anglicismes, le ridicule de certaines de nos incorrections de langage.

Mais il ne faudrait pas le prendre tel qu'il a été fait, c'est-à-dire *ex cathedra*. Sinon, le risque est grand que, dans certains cas, plus personne ne nous entende autour de nous. Auquel cas l'on peut craindre que la raison d'être même du langage, qui est de communiquer (faut-il ajouter «avec les autres»), ne meure sous les bonnes intentions d'un puriste.

Que M. Robert ne se formalise donc pas de ce que l'on ne veuille pas remplacer nos expressions «fèves au lard» et «vadrouille» par «haricots au porc» et «serpillière», pour en nommer deux[1].

La chicane serait aisée, d'autant plus qu'en tout ce qui vient de France, littérature et langage surtout, les Français ont toujours raison et sont irréductibles de par les arguments historiques et d'autorité.

Que les corrections qu'il nous suggère soient la plupart du temps fondées et conformes à celles que le génie de la langue française au Canada nous impose, c'est un fait. Par exemple, M. Robert a raison de vouloir que l'on remplace *filière* par «classeur», *flat* par «crevaison», *frigidaire* par «réfrigérateur», *fan* par «ventilateur», *magané* par «abîmé», *malle* par «courrier», *meeting* par «réunion», etc. Il a raison de vouloir épurer notre langue de ce qui n'est pas logique, de ce qui n'est pas français, de ce qui n'est pas beau.

Environ 75 p. 100 de son manuel sert ces fins.

Quant à l'autre 25 p. 100, il faut le lire tout simplement comme l'opinion que se fait un Français cultivé de notre langue. Un Français qui comme tel n'est pas encore familier avec la «canadienneté», semble-t-il. Peu nous chaut en effet que les échevins aient été en France, avant la Révolution de 1780, les magistrats municipaux. Au Canada français, les conseillers municipaux sont nommés «échevins» de par un vieil usage que la logique ne contredit pas. Le *Petit Larousse* lui-même (édition 1959, p. 346) ne laisse-t-il pas le loisir aux Belges et aux habitants des Pays-Bas d'utiliser le mot échevin en parlant des magistrats adjoints au bourgmestre? En d'autres termes, nous avons une histoire, une société, un climat, des habitudes, un folklore dont est né notre langage, quelquefois dans une direction différente de celui de la France, cela va de soi. Le Canada français n'étant plus la France, comment espérer que le français du Canada soit le même que le français de France? Ce serait oublier que le langage naît de la vie et rend compte de la vie d'un peuple.

De plus, M. Robert n'établit pas de différence entre le français écrit et le français parlé. Et si le bien-fondé de son manuel est, à très peu d'exceptions près, total s'il a trait au français écrit, tant il est vrai que les écrivains entendent être lus et compris de tous ceux qui parlent français, de la France continentale au Congo belge, il ne l'est qu'aux trois quarts en ce qui a trait au français parlé. Certains croient qu'il ne doit pas y avoir de différence entre le langage parlé et le langage écrit, d'autres croient qu'il y en a et qu'elle doit demeurer. Je suis de ceux-ci, parce que c'est du libre langage parlé que naissent les expressions neuves parmi lesquelles les académiciens choisissent celles qui leur semblent conformes à la logique et les consacrent. Le libre langage parlé assure l'évolution, la vitalité d'une langue.

Enfin, je m'arrête là, on n'en finirait plus. Il ne reste à espérer qu'une chose: que tous les lecteurs de ce livre sachent ce qu'ils doivent en accepter et ce qu'ils doivent en refuser, qu'ils s'arment de sens critique avant d'en entreprendre la lecture et qu'ils sachent distinguer entre une incorrection et un mot très français que M. Robert ne condescend pas à nous laisser employer, parce qu'en France... Non, je ne vais pas recommencer.

Mais qui le leur dira? Faudrait-il publier un contre-glossaire et justifier, au moyen du Littré, du Quillet-Flammarion, du Larousse universel, chaque emploi de terme que M. Robert nous refuse? On n'en finirait plus...

De toute manière, les intentions de ces messieurs sont droites, que demander de plus?

Le Nouvelliste, 23 juin 1961

---

1. Selon toute vraisemblance, c'est depuis l'été 1962 (et bien qu'il n'en parle publiquement pour la première fois que dans l'entretien avec Jean O'Neil: voir *La Presse*, 4 avril 1964) que Gérald Godin utilise ce «manuel de bon parler» comme un répertoire de mots et de locutions qu'on peut, qu'on doit écrire dans un «cantouque». Ce manuel, à n'en pas douter, est le guide dont il parle dans «L'époque des "cantouques": entretien d'André Gervais avec Gérald Godin» (*Cantouques & Cie*, l'Hexagone, 1991, p. 159-160) et qui n'avait pu, alors, être identifié.

Mythologie de la vie quotidienne

On se demande souvent ce qu'est la culture et quelles en sont les marques, quel en est l'usage ou l'utilité.

Je crois pour ma part que la culture est l'assaisonnement de la pensée et de la conversation, en plus d'être, passé un certain niveau, le prisme de la sensibilité.

Mais avant de m'expliquer là-dessus, je voudrais montrer la présence de la culture sous toutes ses formes dans la vie quotidienne d'un Canadien français moyen.

Prenons par exemple le langage. Le langage figuré, plus précisément. Car le langage propre n'a pas la profondeur culturelle, l'humus du langage figuré. Le langage propre, par exemple, dira «dans un problème complexe j'ai pu en arriver à une solution grâce à des jalons qui, à mesure qu'ils étaient découverts, me conduisaient à la vérité». Le langage figuré, lui, parlera ici de «fil d'Ariane». La phrase sera ainsi plus courte, elliptique et gagnera une dimension: celle de l'image, qui n'est perceptible qu'à ceux qui savent, qu'à ceux qui participent de la même culture.

Si l'on suivait pas à pas pendant une semaine un Canadien français moyen et si l'on notait tout ce qu'il dit, on pourrait ainsi mesurer les diverses sources de la civilisation canadienne-française. Grécolatine d'abord, judéo-chrétienne ensuite, européenne et, enfin, américaine. Si dans une même phrase, par exemple, quelqu'un parlait du fil d'Ariane, de l'épée de Damoclès et d'une aiguille dans une botte de foin, il aurait montré les sources grecque, latine et française de son langage, ainsi que mythologiques, historiques et folkloriques.

C'est ici que l'on peut parler de la culture comme d'un assaisonnement du langage et de la pensée.

Que seraient notre langage et notre pensée sans ces images qui les animent, les rendent vivants et, souvent, contribuent à rendre plus clairs la conversation ou un exposé?

Sans le langage figuré, qui est en quelque sorte le tombereau de notre culture, et qui est plus ou moins vide ou plus ou moins plein suivant que l'on a de la culture ou non, ou que l'on a la mémoire ou non de tout ce que l'on a appris, la vie ne serait plus la même, ni la conversation qui y perdrait en profondeur, en puissance d'évocation, en saveur, en vie enfin.

Parmi les quelque mille termes mythologiques existant, citons ceux qui sont le plus souvent utilisés: vestale, typhon, titan, thémis, tantale, stentor, satyre, atlas, hécatombe, cerbère, parasite, olympe, nectar, mégère, dédale, hymen, hercule et cupidon. Certains d'entre eux sont utilisés au figuré, ainsi de hercule et d'olympe, mais la plupart des autres sont devenus des termes propres, des termes courants. Qui croirait qu'Écho est une déesse qui, pour avoir trop parlé, fut condamnée à ne répéter que le dernier mot qu'elle entendait, que Mégère est une des trois déesses malfaisantes, dites Érynnies, dans la mythologie grecque, etc.

Il faudrait un jour faire l'inventaire des termes culturels dans le langage quotidien et retracer ainsi l'habitat changeant d'une manière de penser et de s'exprimer qui est la nôtre et qui définit notre perception du monde et la limite. Le langage est comme une nasse que traînent les hommes partout où ils passent et qu'ils transmettent à leurs descendants. Le langage va ainsi s'enrichissant sans cesse d'apports les plus divers et reste la manifestation la plus complète et la plus exhaustive d'une civilisation donnée et de ses sources.

Le langage, ou plutôt la culture, dont le langage est le reflet vivant, définit notre perception du monde et la limite. Nous ne pouvons assimiler que les choses exprimées en un langage qui nous est familier, et nous ne pouvons exprimer ce que nous ressentons que dans le langage qui est le nôtre.

C'est ainsi que plus une culture sera étendue, et plus elle s'étendra dans des directions différentes de celles de son habitat, plus vaste sera la perception et plus profonde l'expression de l'univers.

C'est ici qu'on peut parler de la culture comme du prisme de la sensibilité.

On ne peut percevoir, c'est-à-dire classer dans son esprit, que les choses que l'on peut nommer. Plus on peut nommer de choses, plus on peut percevoir d'objets. Et plus on est sensible et sensibilisé à un plus grand nombre de choses existantes.

J'ai découvert à vingt-deux ans le sens du mot «réactionnaire» que je croyais jusqu'alors être «qui réagit», alors qu'il s'agit plutôt de celui «qui réagit contre le progrès». Dans le sens propre, réactionnaire signifie tout simplement «celui qui réagit», mais, en vertu de faits historiques, le mot «réactionnaire» a pris un sens plus évocateur, plus profond, plus chargé, car il s'accompagne aujourd'hui de toute une série de faits et d'attitudes retardataires auxquels on a collé le mot «réactionnaire». Quand j'entends aujourd'hui ce mot, c'est un pan d'histoire qui bascule et s'anime devant moi. Le mot est devenu presque «figuré». C'est-à-dire doté d'images, évocateur.

Et voilà. Je voudrais aussi vous parler du mot «aliénation», mais il me faudrait vingt pages et mon directeur me fait signe qu'il est temps de finir.

Le Nouvelliste, 5 janvier 1963

Les chantiers du langage

Il paraît que les Trifluviens ont un parler caractéristique. Des étudiants de Trois-Rivières à Québec, Montréal ou Ottawa disent que, sans même les connaître, leurs confrères leur demandent: «Êtes-vous de Trois-Rivières?», tant certaines de leurs expressions sont particulières et, en même temps, communes et exclusives aux gens de Trois-Rivières.

Or un rapide coup d'œil, ou plutôt d'oreille, dans certains milieux de Trois-Rivières tendrait à confirmer cette particularité.

Il est évident que chaque région a ses manies linguistiques et que Trois-Rivières ne fait pas exception à la règle, mais je voudrais voir les différences qui existent entre les manies locales et les autres.

Les coups de sonde en question ont été fructueux. On a jeté le filet et on l'a ramené plein. Nous allons les énumérer ici, en donnant le sens, le milieu d'origine et, enfin, les sources.

Commençons par les plus anciennes: «aux os Manda», «au grand coton», «à mort» qui signifient toutes «jusqu'au bout» et qui ont été remplacées par «à planche», dont on a fait sauter le «la». L'expression «il est rentré à planche» a vu le jour aux courses sous harnais et provient probablement de l'usage des voitures automobiles qui roulent vite quand la pédale à gaz est au plancher, ou «à la planche». Soumettons l'expression à l'autopsie. Première étape: la pédale est au plancher, la voiture roule à fond de train. Deuxième étape: plancher devient planche. Troisième étape, pratique de l'ellipse: «il rentrait à la planche», la pédale est disparue dans un nuage de poussière pour se retrouver dans le domaine du cheval où tout le monde sait qu'il n'y a ni pédale ni plancher. Premier bond de l'expression du sens propre à ce que nous appellerons le demi-figuré, le figuré étant le dernier degré que l'on retrouve, par exemple, dans l'expression «donnez-y ça à la planche», entendue de la bouche d'un amateur de lutte.

Qualifions l'expression de deux mots: sans racine anglaise ou barbare, et typiquement moderne. De plus, cette expression qui, au sens propre, n'aurait pu voir le jour en d'autre temps qu'au XXe siècle, est aujourd'hui appliquée, en son sens figuré, à des événements vieux comme le monde et universels: la bagarre. C'est ainsi le fonds même du langage qui se trouve enrichi.

Quand entendrons-nous, après «je t'aime à mort», «je t'aime à planche» qui propulserait cette nouvelle expression au firmament du lyrisme et au paradis du sentiment et de la poésie?

Ainsi pourrait-on retracer le développement d'expressions comme «gosseux», qui s'amuse à tailler du bois, dont les sources sont obscures; «chnailler», ou se sauver, probablement tiré du langage marin et venant de «chenal»; «viens pas me faire sûrir», dont les sources cuisinières sont évidentes et qui signifie, pour ceux qui ne sauraient pas, «viens pas m'ennuyer» et, avec un sourire en coin, «viens pas m'en conter».

Les expressions précitées ne sont toutefois pas récentes. Parmi les plus neuves, citons-en une qui est typiquement de Trois-Rivières et dont les sources sont mystérieuses: «barber» et son qualificatif dérivé, «barbeux». Un barbeux est simplement un «baveux»: un agressif arrogant. Mais d'où cette expression peut-elle venir? Je propose cette explication: quand un individu arrogant et agressif se montre tel qu'il est, que fait-il? Il brandit ses mains, aussi appelées «gagattes», à la hauteur du visage de son interlocuteur, plus précisément à la hauteur de la barbe de son interlocuteur.

Pour rester dans les expressions et avant de passer aux formules, citons encore «gnolle» ou «tapin», qui ne sont autres qu'une gifle, mais avec un petit air canaille; et «noix» pour «blonde», plus intime et qui ajoute à «blonde» la notion de croquer. Exemple: «Y a voulu côxer ma noix à planche, j'y ai dit: canaille, viens pas nous faire sûrir icitte à soir, jeune barbeux, ou bedon tu vas manger une gnolle.»

Ainsi, dans une seule phrase, y a-t-il plus d'images que dans tout Homère, ou peu s'en faut. Anglicisme, langage figuré qui s'inspire du sport, de la cuisine, de la mer, de l'anatomie, etc., tout ça se bouscule et fait un plat des plus savoureux.

Quant aux formules, il s'agit, la plupart du temps, du langage propre, auquel on ajoute une touche personnelle: propre, mais comme décoré, orné, auquel on surajoute, pour tomber dans une sorte de style rococo inimitable.

Quelqu'un «achalait» récemment une jeune fille dans l'autobus. Elle lui dit: «Tu vas me lâcher deux minutes et quart.» Voilà pour un exemple.

Quelqu'un en a assez? On dit de lui: «Il voulait plus rien savoir.»

Quelqu'un raconte-t-il qu'il a «sacré son camp», qu'il en avait assez? «Ma femme voulait qu'on aille aux petites vues. Bonjour luc». «Bonjour luc», comme vous voyez, a un sens plutôt indéfini. Il ne s'agit pas, au fond, d'une version de «j'en avais assez» ou de «sacrer son camp» qui sont, dans l'exemple donné, l'acte que l'époux a posé. Il s'agit plutôt de l'affirmation d'une indépendance et je la traduirais par «qu'il s'organise tout seul» ou «qu'il aille au diable». «Il m'a demandé de voter pour lui. Bonjour luc». Au fait, «luc», dans cette expression, prend-il une majuscule?

Dans les expressions et formules plus connues qui jouissent pour le moment d'une indiscutable popularité à Trois-Rivières, il y a «il est mort de rire» qui ne signifie pas qu'il riait aux éclats, mais qu'il a gagné son point, ou qu'il a eu le dernier mot, ou qu'il a trouvé le filon. Supposons le cas d'un jeune homme à qui le Conseil des Arts accorderait une bourse d'études en Europe pour les cinq prochaines années. Il serait «mort de rire».

Je termine en soumettant à votre attention une expression que je n'ai entendue qu'à quelques reprises, qui sonne anglais, mais dont les mots ne sont aucunement anglais et qui a un peu le sens de «mort de rire». Si vous allez à la pêche, par exemple, et que vous trouvez «le bon spot», vous pourrez dire «on est morts de rire», mais, avec plus de bonheur et de précision, «on est hôke spôke». Qui nous éclairera sur les origines de cette expression? Si je les découvrais, «mon affaire serait catshup».

Le Nouvelliste, 12 janvier 1963

Les francomanes

Certains Canadiens français ont la manie de confondre la langue avec le français.

C'est ainsi que, selon eux, si vous ne parlez pas français, vous ne parlez pas du tout, et ils qualifient votre langage avec dédain de sabir, de petit nègre, de «joual».

Le vrai joual existe, c'est évident. Il tient dans la mollesse de la diction, dans les impropriétés de termes et, surtout, dans l'incapacité à parler clairement et dans l'incapacité à se faire comprendre.

Car qu'est-ce que le langage, sinon un moyen de communication? Les francomanes veulent évidemment nous voir communiquer avec la France et les pays «de la Communauté africaine». Mais la France et l'Afrique sont fort loin de nous et s'il est un groupe avec qui nous devons tenter de communiquer, si nous ne nous satisfaisons pas de communiquer entre nous, c'est bien le groupe anglophone, notre voisin naturel.

Les francomanes ne voient pas le langage comme un moyen de communication, mais comme un esclavage à une langue parfaite et idéale, érigée en déesse à laquelle nous devons sacrifier. Ils font, en d'autres termes, passer la langue avant l'homme, alors qu'elle doit être à son service.

Et leur ardeur ne s'arrête pas à injurier notre manière de parler. Si vous ne parlez pas la langue qu'ils ont décidé que vous deviez parler (dans le cas qui nous occupe: le français), ils jugent que vous êtes coupé de vos sources, un aliéné historique, un démissionnaire, un déraciné, un infirme.

Les francomanes me semblent oublier un point capital: le langage est une chose vivante, marquée par toutes les activités de l'existence, et qui en procède. Marquée par le milieu ambiant, par le climat, par la géographie, par l'histoire, par l'économie surtout.

Or le milieu où nous vivons n'est pas français, ni le climat, ni la géographie et les voisins qu'il nous donne, ni l'histoire, ni l'économie: ils sont américains.

Qu'ils soient américains français, personne ne le niera et qu'ils doivent rester tels, c'est évident.

Dans ces conditions, vouloir rapatrier la province de Québec en France est une absurdité historique. Vouloir que les Canadiens français, au moment où ils semblent devoir accéder à une certaine maturité politique, se donnent entièrement à une francisation intensive comme celle que propose M. Jean-Marc Léger, c'est faire dévier la préoccupation nationale de l'essentiel.

La mentalité canadienne-française sera américaine à cause du présent et française à cause du passé. C'est-à-dire tout simplement qu'elle sera, comme toutes les mentalités nationales, marquée par les faits.

Quand Jean-Marc Léger dit: «Comment expliquer la terrible dégradation de notre langue?», il est plus français que canadien-français.

Quand il dit: «L'état de dégradation de notre langue parlée est sans doute la meilleure image, l'image la plus éloquente de notre aliénation», il fait de l'apriorisme.

Le français est dégradé au Canada, c'est un fait. Mais le canadien est en excellente santé. Que l'on étudie les sources de tous les langages, fût-ce l'anglais, on verra qu'ils ont tous été influencés par les diverses cultures apportées par des conquérants successifs. Pourquoi voudrait-on au XXe siècle que l'histoire du langage se fige conformément aux canons de l'Office provincial du bon parler?

Pourquoi veut-on aller non seulement à rebours de la géographie, à rebours de l'histoire, mais encore à rebours des lois les plus élémentaires de l'évolution du langage?

L'attitude de M. Léger et de ses pareils, c'est l'activisme.

À compter du jour où notre situation dans le monde américain qui est le nôtre sera acceptée, nous pourrons peut-être ouvrir nos fenêtres sur le monde, plutôt que de les fermer sur ce que j'appellerai une forme de racisme.

Je m'explique: croire qu'une nation a des caractéristiques uniques qui sont supérieures en importance aux hommes mêmes qui la composent, c'est être raciste. Dans notre cas, croire que nous devons nous en tenir mordicus à des caractéristiques françaises, alors que nous avons été déracinés de France pour être transplantés en un pays qui n'a rien de la France, c'est entretenir et propager des illusions et c'est semer toutes les conditions requises à notre aliénation, une vraie celle-là, en terre d'Amérique.

Je crois que les hommes ne sont ni anglais, ni français, ni belges, mais des êtres vivants placés dans des habitats différents. Quand l'habitat change, l'être change. Notre habitat n'a de français que ce qui a survécu à nos nouvelles conditions de vie. Nous ne sommes pas plus ni moins que les Français, nous sommes autre chose.

Quant aux Anglais, tout ce qui nous sépare d'eux, c'est le passé. Le présent nous y unit. Il nous appartient, à nous tous du bloc américain, de faire l'histoire de notre continent. Cette histoire sera faite ici, procédera des conditions et du présent dans lesquels nous vivons. Or ces conditons et ce présent seront ceux de la majorité, à plus ou moins longue échéance. Vouloir le contraire, c'est être raciste.

Les Américains de descendance française qui vivent en Louisiane sont-ils aliénés? Pas du tout, ils sont tout simplement partie de l'infinie diversité humaine. Un fils de père anglais et de mère eurasienne est-il aliéné?

Quant au reste, y a-t-il plus de difficultés pour un Canadien français à vivre au Canada que pour un Canadien anglais? Sommes-nous les esclaves économiques et politiques que l'on dit que nous sommes? Je ne crois pas. Ou, si nous le sommes, ce n'est pas à cause des Anglais, mais parce que le gouvernement, qui est le reflet de ce que nous sommes dans le milieu que nous occupons, a été absent trop longtemps aux réalités de notre temps. Si nous le sommes, ce n'est pas pour des questions de race ou d'origine ethnique. Il faudrait peut-être, par conséquent, que l'on cesse d'axer une politique de récupération sur des questions raciales ou ethniques.

Le Nouvelliste, 2 mars 1963

La drave en France

C'est une loi de l'évolution des langues qu'elles sont marquées, transformées, modifiées suivant le milieu dans lequel elles émigrent. Plus précisément, le milieu économique. En d'autres termes, la langue prend la couleur de la piastre que les circonstances imposent. Un des terrains d'observation les plus révélateurs de cette loi, c'est celui de la drave au Canada français.

Les compagnies de bois ont à peu près toujours été anglaises. La piastre étant anglaise, le langage fut anglais. D'où les canadianismes d'origine anglaise: drave, cantouque, boume, couque, dam, raffmanne, etc.

Ces mots, d'ailleurs, sont chargés, pour nous Mauriciens, d'un tel poids de vie que nous imaginons difficilement que les choses et les gens qu'ils décrivent puissent être nommées autrement.

Pourtant, l'excellente revue française *Vie et Langage* (nº 129) nous apprend le contraire, dans un article intitulé «Les flotteurs de bois et leur langage», signé Albert Soulillou.

La drave, c'est le flottage; les boumes sont des retenues; la cantouque n'existe pas, elle est remplacée par le picot, que nous appelons ici, en français d'ailleurs, gaffe.

Les draveurs sont de triqueurs. Ils sont répartis par aquiers, dépendant chacun d'un marchand, alors qu'ici, le marchand est une compagnie géante qui engage des «jobbeurs» sous les ordres de qui travaille une «gang».

Le bois descend la rivière «à bûche perdue». Ou, quelquefois, lié par «train», tout comme ici. Le docteur Auguste Panneton nous a déjà raconté avoir vu passer, de sa maison de Baie-Jolie, des trains de bois qui venaient de Montréal ou Louiseville et descendaient jusqu'à Trois-Rivières et Québec. Les hommes du train se nomment ici «raffmannes» et en France, sur l'Yonne et la Seine, des «voituriers d'eau» ou «compagnons de rivière». Les trains de bois de France sont probablement plus petits qu'ici, puisqu'ils ne sont conduits que par deux hommes: le compagnon de rivière et un gamin, dit le «p'tit oume de derriè».

La «dam» d'ici est dite là-bas «écluse».

Citons ici Albert Soulillou, pour voir que la «drave» n'est pas canadienne d'origine, mais peut-être française, puisque dès 1547, un train de bois arrivait du Morvan à Paris. «La véritable organisation rationnelle du flottage, écrit Soulillou, est due à Jean Rouvet, qui se préoccupa, dès 1549, d'un ensemble cohérent de retenues, ports de jetées, aquiers, etc.»

Les «chients dans y'eau» ou draveurs de France, s'ils ne parlent pas le même argot que les nôtres, sont toutefois voisins par le tempérament. Écoutons Soulillou: «Laborieux, audacieux, courageux, forts en gueule, francs buveurs, héroïques parfois sur leurs trains de bois livrés aux tourbillons de l'Yonne, les flotteurs passaient aussi pour prompts à la bagarre. [...] Durant la fameuse révolte des flotteurs de 1792, plusieurs gardes nationaux furent pris à partie. Tués? Non, mais déculottés.»

Ils ne manquaient donc pas d'humour. Robert Goulet, l'auteur du *Charivari*, qui se déroule dans la ville forestière de La Bûche, n'a peut-être pas suffisamment insisté sur ce côté farceur des draveurs. Les siens sont les personnages d'une tragédie de l'aliénation, il est vrai.

De toute façon, cela nous conduit à nous poser la question: les mots d'origine anglaise, dans l'argot canadien de draveurs, doivent-ils être proscrits? Je ne crois pas. Tout d'abord, ils resteront tant que la piastre sera anglaise, ce qui peut durer longtemps. Et si plus tard elle devient française, ces mots seront là, vivants témoins d'une page de l'histoire de la Mauricie.

Le Nouvelliste, 21 septembre 1963

Le joual et nous

Dans la nouvelle littérature québécoise, on parle beaucoup «par bougre et foutre», comme disent les Français, ou plutôt «par B et F», car ils sont discrets. En un mot, on y parle gras. Les djôs, les chnolles, les baisés et les gosses sont partout: il pleut du cul.

Ce phénomène est explicable: il est partie à un processus de rédemption dont le principal événement est que, tout à coup, le joual ait accédé à sa véritable dimension: celle d'un décalque parfait de la décadence de notre culture nationale.

La plus récente tranche du rapport Parent est d'ailleurs formelle là-dessus: la province de Québec est probablement le seul pays au monde où il est nécessaire d'enseigner la phonétique de la langue maternelle (p. 40).

Le joual faisait, il n'y a pas goût de tinette, le désespoir de nos beaux esprits. Il fallait parler mieux! On en fit des slogans. On publia des «Ce qu'il ne faut pas dire», des «Ne dites pas... mais dites...». On fonda des Offices de la langue française. On en faisait des congrès, des campagnes: la campagne contre le joual: beau paradoxe! Entendait-on «bréquer», on se gaussait en disant: «freiner». On en faisait surtout des insultes au peuple et des occasions de le mépriser. C'est ainsi quand on a la vue courte: les canoques sont plus caves que les autres, ou encore: s'ils sont pauvres, c'est de leur faute et s'ils parlent mal, c'est de leur faute.

Le peuple, pour se venger d'être méprisé, traitait de tapettes et de fifis les seuls parlant bon français dans leur voisinage: les annonceurs de radio. La force d'envoûtement du mot est grande: un grand nombre de ceux-ci le devenaient.

Nos élites, qui ont la vue courte, agissaient en somme comme si c'était la langue qui était malade, alors que c'est la nation qui est mal en point, la culture nationale qui est pourrie, l'État québécois qui est infirme et l'âme québécoise qui est blessée jusqu'au plus profond d'elle-même.

Le joual en somme accentuait le fossé qui sépare ici les classes sociales. Comme seuls à s'exprimer sont ceux qui ne parlent pas joual, le mythe prospérait: les canoques sont des baragouineurs de qualité intellectuelle inférieure, il n'appartient qu'à eux de bien parler, ce sont des frogues. Le Frère Untel, avec toute sa bonne volonté, ne put proposer comme remède que du réformisme: du vent!

L'autre événement pour la littérature, cette fois-ci, ce fut que quelques bourgeois comme nous répudièrent leurs origines, leur cours classique, leurs soirées passées à gratter les classiques et surtout leur langue française pour choisir délibérément d'écrire mal. Non pas mal, mais vrai!

Moi aussi, quand je me serre les fesses, je peux parler comme un prince. On appelle ça vesser. Je me souviens de 1962, au mois de juin, j'étais à La Closerie des Lilas, dans Montparnasse. J'avais une demi-heure à tuer avant un rendez-vous aux Éditions Albin Michel, à deux pas de là, au 22 de la rue Huyghens. Je prenais un pot. À deux pas de moi, qui prenait un pot comme vous et moi? Un grand dégingandé à tête grise et nez indien: Samuel Beckett. Je sens quelque chose sous mon coude, je lève le bras, je regarde, c'est une plaque de cuivre fixée au bar. Elle porte une inscription: Ernest Hemingway. Il faut peu de choses à un jeune homme pour se sentir écrivain, ce fut chose faite.

Mais je me trompais, je faisais un fou de moi, comme disent les Anglais. Au cours d'une série d'événements qui ne vous intéresseraient pas, mais où des gens comme Ti-Zoune Guimond et Jacques Ferron, des lieux comme l'Auberge du Coin et le Club touristique à Trois-Rivières occupent une grande place, je découvris la beauté de mes compatriotes et leur profonde santé. La Closerie des Lilas, où Théophile Gautier a également sa plaque de cuivre sur un coin de table: adieu; Ernest Hemingway qui mourut en tétant une .303: adieu; Samuel Beckett qui fut le secrétaire de James Joyce: adieu; Albin Michel: adieu. Je serai d'ici ou je ne serai pas. J'écrirai joual ou je n'écrirai pas et comme à joual donné on ne regarde pas la bride…

Le bon français, c'est l'avenir souhaité du Québec, mais le joual, c'est son présent. J'aime mieux, pour moi, qu'on soit fier d'une erreur qu'humilié d'une vérité. La rédemption du joual et de ceux qui le parlent est en cours. Dans cette rédemption, on parle beaucoup de «B et F» parce que le cul occupe une grande place dans toute langue populaire.

Quant à ceux qui sont contre, au nom de quelque principe esthétique, on s'en crisse: ils ne font que montrer leur ignorance de la véritable nature de tout langage, en premier lieu, et de la véritable situation coloniale des Québécois, en second lieu. Mais je ne serais pas surpris outre mesure qu'ils trouvent un auditoire, car c'est un autre vice de notre société que ce sont surtout les imbéciles qui y sont écoutés.

Parti pris, janvier 1965

Le joual politique

Le numéro de *Parti pris* consacré à la littérature québécoise a semé la confusion. Certains n'en ont retenu que la partie la plus spectaculaire, qui prônait l'utilisation du joual dans la littérature, et encore n'ont-ils pas compris pourquoi certains d'entre nous faisaient ainsi la «deffence et illustration du joual». Devant l'importance accordée à ce détail, il est peut-être opportun de le dégager davantage.

Choisir le joual équivaut pour un certain nombre d'entre nous à un témoignage de culpabilité. Nous sommes coupables d'être d'origine bourgeoise et, comme tels, d'avoir échappé au mal commun de «joualisation» de notre langue, grâce surtout à l'accès que nous avons eu au cours classique. Ne serait-ce que pour nous faire pardonner l'exclusive dont nous avons bénéficié arbitrairement, il était nécessaire que ce soit nous qui opérions la rédemption du joual.

Nous sommes de cette minorité pensante et écrivante qui pourrait donner l'illusion à l'observateur superficiel que les Québécois ne souffrent pas d'une infériorisation. Ne parlons-nous pas bien? Ne sommes-nous pas bilingues? N'avons-nous pas quelques diplômes ou, du moins, fait des études poussées? Ne pouvons-nous pas opérer précisément ce que bien des Québécois antiséparatistes croient être la clé du salut du Québec: surclasser les Canadiens anglais en étant meilleurs qu'eux, plus brillants, plus renseignés, plus intelligents qu'eux?

Et pourtant nous refusons cette situation qui pourrait être la nôtre. Nous refusons de devenir de beaux eunuques protégés de la peste; les derniers Français d'une «province of Quebec» composée d'une part de Canadiens anglais, d'autre part d'ex-Canadiens français anglicisés. Nous refusons d'être les Français de service; une couronne française sur une tête jouale. Nous refusons de servir à maquiller par notre beau langage la langue pourrie de notre peuple.

Les habitants

Le reproche le plus fréquent qui nous ait été fait est le suivant: «Allez-vous monter en épingle nos défauts de langue, nos erreurs d'expression? Nous faisons assez mauvaise figure tels que nous sommes, ne montrez pas nos verrues du doigt en plus.»

Ainsi, lors du dernier congrès des sociologues francophones qui en a groupé quelques centaines venus du monde entier à Québec, X, qui avait à remercier les congressistes à l'issue du congrès, le fit dans toute sa sincérité. Il s'excusait entre autres de ne pouvoir s'exprimer mieux, de ne pouvoir trouver les mots dont il aurait eu besoin pour dire sa joie et sa satisfaction. Il en mettait la faute sur ses origines paysannes, sur sa situation d'envahi linguistique. À peine avait-il quitté la tribune, que Z, un Québécois, se précipita en coulisses et lui reprocha assez sèchement d'avoir ainsi fait étalage devant des étrangers de cette impuissance à parler, de cette infériorité culturelle. La sincérité ne fait pas bon ménage avec le calcul, X décocha une taloche à Z, dont il se souvient sûrement encore.

Le réflexe de Z est commun. Il est celui, par exemple, des parvenus qui feignent de ne plus connaître leurs cousins de la campagne parce que ceux-ci n'ont pas les manières du monde. Nous, ce n'est pas le joual et ceux qui le parlent qui nous font honte, c'est la situation qui a causé une telle infirmité culturelle qui nous fait honte et ce sont ceux qui acceptent cette situation qui nous font honte.

Dans *Finnegans Wake*[1], James Joyce prend plaisir à accumuler calembours, *rhyming slang*, couplets de tavernes, ballades irlandaises, dans le seul but de fermer son livre, de disposer devant sa signification un jeu d'écrans qui, loin de dégager la lumière quand on les traverse, l'obscurcissent davantage. *Finnegans Wake*, au bout du compte, ne peut être compris entièrement que par l'Irlandais d'un tel type, d'éducation classique catholique, familier des pubs dublinois et de la faune qui y boit.

Chez Joyce, il y a là, outre la coquetterie littéraire qu'on ne saurait reprocher à aucun écrivain, un réflexe probablement identique au nôtre: un réflexe de défense contre le lecteur qui n'a pas vécu l'Irlande et la misère de l'Irlande dans sa chair. Ainsi, seuls les Québécois qui sont et auront été victimes de la mise à mort de notre langage et de son remplacement progressif par des apports étrangers, seuls ceux-ci, dis-je, pourront percer les mystères de nos livres.

Certains néo-Québécois de culture française ont eu un réflexe de panique devant cette option. C'était à prévoir. Ils mesureront leur étrangeté à nous, alors qu'ils croyaient trouver ici des semblables culturels. Mais non, messieurs, nous étions comme vous il y a deux cent deux ans mais, depuis lors, notre différenciation de vous est en cours, notre éloignement de la culture française se poursuit, notre déracinement culturel s'accentue. Nous ne sommes pas comme vous, néo-Québécois de culture française, nous sommes des infirmes et vous êtes en santé.

Nous assumons le joual parce que d'autres semblables à nous ont à subir le colonialisme d'où est issu le joual. Il y a une attitude de défi dans l'utilisation raisonnée du joual: défi au monde qui menace le Québécois de toutes parts; directement dans le cas des institutions anglo-saxonnes, de l'économie anglo-saxonne, de la majorité anglo-saxonne et de la langue anglo-saxonne; indirectement dans le cas du reste du monde menaçant par son indifférence devant la tragédie de l'enlisement de tout un peuple. Nous tendons désespérément nos mains vers un endossement de nos luttes par d'autres pays et il ne vient pas! Et nous nous noyons!

Gilles Marcotte a beau répéter que l'utilisation du joual n'est pas nouvelle dans notre littérature et que, par conséquent, il n'y a pas de quoi en faire tout un plat, il a beau se gausser de Jacques Renaud et dire ou laisser dire dans la page deux de son supplément littéraire que la littérature ne commence pas avec Jacques Renaud, il ne fait que montrer là que tout un pan de la réalité lui échappe. L'utilisation du joual n'a jamais été avant maintenant une attitude revendicatrice et de rébellion ouverte contre les canons d'une société dont nous ne rejetons pas d'ailleurs que les coutumes littéraires.

Nous parlons joual comme les Africains diplômés de la Sorbonne ont rompu un jour avec le français pour parler la langue de leur tribu ou de leur pays.

Le joual, et c'est là que nous sommes différents des autres utilisateurs du joual avant nous, que ce soit Ringuet, Laberge, Vaillancourt, Jean-Jules Richard et Hugh MacLennan, le joual, dis-je, a acquis sa dimension politique.

Nos esthètes n'ont pas fini d'en rire ou de s'indigner, peu importe.

Les nègres blancs d'Amérique

On a dit et prouvé que les Québécois sont les Nègres blancs d'Amérique. Les Nègres aussi ont un joual. Il s'appelle le «jive-talk», «pig latin», «dog latin» ou «gumbo» suivant les régions. Les Noirs d'Amérique étant plus politisés que nous, c'est devenu un réflexe commun chez eux que de tenter d'égarer le Blanc dès qu'il s'approche d'eux, par l'utilisation du «jive-talk». Notre accession au joual n'est que la répétition d'un mécanisme qui a fonctionné chez eux il y a bien longtemps.

Les Noirs pratiquent l'obscuration (qu'on me passe ce néologisme) de leur langue pour se protéger, se défendre, se séparer du Blanc. Souvent, ils tritureront un mot anglais (par exemple «oomanway» pour *woman*) de telle manière qu'il ne restera presque rien du terme initial et qu'ils se seront vengés de la conquête de la culture anglo-saxonne sur leur culture africaine en «africanisant» un mot anglais. On retrouve le même processus chez nous quand nous disons: «l'affaire est ketchup», donnant ainsi au mot «ketchup» un sens que les Anglais eux-mêmes n'entendraient pas.

Comme l'écrit Paul Oliver dans son excellent *The Meaning of the Blues*: «Les "blues" chantés en "jive" sont des chants de protestation, jusqu'à un certain point, une protestation qui trouve là un moyen de défense et l'expression du défi.»

La honte

Dans le parc Champlain, à Trois-Rivières, je lisais un jour assis sur un banc public. Au bout du même banc, deux hommes d'une cinquantaine d'années conversaient entre eux. Ils parlaient un joual d'une certaine richesse que la pauvreté de leur mise laissait prévoir. Plus on est d'origine modeste, plus on parle joual. Je lisais tout en tendant l'oreille à leur propos. L'un d'eux se tourna alors vers moi et me dit: «On parle mal, hein!»

Je demeurai interdit. Jamais ma honte ne fut plus grande, ni ma colère. Des gens se sentaient donc coupables de parler joual! C'est à ce moment que je mesurai la profonde imbécillité de nos puristes, de nos chroniqueurs du langage et autres défenseurs de la grammaire française. Ce n'est pas le bon français qu'il faut défendre et pour lequel il faut combattre, c'est l'homme canadien-français à qui on doit rendre sa dignité, sa fierté et sa liberté d'homme. Pour ce faire, un seul chemin: la création d'un État québécois qui assure le respect de la nationalité québécoise et sa suprématie irréductible en territoire québécois.

Tant que cet État n'existera pas, la lutte pour le bon français sera une source d'humiliation pour les Québécois puisqu'on leur imposera un objectif que leur vie quotidienne en milieu anglo-saxon les empêche d'atteindre. Tant que cet État n'existera pas, il faudra faire son deuil du bon français et assumer l'infériorité du peuple dont nous faisons partie en parlant la même langue que lui: le joual.

Nous sommes conscients du danger qu'il y a à parler joual, à faire comme si cette langue était littéraire, comme si on pouvait élaborer une pensée en joual, mais nous nous entêtons. Que notre attitude tienne lieu d'ultimatum.

Parti pris, mars 1965

---

1. 1939.

Le joual, une arme politique
(lettre à Bernard Valiquette)

Quand la première bombe du FLQ a explosé, les imbéciles ont crié aux «fauves», au scandale, aux fous. Les autres ont essayé de comprendre.

Aujourd'hui, quelques années après la bombe, les imbéciles le sont restés et les gens sérieux ont découvert pourquoi une bombe a tué un gardien de nuit et une autre a détruit la moitié de Walter Leja: au Québec, 80 p. 100 de la population détient 2 p. 100 du capital industriel. Les 98 p. 100 qui restent sont partagés entre les Anglo-Saxons américains ou canadiens. Ce sont eux qui détiennent et se distribuent entre eux les plus hauts postes. Ce sont eux qui font la pluie et le beau temps, ce sont eux qui imposent leur langue à 80 p. 100 de la population par l'entremise du bilinguisme qui n'est, en fin de compte, pas autre chose que l'unilinguisme du plus fort, ce sont eux qui donnent ou refusent des emplois suivant que les employés parlent français ou anglais, ce sont eux, en un mot, qui se comportent comme une armée d'occupation et ne maintiennent une population dans un état d'infériorité qu'en lui brandissant, comme canons 10 mm, des représailles économiques ou autres.

Ainsi les bombes n'avaient-elles pas, telles des fleurs, poussé dans les poubelles, les fonds de cour et les boîtes aux lettres. Elles avaient germé dans l'écœuranterie de la situation faite aux Québécois dans leur propre pays par leurs conquérants. Les terroristes, ce ne sont pas les gens du FLQ et de l'ALQ, ce sont les gens qui n'ont jamais jugé nécessaire de respecter le peuple qu'ils avaient vaincu militairement, asservi politiquement et prolétarisé par le moyen d'investissements massifs de capital venu de Londres dans les richesses naturelles et le commerce du pays.

L'an dernier, les Éditions Parti pris lançaient des romans écrits en langue dite jouale. Les imbéciles se sont moqués, en ont fait des gorges

41

chaudes, ont crié à la démagogie et quoi encore. Ils n'ont rien compris. Il n'est pire sourd que celui qui ne veut pas entendre.

Qu'est-ce que le joual? C'est le langage du peuple canadien-français. Et je ne pense pas aux «toué pis moué» que l'on justifie en citant l'exemple illustre de Louis XIV qui, paraît-il, parlait ainsi. Je pense à «watche-toé», «va donc ploguer la lampe», «baisse le blagne, les voisins vont nous ouère», «farme la porte à scrine», «bréque hostie, on va rentrer dans son mâfleur», et quoi encore. Vous avez reconnu là l'anglification, la pollution, la présence vivante, dans la langue française, de l'oppression anglaise sur les Québécois.

Le phénomène existe. Vingt pour cent de la population en domine 80 p. 100. La piastre est anglaise, la langue s'anglifie, puisqu'il faut bien gagner sa vie quelque part et que ce quelque part, pour la majorité des ouvriers, est anglais.

Les dames de la société et quelques-uns des moins intelligents parmi nos intellectuels disent: c'est la faute à l'éducation, c'est la faute aux professeurs, c'est la faute à nous autres. On a les professeurs qu'on mérite: ils sont colonisés comme nous, de quel droit attendrions-nous d'eux qu'ils parlassent mieux que nous?

De plus, alors qu'on passe en moyenne une dizaine d'années de sa vie à l'école, au Québec, on passe le reste en milieu de travail. Quitterait-on l'école en parlant comme Bossuet, après deux ans comme «millwright» dans une compagnie de papier, le joual aurait rué Bossuet hors le cerveau.

Donc, un certain nombre d'écrivains ont choisi le joual. Les Éditions Parti pris qui ont publié leurs œuvres l'ont fait dans une perspective bien précise: diffuser le constat culturel et linguistique de notre état de colonisés. Disons que le joual, dans de tels cas, c'est du terrorisme littéraire, c'est l'acte de désespoir absolu, c'est le dernier seuil avant de retourner au ba-ba-ba du nouveau-né.

Dans leurs livres, les écrivains jouals veulent montrer la réalité qui est celle de leur peuple au lieu de faire les finauds sur la place publique en bon français, c'est-à-dire dans une langue qui n'est pas la leur.

Nous avons déjà écrit, après Malraux, que la première étape dans la conscience révolutionnaire consiste à se lever debout, tels que l'on est, parlant mal, humiliés par plus de deux cents ans d'occupation, mal payés, mal rasés, sentant la draffe, et à dire à la face du monde: ch'parle mal en tabarnaque, mais au moins ch'parle pas encore tout à fait la langue de mon conquérant.

On parlera bien quand on sera bien chez nous. Pour le moment, il y a des choses plus urgentes à faire.

Échos-Vedettes, 9 octobre 1965

Le joual, maladie infantile
de la colonie québécoise

Le joual, ça ne s'écrit pas, mais on en parle. Dans deux supplé-
ments littéraires annuels, *Le Devoir* lui a consacré l'an dernier un texte
de Basile et une table ronde et, cette année, encore un texte de Basile
et deux pages presque entières.

Pourquoi croyez-vous qu'on en ait tant parlé à *Parti pris*? Pourquoi croyez-vous qu'il existe des poèmes, des nouvelles, des
romans et des manuscrits en joual? Tout simplement pour ceci: que
l'on en parle et qu'en parlant, il apparaisse à tous que la situation
d'écrivain dans la société québécoise n'est pas de tout repos. Et je ne
parle pas de celle du peuple: elle est moins tragique linguistiquement
car il n'écrit pas. Il n'a pas décidé de passer la meilleure partie de sa
vie à élucider au moyen de la parole le monde qui l'entoure et qu'il
entoure.

Ce que je veux dire surtout, c'est que vous n'avez pas le droit de
parler aux écrivains joualisant comme si c'était eux qui avaient inventé le joual. Et à ceux qui diront: vous ne pourrez jamais écrire de
traité de philosophie en joual, je répondrai par cette phrase de Léon-
Paul Fargue: «Les mots vont plus loin que la pensée.» Cela veut dire
une chose fort simple: un mot joual est plus chargé de signification
pour nous, Québécois, que tous les manuels de philosophie de la terre.
Car comment voulez-vous qu'on puisse jamais philosopher si nous
n'en avons jamais le loisir, ou les moyens, ou la langue. Aucun de
nous n'a jamais érigé le joual en langue définitive, terminée, choisie et
parfaite. Au contraire. Nous n'avons que voulu montrer ce qu'était la
langue des Québécois. Je dirai que le «joual», dans la littérature québécoise, c'est tout simplement de la littérature-vérité. Et que c'est probablement ce qui sera arrivé de plus fécond à la littérature québécoise
depuis l'influence de Voltaire.

44

Alors, tous autant que vous êtes, cessez de vous interroger sur ce qu'est le joual. J'ai une infinie admiration pour la science, admiration à la mesure de mon ignorance et j'aurais aimé que M. Lefebvre nous apprenne autre chose du joual que cette définition de «sous-marginal». Autrement dit, les définitions du joual ne nous importent guère.

Que ce soit un argot, un sous-idiome marginal, un créole, un gumbo, de la bouillie pour les chats ou du pablum pour les critiques, on s'en contrecrisse. C'est une langue qui me salit le cerveau, dont je tente à coups de recours au Robert, à Grevisse, au Morier, à Esnault et à qui encore, de me débarrasser. Mais je n'y parviens pas. Je sors dans la rue, je téléphone par l'entremise du Bell («signalez vous-mêmes», «quelle est la route pour cet appel station?»), je déambule dans les rues de Montréal et tout mon acquis de la veille dans mes dictionnaires fout le camp, et je recommence à chercher mes mots comme un amnésique, un délirant et un aboulique.

Je n'ai donc pas le choix. Même en essayant de parler français, je fais dans le joual. Alors, pourquoi ne pas carrément opter pour le joual. Je n'essaie pas, monsieur Lefebvre, de parler comme le peuple ni d'attraper ses maladies: je les ai moi aussi dans les neurones, ses maladies, je les ai dans la peau, ses maladies. Il n'y a que Pierre Baillargeon, Paul Toupin, Jean Éthier-Blais et quelques autres à pouvoir écrire en bon français, ici, mais assez curieusement, ils n'ont de goût que pour les écrivains du Grand Siècle ou le suivant: les Sévigné, Staël, Montesquieu, La Rochefoucauld dont ils font les seuls vrais écrivains et, plus curieusement encore, c'est comme eux qu'ils écrivent. Ils n'écrivent pas le français du XXe siècle, mais celui du XVIIe.

Moi, j'ai choisi d'être de mon temps. À moins que mon temps ne m'ait choisi, à mon insu. De toute façon, ce n'est pas sans risques, puisque j'en suis réduit au joual. Entre le français du XVIIe et le joual, c'est le joual qui m'a choisi. Voilà pour moi.

Quand j'arrive à Paris, je suis traqué, j'ai des complexes, chaque mot que je dis, j'ai la crainte, d'ailleurs presque toujours fondée, qu'il ne désigne pas l'objet auquel je pense. Ce décalage entre les mots et mon cerveau, c'est la prairie où court le joual. Des cinq articles consacrés au joual dans le supplément de samedi dernier, seul celui de Godbout fait état du même drame personnel.

Notre honneur consistait donc à comprendre que ce drame personnel était aussi un drame collectif et à l'assumer comme tel. À ne pas tenter de nous hisser au-dessus ou de nous jeter à côté de la tendance linguistique majoritaire du peuple dont nous faisons partie.

Je m'étonne d'ailleurs que tant de beaux esprits appelés à la barre du procès du joual aient renoncé à comprendre l'ensemble du problème. Il y a le joual, constitué depuis 1760 par l'envahissement culturel du français par l'anglais. Il y a quelques millions de personnes qui le parlent, vivants décalques de cet envahissement ou colonisation ou conquête, comme vous voudrez. Il y a quelques écrivains qui, par force ou par choix ou les deux à la fois, écrivent en joual, pour ne pas feindre, ne pas maquiller la réalité linguistique qui est la nôtre. Donc, la situation existe. Donc, il faut y mettre fin. Comment? C'est là que les avis sont partagés. Pour nous, écrivains, c'est l'unilinguisme, le même unilinguisme que, par exemple, en Ontario ou au Nouveau-Brunswick.

Pour nettoyer la langue, nettoyons les paysages, nettoyons les relations anglophones entre patrons anglais et ouvriers québécois, nettoyons l'anglicisme de nos textes de loi: restaurons le français dans sa grandeur et sa gloire. Il n'y a pas d'autre solution que politique à ce problème. Nouée par une conquête militaire en 1760, la crise du français au Québec ne peut être dénouée que par son homologue de 1965: une victoire politique qui ne sera après tout que la victoire d'une majorité bafouée sur une minorité bafouante.

Le débat actuel sur «la priorité du français» permet fort bien d'ailleurs de faire le partage des sympathies dans le gouvernement actuel. Ceux dont la sympathie va à la priorité ou même à l'égalité de l'anglais ne représentent pas le peuple qui les a élus, mais les conquérants de 1760. C'est-à-dire non pas la masse des citoyens, mais le bastion de la minorité possédante anglaise. C'est là ce que l'on appelle le libre jeu de la démocratie, sans doute, où des gens élus par un peuple pour sa protection tissent peu à peu son linceul culturel.

Le Devoir, 6 novembre 1965

Le joual, langue morte ou vivante?
(entrevue d'André Saint-Germain
avec Gérald Godin et Yolande Chéné, *extraits*)

— Ça se retrouve, monsieur Godin, parmi les romans qui vous sont présentés aux Éditions Parti pris, cette difficulté de l'écrivain face à notre réalité linguistique?

G. G.: Il y a eu Girouard qui a voulu précisément rendre compte de l'aphasie du Canadien français, c'est-à-dire de son impossibilité de penser.

— Peut-on dire que l'usage du joual dans notre roman est associé à une opinion politique?

G. G.: Le joual étant la langue parlée de la majorité des Canadiens français, une littérature réaliste au Québec ne peut être autre chose qu'une littérature jouale. Albert Laberge en 1920 écrivait quelques pages en joual... Quand Maupassant écrit des nouvelles se déroulant en Normandie, il emploie le patois normand. Ici, le joual est le français malade, pollué. C'est une perte culturelle. Quelques auteurs ont tenté de retracer les causes du joual. Alors ils ont débouché sur une situation politique contenue dans l'Acte de l'Amérique du Nord qui impose le bilinguisme au Québec. Il existe aussi un problème économique. Nos moyens de production sont dans des mains anglaises et, ainsi, toutes les relations d'employés à patrons se font en anglais. La langue de celui qui possède l'argent est celle qui prime. Cette situation s'améliore, mais le gouvernement doit intervenir pour généraliser cette nouvelle tendance.

— Le joual ne risque-t-il pas de nous éloigner du lecteur français?

G. G.: Les auteurs ont le choix soit de vouloir vendre leurs bouquins à Paris et d'écrire en français, soit de décrire la réalité environnante et d'user du joual. L'auteur doit choisir entre un vendeur ou un descripteur. Non pas que tous les écrivains qui écrivent en français soient des vendeurs, car, pour plusieurs, il leur est impossible d'écrire en joual. Mais les auteurs qui choisissent d'écrire en français pour connaître une carrière internationale et vendre leurs livres, ceux-là sont de simples vendeurs.

[…]

G. G.: De toute façon, ça dépend du milieu que vous décrivez. Dans *Le cassé*, Jacques Renaud décrit un type de milieu très modeste qui vit à Montréal dans un milieu complètement anglicisé. Si vous écrivez un roman qui se situe dans la haute bourgeoisie de Québec, vous ne pouvez pas écrire joual. Vous avez une autre réalité. Cette option, ce choix de la langue, dépend du milieu à décrire.

Y. C.: Mais, en fait, la littérature jouale en est une de témoignage. On se met debout, on se regarde. Personne n'est à la défense du joual, c'est-à-dire exige qu'on le parle indéfiniment. Mais pour traduire une réalité, on cherche comment les gens pensent et parlent.

G. G.: Nous ne voulons pas, évidemment, du joual comme langue classique. Au contraire. Certains croient que nous voulons faire du joual une langue. C'est faux. Ceux qui refusent le joual ne comprennent rien au problème.

Y. C.: Officiellement, certaines gens parlent français. Si vous les connaissez intimement, vous vous apercevez qu'eux aussi parlent joual. Vous parlez à vos amis, à vos parents en joual. En société, vous parlez français. Les étudiants seraient indignés si, pendant mes cours, je m'adressais à eux en joual.

G. G.: Évidemment, dans des articles de journaux et de revues, il faut écrire un français aussi impeccable que possible. Le joual, c'est une option littéraire dans les romans, dans les nouvelles. Dans le langage quotidien, il faut s'en débarrasser. Individuellement, nous avons constaté cet argot particulier de citoyens inférieurs. En montrant cette infériorité d'une majorité, nous espérons que cette majorité va se ressaisir et exiger de ceux qui les dirigent qu'ils soient vraiment majorité.

— La solution à cette maladie linguistique?

G. G.: L'unilinguisme.

— La forme de cet unilinguisme?

Y. C.: Parler français tout le temps. Notre joual est composé de deux langues: le vieux français et l'anglais. C'est à partir de l'anglais que nous transformons le français.

G. G.: Sur l'autoroute du Nord, qui va de Montréal à Sainte-Agathe, vous avez des affiches dites bilingues. Or l'anglais est toujours parfait alors que le français laisse à désirer. Vous avez, par exemple, en anglais *«car with exact change»* traduit en français par «voiture avec monnaie exacte». Pourquoi ne pas employer le terme français «appoint», qui existe déjà? Les deux langues sont supposées être égales alors que le français est sacrifié. C'est le bilinguisme à la québécoise... La seule solution, l'unilinguisme, c'est-à-dire l'usage exclusif du français dans les textes de loi, dans tous les documents, sur toutes les affiches publiques. Que le gouvernement passe des lois pour refranciser la province. Ça fait des années qu'on se paie de mots pour conserver notre culture. Le gouvernement doit agir.

— Vous croyez vraiment que l'unilinguisme va régler notre problème linguistique?

G. G.: Évidemment.

Y. C.: Aujourd'hui, il existe une littérature qui témoigne de notre réalité. De nombreuses personnalités optent pour l'unilinguisme. Mais il ne faut pas tout briser d'un seul coup, il faut procéder par étapes, Ce sera la priorité du français, ensuite viendra l'unilinguisme.

G. G.: Nous sommes dans un pays où les gouvernements font des réformes. On ne peut qu'exiger des réformes. Le rêve serait que le gouvernement change complètement tout le système.

La scouine, 26 novembre 1965

La folie bilinguale

Il faut plus que jamais rappeler que nous vivons une situation coloniale; qu'une minorité anglaise a ici le pas sur une majorité française; que plus les renseignements sur la situation réelle des Québécois de langue française circulent, plus il apparaît évident que nous sommes les Noirs du Canada: expropriation des quartiers pauvres au profit des spéculateurs; pauvreté d'une proportion effarante de la population de toutes nos grandes villes: Montréal, Québec, Sherbrooke, Trois-Rivières; hauts salaires payés à des groupes privilégiés de travailleurs tout à côté d'une exploitation éhontée dans les secteurs moins payants pour les investisseurs; en un mot: anarchie économique complète, illusion d'un haut standard de vie, exploitation irrationnelle des richesses naturelles, puissant lobbying de capitalistes étrangers sur le gouvernement démocratiquement élu (*sic*), jugulement de toute véritable entreprise sociale de récupération de richesses naturelles (voir le sort fait à Soquem par Gérard Binette), nous vivons dans une illusion, la réalité est masquée partout et toujours et une des plus valables entreprises des intellectuels d'ici est de démasquer, de décrypter l'hallucination coloniale quotidienne.

Frantz Fanon a écrit que le colonialisme est une hydre à mille têtes: il est partout, toujours, ne lâche du terrain ici que pour en reprendre là, fait des concessions pour mieux submerger par après, poursuit son travail en silence, a la force d'inertie et les mercenaires de son côté. Et, enfin, il atteint son maximum d'efficacité quand il réussit à déconnecter les sonnettes d'alarme du colonisé, à tranquilliser son esprit, à donner l'illusion que les conflits sont nivelés, ou qu'ils sont minables et qu'il ne vaut pas la peine d'y attacher tant d'importance.

Il faut donc que nous soyons constamment sur la brèche. Au risque même de passer pour fou, il faut être obsédé par le souci de débusquer le colonialisme partout où il se trouve. C'est avec ce souci en tête qu'il faut analyser toute la situation.

Pour le moment, une des formes les plus subtiles du colonialisme ici, c'est le bilinguisme. La dernière offensive a consisté, pour M. Lester B. Pearson, parfait unilingue à peu de choses près, à promettre un boni à tous les fonctionnaires supérieurs qui apprendront le français. Car il est entendu que les hauts fonctionnaires français, de toute façon une minorité, parlent anglais. Voici donc comment les choses se présenteront. On dira aux Québécois: la Confédération, c'est pas si mal que ça, on a fait des efforts, nos hauts fonctionnaires parleront peut-être français si le fric les attire. Deuxième temps: maintenant, faites comme nous: devenez bilingues. Avec cette différence que, s'il est normal qu'un «public servant» parle la langue de ceux qui paient le tiers de son salaire, il n'est pas normal que tout un peuple devienne bilingue. On mettra dans la balance: tous nos fonctionnaires seront éventuellement bilingues, que tous les Québécois le soient aussi. La démarche est déjà entamée: relisez le discours de Jean-Luc Pépin sur le bilinguisme prononcé au cours de la fin de semaine du 15 au 17 avril.

Il ne faut pas se tromper. Le colonisé idéal aux yeux du colonisateur, c'est le bilingue en ceci qu'il ne conteste d'aucune manière l'univers mental du colonisateur. Imaginez un colonisateur qui doit échanger quelques mots avec un colonisé et que celui-ci ne parle pas la langue du colonisateur: il est pris de panique. Première réaction (maintes fois vérifiée): *Are you a separatist?*

Vous parlez votre langue, donc vous êtes dangereux. Pas très rationnel, direz-vous. Au contraire. Le colonisateur sent bien qu'il est dès lors profondément remis en question. Son équilibre, où depuis toujours les siens étaient anglais et nous étions bilingues, risque de s'effondrer. J'ai vu de mes yeux dans ce qu'on appelle un «cinq-dix-quinze» une vendeuse unilingue anglaise tenter de battre avec un drap replié une cliente qui exigeait du français. En plus de la battre, elle la traitait de FLQ et tout et tout.

À Trois-Rivières, nommée par ses maires et échevins la ville la plus française du monde, 5 p. 100 de la population seulement parle anglais. Ce 5 p. 100 est à majorité unilingue et si, devant un de ces messieurs, vous parlez français, vous êtes aussitôt épinglé comme étant un être marginal, qui cherche la bagarre, qui veut en imposer, un «exalté».

Le colonisateur a réussi ce tour de force incroyable de se faire passer pour un colonisé et le sentiment qui nous anime quand on parle anglais devant un unilingue, c'en est presque un de pitié. Combien de fois dans des soirées un seul invité sur dix était anglais, faisant tous les efforts pour baragouiner le français, mais tellement mal qu'à la fin tout le monde parlait anglais? Par générosité pure ou par politesse ou je ne sais quoi, en tout cas, un sentiment de supériorité.

La minorité anglaise est bien consciente que si elle nous a par la langue, elle nous a sur tout le reste. Quand nous abdiquons le français où que ce soit au Québec, nous nous nions comme étant d'une culture différente, nous abolissons les conflits, nous nous assimilons volontairement, nous nous anéantissons, nous sommes déjà disparus «dans le grand tout anglo-saxon».

D'autre part, chaque fois que nous parlons français devant le colonisateur, nous nous posons comme décolonisés. Citons Frantz Fanon: «Tenir tête à l'occupant sur cet élément précis, c'est lui infliger un échec spectaculaire, c'est surtout maintenir à la "coexistence" ses dimensions de conflit et de guerre latente. C'est entretenir l'atmosphère de paix armée.»

Un des signes les plus clairs de notre mentalité de colonisés, de «déconnectés», c'est la réduction de l'importance de la lutte linguistique au niveau de la manie de vieux garçons un peu ridicule, une «patente pour la Saint-Jean-Baptiste». Car le colonialisme, ce n'est pas que chez le colonisateur qu'on le trouve, mais aussi chez le colonisé. Chez le colonisateur, il consiste surtout à opprimer le colonisé par tous les moyens, à investir son cerveau de toutes parts, à discréditer celles de ses actions qui le contestent le plus, le tout dans un climat d'irrationalité profonde (*cf.* «*Are you a separatist?*»). Chez le colonisé, répétons-le, c'est la déconnexion, l'absence à la réalité.

Dans cette lutte linguistique, le colonisateur emploie tous les moyens. On a d'abord vu l'importance du bilinguisme, et que le bilinguisme c'est, dit Albert Dauzat, le passage transitoire d'une langue à une autre. Le bilinguisme, comme nous l'avons déjà écrit, c'est l'unilinguisme du plus fort.

Mais il y a plus. Une autre phase de la lutte consiste à discréditer le français qui est parlé ici: là, nous atteignons le tréfonds du spécieux. C'est l'Anglais qui salit notre langue via le capitalisme et, deux cents ans plus tard, il ose dire: Pourquoi apprendrions-nous le français, puisque vous ne parlez même pas le français? Ainsi, le bilinguisme ne peut jouer que dans un sens puisque, dans l'autre sens, il débouche sur une langue qui n'est même plus parlée au Québec. C'est aussi fou que l'argument qui consiste à dire que les Québécois ne sont pas présents dans l'économie de leur province parce qu'ils n'ont pas voulu l'être et que les Anglais, en fin de compte, n'ont fait que remplir un vide laissé par ces imbéciles de Canadiens français. Dire ça, c'est ignorer que Londres déversait l'argent ici par millions au début de la colonie et que Paris, au contraire, rapatriait toutes ses ressources, humaines et financières. Le colonisateur ne se gêne donc pas pour parler à travers son chapeau en attendant que le Québec lui fasse une crotte sur la tête.

C'est d'ailleurs fréquent dans le genre de guerre froide en cours actuellement. Il se trouve toujours quelqu'un pour dire n'importe quoi. Mais ce qui est le plus frappant, c'est que l'approximation, la demi-vérité, en un mot le mensonge, vient toujours de la bouche du colonisateur. C'est que l'ombre joue pour lui. Tout ce qui reste dans l'ombre l'aide à perpétuer son exploitation. Pour nous, au contraire, seules la lumière et la vérité comptent. Nous voulons que la situation réelle soit connue. Nous voulons savoir quelle est l'emprise du capitalisme anglo-saxon sur le Québec. Mais essayez de connaître ces chiffres! Nous voulons savoir quels sont les profits des compagnies de construction. Nous voulons savoir ce que vaut le travail des Québécois et ce que ceux-ci rapportent aux capitalistes. Nous voulons savoir au prix de combien de pauvres ces messieurs anglo-saxons habitent Westmount, sont membres du St. James Club, roulent en Rolls-Royce, ont des chauffeurs et sont millionnaires. Qu'on nous le dise, si on n'a pas peur...

Pour finir, j'aimerais citer cet éditorial du quotidien *The Intelligencer*, de Belleville, en Ontario: «Si une telle politique [la politique du bilinguisme dans la fonction publique] était mise en vigueur, il serait à craindre que les Canadiens d'expression française, traditionnellement plus versés dans les deux langues que leurs compatriotes de langue anglaise, jouissent éventuellement de trop d'influence au sein du gouvernement et dans la société canadienne en général. Ce serait se condamner soi-même si ce qui était fondamentalement destiné à favoriser une plus grande compréhension entre les deux groupes ethniques qui ont fondé ce pays allait devenir une source de rancune et de mécontentement.»

Fantastique! Entendre parler de la rancune des Anglo-Saxons contre les Canadiens français en plein Canada en 1966. Ces gens-là ne doutent de rien! La boucle est bouclée. Toutes les issues sont fermées, une fois de plus. Je me pose une question: à partir de combien de claques sur la gueule les gens se rendent-ils compte qu'ils sont à l'agonie et qu'il n'y a plus qu'à procéder à la libération s'ils veulent survivre?

Parti pris, mai 1966

Le joual vert[1]

À tous nos beaux esprits. Quoique je sente la vive agressivité poindre en moi. L'agressivité lasse. Des fois, on en est épuisé et on pense à l'exil volontaire. Agressivité n'est pas le mot juste. Santé, colère conviendraient mieux. À tous nos beaux esprits, donc.

Le relevé de tous les mots «jouaux» a-t-il été fait par ces savants? Même pas. C'est ainsi qu'on doit s'improviser tout. L'intellectuel québécois indépendantiste de gauche, si j'avais à le définir, je dirais qu'il est l'homme orchestre improvisé. On s'improvise politicologue, économiste, constitutionnaliste, linguiste parce que ces messieurs des facultés ont autre chose à faire que d'être de leur temps. Il y a des exceptions, bien entendu, mais la plupart du temps, nous, on se rend compte que d'immenses pans de la réalité québécoise nous sont inconnus dont nous soupçonnons la valeur révolutionnaire à un point tel que l'on court chez le libraire, qu'on y paie tout ce qu'il a sur l'économie et que, le lendemain, c'est à recommencer en psychologie, en sciences politiques, etc. Ma fonction à moi, c'est écrire. Or je n'écris plus, je ne suis plus voué au langage parce que je suis happé par la réalité qui ne demande qu'à apparaître et le plus exactement possible. Or je n'ai pas les outils pour le faire et je me tue à les acquérir, et je suis débordé, submergé par mon ignorance. Je suis un écrivain, moi, et j'ai hâte au jour où les écrivains pourront faire leur métier d'écrire, uniquement, s'occuper des mots, mener enfin une vie normale d'écrivain.

Dans la lutte, tout doit être mis de la partie. Mais on s'use vite à se démultiplier ainsi et, au bout du compte, à qui joue le plus pour le statu quo, c'est la fatigue de la gauche, la gauche toujours recommencée. Tout comme, à Montréal, sur les avions d'Air Canada, sur les trains du CN, au télégraphe du CP, dans les banques, tout le monde est bilingue en principe mais, assez curieusement, c'est toujours l'anglais qui leur vient à l'esprit le premier. Il nous faut faire un effort supplémentaire pour qu'ils nous parlent notre langue. La force d'inertie joue pour eux. Dans la société à majorité humaine française et à majorité financière anglaise où nous vivons, c'est la finance qui l'emporte sur l'homme, c'est connu, de sorte que nous travaillons en fin de compte pour ces cinq millions de semblables au sens le plus strict du mot, des décalques de nous-mêmes, des exemplaires d'une même édition dont aucun de nous n'est numéroté ou sur papier de luxe, tous exemplaires d'une édition colonisée sur tranche.

Le titre de ce livre a une histoire. Norge en a écrit un qu'il a appelé *La langue verte*[2] dans lequel il dit «En veux-tu de l'humain, en voilà» et «Ainsi les mots naissent, les mots durent, les mots se fanent et reverdissent» et encore «Ils sont comme les enfants, les mots: ils ont besoin de jouer quand ils sont jeunes» et enfin «Et toi, le dur de comprenure, tu sais bien que ma recherche est l'homme», de quoi il faut retenir ceci: les mots québécois racontent l'histoire du pays du Québec mieux que les chanoines et les Frégault. J'ai pas besoin de tout lire l'histoire du Canada pour savoir que j'ai été assiégé, puis défait, conquis, envahi et enfin colonisé. Je sors rue Sainte-Catherine et ça me saute sur la gueule comme tous les in-quartos de la Saint-Sulpice. Pays anormal, le Québec parle une langue anormale.

Écoutez le jazz le plus signifiant: Coltrane, Shepp, Dolphy, Coleman, ça grince, ça crie, ça déchire et ça gueule, c'est obscène à l'oreille comme le mot cul ou le mot chnolles, ce jazz-là, c'est des bruits qu'on ne trouve pas dans les dictionnaires de la musique, c'est du cri de quelqu'un qui en a assez et qui saute par-dessus les frontières connues du jazz, faute de pouvoir sauter par-dessus les frontières du racisme des Américains.

Le joual, c'est aussi cela, c'est malpropre, sale et dégueulasse, ça fait honte aux gens, ça crie, ça grogne, ça bave de partout. Tiens, je me souviens d'une fois avec Jacques Godbout à une rencontre des écrivains, au Club canadien, deux respectables personnes, Gérard Dagenais, je crois, et Marcel A. Gagnon, qu'on peut soupçonner de n'importe quoi sauf de faire dans le joual, s'engueulaient comme des concierges; sur ce, Mme Andrée Paradis se tourne vers nous deux et nous lance, ulcérée: «Voilà où vous nous menez, vous autres, avec votre joual.»

Mme Paradis avait tout compris: le joual, c'est l'empoignade, c'est le crachat, l'injure, le cri, la grince, l'hostie, le tabarnaque et le cinq-ciboire.

Mais je m'égare. Le joual, c'est les déchets de notre langue, mais le peuple, dont la santé est bien connue, donne à ces déchets une vigueur du câlisse. De peu de mots le maître, le peuple donne à ceux qu'il a la force des vingt-cinq mille qui lui manquent. Situation bien entendu transitoire, messieurs les linguistes, les grammairiens et les puristes, ne vous énervez pas si tôt, ne montez pas sur vos grands chevaux, mais situation véritable quand même. Prenez, par exemple, le mot tabernacle, ou tabarnac, ou tabarnaque (l'orthographe est libre), combien de sens a-t-il dans notre langue? Une bonne vingtaine.

    admiratif: elle est belle en tabernacle

    méprisant: c'est un tabernacle

    heureux: ah ben, tabernacle

    surpris: ça parle au tabernacle

    et ainsi de suite.

Les sentiments passent tout de même. Pour les idées, évidemment, c'est impossible et c'est bien là la sournoiserie de la chose.

Mais, alors, la solution? L'unilinguisme, messieurs. C'est-à-dire la fin du machemalo gouvernemental relativement au langage. Une politique véritablement nationale de la langue. La fin de la générosité constitutionnelle aux dépens du peuple, car c'est lui qui écope, dans les usines et dans la rue, c'est lui qui les reçoit, les coups de pied dans son génie linguistique.

Le joual vert, ça parle au joual vert, ah ben mon joual vert. Le joual vert, c'est probablement le Québécois qui est en joual vert de se faire piler sur les pieds chez lui comme ça depuis deux cents ans.

Ce joual vert, je le dédie à la femme que j'aime, la Pélagie, et aux êtres que j'aime, mes compatriotes.

    X, Y et Z et parodiant Maïakovsky

    5 000 000 est le nom de l'artisan de ce poème

    5 000 000 parlent par mes lèvres

    la rotative des pas

        sur le vélin des pavés

    a imprimé cette édition

    est-ce assez direct est-ce assez libre

    comme poésie est-ce assez honnête

    est-ce assez moi est-ce assez sincère

    Le joual est le syndrome d'une culture nationale moribonde. Ne dramatisons pas, les hommes n'en meurent pas, ils changent, c'est tout. Dans leur course, ils se dirigent fatalement vers l'anglicisation, vers la canadiennisation, vers l'«unité nationale» à la Trudeau-Diefenbaker. Ce n'est pas grave, c'est une nation qui disparaît. Je dis de moi: je n'ai pas d'avenir, *but I have a future*. Tout tient dans cette sinistre boutade.

1966; inédit

---

1. Le premier titre du recueil qui s'intitule *Les cantouques* est «Le joual vert», titre qui devait manifestement être «expliqué», en 1966, par cet «avertissement» resté manuscrit et inédit — sauf quatre passages: voir *Cantouques & Cie*, l'Hexagone, 1991, p. 175-176.
2. 1954.

Le joual et la poésie
(entretien d'Hugues Desalle
avec Gérald Godin et Gaston Miron, *extraits*)

G. G.: En fait, ce qui distingue le plus ton groupe (ou la généra-tion) du mien[1], c'est que nous, on a voulu récupérer, disons, la langue du Québec — qu'on appelle la langue jouale — dans sa totalité et en faire une espèce de rédemption.

Moi, il y a un incident que je raconte chaque fois qu'on parle de la langue. J'étais dans un parc public, je lisais. Sur le banc voisin, il y avait deux gars d'à peu près cinquante ans qui parlaient, qui discu-taient. Soudainement, ils s'arrêtent et me disent: «On parle mal, hein.» Ils se sentaient coupables de mal parler. Moi, j'ai senti comme une blessure, comme une gifle, l'aberration de tous ceux qui nous disent depuis toujours: «Il faut bien parler: ne dites pas "bines", mais dites "fèves", ne dites pas tel mot anglais, mais dites tel mot français.» Ce qu'on a fait à ce moment-là, c'est qu'on a réussi à couper les gens de leur langue, on a réussi à faire en sorte qu'ils aient honte de parler, de s'exprimer. Et ils n'avaient plus d'autre recours que de se replier sur eux-mêmes et de se taire à tout jamais, tu comprends.

Dans la littérature du Québec, dans le cinéma aussi, ce qui frappe tout le monde, c'est que les gens ne s'expriment pas: non pas qu'ils n'aient pas de mots, mais ils ont honte des mots qu'ils peuvent em-ployer, des mots qu'ils savent. Parce qu'ils ne savent jamais si c'est conforme à la règle. Et, plutôt que de faire une faute, de se tromper, ils ne parlent pas.

Moi dans la poésie des *Cantouque*s — que j'ai sous-titré *Poèmes en langue verte, populaire et quelquefois française* avec ironie — et d'autres de ma génération dans le roman, ce que nous avons voulu faire, c'est récupérer cette langue-là et montrer aux gens qu'ils avaient le droit et le devoir de parler comme ça, et que ce n'était pas à eux de changer la langue — il faut les conditions extérieures, les conditions objectives, il faut qu'ils puissent travailler en français pour pouvoir un jour parler français —, que ce n'est pas du tout à eux seuls, dans leur coin, à essayer de sauver la langue française, tu comprends.

Ce que l'élite a appris et imposé aux Québécois, c'est: «Faites tout le boulot vous-mêmes et démerdez-vous tout seuls.» Alors que nous, ce qu'on a voulu faire, c'est le lien, le pont entre les Québécois et l'élite qui dit aux gens «parlez-bien», mais qui ne leur donne pas le moyen de bien parler, c'est-à-dire une langue de travail obligatoirement en français (parce qu'on sait ici que les gens travaillent en anglais, vont au cinéma en anglais, lisent les journaux anglais, et parlent français seulement chez eux, le soir après souper, dans les cérémonies familiales).

Donc, tant que la situation n'est pas clarifiée, qu'on n'exige pas du peuple québécois qu'il parle un bon français, c'est une aberration totale.

Nous, on a voulu «rexpérer[2]» cette langue-là dans toute sa vulgarité, dans toute sa saveur également, pour que les gens n'aient plus honte de leur langue, n'aient plus honte de s'exprimer et, par conséquent, apportent leur petite pierre, leur petite roche à l'édifice culturel universel.

H. D.: Gérald Godin a prononcé tout à l'heure le mot de «joual». Il s'écrit J-O-U-A-L.

G. G.: J-O-U-A-L, c'est «cheval», tel que nous, on le prononce ici, enfin, tel que les Québécois le prononcent. Le joual, en fait, est une langue déculturée, c'est-à-dire coupée de ses sources, et un composite de la langue française du XVIIe siècle, c'est-à-dire du français de l'époque où nous, on est arrivés ici. À ce moment-là, les ponts ont été coupés entre la France et nous, nous sommes restés sur ce français qui n'avait pas encore accédé à l'ère industrielle, et l'accession à l'ère industrielle s'est faite, pour nous, en anglais. Le joual est devenu non plus un patois, non plus la langue française classique du XVIIe siècle, mais s'est jumelé à un vocabulaire anglais qui recouvrait à peu près l'intégrité[3] du monde technique et industriel.

Le joual participe donc des deux cultures. C'est une langue «bilingue», qui réunit les deux, mais qui se venge de l'anglais en donnant aux mots anglais un sens que même les Anglais ne comprennent pas: c'est la revanche du colonisé sur la culture qui le domine. D'ailleurs, c'est un des phénomènes les plus marrants quand nous, en vue de faire disparaître le joual et d'accéder à nouveau au français international du XXe siècle, on parle d'indépendance. Un des reproches que nous font les gens qui sont contre notre mouvement, c'est: «Vous voulez entrer dans un ghetto». Or nous sommes déjà dans un ghetto linguistique et c'est parce que nous voulons en sortir que nous sommes nationalistes et que nous voulons nous replier sur nous-mêmes pour mieux bondir et devenir universels.

Effacer la tare du joual, redevenir français, et un français qui soit universel parce que nous, Canadiens français, on découvre à Paris que le français est une langue du xxe siècle alors que ce qu'on connaît ici, c'est qu'il est une langue du xviie siècle. Je me souviens que, lors de mon premier voyage là-bas, ç'a été un éblouissement quand j'ai vu que le français pouvait recouvrir toute la réalité technique et industrielle alors que j'étais sous l'impression très forte que seul l'anglais pouvait rendre compte du moteur, de la mécanique, de la technique, etc. Ç'a été un lessivage, un nettoyage de cerveau inouï. Aucun Canadien français qui va à Paris n'échappe à cette impression d'un bain de fraîcheur: il sent son cerveau nettoyé, lavé de toutes les taches, de toutes les saletés, de toute la pollution qu'il a dans la tête depuis sa naissance.

Je pense que Gaston a ressenti ça également, cette espèce de récupération: on redevient soi-même, tout simplement.

G. M.: Le problème de la langue, comme auteur de poèmes ou comme poète, tout simplement, m'a toujours préoccupé. C'est le premier problème qui m'a assailli quand j'ai commencé d'écrire.

On constatait deux choses: on constatait que nous écrivions dans une langue tout à fait littéraire et que nous nous adressions à un public restreint, c'est-à-dire à des élites. C'était une littérature d'élite, ce l'est encore pour une bonne part, mais de moins en moins. Nous, nous avons essayé non pas d'écrire en joual — c'est vous qui accomplirez cette deuxième phase, qui irez jusqu'au bout du processus —, mais de faire accéder à la dignité poétique tous les mots nouveaux, tous les mots archaïques même, toutes les inventions de mots que charrie le Québec depuis deux cents ans. Je parlais tout à l'heure, par exemple, de «ma vie en friche», de «je suis charpente et beaucoup de fardoches», de «la conjuration de mes manitous maléfiques»: il y a là une récupération, une réhabilitation, à travers nous, de l'héritage indien que nous avions fait disparaître. C'est à nous de le faire, nous qui sommes les humiliés de l'Amérique du Nord. Nous avons donc fait accéder à la dignité poétique l'ensemble des expressions typiquement québécoises.

G. G.: Avec nous, le principal changement qui a été effectué, c'est que la poésie a cessé d'être sacrée. Le succès de vente n'est pas éloquent mais, enfin, il reste que beaucoup de gens qui ne lisaient pas de poésie lisent la poésie jouale et se reconnaissent, et, pour la première fois, communiquent avec le monde de la poésie qui, jusqu'à maintenant, leur avait été fermé parce qu'il y avait là une poésie que je qualifierais de sophistiquée, de snob. Non pas qu'elle le serait en France, mais parce qu'ici elle n'utilisait pas du tout les mots que tout le monde emploie tous les jours. Moi, en tout cas, j'ai épluché systématiquement tous les bouquins de bon parler français: je prenais la colonne du mauvais parler français et je disais: ça, ce sont des mots poétiques. J'ai nettoyé cette colonne-là et l'ai foutue dans mes bouquins. Un exemple: «goût de tinette et tabarnaque / venez-y donc si vous l'osez / cresson de bouteille et couenne dure / cinclème et vieux matou / venez-y donc que je vous montre / de quel bois je ne me chauffe pas». Un autre: «voici de sa part comme de personne / pimbina et petit thé / mélèze et le plus grand panache / du plus vieux de tous les boques / descendu à la FN des fusiliers du Vanndouze / au crique sans cœur en haut de La Tuque / voici pelotages et caresses / menteries et gallons de gouffe». Il y a là un exemple très précis: l'élan, que Miron dans ses poèmes appelle orignal, mot du dictionnaire, nous on l'appelle boque, comme l'appellent les bûcherons.

[...]

G. G.: Sais-tu, Gaston, je me rends compte d'une chose effrayante (*rires*).

G. M.: Quoi?

G. G.: C'est que, à cause du joual, on a peut-être oublié, nous autres, la poésie. Dans la mesure où l'engagement dans les luttes politiques s'intensifiait, on pouvait de moins en moins échapper à la politique. Par ta faute, qui m'as mis sur cette voie, et par la faute de Michel van Schendel aussi, un de nos amis poètes, qui m'a dit que la poésie qui n'était pas totalement engagée dans une lutte collective de tout un peuple ne valait rien, j'ai élargi le champ d'action de ma poésie mais, en chemin, j'ai peut-être oublié ce qu'étaient la poésie et le sentiment. Et je suis victime, la première victime peut-être, de la situation qui existe au Québec. Le problème de la langue prend tellement de place qu'on oublie celui de la poésie et, à force de vouloir parler pour les autres, on oublie de parler pour soi. C'est probablement ce qui m'est arrivé, je m'en rends compte en t'écoutant. Tes poèmes me touchent beaucoup. Quand tu les lis, je me rends compte que tu as été moins bouffé par la politique, du moins dans ces poèmes, et que ta poésie s'en est trouvée plus près de la poésie que la mienne où, à cause du fait que j'ai voulu donner la parole à tout le monde, je me la suis enlevée à moi-même.

H. D.: Mais non, Gérald Godin, ce n'est pas mon impression. Quand je vous entends tous les deux, je ne pense ni Canada français, ni anglais, ni rien du tout. J'écoute de la poésie, tout simplement.

G. G.: Mais si je fais un poème que les gens ne comprennent pas, que les Français, disons, ne comprennent pas, est-ce que je ne frappe pas à la mauvaise porte?

H. D.: Non. Il y a un charme dans un poème qu'on ne comprend pas. Et même des mots peuvent avoir pour nous un son, une musique, une évocation qui ne sont peut-être pas les vrais mais qui existent.

G. G.: J'ai des doutes qui sont ceux de tous les écrivains que je connais qui ont écrit en joual. On fait une chose, enfin, passagère et transitoire, la plus vraie qui puisse être en 1967 et la plus représentative du Québec, mais, de ce fait, on se coupe du monde extérieur, on se coupe de la France qui reste, malgré tout, la mamelle culturelle du Québec. On s'en coupe en écrivant la langue réelle. Et on sait fort bien que, si l'indépendance se fait et si la récupération culturelle se fait, personne n'y comprendra plus rien dans cinq ans. On aura témoigné d'une période très précise, mais pas pour plus longtemps.

H. D.: Le croyez-vous?

G. G.: Je le crois vraiment.

H. D.: Même si on est obligé de traduire des mots, la poésie du Moyen Âge reste quand même.

G. G. Ah! Vous me touchez beaucoup à ce moment-là (*rires*).

[...]

G. G.: Dans la vie quotidienne, nous nous heurtons tous les jours à des problèmes. Et, comme par hasard, ça passe par la langue, ces problèmes-là. L'économie, ici, elle a un décalque dans la langue, par la langue. Si l'on voulait vous démontrer quelle est la proportion de l'économie du Québec qui appartient aux Américains, aux Anglo-Saxons, on ne vous dirait pas: «allez voir les statistiques au ministère du Commerce», on vous dirait: «regardez le nombre d'affiches qu'il y a en anglais dans une ville comme Montréal et vous aurez le portrait, le tableau... et même plus que le tableau.» Comme nous sommes poètes, notre matériau est dans la langue et nous ne pouvons pas échapper à cette maudite condition collective. Je suis pris avec ce maudit pays-là à sauver. Moi, je dis que l'écrivain est la conscience malheureuse de la collectivité dont il fait partie. On a beau essayer de ne pas être cette conscience-là, on l'est quand même et malgré soi. Et quand on cesse de l'être, on est encore plus malheureux. Il faut essayer de délimiter, de décrire et d'éclairer le mieux possible la situation pour que, apparaissant évidente à tous, tous et chacun se sentent un devoir de la transformer.

Moi, j'ai beaucoup de haine et de mépris pour les écrivains du Québec qui ne sont pas engagés dans cette lutte parce que je me dis: à ce moment-là, s'ils ne sont pas préoccupés par ça, c'est qu'ils n'écrivent pas avec la langue, ils écrivent avec le dictionnaire, ils écrivent avec une chose qui n'est pas vivante. La chose vivante, qui est la langue, est le reflet de toute cette situation pourrie, et tant qu'elle ne sera pas changée, on sera malheureux. C'est tout.

G. M.: Il est indéniable, à l'intérieur de cette Amérique-là, que chacun se perçoit dans des conditions particulières: ou il se sent menacé, ou il se sent en sécurité. Dans notre cas, nous nous sentons menacés. C'est un problème qui me préoccupe beaucoup aussi. Je crois actuellement que nous sommes à un tournant assez tragique de notre histoire en ce sens que nous sommes menacés de nous dépersonnaliser par l'aliénation linguistique, par le bas, d'une part, menacés, du fait que nous n'avons pas d'identité précise, sur les plans ethnique et politique, d'autre part.

G. G.: Il y a une grande contestation que je fais de moi-même, qui est: tout d'un coup, il y aurait une tout autre analyse possible, une tout autre perspective possible. Cette perspective-là, c'est la survivance automatique d'une culture différenciée sur un territoire donné. Autrement dit: passer d'une perspective pessimiste à une perspective optimiste. La révolution, au fond, ça sera peut-être le jour où les Québécois changeront leur perspective pessimiste de survivance difficile, de difficulté d'être, pour une perspective optimiste qui serait: non seulement nous existons, nous sommes différents, mais notre langue, quelle qu'elle soit, existe, est sur la carte linguistique du monde, on n'a pas à se poser la question «est-elle anglaise, française ou ci ou ça», et est différenciée.

Moi, j'hésite entre les deux et je vais probablement hésiter toute mon existence.

L'âme du Canada français par deux poètes du Québec
(Montréal, juin 1967), coll. «L'âme de…»,
n° 1, 33 tours, Paris, Réalisations sonores

1. La génération dite de l'Hexagone (à laquelle appartient Gaston Miron) et la génération dite de Parti pris (à laquelle appartient Gérald Godin).
2. Lapsus en forme de mot-valise: récupérer + exprimer.
3. Autre lapsus: intégralité.

L'enseignement de la littérature
en rapport avec l'état de la langue

L'état de la langue au Québec est mauvais pour les raisons histo-riques et par la suite économiques que l'on sait. Est-ce que la littéra-ture a un rôle à jouer dans ce redressement de l'état de la langue? Oui ou non, si l'on conçoit son rôle comme étant un engagement, une uti-lité que veulent nous imposer certains sergents recruteurs. Je crois que la littérature n'a aucun rôle à jouer à cet égard. En d'autres termes, la littérature ne doit pas colporter une grammaire en ses poches, une grammaire qui soit celle du français universel. Là n'est pas son rôle, ni sa fonction.

Tout engagement imposé de l'extérieur ne peut donner que des œuvres minables. Toutefois, la littérature, telle qu'un groupe d'écri-vains dont je fais partie, celui de *Parti pris*, la conçoit, avait et a un rôle éminent à jouer, non pas pour l'amélioration de la langue, mais pour éclairer la situation réelle: d'une part, les gens du peuple québé-cois, d'autre part, la langue qu'ils parlent. La conception que les écri-vains de *Parti pris* se faisaient et se font du rôle de la littérature est as-sez simple. Et de toute manière elle était partiellement inconsciente, surgie de l'âme même des écrivains de *Parti pris* qui sont, pour la ma-jorité, d'origine modeste et qui, par conséquent, ont été élevés dans ce que [Jacques] Allard appelle «cette mare linguistique» et pas du tout dans ce langage minoritaire qui est ici le beau langage. Cela com-mence avec Albert Laberge dans *La scouine*, se poursuit un peu avec Ringuet, puis Bessette, enfin avec nous et d'autres.

Il s'agissait de montrer les choses telles qu'elles étaient, d'utili-ser la langue telle qu'elle se parlait. Or, très rapidement, tous se sont rendu compte que cette langue-là ne se référait à aucune règle, à aucu-ne grammaire, à aucune syntaxe, à aucune stylistique ou encore à au-cune stylistique française. Qu'elle était en quelque sorte un argot, une langue marginale et pourtant très vivante dont le français absolu ou le français international s'est nourri en France et se nourrit encore, mais qu'ici, pour certaines raisons qu'il serait trop long de définir, on continue de mépriser, on continue de vouer aux gémonies et de vouloir jeter en prison. Un aspect important de cette attitude moraliste débouche nécessairement sur le paternalisme et surtout, ce qui est plus grave pour nous, sur la répression. Je m'expliquerai là-dessus plus loin. Cette langue-là, donc, était une langue sale, avilie comme a dit Vigneault, une langue punie. Une langue polluée par un contact incessant avec une autre langue qu'il fallait parler, qu'il faut encore parler pour gagner sa vie.

Donc, écrire cette langue était consciemment ou inconsciemment poser un geste politique. C'était brandir une pancarte, c'était faire du piquetage à la porte du Parlement, c'était rappeler à tous que nous étions humiliés et que bien parler eût été se maquiller. Bien parler eût été vouloir sortir de son propre pays, se couper de son propre peuple, s'aliéner, choisir l'irréalité, l'absence au monde. Or des gens se sont trouvés, qui ont voulu sauver la langue sans vouloir sauver le peuple ou sans même y penser ou en se disant: c'est impossible. Ils ont voulu sauver la langue telle quelle. Toute seule. C'était bien mal connaître ce qu'est la vie même d'une langue. Si le Québec est sauvé, la langue sera sauvée, et non pas le contraire.

Maintenant, quant à la répression, elle est exercée par les gens qui détiennent ou qui contrôlent d'une part l'enseignement, d'autre part les librairies des maisons d'enseignement et même certaines librairies publiques, le ministère des Affaires culturelles, qui ont cette attitude moraliste face à toute littérature et même à toute chose. Cela procède évidemment d'une vieille histoire dont on a parlé lors d'une dernière rencontre des écrivains ici, qui portait précisément contre ce moralisme ou cette déformation moralisante de nos contrôleurs patentés. Donc, cette répression, elle s'exerce contre les écrivains qui écrivent en langue populaire, dans les librairies des maisons d'enseignement. Par exemple, je sais que dans la plupart des maisons d'enseignement, certains livres écrits en langue populaire ne sont pas admis, pour toutes sortes de raisons. Je sais aussi qu'au ministère des Affaires culturelles un sous-ministre, qui n'est plus là d'ailleurs, avait juré sur la tête de qui voulait l'entendre que jamais le ministère n'encouragerait cette forme de littérature qui colportait ce qu'on appelait des verrues linguistiques, ce que François Hertel appelait des injures à la langue française et ce que d'autres appellent le sabir. En refusant cela, ces gens refusaient le peuple dont ils faisaient partie, ils refusaient la terre et l'histoire dont ils sont issus.

Les choses vont-elles changer maintenant que l'enseignement est décléricalisé et démoralisé, en deux mots. Je l'ignore. Je souhaite tout simplement que, face à la littérature du Québec, on ait un point de vue ouvert et non pas fermé. Et je souhaite que face à la littérature du Québec, au lieu d'être des sergents recruteurs ou des punisseurs, on regarde les choses telles qu'elles sont, car cette langue était en positif et est encore en positif le décalque de notre originalité en terre d'Amérique. Et en négatif le reflet de notre situation de colonisés.

Si la situation change, cette littérature changera et cette langue changera. Si la situation ne change pas, cette littérature continuera d'exister, malgré tout et malgré tous. Je sais qu'il y a certains critiques qui non seulement sont favorables à cette forme de littérature, mais qui veulent qu'elle soit le fondement même d'une langue québécoise qui serait plus originale que française. C'est l'avenir qui va statuer là-dessus[1].

VIe Rencontre des écrivains, Sainte-Adèle, 24-26 mai 1968;
Liberté, mai-juin 1968

---

1. Monique Bosco, romancière et poète participant à la même rencontre, envoie au *Devoir* un article («Dissidence ou l'unanimité renaît de ses cendres», 4 juin 1968) dans lequel elle prend position contre la résolution en faveur de l'unilinguisme prise par les écrivains présents. Gérald Godin («Ce qui s'est passé à la VIe Rencontre des écrivains») et André Payette («Ce qui s'est passé à la revue *Liberté*») lui répondent (*Le Devoir*, 10 juin 1968). Le dernier paragraphe de la réponse de Gérald Godin se lit comme suit:

Enfin, et pour conclure, Mme Bosco est carrément malhonnête quand elle prétend que certains écrivains croient à la valeur curative du joual. La vérité est tout autre. Certains écrivains voient le joual comme une grave maladie du langage et de la société, et ne reconnaissent à cet égard de valeur curative qu'à l'unilinguisme. Tel est le fond du débat sur cette résolution et toute autre interprétation est carrément abusive, pour ne pas dire pis.

Joual

Il n'y a rien de plus contraire aux intérêts
du peuple et de l'égalité que d'être difficile
sur le langage.

ROBESPIERRE

Pour André Laurendeau, les membres du FLQ étaient des «fauves». Pour les indépendantistes, les policiers sont des «chiens». Pour Mao, les Américains sont des «tigres de papier». Pour Jean-Marie Bédard, les capitalistes et leurs politiciens sont des «vipères lubriques». Pour Édouard d'Anglemont, les pétroleuses de 1834 sont des «louves du faubourg». Pour Théophile Gautier, les révolutionnaires de 1871 sont «les hyènes de 1793 et les gorilles de la Commune». Pour le Frère Untel, dont on s'est tôt rendu compte qu'il était plutôt Quelconque, la langue que nous parlions était du «joual». Ainsi le recours à l'écurie ou au zoo ne date-t-il pas d'hier quand on veut perdre quelqu'un. Par un calcul moraliste et sans doute bien intentionné, le Frère Quelconque se disait: dire qu'ils parlent joual leur sera à honte et ils voudront changer, se corriger. Et les bourgeois d'applaudir. Je le sais, j'en ai été. Mais plus tard, il allait devenir évident que la libération de notre langue n'allait pas être le premier, mais le dernier mot de notre libération totale. Qu'il fallait voir la langue non plus comme deux cents ans de Jules-Paul Tardivel, d'Étienne Blanchard, de Victor Barbeau, de Gérard Dagenais et de Jean-Marie Laurence: un objet esthétique sans lien avec tout le réel, mais bien plutôt comme un fait historique. Quel lieu privilégié de recherches et surtout de découvertes sur l'état de notre État la langue ne devenait-elle pas alors! Elle était, proprement, le premier fait révolutionnaire, et toute autre perspective (en fait, la seule autre étant de viser à la «correction» du langage) ne pouvait apparaître que comme de plus en plus mystifiante et procédant du traditionnel mépris bourgeois pour tout ce qui est le peuple. Le *lousy french* a couronné (provisoirement, j'imagine, car l'aberration à cet égard n'est sûrement pas terminée) cette théorie, ce chapelet d'injures issues toutes armées de cerveaux certains de leur supériorité sur «le commun». Quand on parle de la trahison des élites, c'est là qu'elle se manifeste au premier chef. La vraie trahison des clercs, c'est de mépriser, au lieu d'analyser. L'utilisation systématique du «joual» devenait ainsi du terrorisme littéraire. Depuis, toutefois, les attitudes ont changé. D'authentiques faiseurs, tels Éloi de Grandmont, ont fait une mouture du *Pygmalion* en «joual» pour quelques dollars. Michel Tremblay avec *Les belles-sœurs*, Jacques Geoffroy avec son show Ti-Pop, *L'osstidcho* de Charlebois et quelques autres ont été des manifestations réelles d'une nouvelle réalité artistique et d'une nouvelle réalité tout court. Ce fut ce qu'on peut appeler «le joual assumé», qui suit l'époque de ce que j'appelais en 1964 «la rédemption du joual». On parla «joual» sans honte, aussi se mit-on à parler «québécois». Et la présence de *Lindbergh* et *Egg génération* (de Pélo-Sabourin-Charlebois-Forestier) au hit-parade d'Europe n° 1; et la présence de Réjean Ducharme au hit-parade de Gallimard sont la prophétique preuve de l'accession prochaine de la Terre-Québec à l'âge de la parole, de SA parole.

Liberté, janvier-février 1969

Après le joual, la libération
(entretien avec André Major, *extrait*)

En se servant du joual, l'écrivain s'engage donc politiquement?

Il s'engage dans le sens du réalisme. Au début, quand j'ai utilisé le joual, sa dimension politique m'échappait. Ça procédait d'une volonté de mettre des autobus dans la poésie. J'étais influencé par Laforgue et Apollinaire. J'avais vu aussi dans Verlaine le mot «chemise» qui de prime abord ne paraît pas poétique. Je voulais que ma poésie soit lisible, réagissant contre tant d'autres qui, ici, faisaient une poésie inabordable. Un jour, je lisais un livre dans le parc Champlain, à Trois-Rivières; deux hommes parlaient et, en me voyant avec un livre, ils m'ont dit: «On parle mal, nous aut'…» Ils avaient honte. J'ai eu l'impression qu'il fallait faire des livres qui ne leur feraient pas honte. Ce qui me révoltait à ce moment-là chez nos écrivains, c'était qu'ils écrivaient pour eux-mêmes, sans doute pour réussir. En découvrant la fausseté de cette sorte de littérature, j'ai constaté qu'il était nécessaire de décrire des choses simples et réelles. J'ai écrit *Télesse*. C'était vers les années 1960-1961. Et je me suis mis à fréquenter la réalité qui m'entourait, à aller à la pêche, par exemple. À ce moment-là, je me suis orienté vers le réalisme. Si j'avais vraiment écrit, ç'aurait été dans ce sens-là. Et puis j'ai eu besoin de comprendre théoriquement la réalité. J'ai compris que si les bourgeois ont réagi contre le joual, il y avait une raison.

Littérairement, le joual, langue provisoire, est-il défendable, si on tient compte du fait que l'écrivain veut faire une œuvre durable?

Les écrivains d'ici voulaient que leurs livres marchent à Paris; chacun avait sa petite recette pour s'insérer dans les grands courants littéraires français. Alors ils écrivaient des livres qui ne touchaient pas terre. On a longtemps produit ici la littérature la plus irréelle qui ait existé. Le Québec lui-même était le Canada français, pays irréel. Moi, je me disais, en réaction contre ça, que si on se mettait à raconter ce qu'on a vu au coin de Sainte-Catherine et de Saint-Denis, on dirait quelque chose de plus réel, de plus original et que ça serait un apport plus important à la littérature universelle que toute la littérature parisienne qui s'est faite ici. C'est l'ignorance de la littérature universelle qui explique le désir qu'on avait de faire français. Les grandes œuvres sont identifiées à un coin très précis, à une réalité complète. J'ai la certitude que chaque être humain est un pays et que s'il parle de lui, il va intéresser le monde. D'où l'usage du joual. Je ne me soucie pas, personnellement, de la postérité. Si Villon s'était dit que sa langue était provisoire, il n'aurait pas écrit ce qu'il a écrit. Tout langage peut être traduit ou adapté. Que le joual soit permanent ou non, c'est un faux problème. Les œuvres jouales montreront comment, à une époque donnée, on traduisait la réalité. [...] Certains mots du joual correspondent à des réalités qu'on ne pourrait nommer mieux autrement. Il est certain qu'on peut faire une œuvre québécoise uniquement en se servant du *Grand Robert*, ça dépend de ce qu'on veut écrire. D'ailleurs, le joual n'est pas un tout linguistique, c'est une fraction du français, un corps étranger que charrie le français. On ne peut pas extraire le joual du français et s'en contenter. Nous disions que le joual contribuerait à nous faire prendre conscience de notre identité. Le but est atteint: le joual est partout maintenant. Il n'est plus caché. Cette phase-là va déboucher sur une phase de libération. Quand nous nous serons trouvés, nous saurons de quoi nous libérer.

Avant d'être un ensemble de mots, de tournures syntaxiques, le joual n'est-il pas une impuissance à s'exprimer?

Le mot joual est souvent un raccourci, une formule concentrée, lourde de sens. Je pense que le problème de l'expression est commun à tous les peuples. Quand les gens se sentent libres, ils n'ont pas de mal à s'exprimer. On paye les gens pour qu'ils se ferment; le jour où on les paiera pour parler, ils vont parler. Ce qui marque le XXe siècle, et qui explique la contestation, c'est que les gens se rendent compte qu'ils ont leur mot à dire. On assistera bientôt à la libération du mot, qui est liée à la réalisation de l'égalité.

Le joual est utilisé par la publicité, il est même en train de devenir snob dans certains milieux.

C'est inévitable, comme les vitrines brisées au cours de manifestations pacifiques. Un phénomène marginal.

Si vous écrivez, vous servirez-vous encore du joual?

Oui. Je prépare un recueil de poèmes, *Libertés surveillées*, dont toute une partie est écrite en joual pur. [...] Ici, le langage est encore jeune alors qu'en France le français ronronne. Le nôtre fait ses premiers pas. C'est assez émouvant.

Le Devoir, 14 novembre 1969

Le rôle du joual au niveau de la langue franco-québecquoise
(lettre à Manon Béchette[1])

Montréal, 10 novembre 1970

Miss Béchette

Je vous réponds à la main parce que la police a saisi ma machine à écrire et l'a toujours.

1. Qu'est-ce que le joual pour vous?

Le joual est la langue du peuple québécois. Cette langue est le fruit et le reflet de l'histoire nationale. Par ses archaïsmes, elle montre la date de l'implantation de la France en Amérique. Par ses anglicismes, elle montre la domination de la majorité anglaise sur la minorité française dans les domaines industriel et économique. Par sa richesse, elle montre le pouvoir d'invention de la nation québécoise.

2. Pourquoi écrivez-vous en joual? Est-ce pour sa prononciation? Est-ce pour le choix des mots? Est-ce une langue pour vous?

J'écris en joual parce que j'attache un prix immense à la culture nationale dont la langue est la partie principale.

3. En temps ordinaire, comment parlez-vous?

En temps ordinaire, je parle québécois. Mais ce n'est pas du joual à proprement parler. C'est un français rustique. Je suis sorti du joual afin de pouvoir être compris du plus grand nombre de francophones possible. Le joual, s'il est un matériau littéraire de grand prix, est également comme un mur dressé entre le Québec et le monde francophone.

4. Quelle importance attachez-vous au joual aux points de vue
— de la littérature?
— de tous les jours?

Dans la littérature, l'usage du joual correspond à la naissance d'une identité québécoise réelle, vers 1960. Dans la vie de tous les jours, le joual est le meilleur moyen de communication entre les Québécois. Toutefois, au fur et à mesure de la scolarisation des gens, le joual disparaît progressivement pour laisser la place au français québécois qui est différent du français de France par certaines expressions, mais pas par la syntaxe, et reste donc compréhensible au plus grand nombre.

5. Quelles sont les influences sociales et intellectuelles que vous rattachez aux gens

— qui ne parlent que le joual?

— qui parlent le joual mais avec plusieurs particularités (la norme québecquoise)?

qui ne parlent que le bon français (la norme française)?

Les gens qui ne parlent que le joual sont en général sous-scolarisés. Mais leur nombre tend à diminuer. Quoiqu'on observe qu'un grand nombre d'étudiants parlent joual comme on brandit un drapeau, par souci de différenciation nationale, même s'ils connaissent le français québécois.

6. On retrouve dans le joual plusieurs anglicismes; vous qui admirez la langue française et le joual qui s'y rattache d'une certaine façon, que devient alors votre langue?

Les anglicismes sont autant de preuves de la domination du Québec français par une minorité anglaise.

7. Si le joual, pour vous, devient une langue, alors croyez-vous qu'elle devrait s'enseigner?

On doit enseigner le joual non pas comme une langue digne de ce nom, mais comme on enseigne l'entomologie. Chaque mot joual serait comme un insecte précieux et rare dont il faut connaître l'histoire.

8. Selon vous, le joual est-il héréditaire, se transmet-il de père en fils?

Le joual est héréditaire.

9. Pensez-vous que le joual est un facteur qui tend à disparaître?

Il tend à disparaître.

S'il y a des mots que vous ne pouvez déchiffrer, téléphonez-moi. Merci.

---

1. Questionnaire dactylographié de Manon Béchette, étudiante au cégep Bois-de-Boulogne, et réponse manuscrite de Gérald Godin. Inédit.

Le succès des *Belles-sœurs* à Paris

Nos Québécois fédéralisto-libéraux, tout droit sortis des *Précieuses ridicules* et du *Bourgeois gentilhomme*, viennent de recevoir un bon coup de pied au cul: *Les belles-sœurs* triomphent à Paris!

Or rappelons-nous que la comtesse Kirkland de Casgrain et son porte-crottes Guy Frégault, dit le baron de F..., avaient refusé en 1972 une subvention à Michel Tremblay parce qu'il écrivait en joual, parce que ce n'était pas du français.

Le même gouvernement, la même comtesse et le même baron avaient d'ailleurs bloqué la venue à Paris de la même pièce, que Jean-Louis Barrault voulait présenter quelques mois auparavant.

Ainsi nos snobinards, qui n'ont plus de québécois que les piastres que le patronage et le système leur rapportent, sont passés à côté de la réalité sans la voir. Et ce sont les critiques littéraires à la dent très dure, ces messieurs du *Monde*, de *France-Soir* et de *L'Aurore* qui la voient, eux, cette réalité québécoise et qui la trouvent belle et drue et forte.

Les yeux dans les trous

À force de péter plus haut que le trou, les Kirkland-Casgrain, les Frégault et les bons docteurs Cloutier n'ont plus les yeux à la hauteur des trous, tout simplement.

Et dire que c'est le même monde qui a voté le bill 63! C'est le même monde qui accepte que l'anglais soit la langue de travail. C'est le même monde qui laisse les écoles françaises fermer et s'ouvrir des écoles anglaises toutes neuves. C'est le même monde qui guillotine des résolutions votées sur le plancher des congrès libéraux demandant au gouvernement d'intégrer les immigrants à l'école française.

Au Rideau-Vert

«Parlons français», écrivait la comtesse de Casgrain dans *Le Journal de Montréal* du 24 mars 1972, en citant le linguiste André Martinet, ma chère! Parlons français au Rideau-Vert, mais pas chez General Motors; au Grand Théâtre, mais pas chez Domtar; au Théâtre du Nouveau Monde, mais pas dans les écoles des immigrants.

Et quand le peuple, le vrai, celui qui travaille en anglais, celui qui ne va pas au Rideau-Vert, mais qui travaille de nuit chez General Motors, parle joual par la faute de l'infériorité du français ici, ces comtesses, ces barons et ces bons docteurs font la fine bouche.

Et quand de ce peuple sortent tout naturellement des œuvres fortes, belles et vraies, écrites en joual, et que les comtesses, les barons et les bons docteurs se hérissent, coupent les subventions et les bourses, censurent en un mot les manifestations de l'art proprement populaire, il y a là matière à scandale.

Il y a là, tout simplement, la preuve par quatre que la classe dirigeante du Québec d'aujourd'hui n'a jamais été aussi loin du peuple québécois. Et que c'est uniquement à la faveur d'un dernier et je dis bien dernier sursaut de peur que ce même peuple n'a pas rompu de façon définitive le 29 octobre dernier avec les libéraux, ces sbires du dollar américain, doublés de snobinards culturels, triplés de manipulateurs d'élections.

Car la vérité, elle a ceci de bon qu'elle ne demande qu'à paraître. Et le succès des *Belles-sœurs* à Paris le démontre.

Québec-Presse, 2 décembre 1973

La langue au Québec
(entretien avec Wilfrid Lemoyne, *extraits*)

G. G.: Nous, on a fait ce que Gérard Pelletier a qualifié de dé-douanement du nationalisme à gauche. On a dédouané le nationalisme pour la gauche. On a opéré la fusion, par conséquent, du nationalisme et du socialisme.

[…]

W. L.: En quelque sorte, vous avez, pendant un certain nombre d'années, donné l'impression que vous défendiez cette langue qui vous intéressait, mais elle vous intéressait plutôt, si je vous ai bien compris, comme symbole d'une aliénation nationale…

G. G.: … d'une part…

W. L.: … que comme une langue que vous vouliez promouvoir en tant que telle.

G. G.: Il y avait deux choses. Premièrement, c'est un symbole de l'aliénation, un décalque de la réalité économique et politique du Qué-bec. Deuxièmement, ce décalque, qui est pollué par rapport au français international, est quand même riche de sens et de significations parce que c'est le langage que le peuple québécois parle. Robespierre disait: «Il n'est rien de plus contraire aux intérêts du peuple que d'être diffi-cile sur le langage.» Parce qu'à ce moment-là on s'érige en noblesse ou en aristocratie qui juge, à partir de critères moraux et esthétiques, d'une réalité vivante. Est-ce qu'on peut dire que les feuilles de tel ar-bre sont belles ou pas belles, correctes ou pas correctes? On ne peut pas dire ça. Les mots sont, en fait, les feuilles de l'immense arbre lin-guistique québécois. On ne peut pas juger et couper quelques feuilles. Ça ne marche pas comme ça.

W. L.: C'est peut-être évident quant au vocabulaire. Mais pour penser avec beaucoup d'exigence, pour approfondir nos propres sensa-tions et nos propres pensées, ne faut-il pas avoir comme outil une lan-gue bien structurée? Ça, c'est un des reproches principaux que l'on fait au joual: c'est une langue ramollie, justement, qui n'est pas structurée et à l'intérieur de laquelle on ne peut pas tellement exprimer en profondeur ce que l'on pense et ce que l'on ressent.

G. G.: Il est sûr que les mots «crisse», «tabarnaque» et «câlisse» ont servi très souvent ici à exprimer un million de nuances critiques, positives, négatives, etc., au lieu de dire en cinq mots ce qu'on pense vraiment.

W. L.: Une chose qui aurait été plus précise.

G. G.: Voilà. La limite, c'est précisément celle-là: il faut quand même, à un moment donné, arriver à s'exprimer correctement. Il y a une dynamique. Nous, on partait en disant: le joual n'est pas condamnable, le joual, c'est un fait, il est causé par des gens qui nous contrôlent. Établissons ça comme une réalité digne d'intérêt et qui nous identifie. Après ça, dans un deuxième temps, faisons du français la langue du travail et des communications, en un mot: libérons le Québec. À ce moment-là, automatiquement, le langage va se régénérer.

W. L.: Comment se fait-il, Gérald Godin, que les écrivains de Parti pris, ces romanciers et poètes de l'«école du joual», aujourd'hui n'écrivent plus en joual?

G. G.: Tous n'écrivent plus en joual, mais il en reste quand même quelques-uns.

W. L.: Ils écrivent partiellement, disons…

G. G.: … partiellement en joual. Je reviens à l'aspect dynamique des choses. On a exploré le joual, on s'est servi du joual comme moyen d'identification, on a revalorisé le joual, on a fait la rédemption du joual comme on disait dans le temps. Ceci étant fait, on est passés à d'autres choses parce qu'on s'est rendu compte qu'effectivement le joual était un matériau aux ressources limitées. Les capacités du joual d'exprimer des choses complexes, comme vous le disiez tout à l'heure, sont limitées. Pour les sentiments, c'est très bien. D'ailleurs, si l'on faisait une étude approfondie sur le joual, on se rendrait compte que c'est une langue beaucoup plus sentimentale, beaucoup plus près des réactions des gens. Si l'on en analysait les mots, on se rendrait compte sûrement que c'est une langue de l'instant, de la réaction spontanée, par rapport à la langue française traditionnelle qui est une langue de réflexion (le cartésianisme et tout).

Il y a eu un abandon quasiment forcé dans certains cas parce que ça ne correspondait plus à ce qu'ils étaient devenus. Jacques Renaud, par exemple, qui est l'auteur du *Cassé*, écrit aujourd'hui un français parfait et est maintenant bouddhiste zen. Le joual n'a plus rien à voir avec ça.

W. L.: André Major…

G. G.: André Major écrit un français parfait, Paul Chamberland aussi. Enfin… Tous ces gens-là ont évolué, et ce serait se momifier soi-même que de continuer à écrire là-dedans.

W. L.: Mais n'avez-vous pas l'impression que vous avez joué à l'apprenti sorcier en revalorisant cette langue, pendant un certain nombre d'années, pour des raisons plutôt sociales que strictement littéraires ou linguistiques, parce que ç'a lancé une mode: ç'a lancé la chanson joual, ç'a lancé le théâtre joual? Vous-même avez dit, je pense que c'est en 1965: «Quand le temps sera venu, on retournera à cette belle et glorieuse langue française.» Est-ce que le point de non-retour n'a pas été atteint, parce que les gens du peuple, maintenant, vont dire: «Ben, il y a des intellectuels québécois qui écrivent en joual, qui ont fait des théories sur le joual, et c'est la langue de notre libération, etc.»?

G. G.: Ce que ça illustre, soit dit sans prétention, c'est que les prophètes le sont plus qu'ils ne le croient eux-mêmes. C'est la preuve de la vitalité de toute cette histoire-là de la langue. Nous, on avait pensé que ça disparaîtrait tranquillement, etc. Ce qui s'est passé, au contraire, c'est, comme vous le dites, une explosion du joual et un refus du français, et même l'arrivée des jeunes à un vocabulaire d'à peu près cinq cents mots dans une année: «y est cool», «c'tun freak», «c'est mon bag»… Si on pouvait mettre une cassette pour une année à quelqu'un d'aujourd'hui, je serais curieux de voir le nombre de mots qu'il utilise, c'est probablement très peu. Ce qui s'est passé est absolument imprévisible. C'est d'ailleurs un aspect qui fait que c'est merveilleux. Le contraire aurait pu se passer aussi. Mais, fondamentalement, les choses n'ont pas changé.

W. L.: Vous avez abandonné, à toutes fins utiles, le joual. Mais il y en a d'autres qui ne lâchent pas, qui prétendent ne pas lâcher: je pense à Léandre Bergeron qui nous a parlé de certains linguistes québécois qui sont même en train de faire une grammaire et un vocabulaire du joual, et qui prônent l'emploi, la formation et même la codification d'une langue strictement québécoise, je pense à Victor-Lévy Beaulieu.

G. G.: Je me méfie beaucoup des grands-prêtres et des pontifes. Rappelons-nous que, dans le temps de Rabelais, le français était d'une vitalité extrême. Vaugelas arrive, réduit la langue française, la momifie, la statufie. Ce qui peut se passer, avec cette histoire de grammairiens et de syntaxistes qui vont se mettre à établir des normes, des critères, des règles, c'est qu'on réduise le langage québécois et qu'on l'empêche de s'épanouir et de créer ses mots. Il y a des mots qui marchent à un moment donné au Québec pendant un an, un an et demi, puis qui tombent, qui meurent, puis il y en a d'autres qui arrivent. Si on décide de fixer le langage en 1975 ou en 1976 avec une grammaire elle-même fixe, on va tuer une partie de la vitalité de la langue. Ce serait une connerie.

Moi, je dis au sujet de Léandre Bergeron et de ce groupe-là: on s'est battu contre les sociétés du bon parler français, il ne faudrait pas se battre maintenant contre les sociétés du mauvais parler français qui érigeraient en système le fait de mal parler, le fait de s'exprimer dans un mauvais français.

W. L.: Vous trouvez que les uns comme les autres exagèrent.

G. G.: Les uns comme les autres réduisent la vie, émondent l'arbre du langage. Et l'arbre du langage, on ne l'émonde pas: on le laisse pousser comme il veut, pis comme ça arrive, pis comme les vents le tournent, le tordent, pis comme la pluie... Enfin, c'est influencé par mille et un facteurs.

W. L.: Léandre Bergeron, pendant ses cours à Sir-George-Williams[1], souhaite que l'on enseigne au Québec le québécois plutôt que le français. Quelle devrait être la langue d'enseignement au Québec?

G. G.: Il faudrait définir le québécois. Si le québécois, c'est, en grande partie, du français... Mais on n'a pas le choix: le québécois, c'est du français. Même les vieux mots québécois, vous vérifiez dans le *Glossaire du parler français au Canada*, c'est des vieux mots de l'Anjou, etc. Il y a peut-être deux, trois cents mots (sur cinquante mille) qui sont vraiment québécois. Si l'on veut parler québécois, on va parler avec deux, trois cents mots et ça ne m'intéresse pas du tout. Si l'on veut dire que le langage québécois, ça inclut tout ça: les influences anglaises, les influences françaises anciennes, etc., là, je marche là-dedans. Mais le québécois, ça n'existe pas comme langue.

> Entretien de Wilfrid Lemoyne avec Gérald Godin,
> série *Dossiers*, télévision de Radio Canada,
> Claude Sylvestre réalisateur,
> émission du 7 novembre 1975

---

1. Aujourd'hui Université Concordia.

Allocution d'ouverture
(*extrait*)

S'il y a un enseignement dont l'importance est reconnue par le Gouvernement que je représente, c'est bien celui du français. De plus, j'ai personnellement participé aux discussions et débats qu'a suscités la question linguistique au Québec depuis vingt ans. C'est d'abord à ce titre que je voudrais vous livrer quelques réflexions; je vous présenterai ensuite les grandes options du Gouvernement actuel.

J'ai toujours considéré que l'expression claire de la pensée est le propre d'individus qui vivent dans une société dont ils sont les maîtres d'œuvre. La querelle qui s'est développée autour du «joual» à partir des années soixante a mal tourné, à mon avis. Car, à l'origine, les écrivains «jouaux» voulaient manifester que le Québécois, privé de sa langue maternelle et atteint dans son être à travers la dégradation de cet instrument de contact avec la réalité, n'avait plus la maîtrise de son milieu ni de l'outil de communication fondamental de tout individu et de toute société. Paul Chamberland avait alors bien posé le problème: «Le "joual", en fin de compte, est plus qu'un conflit linguistique: cette sous-langue "renvoie" à un univers où les choses mêmes "parlent" anglais, où le français est disqualifié dans ce qui constitue la fonction même d'une langue: l'articulation des rapports (sociaux) des hommes entre eux et des hommes avec les choses. Univers de schizophrénie collective, communauté en pleine déculturation, voilà ce dont le joual est le symptôme. [...] Et le "joual" constitue bien le lieu d'une résistance, d'une "différence" sociale et politique. Voilà pourquoi il appelle non une solution linguistique mais une solution politique: une mutation de réalité[1].» Ces propos expliquent en partie l'intérêt que je porte comme écrivain et député à la qualité de la langue.

Bien sûr, il faut s'entendre sur «qualité». Mais c'est certain que par «qualité» je n'entends pas «toute c'qui peut s'dire au moment où j'le dis pis d'la façon que j'le dis, [...] toute c'que j'écris au moment où j'l'écris[2]». Je considère en effet qu'un outil défectueux de formulation de la pensée entraîne une pensée défectueuse, «disloquée, larvaire, impuissante», comme la qualifie Hubert Aquin[3]. Une langue de qualité, c'est une langue qui respecte les conventions linguistiques traditionnellement partagées par les gens qui ont parlé et écrit et qui parlent et écrivent le français. Refuser de s'y conformer entraîne des conséquences incalculables qu'aucun citoyen conscient ne saurait endosser. Le simple fait de phonétiser l'écriture, par exemple, nous entraîne à la négociation même de l'écriture. «Du coup, ajoute Hubert Aquin, on écarte d'un revers de la main la connaissance et la pensée! [...] C'est faire comme si cela se passait entre analphabètes[4].» Je ne peux que me faire le défenseur d'un bien culturel qui est à la source même de la pensée et de la cohésion nationales.

Toutefois, je sais aussi bien que vous ce que peut représenter d'expérience humaine collective cette langue marquée par les origines paysannes de nos ancêtres, par les sueurs silencieuses de gens qui, pendant des générations, ont utilisé cet outil de communication comme une barrière, une frontière nous séparant, nous distinguant de l'autre, l'anglophone. La langue d'ici en porte les marques profondes, comme elle porte celles de l'humiliation, des rêves et des aspirations des grandes et petites gens d'ici, des Menaud, des Euchariste, des Azarius, des Rose-Anna, des Belles-sœurs. C'est aussi une richesse nationale que ces expressions de nous-mêmes et il importe que vous vous en fassiez les initiateurs auprès des jeunes Québécois, si l'on veut qu'ils soient porteurs et créateurs de la culture d'ici.

Séquences et pratiques pédagogiques.
Colloque des professeurs de français du collégial, 23-25 mai 1978;
Québec français, décembre 1978

---

1. Paul Chamberland, «Le joual» dans *Les Lettres nouvelles*, «Écrivains du Canada», Paris, décembre 1966-janvier 1967, p. 118.
2. Victor-Lévy Beaulieu, «Moman, popa, l'joual pis moué!», *Maintenant*, «Cheval ou bien donc joual ou bedon horse», mars 1974, n° 134, p. 15.
3. Hubert Aquin, «Le joual refuge», *Maintenant, op. cit.*, p. 19.
4. *Ibid.*, p. 21.

2
Littérature québécoise
A. Poésie

L'antre du poème d'Yves Préfontaine
(extraits)

Ce recueil est un fourre-tout. Pensées, phrases, attelages de mots, trouvailles vigoureuses, naïvetés et poncifs, quelques pages d'un lyrisme débordant s'y côtoient. L'impression d'ensemble est celle-ci, qui confirme Paul Toupin: notre littérature, c'est talent sans courage ou courage sans talent. Notre littérature se meurt d'être inachevée. Nos poètes s'étonnent d'eux-mêmes, de leur inspiration et n'osent la harnacher, y travailler, en faire œuvre d'art. Notre poésie est prometteuse, jamais artistique.

Et pourtant, Yves Préfontaine nous donne ici des pages dont l'hermétisme n'est pas stérile, mais riche d'images et souvent torrentiel dans le lyrisme.

[…]

En somme, que de richesses dans ce fourre-tout et que de richesses souvent inexploitées! Car il y a peut-être trop de mots et de mots alambiqués pour pallier la banalité de nos mots si quotidiens. Mais y a-t-il plus de courage à redonner «aux mots de la tribu» un sens nouveau qu'à employer des mots alambiqués, dites-moi? Préférez-vous par exemple «dans un rythme de graines sèches» de Lorca à «la Poésie est une sorte de mystagogic bafouillante» de Préfontaine?

Le Nouvelliste, 18 juin 1960

C'est la chaude loi des hommes
de Jacques Godbout

Godbout, c'est le jeune homme brillant. Je le verrais très bien au journal *L'Express*: poésie éditoriale. Il épouse les causes à la mode qui courent les journaux et revues d'avant-garde, car il a du goût pour les belles idées. Plus pamphlétaire que vraiment poète, il «se sert» de la poésie. Jamais un poème ne naît tel quel. Un poème est pour lui une certaine manière d'habiller une idée. Trop cérébral probablement, ou de cœur privé, il n'est jamais vaguement ému, il n'a jamais de malaise mystérieux qui sont les fibres mêmes du poète viscéral. Godbout peut s'émouvoir, mais en partant d'une idée, et comme il est également excellent fabricant, il arrivera à se convaincre qu'il est vraiment en colère ou qu'il souffre vraiment.

La fraternité, la guerre atomique, la mémoire qui oublie, les grandes causes: c'est le Jacques Hébert de la poésie canadienne.

Quelquefois, un délire d'images, mais c'est toujours posé, tranquille, comme pour ne pas éveiller les parents qui dorment dans la chambre voisine, et surtout les dames au salon.

Il n'en reste rien que quelques petits cris bien à la mode bien consacrés par l'avant-garde intellectuelle: Hiroshima, Chessman et autres occasions de se faire une belle âme, d'être noble quelques heures par semaine. Et aussi quelques clins d'œil au lecteur. Il y a du chansonnier dans Godbout. Je le vois dans un cabaret très sélect, distillant les idées que les braves gens «bien fourrés gros et gras» veulent entendre pour se convaincre qu'ils participent de l'angoisse de notre temps.

C'est la chaude loi des hommes, tel est le titre de son livre, d'après Éluard.

Le Nouvelliste, 4 février 1961

Simples poèmes et ballades
de Gilles Constantineau

Voilà vraiment un poète que les mots réconcilient avec l'univers, pour qui la poésie est une forme d'être heureux, de s'entourer d'animaux, de fruits, d'odeurs, d'amis, de voisins. Poèmes de réconciliation et d'amitié, une voix douce et tendre, un ton fraternel et souriant pour nous parler des rues, de la ville, d'une femme, pour rêver et souhaiter un beau demain, pour louer les secrètes vertus des choses muettes, pour reconnaître à toute chose un air de mystère, par conséquent une valeur. Il y a de la noblese d'esprit dans cette attitude.

Cette poésie recueillie plonge aussi en de nouveaux domaines: ceux de l'éclosion de l'émotion que l'on délivre et qui s'épanouit comme une chrysalide; ceux de deux êtres en nous: l'univers quotidien et «Ô cet univers de sensations!»

Constantineau, nostalgique d'un paradis perdu, parle souvent de la chrysalide, promesse d'un beau miracle. Mais toujours simplement et quelquefois avec une sympathique pirouette d'images, preuve d'une liberté de parole, d'une fantaisie, d'un jeu avec les mots, qui sont une partie de la poésie. Les maisons sont ainsi d'anciennes redingotes de pierre. Il moquera un peu les grands, et sera fort sympathique aux «crottés», aux «sans-grades».

Son imagerie est celle du quotidien, du quotidien observé dans toute sa beauté pleine. Constantineau chante «l'hymne du poivre devant le sel affadi». C'est une plainte, mais optimiste, un doux reproche. Nous sommes seuls sur la terre, mais…

Il a intitulé son recueil: *Simples poèmes et ballades*.

Le Nouvelliste, 4 février 1961

Choix de poèmes. Arbres
de Paul-Marie Lapointe

Choix de poèmes. Arbres s'ouvre sur un des sommets de la poésie canadienne: *Arbres*. Un délire verbal organisé, une poésie qui ne soit que mots, beaux mots, mots luisants, mots odorants, mots qui décrivent, mots qui montrent, mots qui font le tour d'un univers boisé, le monde regardé par un voyageur, des poissons, des oiseaux qui les dévorent, une page qui recrée la moléculaire danse du monde.

On y voudrait une émotion, mais Lapointe, peut-être volontairement, l'a évitée pour ne nous donner que de beaux mots, les plus beaux peut-être ainsi organisés qu'un poète canadien ait jamais rassemblés. Mais sans autre chaleur que celle de la beauté des mots.

Les autres poèmes sont d'amour. Les jeux enivrants de deux êtres, quelques belles images: «Aux aisselles des nids accrochés vers où viennent à la nuit dormir des ailes de chaleur». Hymne à une femme. Un œil amoureux sur elle se pose et lui découvre des nouveautés, des voyages: la femme est un univers neuf que visite et nous décrit le poète. Poésie mineure, jolie, inutile. Louons toutefois Lapointe d'avoir réalisé le monument qu'est *Arbres*. Un poème architecturé, une sculpture, un chef-d'œuvre de technique poétique.

Le Nouvelliste, 4 février 1961

Poèmes
(dans *Écrits du Canada français*, no VIII)
d'Alfred DesRochers
(*extraits*)

L'homme Alfred DesRochers restera plus longtemps en nos mémoires que le poète. Il a bien fait quelques poèmes de qualité. Il a eu le mérite d'être le premier de nos poètes et le seul à s'inspirer des durs travaux des champs et des chantiers, à décrire dans une langue et robuste et noueuse la vie des seuls aventuriers de notre pays: les défricheurs et les draveurs.

Il a commis quelques poèmes paysagistes où l'on retrouve la touche de Rodolphe Duguay. En somme, il est un bon poète, mais, bien plus, un homme assez unique.

[...]

Alfred DesRochers, et c'est ici que l'homme nous semble plus important que le poète, c'est le bûcheron métaphysicien qui se serait demandé un soir l'utilité de cogner avec une hache sur des pièces de bois, c'est le laboureur que le printemps, l'automne et les autres saisons, toujours recommencées, auraient ennuyé un jour, c'est l'homme que l'idée de la vacuité de l'existence aurait assommé une bonne fois et qui se serait dit, tout bonnement: «Mon vieux Fred, tu vas t'asseoir dans ton coin, une couple de bouteilles de bière sur le bras de ta chaise et attendre patiemment que l'Éternité mette un terme à cette misère de vie.»

Cette attitude est exemplaire. Elle procède d'un détachement, d'une indifférence aux vanités d'ici-bas, surtout chez DesRochers, écrivain qui avait déjà une certaine notoriété comme critique autant que comme poète. Puis, un beau jour, se taire. Le parti pris du silence. Dès lors, c'est la rupture avec la littérature officielle, celle dont on parle, celle qui court les rues, celle qui rapporte et celle qui bientôt suit la mode, en un mot, celle qui bientôt est la mort de la littérature. Les poèmes inédits de DesRochers procèdent exclusivement de l'amour de la littérature, ils ont été faits pour le plaisir, ou pour la circonstance, ou par besoin, avec simplicité et détachement. Leur accent s'en trouve neuf, vrai, libre d'allure. Il nous faudrait tous en arriver là: écrire sans souci.

Le Nouvelliste, 18 mars 1961

Des réducteurs de poésie[1]...

Quand les cannibales n'avaient plus faim, ils se faisaient réducteurs de têtes.

Quand les poètes ne sont pas occupés à la poésie, ou peut-être quand ils ont cessé d'être poètes, ils se font réducteurs de poésie.

C'est le cas de Maurice Beaulieu. J'étais l'autre soir à la galerie l'Étable, où JAMM consacrait une soirée à la poésie canadienne.

Maurice Beaulieu y rêvait d'une poésie efficace, d'une poésie qui s'inscrit dans une histoire. Dans le cas qui nous occupe, d'une poésie qui libère une société de ses tabous, et de poètes dont l'œuvre montre que les tabous sont désamorcés, à tour de rôle, l'un aidant à désamorcer l'autre.

Cette conception, que Beaulieu dit «marxiste», d'une poésie qui s'inscrit dans une évolution, qui marque un évolution historique, est sympathique. Mais elle reste une ingérence de l'arbitraire dans la vie et, comme telle, ne vaut guère mieux que la conception morale-patriotique de Mgr Camille Roy, pour qui le poète devait être «l'apôtre des bonnes idées et de la saine morale».

La poésie n'est qu'une chose: la liberté du poète. Tout le reste est méprisable.

Tant que Maurice Beaulieu parle *a posteriori*, il n'attente pas à la liberté du poète. Et qu'il infère de l'œuvre de Paul-Marie Lapointe que nous sommes réconciliés avec la femme-femme ne me choque pas. Mais le bât me blesse quand il indique une voie à suivre, quand il propose, suggère, conseille et surtout ordonne aux poètes de désamorcer des tabous. L'apriorisme peut être la mort de la poésie. Il ne l'est pas toujours, d'accord, et Maïakovski et Brecht et combien d'autres nous montrent le contraire.

Je tiens toutefois que si la critique peut faire son profit d'une conception marxiste de la littérature, autant parce que cela lui simplifie le travail que parce qu'elle peut ainsi mieux cerner un poète et lui donner des avis et le prendre de haut, le poète n'a rien à en faire au départ. Libre à lui de se l'approprier s'il la juge utile à son œuvre, bien entendu.

Mais il y a pis encore. Si j'ai bien compris Maurice Beaulieu, nous vivons dans un mensonge que nous prenons pour une réalité. Notre quadruple aliénation (politique, économique, religieuse-morale et linguistique) fait que nous ne voyons plus les choses, mais les images qu'on veut bien nous en laisser.

Pour lui, la poésie canadienne ne vaut que si elle marque la fin de l'une ou l'autre de ces aliénations. La poésie qui prend les choses, qui les nomme, qui les palpe, est, relativement à notre situation, à notre histoire, la plus grande.

C'est pourquoi, dès lors qu'un poète dans son œuvre nomme les choses telles qu'elles sont et non plus telles que l'on a voulu qu'il les voit, Beaulieu clame que notre aliénation est finie, que nous sommes enfin sauvés, puisque l'un de nous, nouveau Messie, a nommé le mal, l'a désamorcé.

Dans cette optique de relativité absolue, un vers qui se lirait ainsi «J'ai un sein dans la main gauche», quoique tout à fait banal, acquiert une grandeur incommensurable.

On voit où l'on peut en arriver et à quels excès cette attitude ouvre la porte.

Pour être vrai à l'égard d'une vérité sociale, Beaulieu est prêt à mentir à la poésie. Que dis-je, il ne voit plus la poésie du tout, sinon par hasard.

Il a choisi de s'aveugler ainsi volontairement, ça le regarde, mais je ne suis guère étonné si je songe à l'amour qu'il voua jadis au non-verbal.

D'une impasse à l'autre, il n'y a qu'un pas. D'une réduction de poésie à une autre, il n'y a qu'un pas. Passer du non-verbal à une perspective marxiste de la poésie marque tout de même un progrès.

De toute manière, pour être à mon tour relatif, accordons à Beaulieu que sa conférence est une manifestation de vie et que, comme telle, elle est importante. Tout comme on dit préférer quelqu'un qui se trompe à quelqu'un qui ne dit rien.

Le Nouveau Journal, 9 décembre 1961

---

1. En apposition et en opposition à cet article, celui de Michel van Schendel: «... à la poésie des réducteurs», publié sur la même page, le même jour.

Autopsie de la poésie

Si la littérature est morte, la poésie l'est davantage.

Il est encore des romans qui ont du succès, qui font vivre leur auteur, que tout le monde lit, dont tout le monde parle.

Il n'est plus de poètes à qui cela arrive.

Saint-John Perse obtient-il le prix Nobel qu'on verra sa photo partout, des vues de sa villa, de la mer qui l'inspire, qu'on s'intéressera en un mot à l'homme à qui douze vieillards suédois décident de donner 40 000 $. Mais ce sera tout. Son verset, ses images, ses alliances de mots, il peut bien se les mettre où vous savez, ça n'intéresse personne, sinon quelques attardés, quelques vieillards suédois, quelques critiques, quelques personnes «en marge».

La poésie est une vieille dame qui se réfugie dans la dernière pièce de la maison que le temps n'a pas encore effritée, dans un univers de plâtre, de stuc et de miroirs que personne ne visite plus.

Le poète est ce fabricant de tracteurs qui refusa par entêtement, il y a cinquante ans, de passer des roues de fer aux roues à pneus et qui mourut ruiné.

Le devoir du poète est d'être lu. Or il ne l'est plus. J'ai chez moi quatre cents invendus de mon dernier recueil de poèmes. Michel Sans Chandelles ne l'avait pas aimé, je croyais que cela suffirait à le faire vendre, mais il n'en fut rien. Je découvre que j'ai fait beaucoup de poèmes pour Sans Chandelles, pour me conformer à son idée à lui de la poésie, pour qu'il me fasse un beau papier et qu'on me lise et qu'on m'achète.

Mais il aime aussi la poésie de Paul-Marie Lapointe et de Gilles Hénault, et mes deux «marles» n'en vendent pas plus que moi. Je me dis cambronne et j'embraye autrement. Je ferai de la poésie pour tout le monde, ça se vendra sûrement mieux. Ici, arrêtons-nous. Ne faut-il pas trouver étrange que la poésie doive se faire contre les critiques? Je vais mettre mes «poèmes» et «cantos» vous savez où et je vais passer à autre chose.

Je lisais l'autre jour un petit livre de Georges Mounin (*Poésie et société*, PUF) relatif à ce problème.

Il y a plus de vérités sur la poésie dans ces cent pages que dans toutes les critiques, tous les manuels de littérature, tous les recueils de poèmes même qui ont paru depuis cinquante ans.

Tout d'abord, disons qu'il y eut un temps où la poésie faisait parler d'elle dans non seulement le monde, mais aussi le peuple. Pindare, Gringore, le père Hugo ont fait du bruit. Il est aussi vrai qu'en 570 avant J.-C., Xénophane se plaignait de ce que la gloire des poètes fut décalée par rapport à celle des athlètes et champions sportifs.

De toute façon, il y eut une époque où la poésie faisait ses frais. Et cette époque est révolue.

Mounin fait le tour des culpabilités et distribue les responsabilités. Les éditeurs, les critiques, les poètes en prennent pour leur faim.

Le charabia des critiques a de quoi rendre gaga n'importe quel lecteur. Qu'on me permette un exemple: «La précipitation lyrique de Césaire correspondait à l'influence déterminante du surréalisme français, d'une tradition onirique à la jonction du rêve et des croyances géophysiques qui sont la source des cultures afro-américaines qu'il a su enrichir au profit d'un universalisme noir.» Vous avez reconnu Michel van Schendel (décidément, je ne l'aime pas). Comme dit Mounin: «Malheureusement, la critique à la mode ne perçoit plus sa propre odeur, insupportable.» La poésie n'est déjà pas simple, si les critiques se mettent à la compliquer.

Les poètes aussi ont leurs torts, c'est évident. Mounin établit tôt que «l'histoire de la poésie tout entière est l'histoire d'une succession de langages — à des degrés divers — absolument neufs. Et de langages qu'il a fallu chaque fois que le public apprenne, assez lentement».

Il y a tout de même un divorce entre la sensibilité et l'expression des poètes d'aujourd'hui, et la sensibilité et l'expression du public lecteur. Les divagations de l'école du regard dans le roman sont, depuis plus longtemps encore, le fait des poètes, plus préoccupés de la forme que du fond, des acrobaties verbales que de la clarté d'un message libérateur. Car je vois le poète uniquement comme un éditorialiste, un libérateur, un avant-poste de la pensée dans une société donnée, le haut-parleur d'un processus de libération. Le poète aurait ainsi sa place dans toute société, comme aucune n'échappe à l'oppression, sous une forme ou une autre, ni au conformisme, sous une forme ou une autre.

Mais, comme dit Mounin, la poésie claire ne se vend pas plus que l'hermétique, là n'est donc pas le salut. Il le cherche ailleurs. Nous y voici.

Le salut n'est pas dans la poésie, mais dans une redéfinition de la poésie. Le russe Evtushenko trouve des milliers de Moscovites prêts à l'écouter quand il dit ses poèmes sur la Place Rouge. Notre malheur aura été de ne croire qu'aux livres. «La poésie dans sa forme écrite constitue un aspect secondaire seulement du grand courant, dont nous serions obnubilés parce que nous surestimons très intellectuellement les formes écrites de transmission de la culture, qui sont les formes privilégiées de notre formation particulière d'intellectuels» (Mounin).

Conclusion: poètes, allez sur la place publique. Forcez les gens à vous entendre, à se réconcilier avec la poésie qui n'est pas si méchante, au fond.

C'est ainsi qu'une certaine forme de poésie disparaîtra à laquelle nous étions trop habitués et à laquelle, partant, nous tenions comme un chien mourant à son dernier os.

Georges Mounin bouscule un peu notre assurance et notre aliénation et notre vanité.

Il se demande si les monologues de Fernand Raynaud ne sont pas de la poésie, si la chanson française n'est pas de la poésie, auquel cas la poésie se porterait aussi bien que du temps où les troubadours allaient sur les places publiques récitant des extraits de la *Chanson de Roland* pour des centaines d'auditeurs.

Mais il va plus loin. Il croit aussi à l'existence d'une poésie d'essence supérieure à la chansonnette et que le public lecteur n'a pas cessé d'attendre en vain depuis quelques dizaines d'années et pour laquelle il a l'oreille tendue et le cœur ouvert. Il ne reste aux poètes qu'à faire cette poésie. Et, si elle est faite, à la crier sur la place publique.

Le Nouvelliste, 11 août 1962

L'émotion en poésie
(*extrait*)

L'émotion n'a pas de goût, c'est connu. Or les jeunes poètes, pour leur malheur, croient que le frémissement intérieur imprévu, le moment de cafard, la nervosité multipliée sont les marques du passage de ce que Marcel Jouhandeau appelait l'«oiseau-lyre» et que nous nommons l'inspiration.

Forts de cette émotion, les voilà lancés: les mots s'accumulent, l'ennui, le désespoir, la mort, le malheur, tous me tenant par la main, font irruption dans le poème. Puis on respire: l'accouchement est fini, le poème écrit.

Or les jeunes poètes prennent même leurs fautes de syntaxe pour des grâces de style. À plus forte raison prendront-ils tous les soubresauts de leur émotion et tout ce qu'elle leur fait écrire pour de la poésie.

À telle enseigne que les premières œuvres sont toutes, ou presque, délayées: on dirait un disque qui arrête tout à coup de tourner et échappe, en s'arrêtant, quelques borborygmes et raclures grinçants.

Je veux en venir à ceci: la poésie est un chant, or qui dit chant ou musique dit ordre, disposition, mise en place, architecture.

Un poète le devient quand il se méprise assez pour oser passer la faulx dans ce qui, tout chaud, a jailli de lui, pour n'en garder que ce que son jugement lui fait trouver beau. Ce jugement est ce que l'on appelle la poétique, ce jugement, c'est l'idée que se fait un poète de la poésie. Cette idée, c'est la faulx du poète.

Elle provient et naît de la fréquentation des plus grands, de toutes races, espèces, langues et cultures, et s'aiguise par elle. C'est en voyageant de par le monde entier de la poésie qu'un poète découvre qu'en ce pays tout est permis, hormis le délayé, hormis le pauvre. C'est en voyageant qu'un poète apprend la liberté de la poésie et ses exigences.

Le Nouvelliste, 1er décembre 1962

Pour saluer une ville de Jean-Guy Pilon

Peut-être me trompé-je, mais il me semble que les poètes vont la plupart du temps s'améliorant, tandis que les romanciers iraient répétant et reprenant sans cesse le même roman: leur premier.

Le langage romanesque perdrait peut-être à se perfectionner, tandis que le langage poétique, en vieillissant, en s'épurant, y gagnerait.

Jean-Guy Pilon vient de publier *Pour saluer une ville*, aux éditions parisiennes Pierre Seghers (où est l'excellente collection «Poètes d'aujourd'hui») et aux éditions canadiennes HMH (Hurtubise-Mame-Hatier).

Je ne ferai pas tout un plat avec cette particularité de la publication à Paris. Il y a belle lurette que je ne crois plus que la lumière nous vient de Paris et qu'il n'est bon bec que de la Ville-Lumière.

Chez ce Pilon, je vois deux tendances. La tendance démonstrative et la tendance descriptive. En d'autres termes, dans la première partie du recueil, l'idée occupe toute la place tandis que, dans la seconde, c'est le mot et l'image.

Quelle est cette idée? Celle-ci, qui est toute montréalaise, et qui hante toute la critique montréalaise et une bonne partie de la poésie montréalaise: il faut mettre notre pays dans nos poèmes. Résultat: le poète préoccupé par autre chose que l'expression telle qu'elle surgit de lui, sans apprêts, riche de son être profond, fabrique de la poésie.

Nous avons alors des poèmes où il est question de nommer, de définir, de dire ce qu'est le pays, de dire ce qu'il doit être, ce qu'il est et ce qu'il n'est pas.

Nous avons, en un mot, ici tout comme chez Gatien Lapointe, des préfaces à des poèmes qui ne sont jamais faits.

On ne raconte pas un pays en cinquante ni en mille pages, et un poème n'est pas une idée. Je me souviens d'avoir loué Jean-Paul Filion d'avoir écrit *Demain les herbes rouges* en voulant assumer son pays. Je le regrette aujourd'hui.

Quand l'intelligence commande trop de poésie, celle-ci cesse d'en être.

Pascal disait: car qui veut faire l'ange fait la bête. On peut aussi dire: car qui veut faire de la poésie écrit des bêtises.

C'est un peu ce qui arrive à Pilon dans *Recours au pays*, «Poèmes pour maintenant» et «La parole est à naître», où pour une image ou un vers, on trouve des pages complètes de mollesse dans la forme autant que dans le fond.

Mollesse d'autant plus regrettable que, dans les vingt-deux poèmes de *Pour saluer une ville*, elle est absente, donc n'est pas partie inhérente de l'écriture de Pilon. Dans ces vingt-deux poèmes sans prétention, simples, sans recherche autre que celle qui consiste à se rappeler, à se souvenir d'une émotion, d'une image et à la rendre en mots, on vit une tension, la tension d'un être humain qui s'interroge. Non pas qui s'interroge sur quelque problème ou une préoccupation précise, mais tout simplement qui pose des paradoxes, des antithèses, qui fait s'affronter des mots, des sensations et des idées, mais sans en mousser une au détriment d'une autre. En un mot, qui restitue la vie et sa diversité.

Écrire est toujours une interrogation et un poème doit être un paradoxe, c'est-à-dire un choc de deux ou plusieurs éléments, choc d'où la poésie jaillit, lumineuse.

C'est à cause de la qualité de ces vingt-deux poèmes et de la pontifiante et faussement grave bêtise des poèmes du pays et de la parole (que je qualifierai de poésie commentatrice, poésie éditoriale, poésie de prédicateur) que je déplore cette manie qu'ont certains poètes, que j'ai horreur de cette manie qu'ont certains critiques de demander à la poésie de parler de ce maudit pays, de nommer ce maudit pays. Et, surtout, de crier au génie chaque fois qu'un poète nomme ce maudit pays, c'est-à-dire veut le nommer et nous dit sur deux cents pages qu'il va le nommer, sans jamais le faire.

C'est encore une fois lâcher la proie pour l'ombre. Car il n'est de pays qu'intérieur et aussi longtemps qu'un sapin n'a pas poussé en nous, tout au long de notre enfance, de notre jeunesse et de notre vie. Aussi longtemps qu'on n'a pas été soi-même sapin, ou qu'on n'a pas entendu un sapin nous parler, ou qu'on n'a pas vécu des siècles en compagnie des sapins, c'est-à-dire aussi longtemps que le sapin dont on parle n'est plus un arbre, mais un objet poétique, un objet que l'on porte en soi, la poésie sonne faux. La poésie veut être et se tue. Veut faire l'ange et fait la bête.

Le Nouvelliste, 25 mai 1963

Pays voilés de Marie-Claire Blais

Il faut attendre Marie-Claire Blais pour nous parler vraiment du pays. Et elle le fait sans le vouloir. Elle le fait sans en parler. Elle écrit, tout simplement, et on se rend compte que chacun de ses poèmes est un pays et que ce pays ressemble à un pays que nous connaissons.

Ses *Pays voilés* (Garneau éditeur, Québec) sont probablement parmi les meilleurs poèmes qui aient été faits depuis quelques années chez nous.

«Et quand venait Avril, l'homme rentrait chez nous / C'était souvent à la fin d'une fraîche journée / Et il était permis de mendier la chaleur des draps blancs». Ô simplicité de la langue. Ô richesse de l'évocation, à laquelle l'auteur annexe les sons, les couleurs et les touchers!

Il faudrait tout citer: «Alors le Jugement dernier traversait les landes comme un cheval paisible, en automne».

Tout à coup, la poésie est présente. Nous nous noyons dans la poésie. Un grand mystère se déroule dans les mots.

Et ce mystère est plein de générosité, d'amour du monde et de la tragédie d'exister.

[...] les poètes s'améliorent-ils en vieillissant? Il me semble que Marie-Claire Blais nous donne dans *Pays voilés* une œuvre d'adulte. Le poète est mûr et la poésie est mûre.

Je me souviens aussi d'un vague agacement à la longue. Il ne faut pas lire ces poèmes tout d'une traite. Chacun d'eux est un moment: «Parfois je voulais leur parler»... Chacun d'eux nous enracine dans une veille, qui précède une chute, une fin ou quoi que ce soit. Je veux dire: chacun d'eux est tendu, tout en étant serein.

Si la poésie n'est pas cette tension, elle n'est rien.

Le Nouvelliste, 25 mai 1963

102

Le pays
de Paul Chamberland, Ghislain Côté, Nicole Drassel, Michel Garneau et André Major
(*extraits*)

Il est généralement admis que la littérature canadienne existe surtout par sa poésie.

La poésie est plus facilement égotiste que le roman. Il est donc inévitable qu'une jeune littérature comme la nôtre soit plus axée sur la poésie que sur le roman. L'adolescence est plus tournée vers soi que vers le monde extérieur.

[…]

Dans *Le pays*, Paul Chamberland, Ghislain Côté, Nicole Drassel, Michel Garneau et André Major se disputent l'attention du lecteur.

Il n'y a de poète parmi ce quintuor que Michel Garneau. Nicole Drassel, Paul Chamberland et Ghislain Côté accumulent des mots suivant la même manie: l'accouplement de termes de niveaux différents. Je m'explique, en vous donnant des exemples qui ne sont pas tirés du livre: «la tempe des arbres», «la peur du fleuve, «les yeux des feuilles», etc. Dans le livre, nous avons, chez Chamberland: «les chemins dorment en la chambre close des pépites», «ne puis-je foudroyer la mort qui ronge le cri dans la huche»; chez Nicole Drassel: «le cri tranche la parole close et le cri sectionne le regard», «le bouton de rose éclatera en langage mûr et en pétales de soleil»; et chez Ghislain Côté: «caillot de neige dans nos veines indécises» et «près d'un lac dont les nerfs sont occupés à tant de déviations», etc.

Voilà ce que l'on appelle du truquage, de la fabrication. Il y a bien là des images, mais tellement forcées qu'elles ne rendent plus aucun son familier. De plus, on aimerait que toutes ces images, toutes ces portes qui s'ouvrent nous mènent quelque part, et l'on se rend compte bientôt qu'il n'y a que des portes et que des images.

Il ne faudrait pas s'imaginer que la confusion verbale puisse longtemps être tenue pour un cri de colère et de révolte. Pour le moment, il n'y a là que des mots et quelquefois, parmi les mots, le rebrassage de quelques poncifs propres à un certain intellectualisme morose et complexe.

Parmi tout cela se retrouve aussi une certaine complicité avec «les camarades», les prolétaires, les exploités, enfin tout ce qui donne bonne conscience aux nouveaux bourgeois de la littérature.

C'est chez André Major que cette tendance est la plus évidente. Ce jeune poète ne manque pas de passion. Séparatiste, nationaliste, claironnant haut sa sympathie pour les jeunes que la police montréalaise a arrêtés, les prenant pour des membres du FLQ, en avril dernier. Or ils n'étaient pas du FLQ et Major les félicite d'en être, tout en s'en prenant au State Department et à la Gendarmerie qui les a arrêtés sans raison. Il me semble qu'il y a là inconséquence. On consomme beaucoup de poésie révolutionnaire russe par les temps qui courent. Le séparatisme et le FLQ, c'était enfin notre révolution, de quoi nous exciter le sang quelques minutes, le temps d'écrire ce que l'on appelle soi-même un «manifeste». J'ai honte de m'irriter, mais je le suis. J'attache, pour ma part, plus d'importance au texte que donnait André Major dans *Liberté 63*, il y a quelques semaines, que cette poésie inconséquente et contradictoire, d'une page à l'autre. En somme, tout cela manque encore de tendresse. Mais il y a là une passion à conserver.

Il en va différemment de Michel Garneau, qui n'accuse personne et qui nous donne une œuvre chaleureuse, dont les contradictions ne sont pas dans la pensée, mais dans l'homme même et, comme telles, reflets de toute la vie.

De plus, il y a là une insolence du mot qui me semble plus profondément révolutionnaire que les dogmes marxistes.

C'est sa vie entière, soixante ans d'existence qui plaident pour l'engagement d'un homme dans les problèmes de son temps et de son milieu. Et un homme s'engage comme il est. C'est pourquoi une poésie qui rend compte de tout un homme me semble plus engagée qu'une poésie qui traite directement de l'engagement.

Chez Major, on peut lire: «trahisons ne manquent pas», «nous sommes le sang armé contre le bâton, le dollar et le mépris», «le péché de dormir nous est odieux», etc., qui porte à rire, comme tout ce qui se prend au sérieux.

J'aime mieux le ton de Garneau: «tout dépatiencé au printemps de ce que l'été m'avait patenté murmure la neige montant les murs et fend les saisons le tourment des choses enseignées».

Toute révolte écrite risque de n'être que de la littérature.

[...]

Si la poésie est à la mesure de l'engagement d'un homme au complet dans l'écriture et une écriture qui soit simple et à la portée de tous, tout en ne refusant pas d'être musique et ordre, c'est Michel Garneau qui reste le plus poète des cinq de cette collection.

Le Nouvelliste, 8 juin 1963

À propos de Roland Giguère

1. *Adorable femme des neiges*

Roland Giguère nous donne, avec *Adorable femme des neiges*, un long poème d'amour: cent quatorze vers d'inégale longueur, dans lequel on retrouve les accents de la poésie courtoise française, ainsi que ceux de certains poètes indiens, chinois et japonais. Je ne connais que ces poètes. Si je connaissais les Italiens, les Yougoslaves, les Libanais, les Eskimos et tous les autres, je pourrais peut-être vous dire ici que la poésie d'amour est la même partout, qui sait? Toujours est-il que les affinités des thèmes du poème de Giguère avec ceux de la poésie courtoise sont évidentes.

La femme de ces poèmes, c'est celle qui abolit le temps, c'est celle devant qui l'homme est tout humilité, c'est celle par qui la rédemption de l'homme est faite, c'est le mystère aussi, c'est la vie rendue supportable à l'homme, c'est celle qui permet à l'homme d'oublier le passé, de commencer une «Vita Nuova» (Dante).

C'est aussi, et nous voilà sur un palier plus élevé encore, la vie sublimée, c'est aussi un résumé de la nature. La femme de Giguère, et je n'invente rien, c'est un vivant totem où s'établit la réconciliation de l'homme avec la nature, c'est la méchanceté de la nature, la méchanceté de la condition humaine rendues acceptables grâce à la femme.

L'homme de ce poème fait une offrande à la femme. Il croit que la femme a la vie plus facile que l'homme et que la femme permet d'abolir non seulement le temps, mais les événements mêmes, l'histoire elle-même: «Et les fléaux passent bien au-dessous de notre ciel».

Cette femme est-elle immobile, infrangible? Non, elle est aussi faite par l'homme. Ou plutôt, l'homme lui donne sa définition, son éclat, mais non sans s'abîmer en ces mêmes éclats.

Adorable femme des neiges nous fait nous poser la question: toute la poésie n'est-elle pas au fond dans un seul sujet, l'amour? Expliquons-nous. L'amour est connu de tous. La poésie ne consiste-t-elle pas en ce mécanisme de jeter, dans des mots connus, des gestes connus, des expériences connues, un sens nouveau? La poésie, c'est le langage exhaussé au-dessus de lui-même. Qui, ou quoi peut mieux l'exhausser que l'amour, cet élan? Et qu'est-ce qui est plus familier aux hommes que l'amour?

On réunit donc les deux inconciliables de l'expression: le chant, l'inspiration ou l'exhaussement avec la proximité du sujet par rapport au lecteur. L'amour, en un mot, est tout à la fois source d'inspiration et domaine connu de tous.

Poètes, aimez donc!

Le Nouvelliste, 13 juillet 1963

❑

2. Erta: le paradoxe d'un poète-graveur

Les Éditions Erta portent un nom étrange. À l'occasion de la splendide exposition qui a lieu présentement à la Bibliothèque nationale jusqu'à la fin du mois d'avril, il n'est pas inutile de rappeler l'origine de ce nom, d'autant plus qu'il révèle beaucoup de choses sur le fondateur d'Erta, le poète et graveur Roland Giguère.

Giguère roulait un soir rue Saint-Jacques ou Saint-Antoine. Il y avait là, à cette époque, c'est-à-dire il y a une vingtaine d'années, un hôtel qui se nommait Alberta. Cet hôtel n'existe plus, je crois. L'enseigne lumineuse de l'hôtel était défectueuse. Il y manquait les trois premières lettres. L'hôtel Alberta était devenu, par le hasard des défauts électriques, l'hôtel Erta.

Les hasards

Erta ne veut donc rien dire, sinon que Giguère collectionne les hasards, comme d'autres les papillons. À cette importance du hasard et ce qu'il a de magique s'associe chez Giguère, comme en fait foi l'exposition Erta, une passion de la précision et de la perfection où rien n'est laissé, précisément, au hasard.

C'est là le paradoxe de Giguère. Les Éditions Erta, c'est, de 1949 à 1970, trente-trois œuvres: recueils de poèmes, portfolio de gravures, dessins et sérigraphies, et poèmes-affiches. Et dans chaque cas, malgré les mille gestes et opérations qu'implique leur création, les œuvres sont parfaites.

Mille fois, l'erreur a frappé à la porte, mille fois, elle n'a pu entrer. Giguère est ce qu'on appelle un artisan, c'est-à-dire un homme qui travaille de ses mains et, comme le dit si bien Denise Marsan dans la préface du catalogue, Erta a toujours été un atelier où l'on travaillait modestement «à la gloire de la main».

Les meilleurs

Autre fait important: autour de l'atelier et des Éditions Erta ont évolué les meilleurs artistes et écrivains de l'époque et d'aujourd'hui. Claude Gauvreau, Gérard «Médor» Tremblay, Gilles Hénault, Claude Haeffely, Anne Kahane, Léon Bellefleur, Gabriel Charpentier, Pierre Mercure, Jean-Paul Mousseau, Françoise Bujold, Jean-Pierre Beaudin, Albert Dumouchel, Pat Ewen, Marcelle Ferron, Jean-Paul Martino, Jean-René Major, Alan Horic et Robert Roussil ont été, un jour ou l'autre, de l'écurie Erta. Tous des gens qui comptent et qui ont compté dans l'histoire québécoise de l'expression artistique.

Là non plus, le hasard n'a pas joué, mais bien le goût, le goût passionné de Roland et Denise Giguère pour des créateurs, d'abord, qui sont leurs amis et dont les œuvres, ensuite, ont cette qualité et ce souci de perfection qui est la marque des Éditions Erta, petite maison qui publie peu, mais du meilleur, et où le livre n'est pas un carton de Coke, mais un objet d'art.

La perfection

Ainsi, entre le hasard Erta et la perfection Giguère, l'exposition que présente la Bibliothèque nationale est un événement important qui montre qu'au-delà des anecdotiques lois des mesures de guerre et autres balivernes de politiciens, une sorte de Québec souterrain dure et durera quand, depuis longtemps, les marionnettes auront changé de visage et de nom.

Québec-Presse, 4 avril 1971

❑

3. Le poète et le ramoneur

C'était ce fameux dimanche où les Flyers de Philadelphie ont battu les Bruins de Boston grâce à une punition contestée infligée à Bobby Orr deux minutes et quelques avant la fin de la partie. On se souviendra que, dans la série contre les Rangers, une punition semblable avait été infligée aux adversaires des Flyers deux minutes avant la fin aussi, alors que les Flyers, une minute plus tôt, avaient «enfargé» Dale Rolfe des Rangers sans écoper de punition. Après avoir médité sur ces coïncidences troublantes avec Marcel Rioux et Roland Giguère, membres d'une mini «ligue du vieux poêle» qui se reconstitue à chaque série finale de hockey, on en vient à un sujet plus sérieux: le prix du Gouverneur général. «Je ne suis pas un héros», disait Roland, et il ajoutait: «un grand nombre de mes amis l'ont accepté, qui sont plus politisés que moi.» Il patinait, mais on sentait que le cœur n'y était pas.

Je savais que tout en lui disait non à cet honneur et à cet argent. C'est un homme secret mais entier. Je le connais depuis plus de dix ans et, sans qu'il me l'ait jamais dit ou sans qu'on en ait jamais parlé, il m'est toujours apparu qu'il suivait une ligne droite. Comme quelqu'un qui a de la colonne, comme on dit.

Le dimanche soir, son choix était fait. C'était non. Il avait cajolé l'idée de dire oui pendant une semaine. Mais de quelque bord qu'il la prenne, l'idée ne lui plaisait pas.

Le lendemain, il rendit sa décision publique. Dans son communiqué, une phrase révèle l'homme: «J'ai mis un genou à terre pendant une semaine, puis je me suis relevé.» Se relever, c'était refuser le prix. Ce qu'il y a dans ces mots, c'est une chose fort simple: la vérité. Elle n'est pas toujours grande. Ce qui est grand, c'est de la dire. Et ce qui est mieux encore, c'est de la dire quand on refuse le prix. On ne l'a jamais connue, cette vérité, de ceux qui ont accepté le prix. Moi, ça me manque. Gilles Hénault, Jacques Brault, Paul-Marie Lapointe, Gilles Vigneault, entre autres, devraient nous dire pourquoi ils l'ont accepté. On aurait ainsi la vérité de tout le monde.

À l'époque de Watergate et de Paragon Business Forms, c'est-à-dire à l'époque où tout le monde, et toujours en trouvant de fort bonnes raisons, dit oui à tout, trahit tout, ne met pas seulement «un genou» par terre temporairement, mais se couche à demeure devant l'argent, les honneurs ou le pouvoir, il fait plaisir de voir un homme ordinaire, aussi ordinaire que le ramoneur de cheminées de Québec qui a refusé la médaille de l'Ordre du Canada et unique en même temps, tout comme lui être fidèle à ce qu'il a toujours été, ne pas se renier pour quelque honneur ou quelques dollars, en un mot: se tenir debout.

Québec-Presse, 2 juin 1974

Le soleil sous la mort
(dans *Écrits du Canada français*, nº XVI), de Fernand Ouellette

Si le poème de Giguère[1] est éternel dans son thème, ceux de Fernand Ouellette sont strictement du XXᵉ siècle. Exception faite peut-être de quelques pages méconnues sur la fin des temps, qui auraient été écrites, par exemple, lors des grandes pestes qui ont ravagé l'Europe. Car l'œuvre de Ouellette est antinucléaire. C'est dire que Ouellette est sérieux, grave même, et ne touche pas à la poésie sans la porter aussitôt dans le sens de la défense de l'homme menacé. La mégabombe, les champignons atomiques, les os qui pourrissent, les mères qui crient, les hommes qui sèchent sur place, etc.

Moralement, on ne peut trouver cette poésie mauvaise. Mais c'est précisément à cause de cet endossement moral forcé que je rechigne.

Que peut faire un poème contre la folie nucléaire? Qui peut écrire un poème antinucléaire, sinon le bombardé de Nagasaki ou d'Hiroshima? C'est s'en tirer à bon compte que de s'asseoir le soir chez soi et d'étendre, les uns à la suite des autres, des mots contre la mégabombe.

Je suis immédiatement agacé par ce genre de poésie. Gilbert Cesbron, l'autre jour, dans *Le Figaro*, chiâlait, braillait beaucoup parce qu'il avait vu dans un quotidien un Sicilien portant en terre sa fillette morte de faim et, quelques pages plus loin, une annonce de «nouveaux merveilleux pâtés pour les chiens». Il y avait des accents sincères, mais c'est se prendre trop au sérieux. Ouellette est comme ça. Cette poésie est-elle bonne, au fait? Puisque c'est tout de même la question à se poser. Je partais avec le préjugé défavorable. Je serai donc probablement injuste. La forme est simplette (j'aurais pu écrire simple). Sujet, verbe, complément, terme de comparaison et proposition relative. Dans «50 mégatonnes, 11», cette affectation: «De l'autre côté de terre», c'est déplaisant. Quelquefois, une incidente, qui accroche l'intérêt: «Et l'âme de l'homme, la morte, comme un nuage d'insectes a dévasté l'infini». L'incidente: «la morte», c'est très bon.

Car, au fond, les poncifs ne manquent pas dans ces poèmes. «Ils vont tuer ma belle petite nature et le beau petit nonomme». On a envie de dire: ce sera tant mieux!

Et, à Ouellette: faites-vous missionnaire, éditorialiste ou homme d'État. Un poète fait des révolutions poétiques. Je ne crois plus guère au rôle de la poésie pour éveiller la conscience de l'homme.

Judith Malina et Julian Beck du Living Theatre de New York partagent les idées de Ouellette sur la fonction de la poésie dans l'éveil de l'homme. Il faut être vachement idéaliste. Ils m'avaient répondu là-dessus: «Il est peut-être temps qu'on soit idéaliste, après que tout a été essayé[2].» Ça frise la bonne conscience. En ces matières, je suis pour une morale de l'efficacité: le revolver au poing ou une situation de législateur. Tout le reste est vraiment, et là plus qu'ailleurs, littérature.

Le Nouvelliste, 13 juillet 1963

---

1. *Adorable femme des neiges.*
2. Voir *infra.*, p. 329-330.

La poésie en 1968: quelques réflexions

À Roland Giguère

1. La force de la poésie a longtemps reposé sur l'ignorance. La poésie était royale et guerrière. La parole était exploitée au profit exclusif de ceux qui pouvaient se payer des poètes. Ce qu'on appelle «les plus belles pages de la littérature de tous les temps» a vu le jour dans ces conditions. Il faut réviser ces notions aristocratiques de la littérature et de la poésie. Les sciences humaines et la diffusion des renseignements et des faits ont fait reculer les frontières de la poésie. La poésie guerrière, la poésie épique, l'éloge des vertus, de la force et des rois qui a longtemps constitué le fond même de la poésie, sont aujourd'hui disparus. Les anciens mythes sont aujourd'hui en ruine et il n'est plus personne pour croire que le gouvernement des peuples est transmissible par le sang, que la guerre est menée pour autre chose que l'argent, que la supériorité intellectuelle est l'apanage des riches. La poésie, comme l'histoire, commence d'appartenir à et d'être faite par tous. Le seul malheur est que bien des poètes ne le savent pas encore, sans parler des critiques.

2. Marshall McLuhan a annoncé la mort de l'imprimé alors que jamais l'imprimé ne fut plus présent dans la vie des gens. Car s'il fut un temps où l'imprimé comprenait tout: le passé, le présent et l'avenir, ce fut le temps aussi où il n'était à la disposition de personne. Cette époque est révolue. Les vieux livres sont comme des monuments anciens, rien de plus, c'est vrai, mais dans le même temps l'imprimé occupe sa vraie place qui est unique et irremplaçable et, encore plus, il est à la disposition de tous tant par le nombre que par la maniabilité. L'imprimé n'a donc jamais exercé dans l'histoire un tel empire.

3. Comme il est normal en une période de si grands bouleverse-ments, on se demande aujourd'hui ce qu'est la poésie et on ne trouve pas de réponse. La mafia des lettres qui se fonde autant sur l'ignorance des uns que sur l'intérêt des autres et le conservatisme de tous, a long-temps tenu pour poésie ce qui n'était que mystification et mythifica-tion, et toute tentative actuelle ou passée vers une poésie purement et simplement humaine et vraie était discréditée par la même mafia sous le prétexte que, et je cite: «Ce n'est pas de la poésie, c'est de la poli-tique.» Relisez l'article de Jean-Guy Pilon sur *L'inavouable* de Paul Chamberland dans *Le Devoir* du 24 février. Or ce n'est pas la poésie qui est politique, c'est la critique qui est politisée. Pour une critique non politisée, il n'y a pas de poésie politique, il n'y a qu'une poésie qui tend du mieux qu'elle peut à exprimer l'homme tout entier.

4. Quant au thème de cette rencontre: poésie ou chanson, j'en di-rai qu'il ne faut pas prendre la poésie pour une enfant et lui dire: quand tu te conduis ainsi, tu es mauvaise enfant. Il ne faut pas parler de la poésie d'une manière négative. Il ne faut pas dire aux poètes: ne faites pas cela, ce n'est pas de la poésie, mais bien: allez plus loin. Car il n'y a pas d'erreur possible en poésie et chacun a le droit d'être poète comme il l'entend. La poésie d'ailleurs surgit de partout, à preuve le surnom que les Québécois ont donné au bill Trudeau sur l'homosexua-lité: le bill Wabo.

5. Ce n'est donc pas de la poésie qu'il faut parler, mais de la li-berté. Et la poésie ne doit pas être au service de rien ni de personne si ce n'est la liberté de l'individu ou la liberté de la collectivité. L'une ou l'autre et la plupart du temps les deux à la fois, telles sont les options prises par les vrais poètes depuis que la poésie est libre.

Une semaine de poésie,
Bibliothèque nationale, 1er-8 mars 1968;
Parti pris, été 1968

À propos d'Alain Grandbois

G. G.: Vers 1958-1959, j'ai abordé aux *Îles de la nuit*, où je me suis perdu. Je n'ai absolument rien compris. Ce n'est pas une poésie pour les enfants (*rires*). Après ça, j'ai essayé de lire *Rivages de l'homme*. Ce n'est qu'en 1959-1960 que j'ai mis la main sur *L'étoile pourpre* et c'est à ce moment-là que j'ai vraiment aimé Alain Grandbois. Plus tard, je suis revenu sur les deux premiers recueils, j'y ai compris quelque chose et j'ai beaucoup aimé[1].

Ce qui m'a le plus frappé dans *L'étoile pourpre*, c'est l'aspect sensuel de cette poésie. Pour moi, c'était absolument nouveau. Tout ce que j'avais lu avant ça, c'était de la poésie ésotérique, fermée, dure, coupante, c'était comme des buissons de ronces, la poésie qui se faisait à cette époque-là, il y avait du van Schendel, par exemple, c'était rébarbatif et ça demandait des vertus ou une patience que je n'avais pas et que je n'ai jamais eues. Tandis que dans Grandbois, c'était simple, lisible presque immédiatement, compréhensible aussi immédiatement, et, surtout, c'était chaleureux, sensuel, sensoriel, c'était un jouisseur qui écrivait et moi, je jouissais beaucoup en le lisant. *Les îles de la nuit* et *Rivages de l'homme* ne sont pas tellement semblables à *L'étoile pourpre*, et j'aime encore plus maintenant *L'étoile pourpre* que les deux autres, mon choix n'a pas changé.

G. M.: Mais est-ce qu'il y a quelque chose dans *L'étoile pourpre* qui correspond à ce qu'on pourrait appeler vos préoccupations?

G. G.: Quand j'étais étudiant, ce n'était pas encore la Révolution tranquille. C'était vraiment l'ancienne époque du christianisme éculé…

G. M.: Dieu que c'était tranquille, mais il n'y avait pas de révolution!

G. G.: C'est ça. C'était encore le carcan: la chair, le sexe, tout ça, ce n'était pas glorifié comme maintenant. Avec Grandbois, ç'a presque été une initiation, pour reprendre un mot cher à Denis Héroux[2] (*rires*).

Entretien de Gilles Marcotte avec Gérald Godin,
série *Des livres et des hommes*, CBF-FM,
Gilbert Picard réalisateur, émission du 10 février 1970

❏

G. G.: Ce qui me frappe dans Grandbois, la dominante, à mon gré, la raison pour laquelle je le relis toujours, c'est que je ne l'épuise jamais. Le scintillement du début, quand j'avais dix-sept ans, est toujours là. Mais, en plus, je vois maintenant, derrière le scintillement, des mots, des faits, des expériences ou des attitudes à l'égard de l'amour surtout, parce que l'amour est son principal thème. C'est les femmes, la femme plutôt. Plus je le lis, plus je rentre là-dedans. Donc je ne me tanne pas, comme on dit en québécois, de lire Grandbois.

Ce ne sont pas des poèmes qui sont comme des annonces-néons qui flashent la nuit et s'éteignent le jour. La lumière interne, la lumière sombre, la lumière noire, la lumière pourpre — pour employer un adjectif qui revient très souvent dans son œuvre — est toujours là, et ce qui se dégage pour moi de cette lumière-là, c'est que Grandbois, en fin de compte, est un fantôme et qu'il a eu une vie antérieure qui est probablement sa jeunesse, sa jeunesse voyageuse au cours de laquelle il a fait le tour du monde — ce qu'il m'a raconté par après —, il a visité des dizaines de villes qui étaient fabuleuses à l'époque. Quand on pense aux années quarante, je pense à Paris, à Varsovie, à Moscou, à l'Espagne, à l'Italie, aux safaris africains.

J'ai l'impression que, à un certain moment de sa vie, il n'a vécu que de son passé. Ce n'est que son passé qui a alimenté tout ce qu'il a écrit. En fait, on peut quasiment couper ça en deux: trente, trente. Trente ans d'accumulation, trente ans d'écriture où, semble-t-il, il était comme un fantôme gentil, affectueux, plein d'humour, tendre, qui vivait avec une douceur infinie à Québec, dans un petit appartement, au deuxième étage — quand je l'ai vu, moi —, avec une femme aussi tendre que lui. Ils ressemblaient à deux papillons posés sur des meubles recouverts de tissu fleuri, à peu près immobiles et toujours d'une gentillesse extrême.

Quand on le voyait, par conséquent, on n'aurait pas pu le distinguer d'un gars qui avait tout simplement eu une jeunesse agréable, qu'il racontait. Mais quand on lit son œuvre, on se rend compte qu'il y a la grande faille, la grande crevasse: c'est d'avoir pourchassé toute sa vie certains moments ou un certain moment et de ne jamais pouvoir le revivre. Surtout en amour, évidemment. Un de ses poèmes les plus beaux, tout simplement intitulé «Poème» — c'est le numéro 16 des *Rivages de l'homme* —, raconte la poursuite infernale et feutrée d'une femme qui disparaît dans son ombre, qui s'enveloppe dans son ombre. Il la poursuit et termine en disant (je paraphrase, n'ayant pas le texte sous les yeux): «au moins aurais-je d'elle le silence de sa nuit». On voit que c'est quelque chose d'impalpable, d'extrêmement passager, d'inexistant. Ce qu'il aimait au fond, je pense, du moins me semble-t-il, c'était l'instant — c'est peut-être un gidien —, l'instant de la poursuite, ce à quoi il attachait le plus de prix, c'était le moment où il arrivait pour prendre et où il ne prenait pas, parce que prendre c'est détruire aussi, parce que prendre, d'après toute son œuvre, ça ne dure jamais longtemps. Et pourquoi prendre? Aussi bien vivre dans le rêve d'avoir pris une chose qui n'existe pas.

Ce sont ces divers écrans à traverser, à franchir, pour aller derrière le miroir. Il parle du miroir dans ces vers qui sont parmi les très beaux de la poésie québécoise: «Le cristal me renvoie / L'étonnante image / De l'étranger que je suis». Cet homme-là, au fond, a vécu une aventure purement intérieure dans les trente dernières années de sa vie au cours desquelles il a écrit pendant peut-être dix, quinze ou vingt ans. Cette aventure est une aventure amoureuse, une aventure rêvée.

La façon dont il parle des femmes réelles qu'il a connues (et il en a sûrement connu un certain nombre) est toujours une façon très triste: il parle quelque part du «regard angoissé / Des femmes trop tôt négligées». Ces femmes réelles sont de pâles copies d'une réalité rêvée, qu'il aurait peut-être vécue étant jeune et qui affleure à certains moments. On a l'impression qu'il a été brûlé d'un certain feu, qu'il s'est peut-être approché trop près du volcan dont parle Malcolm Lowry — lui, ce n'était pas la boisson, c'était l'amour —, qu'il s'est brûlé les ailes, ayant toujours vécu ensuite dans le sentiment que ça ne reviendra jamais, à jamais incapable de retrouver cette flamme qu'il avait vue et qui l'avait tant illuminé, la réalité évidemment imparfaite par rapport à ce rêve si beau ne pouvant que le conduire à être d'une tristesse infinie dans tous ses poèmes.

Je pense que c'est l'aspect fondamental de son œuvre. Il y a d'ailleurs un poème là-dessus, «Le prix du don», qui est très clair. Ça commence en décrivant la nature, mais il dit tout à coup: «Mais soudain soudain / Elle arrive elle vient» (c'est évidemment la femme) «Elle m'arrache à mes déserts / Elle dénoue la corde de mon cou / Elle m'enveloppe de ses doux bras nus» (ce qui est effectivement le bonheur parfait pour un homme en amour avec une femme). Et là il ajoute: «Nous tremblons comme dans l'amour / comme jusqu'au fond des âges». Ces deux «comme» sont très importants. Comme dirait Guillemin, retenez bien ces deux «comme». Quelques vers plus loin: «Et c'est la longue théorie / des rêves extravagants / La nudité comme un monastère violé / Ma joie glissant / Tout le long de ses membres nacrés / [...] / Et toutes ces jungles obscures / Et le mensonge des altitudes». Ce «mensonge» est important. Et il termine ainsi: «Ah belles feuilles mortes / Allées solitaires bois dépouillés / Les cœurs naufragés» (le sien, sûrement) «Parfois remontent à la surface». Ici encore, c'est un instant très bref: un cœur détruit, qui est une épave, remonte brièvement à la surface avant de retomber à ce qui est son destin, la solitude, le vide, au fond de la mer.

Ce qui sauve l'œuvre d'être uniquement et uniformément noire, et d'être plutôt pourpre, c'est précisément qu'il n'a pas abandonné sa poursuite et qu'il a toujours voulu retrouver le moment où son cœur naufragé remontera à la surface, le moment où elle mettra ses bras nus autour de son cou, le moment où elle déferait le nœud de sa corde de pendu.

Le moteur central de cette poésie, c'est le sentiment de la brièveté des choses qui font vivre un homme. Il avait renoncé à la vie, du moins comme poète, très tôt. Il dit quelque part (je paraphrase encore): «moi, je contrôle ma mort, je suis libéré de ma mort, ma mort ne me fait pas peur, je l'ai acceptée, tandis qu'eux, ils ne l'ont pas acceptée». Il dit encore, dans le sens de l'impossible durée de l'amour: «Son beau visage entre mes mains / Toutes les caresses insolites / Je l'aimais pour la fin d'un long chemin», et il ajoute: «perdu». C'est, une fois de plus, la fin.

Je retrouve ceci: «Je peux parler librement / Car je possède ma mort». Et il ajoute: «Il faut avoir adoré / De beaux visages si mal aimés». Ce qui illustre toute la contradiction: au fond, il n'a jamais retrouvé, semble-t-il, cette flamme incandescente qu'il a peut-être déjà eue ou déjà vue et qui vient peut-être d'une autre vie. C'est pour ça que je parle de ses deux vies, de la deuxième dans laquelle il écrit les voyages fabuleux qu'il a faits dans la première.

Il y a aussi dans ces poèmes, au-delà de ces références perpétuelles à des instants fabuleux et perdus, ce que j'appelle des cartes postales: des images («Ah carrés des toits du bout du monde»), des photos de chasse («Je vois l'élan le bondissement du fauve»). La version finale — l'objet fini — de l'image du fauve, on la retrouve dans ce qui est peut-être le plus beau vers de la poésie québécoise: «Et soudain l'âge bondit sur moi comme une panthère noire». Cette image, il l'a raffinée avec les années. Elle lui est revenue, dix ans après, et ce n'était plus la même. Quand il était plus jeune, il n'avait vu que le bondissement du fauve, point. Quand il vieillit, ce fauve est la mort qui se jette sur lui.

D'où l'importance, pour les poètes, de voyager.

Je vais poursuivre ma lecture de Grandbois.

Il y a une espèce de coffre au trésor que chaque poète a en lui et dans lequel il puise et sort toujours des souvenirs. D'ailleurs, des expériences démontrent que même les enfants, dans le ventre de leur mère, rêvent: ils ne peuvent pas rêver de l'avenir, ils ne peuvent rêver que du passé.

En lisant Grandbois, c'est un peu le sentiment que j'ai: il n'a fait que rêver. Tout le temps qu'il a écrit, il n'a fait que rêver à des choses qui s'étaient passées avant de venir au monde, si tu veux, avant d'entrer dans la vie réelle: «Québec où j'ai aimé / Montréal où j'ai souffert». En retournant à Québec, il devient fonctionnaire provincial, ce qui est effectivement fort différent de la vie itinérante, de globe-trotter comme on disait à l'époque, qu'il a menée. Son coffre au trésor, il l'a rempli pendant cette période où il a rencontré Mao Tsé-toung, où il a publié des poèmes à Han-k'eou, où il a descendu le Yang-tseu-kiang sur une jonque. C'est assez pour alimenter pendant de longues années les rêves et les images d'un poète.

Je me suis amusé, et peut-être va-t-on toucher le plaisir de la lecture (qui est le thème de l'émission), à retrouver dans Grandbois des clés de ce genre-là: la recherche des moments passagers, fuyants, de l'amour. Ce n'est pas le passé. L'amour, ce n'est jamais le passé, c'est quelque chose d'au-dessus, si tu veux. Si tu te souviens d'un amour que tu as eu, ce n'est pas vraiment le passé: l'élimination est toujours là. On ne peut pas dire qu'il est tourné vers le passé, qu'il est passéiste. Il cherche la même lumière, le flash — c'est, littéralement, l'image qui convient peut-être le mieux —, l'éblouissement de la lampe manganèse de l'amour.

C'est une œuvre qui me nourrit encore maintenant, qui me nourrit depuis que je l'ai lue la première fois et que je relis toujours en découvrant de nouvelles significations, au fur et à mesure que j'avance, moi, dans mes expériences avec la féminité surtout, parce que c'est surtout ça qu'on trouve dans son œuvre. C'est peut-être un des poètes d'ici qui a parlé le mieux de la femme. Si l'on dégageait les thèmes de l'œuvre de Grandbois, on verrait d'une part que jamais un poète québécois n'a mieux aimé les femmes que lui, d'autre part que jamais il ne les a trouvées aussi imparfaites et aussi incapables de lui donner le véritable amour ou de recevoir de lui ou d'être dignes de recevoir de lui le véritable amour ou de ressembler au véritable amour.

Cette œuvre pose un défi aux femmes et aux hommes: est-il possible ou non de conserver longtemps l'éblouissement de l'amour? De ce fait, elle est très importante dans toute la poésie française, en fin de compte. Et elle l'est peut-être d'autant plus maintenant que les femmes commencent à se poser elles aussi des questions sur l'amour. C'est surtout nous qui nous en sommes posé parce qu'on avait probablement le contrôle absolu des ondes, des livres, du discours. Maintenant que les femmes le prennent, à leur tour et avec nous, je pense que c'est un défi qu'on devrait se lancer ensemble, hommes et femmes, de faire durer l'amour quand il passe.

Un homme et une femme qui liraient ensemble un certain poème de Grandbois, probablement qu'ils iraient très profondément dans la connaissance de leur propre amour comme de leur propre sentiment l'un pour l'autre. Et peut-être chériraient-ils plus ces instants si fabuleux qui ont fait vivre Alain Grandbois et qui ont été la source de la majeure partie de son œuvre.

Entretien de Gilles Archambault avec Gérald Godin,
série *Horizons*, CBF-FM, Gilles Archambault réalisateur,
émission du 14 mars 1976

❏

G. G.: Après l'indépendance du Québec, qu'est-ce qu'il va nous rester comme thèmes? La liberté, on va l'avoir; la langue, ça va être réglé; le pays, on va l'avoir. Qu'est-ce qu'il va nous rester? Ben, il va rester des choses! Mais Grandbois, lui, il s'est situé en avant de tout ça déjà ou à côté ou en arrière, enfin, où on veut dans la géométrie, ou au-dessus: c'est le poète libre, avant que le Québec le soit.

[...]

G. G. Ce qu'il faut bien se mettre dans la tête au sujet de Grandbois, au point de départ, pour montrer son importance, c'est qu'il a
fréquenté Mao Tsé-toung, à l'époque où ce dernier n'était pas encore
le chef militaire ou le chef d'État qu'on connaît maintenant, mais un
bibliothécaire à Pékin et un jeune poète. Il y a même une photo, publiée dans *Le Canada* mais malheureusement disparue, où l'on voit
Alain Grandbois et Mao Tsé-toung, son aîné de dix ans à peu près,
tous deux en tant que jeunes écrivains[3]. Ça montre à quel point, pour
moi en tout cas, Alain Grandbois apparaissait déjà, quand je l'ai rencontré, comme un mythe. Après avoir fréquenté l'homme — il m'a raconté un peu sa vie[4] —, après avoir lu son œuvre, le mythe, loin de
disparaître, prenait de l'ampleur, se développait de rencontre en rencontre, contrairement à ce qui se passe d'habitude: on se fait une idée
de quelqu'un, on le voit et ça tombe en miettes.

Entretien de Jacques Brault avec Gérald Godin,
série *Documents*, CBF-FM, Gilles Archambault réalisateur,
émissions des 8 et 15 mai 1970

---

1. *Les îles de la nuit* (1944), *Rivages de l'homme* (1948) et *L'étoile pourpre* (1957)
ont été regroupés sous le titre de *Poèmes*, dans le premier volume de la coll.
«Rétrospectives», l'Hexagone, 1963. Toutes les citations sont empruntées à cette
édition.
2. *L'initiation* (Cinépix et les Prod. D. Héroux, [janvier] 1970) est le deuxième film de
Denis Héroux dans lequel il «déshabille la petite Québécoise».
3. Photo prise vraisemblablement en 1933 ou 1934, alors que Grandbois, justement,
est en Chine.
4. Voir l'article-entrevue de Gérald Godin: «Alain Grandbois: les aventures d'un enfant du siècle qui voulait être Marco Polo», et sa suite: «Comment l'idée d'écrire vint
à Marco Polo», *Le Nouveau Journal*, 3 et 10 mars 1962.

Mon ami Gaston Miron

Les «baguettes» en l'air, vingt-quatre heures sur vingt-quatre, Miron va bien finir un jour par s'envoler. Je l'ai connu il y a dix ans au cours d'un lancement à la galerie Libre, rue Crescent. À l'époque, fidèle à *Cité libre*, j'étais fédéraliste comme un beau maudit. Trudeau et Pelletier étaient mes idoles et je qualifiais le «séparatisme» de «détournement d'énergies». C'était tout à fait dans le style du fameux manifeste pour une politique fonctionnelle que Trudeau et ses amis devaient publier quelques années plus tard dans *Cité libre*.

Déjà Miron battait l'air et, comme Pégase lui-même, tentait de nous entraîner à sa suite dans la lutte de libération nationale. J'étais contre. «À Trois-Rivières, que je lui disais, on n'a pas ces problèmes-là.» Je n'étais jamais même entré, à l'époque, dans un moulin à papier, ni à la Canada Iron, devenue la Canron. Je parlais sans savoir. Miron parlait, au contraire, en connaissance de cause. C'est pour cela qu'il avait raison. Et c'est pour cela qu'à long terme, à mesure que les faits sont connus, c'est de plus en plus Miron qui a raison et, en fin de compte, c'est de plus en plus le fédéralisme, «front», comme dit Marchand, d'autre chose et couverture de l'impérialisme américain, qui est démasqué.

Mais Miron n'est pas que cet intellectuel passionné, majestueusement informé, qui a ouvert les yeux à plus de jeunes Québécois que quiconque. Il est aussi poète. Et c'est le poète que la Ville de Montréal honore aujourd'hui. Comme poète, c'est un travailleur. Il publie peu parce que ses poèmes ne lui semblent jamais terminés, ne sont jamais à son goût. Il a traîné par exemple «La corneille» dans ses poches pendant des années! Sur des bouts de papier, des dos d'enveloppes, il traînait un vers, un quatrain, une idée qu'il nous récitait, comme pour bien se la mettre dans la bouche, pour qu'elle sorte bien, pour qu'elle frappe juste.

Le résultat qui apparaît dans *L'homme rapaillé* est d'une force sans pareille, non seulement dans la poésie québécoise, mais même dans la poésie française de ce temps. Travaillés, mais tout le contraire du baroque, rythmés et chargés d'émotions, vigoureusement québécois par le vocabulaire, mais pleins de toute la sève de la langue française la plus pure, ses poèmes sont de ceux qui transportent le plus le lecteur.

En couronnant Miron, le jury du grand prix de la Ville de Mont-réal s'est grandi lui-même. Vive Miron!

Québec-Presse, 7 mars 1971

Claude Gauvreau:
«comme si j'étais mort...»

Nous nous sommes beaucoup vus depuis un an. On préparait cette fameuse édition de ses *Œuvres créatrices complètes*. Je l'ai vu à la BN. Je l'ai vu chez nous, je l'ai vu chez lui. Il y a six mois, au moment où il se préparait à faire un autre séjour à la clinique, il m'avait convoqué pour me remettre la majeure partie de ses manuscrits. Ce fut un long cérémonial silencieux, empreint de tragique.

Il se décidait enfin à publier!

Il semblait couper des liens anciens et secrets.

Les négociations préparatoires avaient pris six mois. Le contrat type que nous lui avions soumis lui semblait de la dernière piraterie. Il envoyait à notre intermédiaire, son ami Michel Lortie, des lettres où il me traitait de tous les noms. J'avais toujours peur qu'il ne change d'idée, comme il l'avait fait en 1956-1957 à ses amis Miron, Mousseau, Goguen et autres qui avaient le même projet que moi, et que son œuvre ne voie jamais le jour. Mais non, on est passé à travers. Et un soir, au champagne, on a signé.

Récemment, il me demandait par lettre: quand le livre sortira-t-il? Quand ce sera complet. Il manquait deux textes radiophoniques. Puis, le 2 juillet, cinq jours avant qu'il ne se tue, une courte lettre: «Publie sans les deux textes qui manquent», et cette phrase terrible: «comme si j'étais mort».

Gauvreau était un souverain, mais son royaume n'était pas public. Et il inventa un langage propre à son royaume, en attendant des sujets. Un jour, un Champollion déchiffrera peut-être ses hiéroglyphes orgueilleux. On y reconnaît bien, dès maintenant, des jeux de mots, des rythmes connus, des mots à peine modifiés, mais l'ensemble reste très obscur. C'est immense, c'est fabuleux, c'est absurde. Je le redis: c'est un royaume.

C'est donner bien du génie aux psychiatres que de croire qu'ils auraient pu quoi que ce soit pour lui, qu'ils auraient pu rejoindre Gauvreau dans son empire souterrain et le ramener à notre pauvre lumière…

Gauvreau, saluts!

J'ai un grand regret: tu ne verras pas ton livre, mais ton livre sera vu… C'est ainsi que les grands écrivains sont éternels.

La Presse, 17 juillet 1971

❑

J'ai commencé à lire ça, ces derniers temps.

Dix-huit livres. Plus de douze cents pages de texte.

Je n'en reviens pas! Gauvreau a écrit plus que n'importe qui dans l'histoire littéraire de la Nouvelle-France, du Bas-Canada, du Canada français et du Québec.

Et tout ça se tient, tout ça a du sens, tout ça procède d'une vision originale et cohérente des choses et de la littérature.

On a perdu plus encore qu'on ne l'imaginait, quand il a mis fin à ses jours.

L'envers du décor, janvier 1972

J'il de noir de Gaston Gouin

G. G.: Dans le cas de la plus récente parution à deux, en fait une parution à trois — il y a Cosmos, l'Hexagone et nous —, *J'il de noir*, de Gaston Gouin[1], c'est le groupe de poètes de Sherbrooke qui a voulu honorer de façon particulière la mémoire de Gouin qui est mort d'un accident de moto il y a un an[2].

R. M.: C'est un hommage assez extraordinaire pour un poète d'ici que trois maisons qui ont des orientations légèrement différentes...

G. G.: ... complémentaires...

R. M.: ... se réunissent pour le publier. Tu l'as connu, Gaston Gouin?

G. G.: Je l'ai connu dans deux nuits de poésie.

R. M.: Oui, parles-en un peu.

G. G.: Je l'ai connu aussi chez moi, dans la région de Sherbrooke, où je vais régulièrement.

R. M.: Il avait donné un show assez extraordinaire lors de cette nuit de poésie. Il avait une présence monumentale, il avait l'air d'un géant tiré de notre histoire. Je parle des vrais géants.

G. G.: Dans le groupe des poètes de Sherbrooke (ils sont cinq, six), Gouin est, de loin, le meilleur. Tout ce groupe a une marque de commerce, si l'on peut dire: l'engagement. Sauf que ça donne souvent des poèmes un peu volontaires. Dans son cas, ce qui nous a frappés, ce qui m'a frappé à la Nuit de poésie du Gesù[3] et à celle de Sherbrooke[4] où je suis allé aussi, c'est un engagement qui est vraiment un engagement de poète. C'était incarné. Ses œuvres restaient poétiques et n'étaient pas grugées, bouffées par la réflexion politique.

J. G.: Elles évitaient le discours pour le discours.

G. G.: C'est ça. Il y a quelques faiblesses de ce type-là, mais, en gros, c'est vraiment enraciné dans la réalité profonde, vécue, d'un gars de la terre: c'est un fils de paysan, qui a vécu sur la terre, qui a gagnoté sa vie comme professeur, qui a donc touché à certaines réalités québécoises de très près.

J. G.: Mais il y a des idéologies différentes entre Cosmos, l'Hexagone et Parti pris, ou simplement complémentaires, comme tu le disais à Réginald. Qu'est-ce que tu entends par ça?

G. G.: Il y a plusieurs complémentarités. Dans ce cas-ci, une complémentarité de régions.

J. G.: De marchés.

G. G.: Eux veulent toucher le marché de Montréal et, comme disent les joueurs de hockey, jouer sur la grande pente, qui est à Montréal. Nous, on est, disons, Miron Clarence Campbell et moi, le sénateur Molson de cette ligue-là...

J. G.: Je suis sûr que ça te fait plaisir!

G. G.: Oui, énormément, surtout à cause de son produit!

Je trouve ça très vivant. Que Cosmos nous associe à l'hommage qu'ils veulent rendre à Gaston Gouin, moi, ça me fait mauditement plaisir.

J. G.: Y a pas de danger que tu considères les maisons d'édition de Trois-Rivières, de Sherbrooke ou de Québec qui s'associeraient à vous comme des clubs fermes?

G. G.: (rires) C'est pas exclu, surtout dans le cas de Miron!

R. M.: Tu te sens pas un peu le gars de la capitale qui s'en va récupérer gentiment les gens de la province?

G. G.: Mon vieux, j'ai vécu plus de vingt ans de ma vie à Trois-Rivières et neuf ans à Montréal. J'ai une plus longue expérience de provincial que de Montréalais.

> Entretien de Jacques Godbout et Réginald Martel
> avec Gérald Godin, série *Book-club*, CBF-FM,
> Gilles Archambault réalisateur,
> émission du 20 octobre 1971

---

1. Gaston Gouin, *J'il de noir*, 1971.
2. Le 10 juin 1970. Déjà, un collectif de témoignages: *Gaston Gouin (1944-1970)*, Parti pris, 1970.
3. Nuit du 27 au 28 mars 1970, à la salle du Gesù, Montréal. Cet événement est devenu *La nuit de poésie*, long métrage de Jean-Claude Labrecque et Jean-Pierre Masse (ONF, 1970).
4. Nuit du 1er au 2 mai 1970, au cégep de Sherbrooke.

Les fleurs du catalpa
de Madeleine Gagnon

Madeleine Gagnon est devenue en quelques années une des poètes majeures du Québec grâce à sa maîtrise exceptionnelle de ce que j'appellerais l'exposé poétique.

L'exposé poétique se situe aux antipodes des poèmes descriptifs ou photographiques du monde observable comme les écrivent les poètes japonais dont je parle plus loin. L'exposé poétique tel que le pratique Madeleine Gagnon dans ce que je crois être son meilleur recueil, *Les fleurs du catalpa*, consiste en un déploiement de la pensée dans laquelle un mot en entraîne un autre, une pensée en amène une autre, qui font que nous assistons, lecteurs interloqués, à la création elle-même.

Cette technique a toutes les apparences de la facilité quand elle repose, comme il arrive quelquefois dans *Les fleurs du catalpa*, sur ce qu'il faut bien appeler la rimette, par exemple: «Dans abandon, il y a don», mais rassurez-vous, chez Madeleine Gagnon, c'est l'exception. Dans *Les fleurs*, chaque ajout a un sens et permet d'approfondir la démarche mentale du poète. Je connais peu d'écrivains ici qui s'aventurent avec succès sur cette glace mince que le slang américain a nommé *black ice* parce qu'elle est aussi noire que l'eau épaisse à la veille de geler.

Madeleine Gagnon a vécu de nombreuses années dans un vaste appartement bien fenêtré donnant sur le parc Lafontaine. De ces années sûrement nous viennent ces images: «Une feuille encore là, dans l'arbre, en plein février». Et «un oiseau ne cesse pas de me regarder: installé sur la branche qui me fait face. Nous partageons la même fenêtre».

Et aussi: «il fait si chaud qu'une mouche vole dans ma chambre je l'entends chanter».

Quand elle écrit: «le rêveur est l'expert de son rêve», ou encore: «Une femme oint de ses larmes le corps meurtri de son homme étranger», on atteint la plénitude et la multiplicité des significations qui sont, pour moi, la poésie même.

Quant au déploiement de la pensée, comparable au déploiement de l'aigle ou du condor dans tout son empennage, déploiement tout bonnement royal, je le trouve dans cet extrait: «Parmi celles qui ont franchi le mur, ou plutôt le couloir de l'intime, je parle toujours des phrases, il y a celles qui surgissent toutes crues, on dirait de nulle part, je les invente de toutes pièces et pourtant elles se tenaient *au bas des marches* comme si elles me revenaient d'ailleurs, d'un lieu étrange, méconnu et tout de même de moi». Cet «au bas des marches», dans le déroulement de la pensée qui écrit, a quelque chose de fulgurant.

Assez curieusement, au moment où des poètes occidentaux, comme Madeleine Gagnon, pratiquent la poésie à la manière reconnue comme orientale, c'est-à-dire se nourrissant de sa propre démarche intérieure, on voit un nombre grandissant de poètes japonais s'acheminer vers une poésie beaucoup plus occidentale, c'est-à-dire du domaine de ce que l'œil lui-même regarde et voit.

Cela saute aux yeux à la lecture de l'*Anthologie de poésie japonaise contemporaine* qu'a réunie pour Gallimard le poète japonais Makoto Ooka et dont je sais gré à la dramaturge Denise Boucher de l'avoir portée à mon attention.

Dans sa préface à l'anthologie, le très grand romancier-poète Yasushi Inoué évoque comme la cause de ce changement radical de la poésie japonaise ce que nous avons bien du mal à nous imaginer ici au Québec, dans notre éden protégé de tout: la Défaite, Hiroshima, Nagasaki, une génération détruite par la Guerre totale que le Japon a vécue. «Le Japon, écrit Inoué, a pu renaître de sa prostration: la poésie moderne, elle aussi, s'est relevée sur cette terrifiante table rase.» Le style littéraire classique devenait un langage usé et insuffisant. La poésie classique, c'est le tanka et le haïku. Un tanka, c'est un court poème de trente et une syllabes, divisé en cinq parties de cinq, sept, cinq, sept et sept pieds. Le haïku, ce sont les trois premières parties du tanka qui deviennent autonomes pour former un poème plus bref que le tanka et ne comptant que dix-sept syllabes sur un rythme de cinq, sept et cinq pieds.

Haïku est le pluriel de haïkaï. Mon tanka préféré, c'est celui-ci:
«Je fus, pour lui dire adieu,
jusqu'à la mer
Mais les pleurs me serraient la gorge
je n'ai rien dit.»

Quant au haïkaï, c'est celui-ci:
«Dans l'onde nulle trace
avec une femme
là, j'ai nagé.»
(Extraits du *Livre d'or du haïkaï*, établi par Pierre Seghers chez Robert Laffont, un *must*.)

Dans la poésie japonaise contemporaine, on trouve plutôt des images photographiques, telles celle-ci, de Nobuyuki Saga:
«Solitude
elle est en vérité un superbe pont suspendu
suspendu dans le cœur de tout homme en vain
Il conduit à la lointaine frontière entre la mort et la vie
d'avoir bientôt à me séparer de ceux que j'aime. Car je ne suis pas moi-même un de ceux qui ont le droit de monter dans mon arche.»

Dans *Mince testament*, Masao Nakagiri arrive lui aussi à la même intensité quand il écrit à son fils qui lui survivra:
«Quitte-moi sans pleurer, pense au sens
d'un vieux bouton oublié à l'intérieur d'un tiroir.»

Nous voilà dans le royaume du concret où c'est l'humilité de l'objet choisi qui touche concrètement et non pas, comme chez Madeleine Gagnon, le fruit d'une démarche mentale, au bord de l'abstraction.

Dans la poésie japonaise donc, après des siècles de dépouillement et de formes poétiques rigides et vieilles, voici le temps de ce qui semble aux auteurs japonais l'expression d'une liberté toute neuve. Ils peuvent enfin parler des choses et de ce que leurs yeux voient. La modernité, au Japon, c'est d'oser regarder les choses telles qu'elles sont, telles que l'œil les voit et les transforme en symbole, une arche qui s'éloigne chez Inoué, un vieux bouton oublié chez Nakagiri et un cheval sans bride chez Ooka, cheval qui est invisible à tous sauf au poète, tandis que la modernité ici, c'est plutôt, comme chez Madeleine Gagnon, la description des mouvements de la pensée, sans référence à l'objet.

Le Matin, 27 février 1987

130

La langue québécoise
fit derrière elle l'unanimité

Un homme déambule rue Sainte-Catherine et il dit à haute voix, pour lui-même, tout ce que lui inspirent les vitrines, les familles, les jeunes couples qui, se tenant par la main, regardent les meubles dans les vitrines et imaginent déjà le foyer où ils seront heureux en élevant leurs enfants.

Cet homme s'appelle Jean Narrache, c'est le héros cynique d'un «roman» d'Émile Coderre, intitulé *Quand j'parle tout seul*.

Il entre dans une église et échange quelques mots avec les saints les plus populaires de l'époque, saint Antoine de Padoue et saint François d'Assise. Pourquoi eux? Parce que seuls les pauvres comprennent les pauvres.

Il entre au Saint-Denis et voit dans une loge une bourgeoise qui pleure en regardant le film *Les deux orphelines*. En sortant du théâtre, deux pauvresses sollicitent quelques sous de la même parvenue et elle les rabroue avec agressivité et mépris. Pour Jean Narrache, les riches ne sont qu'hypocrisie et larmes de crocodile.

Le voici dans une taverne, un des rares lieux où les gueux, comme il dit, sont heureux, loin des cris et des bruits de la maison: «Le p'tit qui braille, la bonn'femm' qui chiâle.»

Les tavernes, tiens, il n'y en a plus à Montréal, pas plus que les statues parlantes de saint François et saint Antoine.

Jean Narrache est le Montréalais type. Et, comme tel, il a la gouaille facile, et sa vraie nature consiste à toujours avoir un sourire en coin et à être muni d'une blague pour attaquer ou pour répliquer à un péteux de broue ou à un politicien.

Révélateur, *Quand j'parle tout seul* l'est aussi du joual de l'époque des années trente, le joual d'avant la vague des années soixante, illustré si brillamment par les œuvres de Jacques Renaud et Michel Tremblay.

Phénomène qui, de génération en génération, montre que les Montréalais veulent lire et voir des œuvres qui parlent leur langage différent et unique dans l'ensemble de la francophonie.

Bien des mots de l'époque ont encore cours aujourd'hui ou ont été consacrés par le Bélisle ou le Léandre. Il faut d'ailleurs déplorer l'absence, dans ces dictionnaires, d'exemples tirés de nos auteurs. Les ont-ils lus?

Mais Jean Narrache est frappé de temps en temps par l'inspiration et il invente alors de nouveaux mots qui auraient dû être consacrés, telles la «quêteucratie» et la «boissomption», qui tuait beaucoup de gens à l'époque. Et j'allais oublier sa fameuse «bean saignante», qu'on trouve toujours à la Binerie Mont-Royal, voisin de chez nous.

Jean Narrache n'est pas indifférent à la politique de son temps. Dans un de ses monologues se profile en effet le plus connu des chefs communistes du Canada, le fameux Tim Buck, contre lequel il incite à aller voter, pour la rime, «en bloc».

Parmi les trouvailles de Jean Narrache, sa définition de la classe moyenne est à encadrer: «La classe moyenne, dit-il, c'est la classe qui n'a pas les moyens.» Sa meilleure touche les politiciens:

Nos députés, c'est des lumières
Qui m'font penser aux mouch'à feu
Y ont tout leur éclat dans l'derrière
Et ça éclair' rien qu'les suiveux.

Quand j'parle tout seul devient un roman de mœurs à la manière de Georges Feydeau, quand il aborde la question du futur métro de Montréal.

Pourquoi un métro? Tout d'abord «parce que nos politiciens ont toujours voulu nous mett'dans le trou». Et aussi parce qu'ils veulent avoir des rues vides «pour chnailler plus vite avec leurs grues» ou pour toucher sur les travaux «un p'tit profit».

Cette œuvre magistrale fut d'abord publiée en 1932 par Albert Lévesque, le père de notre fameux Raymond, et elle fut rééditée en 1961 par mon ami Bernard Valiquette qui fut, pendant la Grande Guerre, l'éditeur d'Antoine de Saint-Exupéry, Jules Laforgue et Victor Hugo.

Émile Coderre était pharmacien de son métier et un des plus beaux fruits du séminaire de Nicolet. Un jour, il découvrit Jehan Rictus qui écrivait lui aussi en langue parlée et lui inspira une œuvre totalement originale qui remporta au Québec un succès qui dépasse l'imagination. Imaginez-vous que Paul-Émile Corbeil en lisait même chaque semaine à la radio. Et, à l'époque, la langue québécoise fit derrière elle l'unanimité, recevant l'appui de tout le monde, du poète classique Robert Choquette au terrifiant Mgr Camille Roy, alors tout-puissant. Le joual des années soixante reçut moins d'appuis, avec le boycottage des Éditions Parti pris par l'intendant Guy Frégault et le refus de Mme Claire Kirkland-Casgrain d'accorder une bourse à Michel Tremblay, à cause des effets délétères de son joual sur le bon parler français.

Préface à la réédition (coll. «10/10», Stanké) de Jean Narrache,
Quand j'parle tout seul, 1988

B. Roman, récit, conte

À propos de Claude Jasmin

1. *La corde au cou* (*extraits*)

Le cinéma

Jasmin adore le cinéma, il ne s'en est pas caché et tout son livre procède d'une pensée cinématographique. On voit à chaque page le souci de l'écran, le souci de l'image et même de l'éclairage. Ce livre est celui d'un cinéaste et l'écriture filmée eût-elle été aussi simple que l'écriture à la plume, *La corde au cou* serait un film.

Un film qui serait américain par la forme et canadien-français par le fond.

Il faudrait parler des images, des pages d'images, de la poésie des images de ce livre.

Il faudrait parler aussi de l'amour de l'auteur pour la nature, l'odeur du foin coupé, les petits arbres et ses frères les hommes qui travaillent et ne sont rien, ne roulent pas carosse ni ne portent smoking.

L'amour

Successivement, l'amour du héros pour celle qu'il a tuée lui est sa seule raison de vivre, puis une histoire banale. Il aime se souvenir de Suzanne et de leurs moments de bonheur et de l'entente parfaite qui a toujours existé entre eux, de la première minute à la dernière malgré tout. Car il n'en veut pas à Suzanne, mais à Drittman, qui lui semble bien plus coupable, qui incarne presque le mal. Vers la fin, une tentative de «dépoétisation» de cet amour est entreprise en ces mots: «Nous ne nous aimions pas, je crois. Nous étions une simple et pratique habitude l'un pour l'autre. Nous ne faisions qu'essayer de nous soulager de cette misérable existence.»

Mais un peu plus loin, Suzanne, la femme aimée, reparaît. On ne peut donc que conclure: qu'est-ce au juste que l'amour?

Et comment passer sous silence quelques notations fort bien observées, comme celle-ci: «Suzanne jouait à l'adorée. Elle faisait toujours comme ça devant les gens pour les faire enrager, pour se faire envier, je ne sais pas... Elle me sautait au cou. Elle ne songeait qu'à m'embrasser.»

Oui, cela est vraiment de la grande littérature, de la meilleure. C'est tout simplement noté, c'est tout simplement de la vie avec sa palpitation et son rythme.

Une œuvre importante

La corde au cou fait éclater bien des barrières. Tout d'abord, l'auteur maîtrise fort bien le français. Il est dépourvu de style à vrai dire, à moins que l'on puisse appeler style cette brutalité et cette colère. À bien y penser, pourquoi pas? Jasmin n'a pas le souci de perfection du style, pour être plus juste, mais cette perfection de style justement priverait ce livre de son caractère d'authenticité.

Il ne faut rien en redire sur ce plan.

Œuvre explosive par son sujet, par son fond, par sa hargne. Le temps de la peur est dépassé. On blasphème et on fréquente les tavernes aujourd'hui dans les livres, depuis *La corde au cou*. On sacre et on prend un verre, comme dans la vie. Réalisme, par conséquent, mais entrecoupé de tant de choses. Ce livre est une espèce de bilan qui en même temps ouvre des horizons à une littérature qui n'est plus timide, qui n'a pas peur d'eng... les pères et mères, les frères et les curés, qui ne doivent pas jouir d'une impunité totale: ce serait désastreux, avec la place qu'ils occupent dans nos vies. Nous avons bien droit à un certain sens critique à leur égard. Ce roman en est plein. Il paraît la même année que *Les insolences du Frère Untel*. Faudra-t-il commencer de croire qu'il existe des courants souterrains? Que de certaines situations naissent, simultanément et solitairement tout à la fois, des œuvres qui viennent en réaction avec les idées établies? Mais il faut peut-être que ces idées établies, pour jouer vraiment le rôle d'aiguillons, en soient à leur pleine prolifération, aient atteint leur plein développement.

Enfin, lisez-le, relisez-le. Je vous y engage.

Le Nouvelliste, 3 décembre 1960

2. *Pleure pas, Germaine*

C'était une époque où on choisissait son éditeur comme on choisit une carabine. Et les éditeurs choisissaient leurs auteurs dito. Que Jasmin vienne à Parti pris, c'était une sorte de pied de nez à tous les autres éditeurs. On se serrait les coudes contre la médiocrité, la mocheté, le manque de goût des autres. On publiait du joual comme on crache au visage des pontifes gouvernementaux, journalistiques, critiques et universitaires. C'était tellement de la bagarre que je me souviens encore du jour où Jacques Hébert et J.-Z. Léon Patenaude avaient convaincu les éditeurs québécois de refuser toute subvention gouvernementale si les Affaires culturelles du Québec persistaient à boycotter Parti pris, *because* le joual.

C'était une époque ardente. En connaîtrons-nous d'autres? À telle enseigne que Claude décida de renoncer à ses droits et de les léguer à Parti pris pour qu'il poursuive le combat. Comme on donne ses cartouches à son voisin qui est en première ligne.

Mais parlons un peu du livre. Quand le Jasmin m'est arrivé, quel éblouissement! Des phrases courtes, comme le halètement d'un coureur. Et dès la première phrase, on était embarqué jusqu'à la fin. Je l'avais lu en une heure. Donc, ça marcherait. Je ne m'y étais pas trompé. Germaine a été un hit.

Il y avait aussi le titre du roman de Laurent Girouard, jamais écrit probablement: *La crotte au nez*, il y avait l'assassinat à coups de tournevis dans le gorgoton du Cassé, je vous l'ai dit, c'était une époque de hauts contrastes, le soleil était plus brillant et l'ombre était plus noire. Mais cette Germaine, quel roman! C'était comme du cinéma, tiens! Typiquement nord-américain et qui bousculait aussi quelques vaches sacrées au passage, le cardinal Léger par exemple, et aussi qui vous montrait la réalité du peuple du Plateau Mont-Royal. Tiens, ça va faire plaisir à Jasmin, ça, il annonçait *Le matou* et Michel Tremblay. Et surtout, et c'est ce qui fait toujours son prix vingt ans après, c'est un roman de la misère des villes, comme en firent Zola et Hugo, les seuls romans qui durent parce qu'ils sont durs, parce qu'ils vont vous chercher l'âme humaine dans son plus profond et son plus vrai.

Préface à la réédition (coll. «Typo», l'Hexagone)
de Claude Jasmin, *Pleure pas, Germaine*, 1985

Ashini d'Yves Thériault
(*extraits*)

J'en suis à croire que cet homme est digne d'admiration, tant il est simple, parfois.

Il ne joue pas les purs, ni les nobles, ni les racés, il aime le «poignon» et court après la gloire. Il ne le crie pas sur les toits, d'accord, mais il ne s'en cache pas non plus.

Je ne doute pas qu'il envie Montherlant, Mauriac et Hemingway d'avoir su, en plus de leur œuvre, imposer leur légende, une image d'eux dont on se souvienne, que l'on puisse cerner en une phrase: «Montherlant, ou le retour à la morgue», «Mauriac, priez pour les pécheurs», «Hemingway, le dernier des derniers Mohicans».

Quand Thériault nous arrive, on n'a plus devant soi qu'un homme. Un homme qui a choisi la littérature comme champ de course. On l'y voit courir comme jamais Canadien avant lui d'une page à l'autre, d'une maison d'édition à l'autre, d'un courrier du cœur à l'autre, d'un roman à des nouvelles, des nouvelles aux essais, etc.

Pourquoi tant courir? Il l'avoue très simplement: pour se délier les jambes: «Je tente de devenir écrivain, j'apprends mon métier, je ne suis pas encore prêt à écrire un roman canadien.» Et il a quarante-six ans! Et il écrit depuis vingt ans!

Pourquoi ne se raconterait-il pas, sur ce ton vrai, dans un livre? Ce serait inespéré. Un homme, un vrai, dans un roman. Ce serait un grand roman.

[…]

Ashini est d'une fort belle eau. De tous les Thériault que j'ai lus, celui-ci me semble le mieux écrit.

Il y a là une volonté de pureté classique, en même temps qu'une volonté de vigueur terrienne dans l'expression, qui comble le lecteur. La phrase est charnue, pleine, riche. Jamais Thériault n'a été plus écrivain, si l'écrivain est celui qui écrit bien.

Mais la littérature n'est pas que cela, je ne l'apprendrai à personne. Outre le style, Thériault nous donne aussi autre chose. Mais s'il a atteint à une sorte de perfection de la forme, en va-t-il de même pour le fond?

Je vois, pour moi, de la pose dans le choix du sujet de ce livre. Jusqu'à un certain point du moins. On connaît le faible de Thériault pour la grande nature, les vastes plaines, la vie libre comme l'air, la chasse, la pêche, les campements, la mer, etc. Il y a du Jean-Jacques Rousseau chez lui. Les villes pourrissent l'homme. Les champs le sauvent.

Son Ashini est un Indien chasseur et libre, trappeur et mystique. Il est l'occasion pour Thériault d'être poète, sur le dos des rivières, des feux de camp, des loups et de leurs migrations, des animaux et de leurs instincts. Thériault l'est d'ailleurs avec émotion. On sent qu'il aime ces poussées, ces forces de la nature, ces besoins irrépressibles, ces flambées. Il est par là, à sa manière, près de Mauriac, du Mauriac de la *Rivière de feu*!

C'est d'ailleurs ces pages qui sont ses meilleures. Il les a faites avec amour.

Mais, et cet Ashini? Cet Indien, ce dernier des Mohicans qui veut redonner à son peuple sa gloire et ses domaines passés. Ce naïf qui s'adresse bêtement au premier ministre pour rentrer en possession d'un pays. Moi, il me plaît, mais il me plaît moins de constater que Thériault fasse de l'ironie... à la petite semaine en demandant par exemple «qui est Jacques Cartier? Ah oui, ce Français venu civiliser les Indiens!» On sent le sourire de l'auteur et Ashini qui meurt. On appelle ça «du rôle de composition». Au théâtre, ça va, mais en littérature? Que penser d'un personnage inférieur à son auteur? On se sent lésé.

De toute manière, Thériault produit. S'il continue d'apprendre son métier à ce rythme, il nous donnera un chef-d'œuvre avant peu.

Livres et auteurs canadiens 1961

Cotnoir et *Contes du pays incertain*
de Jacques Ferron

Ce qui manque le plus à notre littérature, c'est le réalisme.

Il y a bien eu un réalisme du passé, mais, par le fait même, il devenait du folklore.

De par notre formation sans doute, nous nous sommes plus souvent attachés aux âmes qu'aux choses et aux faits, de telle sorte que notre littérature ne sent rien, n'a pas d'odeurs. Il n'y a pas de villes, de rues, de cuisines, d'autobus, de routes dans notre littérature. Il n'y a pas nos villes, nos rues, nos cuisines, nos autobus, etc. Cette dimension de l'authenticité a toujours été méprisée. Parce que tout ça n'est rien quand on a la sainteté, sans doute.

Or voici un écrivain amoureux des choses, des faits, du réel. Ce qu'il raconte est situé, et que ce soit historiquement vrai ou non importe peu, puisque, littérairement, il y a là la vérité, le frémissement de la vérité. Jacques Ferron a regardé de ses deux yeux avant d'écrire.

Il y a bien, dans *Cotnoir* et dans *Contes du pays incertain*, autre chose que l'authenticité, c'est entendu, et on y vient, mais il y a d'abord cela. C'est si nouveau pour moi, ça me fait tellement plaisir de voir animés dans une œuvre littéraire des lieux et des gens qui me sont familiers, que je m'y attarde. Il y a trop longtemps que cette absence des gens et des lieux d'ici dans notre littérature me fait penser qu'il y a du mépris, de la part des gens qui écrivent, pour la réalité canadienne-française, ou du dédain!

Jacques Ferron, donc, est d'abord celui qui aime. Et c'est cet amour des lieux, des gens, de choses d'ici qui donne à ses deux œuvres tout leur prix et les rend estimables.

Il y a aussi l'amour d'écrire et l'amour de se moquer. Il y a enfin le souci de montrer, de faire fi de la *pissichologie*, de montrer la réalité telle qu'il la voit, qui est le tout de l'écrivain. Il y a aussi cette désinvolture dans le ton, cette tendresse dans la narration, cette ironie tour à tour amicale et écorcheuse, en un mot: la présence d'un homme dans une œuvre.

Il y a quelques années déjà que je porte à Jacques Ferron une certaine admiration: il est gavroche, gamin; à son âge, c'est déjà peu banal, mais il sait aussi être attentif et respectueux des choses et des êtres, et son ironie ne cingle que les dotés et les prétentieux. Il se fait ainsi justice lui-même, mais son code est à ma convenance.

Je reviens aux œuvres. *Cotnoir* est imparfait et quelquefois incohérent. Le livre part dans toutes les directions et n'aboutit pas souvent. Mais il y a tout ce dont j'ai parlé plus haut: l'amour de la réalité qui l'entoure et qui est la nôtre. Je présume que *Cotnoir*, cette histoire d'un original au grand cœur, révolutionnaire à sa manière comme il y en a dans chacune de nos campagnes, a été écrit avant les *Contes*, beaucoup plus achevés. Tel quel, toutefois, *Cotnoir* regorge de notations, d'inspiration, d'effets de style qui me satisfont, non sans me laisser sur ma faim.

Il faut attendre les *Contes* pour être comblé. Là, c'est la floraison. Les quelques vrais amis que j'ai sont chasseurs, pêcheurs, buveurs de bière, raconteurs d'histoires salées, patriotes sans méchanceté, vantards, un peu poètes, occupés à mille choses sauf à la littérature. Ils ne sont ni critiques, ni intellectuels, ni ne suivent à la trace les manifestations de la sensibilité littéraire canadienne-française. Ils se *sacrent* de «l'homme d'ici», de Jean Cathelin, de Borduas, de Saint-Denys Garneau, de la gauche et d'Antonioni. Quand ils ont pris un verre, ils parlent de voyager, mais au fond, ils sont satisfaits de leurs sort. Or s'il est un livre qui leur plaît, c'est les *Contes* de Jacques Ferron.

D'ordinaire, la lecture les ennuie. Or les *Contes* ne les ennuient pas. Et grâce aux *Contes*, j'ai découvert qu'ils étaient sensibles à la chose la plus invraisemblable: la poésie.

Qu'ils aient aimé l'histoire du gars qui prend deux bières dans une taverne du farouest, c'est normal. Qu'ils aient ri en lisant l'histoire de Mélie et du beu, il fallait s'y attendre. Mais qu'ils aient été émus par «Le pont», l'histoire de cette vieille femme qui conduisait sa charrette sur le pont Jacques-Cartier, qu'ils aient été touchés par une phrase comme celle-ci: «le soleil dont l'hélice de cuivre tourne si vite qu'il dort sur la pointe, toupie dont l'axe giratoire est le cœur de la trombe d'oiseaux ameutés par le retour des pêcheurs», je dis que c'est un coup de traître de la part de Jacques Ferron et qu'il est bien vrai qu'on fait passer n'importe quoi, même la poésie, avec un verre de bière.

Oui, ces *Contes*, c'est un vrai réveillon de Noël avec le menu habituel et tellement riche. Que demander de mieux!

Livres et auteurs canadiens 1962

Le *charivari* de Robert Goulet

C'est un révolté, c'est évident.

«*Rebel with a cause*», vous en jugerez vous-mêmes un jour, quand vous saurez tout de lui.

Il y a du James Joyce dans sa vie. Exilé volontaire, nationalisé Américain il y a fort longtemps, écrivant exclusivement en anglais, il a rompu avec ce Canada français qui est pour lui «la mort de la liberté». «Aux USA, dit-il, j'ai au moins l'illusion de la liberté.»

James Joyce parce qu'exilé, parce que condamné à ne pouvoir écrire que sur Trois-Rivières et les villes et villages environnants; les coutumes et les gens de la région.

Son univers littéraire est évidemment imaginaire. Mais ce à quoi il ressemble le plus est tout de même la région de la Mauricie.

Tout ce qui opprime l'homme et devient ainsi à l'homme l'occasion de mentir, de contourner l'oppression, d'être hypocrite, faux avec lui-même et avec les autres, tout ce qui l'oblige à cacher son jeu, hérisse Robert Goulet.

L'oppression n'est pas neuve et n'est pas exclusive au Canada français, mais Robert Goulet trouve que l'oppression canadienne-française donne lieu à des retours de flamme, permet de voir à l'œil nu des réactions qui ne sont de nulle part ailleurs.

Ce qui le frappe de ces réactions, c'est la passion qui les anime, la sauvagerie avec laquelle elles éclatent un jour.

Son premier roman, *The Violent Season*, montre un de ces retours de flamme. Retour de flamme orienté par un contexte canadien-français type, c'est-à-dire fortement religieux. *The Violent Season*, c'est la bigoterie qui débouche sur la tragédie et la mort.

Les dévotes de *The Violent Season* ne se contentent pas de prier, de parler, de penser, elles passent à l'action. La tragédie commence quand les personnages passent des paroles aux actes.

Ce qui fait le prix de *The Violent Season* dans l'histoire de la littérature canadienne-française, c'est précisément l'intrusion de l'action, de la tragédie dans notre univers où la prière le dispute au péché d'une part, la verbosité à l'inaction d'autre part.

Je ne vous dirai pas tout ce que je sais de Robert Goulet. Il m'a tout dit, ne m'a rien caché de sa vie, mais la discrétion me commande d'être mesuré. On fera peut-être un jour sa biographie, quand il sera mort.

Pour le moment, disons que le succès a couronné sa colère, parce qu'à sa colère était joint un haut souci de technique romanesque, en un mot, d'art.

Le plus lu

Il est devenu en un an le romancier canadien le plus lu en anglais. «La Saison», comme il l'appelle, édité par Braziller à New York, par Signet Pocket Book pour l'Amérique, par W. H. Allen et Pan Pocket Book en Angleterre, par Albin Michel dans une version française de Catherine Grégoire, touchera bientôt les deux cent vingt-cinq mille exemplaires.

Le succès lui a permis de vivre uniquement de sa plume, et bien. Il a loué une villa à Majorque, la plus grande des îles Baléares, va à Paris quand il veut, à New York et à Trois-Rivières aussi.

Car il est né ici, plus précisément au Cap-de-la-Madeleine, et a vécu à Trois-Rivières la majeure partie de sa jeunesse.

Enfin, sa «Saison» est sous option à Hollywood et, si elle devient un film, il empochera pas loin de 40 000 $.

Un Trifluvien

Il devient ainsi le premier Trifluvien à vivre uniquement de sa plume de romancier et sur le même pied que les romanciers les plus célèbres. Mais il n'est pas le fils bien-aimé, le grand écrivain officiel, qui signerait le Livre d'Or du maire Mongrain et serait accueilli à la gare au son de la fanfare et tout et tout.

Les meilleurs parmi les écrivains furent-ils jamais d'ailleurs «officiels»? Goulet lui-même en rirait, j'en suis sûr. Et il a des manières si étranges, la parlure si drue et si verte, qu'en moins de deux il scandaliserait tout le monde. Et à plaisir, qui plus est.

Il vit dans son «Timberland» intérieur, avec ses bûcherons, ses filles, ses dévotes, la nature, la passion de l'argent ou des femmes, ses petits employés malheureux, tellement habitué à eux que, quand il en sort, quand il arrive parmi nous de la ville, il parle salé, la plupart du temps.

Il a ses heures aussi où il est sérieux, où il étudie avec une patience d'entomologiste le milieu canadien-français, où il cherche les causes, les motivations, les raisons profondes de telles ou telles attitudes. Ou il cherche à comprendre, partagé entre la colère contre l'oppression et l'admiration pour ceux qui lui résistent ou la contournent, la pitié pour ceux qui en sont victimes.

Il choisit toujours des situations explosives, celles où la nature des choses, des gens et des faits apparaît dans toute sa brutalité. Son prochain roman s'intitulera *Kangaroo Court*, se déroulera dans la région d'Harvey Jonction et traitera d'une jeune femme atteinte d'éclampsie et du conflit qui en résulte, entre la loi naturelle et la loi oppressive.

Son troisième, qui n'a pas encore de titre, est inspiré d'une pêche aux petits poissons des chenaux, aux conséquences tragiques et qui fit scandale dans la région il y a quelques années.

Il retourne à Majorque, pour y retrouver sa Mauricie intérieure et ses démons ces jours-ci, après s'être bien sevré de la vraie Mauricie, celle qui ne nous frappe plus tant nous y sommes habitués, celle qui ne touche plus que les poètes et les révoltés.

Le Nouvelliste, 4 août 1962

❑

J'ai vécu le mois de novembre dernier dans un livre. Il s'appelait à l'époque *The Violent Season* et il était en passe de devenir, en traduction française, *Le charivari*. Robert Goulet, son auteur, est un Trifluvien. Il m'a fait l'honneur de me compter au nombre de ses amis et de me confier la révision et la canadiennisation de la version française du *Charivari*. J'y ai remplacé, par exemple, «Prisunic» par «cinq-dix-quinze», le roman se déroulant dans une ville imaginaire de la Mauricie et non à Paris où les «cinq-dix-quinze» s'appellent «Prisunic».

Je ne suis pas lecteur de roman. La poésie me semble plus intense et moins fabriquée. Un roman est construit, fabriqué, voulu. Un roman concourt à séduire le lecteur, à l'endormir au monde réel, et un roman n'est grand, en somme, que si le lecteur y croit. C'est-à-dire si le lecteur passe du vrai de sa vie au factice de la vie romanesque. Mais ce sont là considérations personnelles et de peu d'importance pour vous. J'avais donc entamé *The Violent Season* en avril 1961, lors de sa publication, et je ne l'avais pas lu au complet pour des raisons philosophiques.

Toutefois, comme amateur de langage, puisque c'est à ce titre que Robert Goulet m'a confié la révision de la traduction française, la perspective changeait. Le roman n'en était plus un, mais devenait l'occasion d'un travail linguistique presque scientifique: il s'agissait de recréer le climat si bien évoqué par l'original, le climat d'une terre à bûcherons en plein cœur du pays du joual.

J'ai donc lu *Le charivari* à la fois en anglais et en français. C'est avec l'œil froid du linguiste que j'ai lu ce livre en ces deux états.

Sans émotions, je puis donc écrire ici ce qui suit.

J'ai prêté mon exemplaire du *Charivari* à une de mes connaissances. Tous ceux qui avaient ce que l'on appelle de la culture, tous ceux qui avaient des prétentions littéraires, tous ceux qui avaient des connaissances de la littérature, par conséquent des goûts précis et, consécutivement, restrictifs, n'ont pas aimé le livre. Par contre, tous ceux qui lisent un livre sans arrière-pensée, sans culture préalable, tous ceux qui prennent un livre à vif, tel qu'il est, l'ont aimé et l'ont fait lire à d'autres. À tel point que j'ai peur que mon *Charivari* soit perdu à jamais.

Cela n'était pas sans m'éclairer sur les vertus du livre. C'était un livre que l'élite n'aimait pas. C'était un livre pour le plus grand nombre.

Pourquoi? Difficile à dire, mais peut-être parce que le livre parle précisément ou, plutôt, fait parler «le plus grand nombre», donne une voix à ceux-là qui n'en ont jamais eu dans notre littérature: le peuple. Ce n'est pas rose, ce n'est pas toujours gai. C'est brutal, c'est vert, c'est direct, c'est immoral, ça tue, ça blesse, c'est grouillant de vie et ça ne se tortille pas la psychologie pour se comprendre et comprendre les autres.

On a dit du *Charivari*: ce n'est pas vrai. Or, précisément, c'est vrai. C'est cela qui est vrai. Les annales judiciaires de la province, qu'aucun romancier n'a jamais songé à exploiter, soit dit en passant, l'attestent.

Avec *Le charivari*, le peuple canadien-français entrait dans la littérature par la porte de la brutalité et des passions primitives. Pas de nuances, pas de demi-teintes dans ces êtres et dans ce roman. Je ne dis pas «les délicats protesteront», qui le font toujours au nom de la littérature et avec mépris: c'est déjà fait.

Je répéterai plutôt que le roman canadien s'engage, avec *Le charivari*, sur la voie du roman populaire tant par son contenu que par son public, et c'est tant mieux. Ce roman n'en est pas un d'intellectuel. C'est ce qui le rend efficace. Est-ce un exil volontaire prolongé qui a permis que Robert Goulet décrive précisément ce qui est la matière la plus vivante de la réalité canadienne-française? Est-ce sa mémoire qui lui a permis d'oublier le banal, le psychologique superficiel, l'autobiographique, l'inutile qui sont dans la plupart de nos romans? Est-ce sa mémoire qui lui a permis de ne conserver de sa jeunesse trifluvienne que la part la plus vigoureuse de ce qu'il y avait accumulé? Peut-être.

De plus, et c'est une autre vertu de ce roman ou, plutôt, de son auteur, il y a là ce que les Anglais appellent «*a private war against the Establishment*», dans tous les sens du terme. L'ordre donné, l'ordre mental, l'univers mythique, en un mot: la plupart des aliénations propres à notre société, y sont battues en brèche. Il n'y a rien de plus révolutionnaire que la vérité toute nue.

Que l'auteur y surajoute, qu'on l'entende ricaner trop souvent au détour d'une phrase, qu'il ignore l'ellipse, c'est pardonnable, puisque, derrière ce roman, il y a la colère, qui est «la seule raison valable d'écrire un roman», disait le grand poète Robert Graves. La colère contre l'*Establishment*. Ainsi, tant au niveau de l'art du romancier, qu'au niveau de ses préoccupations profondes, *Le charivari* est à ma convenance, et je vous le recommande.

Le Nouvelliste, 20 juillet 1963

Les Montréalais d'Andrée Maillet

Si j'étais séparatiste, il est une seule raison pour laquelle je cesserais de l'être: l'Office national du film. Cet organisme fédéral est devenu le temple des réalités canadiennes-françaises. Les films de l'ONF sur les différentes activités, les différentes coutumes, les différentes manies des Canadiens français sont des chefs-d'œuvre du genre. L'ONF est un temple, car on semble vouloir y fixer systématiquement sur la pellicule, pour les siècles des siècles, ce qui fait la personnalité propre du Canada français.

Les meilleurs films de l'ONF, à mon gré, sont ceux qui tiennent du néo-réalisme et du cinéma-vérité, mais dont on peut dire qu'ils sont plus que cela, à cause de leur humour constant. *Congrès*, *La patinoire*, *Jour après jour*, *Lonely Boy*, et j'en passe, sont de cette qualité.

Il a toujours été déplorable que ce ne soit pas notre littérature qui explore ainsi, de long en large et de haut en bas, l'univers canadien-français. Ce n'est que depuis quelques années que certains romans, trop rares encore, quittent les domaines psychologiques pour les domaines sociaux ou géographiques, comme la littérature américaine, par exemple, qui est probablement, avec la russe, la littérature du monde qui a le plus fidèlement rendu compte de la réalité quotidienne et physique dont elle a procédé.

Or il nous arrive aujourd'hui un petit livre qui a les vertus mêmes des films de l'ONF: *Les Montréalais* d'Andrée Maillet (Éditions du Jour).

Le titre même de l'ouvrage est déjà tout un programme! Et l'auteur le mène à bien. Les cinq nouvelles qui constituent le volume sont autant de courts métrages réalistes et amusés, tournés dans différents secteurs du milieu montréalais.

Pour une fois, une œuvre littéraire canadienne-française montre des lieux physiques, des milieux sociaux ou de travail et la faune propre à ces lieux et à ces milieux.

«Les conspirateurs» sont les jeunes intellectuels qu'un verre ou deux de bière rend trotskystes. «Les mœurs amoureuses de cinq Montréalais» constituent la plus longue des cinq nouvelles du recueil et elle est à la hauteur des promesses de son titre. «Mrs Lynch» est cette vieille dame qui lave les planchers. «Les Néo» sont un peu plus faciles, mais restent bien observés. «La vue» est une plongée dans le milieu canadien-anglais de Montréal. Les dialogues, finement entrelacés et plus profonds qu'ils veulent le laisser croire, font de cette nouvelle la plus réussie des cinq. En une phrase, les caractères sont dévoilés, ainsi que les préoccupations, les insatisfactions, les recherches: tout ce qui constitue l'«être intime». C'est du grand art, et qui a l'air naturel.

Tout ça ne va pas très loin peut-être. Tout ça n'est, en somme, qu'une suite de regards sur la réalité. Et nous retombons ici dans les réflexions de l'introduction à cet article: les films de l'ONF aussi souffrent du même défaut. On attend le jour où toute cette équipe de cinéastes nous donnera des longs métrages où seront réunies les qualités d'observation de leurs œuvres actuelles et la profondeur d'une vision personnelle du monde. Autrement dit, on attend le jour où elle sera faite, l'intégration de ces instantanés authentiques dans une œuvre plus complète qui nous montrerait quelle idée du monde se font ces gens. Une œuvre qui soit, comme toutes les grandes œuvres, une structure du monde conforme à l'idée ou à la vision que s'en fait un auteur.

Toutefois, répétons-le, les qualités d'observation des *Montréalais* sont grandes et c'est de telles œuvres qui préparent les grandes fresques que nous attendons.

Le Nouvelliste, 23 février 1963

À propos de Réjean Ducharme

1. Les critiques contre la littérature

M. Jean Éthier-Blais est un homme amusant et un écrivain passable. Il a taillé quelques-unes de ses plumes avec le canif de Mme de Sévigné et sa prose, quoique vieillotte, se laisse lire. Je lui disais il y a quelques mois: si vous n'étiez pas drôle, vous seriez insupportable. Or, samedi le 15 octobre, il a subitement cessé d'amuser. Il exécute autour de l'admirable *Avalée des avalés* de Réjean Ducharme un petit tango de la mesquinerie triomphante dont je veux rappeler ici les divers moments pour ce qu'ils ont de significatif relativement à la critique montréalaise d'une part, à notre panier de crabes littéraire d'autre part.

Disons tout de suite, pour réfuter une des affirmations de J. É.-B., que Réjean Ducharme n'a pas passé sous le rouleau compresseur anglicisant de l'aviation canadienne, puisqu'il n'y a été que fort peu de temps et qu'il l'a quittée précisément pour y échapper. Mais qu'est-ce que M. J. É.-B. a à faire de la vérité…

Quant au tango, il commence «*subtile affirmativo et con remorso*»: «Une légende [que J. É.-B. est d'ailleurs le premier à rendre publique, car elle n'avait couru à venir jusqu'à ce samedi que dans certain cercle] veut déjà que *L'avalée* soit aussi la fille de Dominique Aury. J'en doute fort.»

Deuxième pas, «*molto affirmativo*»: «que M. Ducharme dissipe cette légende.»

Troisième pas, «*insidioso*»: «Mais notre milieu nous a si peu habitués à cette sorte de phénomène, il est si singulier, si improbable qu'une question que nous n'osons pas formuler se pose d'elle-même.»

Quatrième pas, «déjà plus *mesquino*»: «je souhaite qu'il écrive un chef-d'œuvre qui soit authentiquement de lui.»

Cinquième pas, «*molto* salaud»: «Aurons-nous donc souffert en vain pendant trois siècles pour que l'expression entière et hautaine de

152

notre vie nous échappe, pour qu'il soit permis au premier venu de tripatouiller dans notre mystère?»

En plus d'avoir du talent, les écrivains sont donc soumis à devoir s'en justifier devant des critiques érigés en détectives privés, pour ne pas dire en concierges faisant leur miel de ragots! Dieu que cela est méprisable.

Telle est notre critique. Telle est notre jungle littéraire.

Que notre critique en soit une de bourreaux préoccupés de couper des têtes, faute d'en avoir une, et de démolir des œuvres, faute d'en écrire, passe encore. Les chevaux n'ont pas empêcher les moineaux de picorer leur crottin. Mais que M. J. É.-B. pousse le mépris de tout ce qui est québécois au point d'accuser quiconque a écrit ici un bon livre de n'en être pas l'auteur, je trouve cela maladif.

Que M. J. É.-B. n'aime pas la littérature des autres, c'est aussi son droit. Mais qu'il conteste, sans aucune preuve, à un auteur la paternité de ses textes, ça confine au libelle diffamatoire.

Qu'il soit frustré, mesquin et méchant, c'est son droit et c'est surtout de son tempérament et il est bien à plaindre, mais qu'il lance des accusations de cette gravité contre un jeune auteur, c'est inadmissible.

Le temps des critiques contre la littérature doit finir.

Notre littérature traverse une période bien sombre où les livres que la critique loue le plus sont comme par hasard écrits par de hauts fonctionnaires aux Affaires culturelles, où le despotisme et la protection de l'ordre établi règnent dans les pages littéraires de nos grands journaux, où la critique d'ici est aux mains des bilieux, des mécontents, des écrivains qui parlent plus souvent dans leurs journaux de leurs livres que des livres des autres, et de polygraphes qui s'improvisent spécialistes de la littérature et de la sensibilité d'ici, où enfin tout ce qui joue, c'est l'intérêt et le calcul des cliques, la malhonnêteté des jaloux et des dépités, et la bassesse des petits commis.

Tout cela est de très mauvais augure pour la littérature québécoise. S'en tirera-t-elle? Je le souhaite. Mais qu'on nettoie le territoire de ses crabes, Bon Dieu!

Le Devoir, 27 octobre 1966

❏

2. Lettre aux *Nouvelles littéraires*

Montréal, 27 janvier 1967

Les Nouvelles littéraires
146, rue Montmartre
Paris IIe

À qui de droit,

Irwin Shaw disait du *Time Magazine* que le crédit qu'on lui accordait était inversement proportionnel à la connaissance qu'on avait des événements qui y étaient relatés. Je suis bien obligé aujourd'hui d'en dire autant des *Nouvelles littéraires*, après avoir lu le «Ducharme démasqué» de Jean Montalbetti[1] qui me fait douter à présent de tout ce que j'ai lu chez vous depuis une dizaine d'années.

Votre jeunot Montalbetti s'y fait colporteur de ragots, inventeur de coïncidences et pur et simple menteur dans la plus belle tradition du jaunisme journalistique. Ce qui de la part de *Minute* était monnaie courante nous a surpris infiniment des *Nouvelles littéraires*.

Réjean Ducharme est un être assez unique dans la vie et exceptionnel dans la littérature. De sa vie je ne dirai rien, parce qu'il ne veut pas. Mais, dans la littérature, vous savez aussi bien que moi que le choix qu'il a fait de n'être pas concerné par autre chose qu'écrire a constitué une insulte, si j'en juge par leurs réactions morbides, à tous les écrivains, critiques, journalistes et potineurs qui acceptent de jouer le petit jeu de la gloire littéraire ou d'en tirer leur miel.

Face à ce phénomène, il y a les gens qui sont d'accord, ceux qui ne le sont pas et, enfin, les jaloux, les cabaleurs et les petits flics. Votre Montalbetti entre dans la dernière catégorie pour cette raison qu'un simple coup de fil à Naïm Kattan lui aurait épargné sa pseudo-enquête et sa pseudo-expertise de textes… Mais quand on veut de la copie à tout prix, évidemment…

Toutefois, non content des dénégations de Naïm Kattan, il fait maintenant de moi l'auteur de *L'avalée* (*cf.* Patrick Loriot, dans *Le Nouvel Observateur*, n° 115). Il n'est pas venu à sa petite tête que l'auteur de *L'avalée* pourrait bien être tout simplement celui qui le signe.

Les plus coupables dans cette affaire, je le dis à la décharge de Montalbetti, ce n'est pas lui, c'est la petite clique montréalaise innommable qui a lancé, dans des circonstances que je raconterai un jour, quand nous serons bien vieux, les contestatons sinistres *a*) de la paternité de Ducharme sur ses œuvres, *b*) de son existence réelle comme écrivain et même comme individu.

Dès maintenant, toutefois, je dirai ceci: des personnes que je ne nommerai pas, mais dont le rôle minimum serait la dévotion à l'épanouissement de la littérature, se sont acharnées avec tant de hargne sur un écrivain de vingt-quatre ans que tout autre que lui eût été écœuré d'écrire pour le reste de sa vie. Leur nocivité est grande et leur influence aussi. Que la critique parisienne ne se demande plus pourquoi il y a si peu de Réjean Ducharme au Québec. Il y a tellement de fourches caudines sous lesquelles un écrivain doit passer ici (nous sommes une colonie, vous savez, et autant de Paris que du English Canada) que bien peu d'entre eux survivent longtemps!

J'avais dit à Réjean Ducharme il y a six mois[2]: «Avec le talent que tu as, tu n'es pas sorti du bois; le monde littéraire est une jungle.» Il s'est passé des choses pires que prévues. Il faut dire que je n'imaginais pas à l'époque que les bassesses d'un petit nombre pourraient avoir de telles conséquences et trouver autant d'oreilles sympathiques.

Enfin, pour faire acte: l'entrevue que Réjean Ducharme m'a accordée le fut de vive voix, au mois d'août dernier, au restaurant Da Pasquali, rue Stanley à Montréal. J'ai lu de ses manuscrits et il est autant l'auteur de ses œuvres que M. Montalbetti de ses élucubrations de police.

Je vous demande de publier cette lettre en bonne place dans ce que je suis bien obligé maintenant d'appeler votre feuille[3] et j'exige de M. Montalbetti des excuses pour avoir laissé entendre que l'entrevue de Réjean Ducharme que j'avais signée dans *Le magazine Maclean*[4] était un faux (*cf. Le Nouvel Observateur*, n° 115). Les faux, je les lui laisse.

Merci.

Les Lettres françaises, 2 février 1967

❏

3. *Les enfantômes*

G. G.: En fait, la clef de base pour comprendre — je viens de découvrir ça il y a quelques jours, après avoir lu et relu quelques-uns de ses textes —, c'est la philosophie de ce qu'on appelle maintenant le *drop-out*. Avant qu'il y ait des *drop-outs* comme il y en a beaucoup maintenant, Réjean Ducharme en était un. Ses romans racontent, en fin de compte, l'histoire de gens qui sont en marge de la société, en marge des institutions, en marge des groupes.

Toute son œuvre est articulée autour de gens comme ça, que ce soit ses romans ou ses pièces. La meilleure est *Inès Pérée et Inat Tendu*. Il y a une scène très belle où Inès Pérée et Inat Tendu cherchent à se camper, à se poser quelque part et, chaque fois qu'ils s'installent, on les dérange, on vient les chasser. Et là, ils disent: «Tout appartient à quelqu'un, il n'y a plus une place sur la terre qui est libre, où n'importe qui peut s'installer, tout est déjà *claimed*, déjà loti, déjà vendu.» C'est un peu le sentiment que les *drop-outs* ont face au monde. Les personnages de Ducharme, avant même que le mot existe, vivent intensément ce drame-là qui est probablement le drame de la deuxième moitié du siècle.

J. S.: De là vient que ces personnages donnent l'impression d'être toujours incapables de se fixer, de s'installer, l'impression d'être inutiles à la société.

G. G.: Je ne pense pas qu'ils veulent être utiles à la société. Le personnage central des *Enfantômes* consacre ses énergies à analyser ce qu'on pourrait appeler l'inavouable et à dire des choses qu'on ne dit pas. Quand je pose une question à ma femme, est-ce que je ne veux pas dire autre chose? Et quand elle me répond, est-ce qu'elle ne veut pas dire autre chose? C'est ce double fond qui est la substance des *Enfantômes*. Et Ducharme n'hésite pas à dire: «Si quelqu'un lisait dans ma tête, il verrait des choses que peut-être il refuserait, donc je suis mieux de ne pas les dire.» Mais il les dit quand même. Au fond, c'est le mensonge des relations entre êtres humains qui est la substance des *Enfantômes*.

C'est un exercice — presque psychanalytique — extraordinaire que de lire *Les enfantômes*. Je recommande à ceux qui vont le lire de ne pas le lire d'un trait: c'est une nourriture lourde.

J. S.: Dans le cadre de ce que vous dites, l'histoire proprement dite passe au second plan: le goût pour la sœur, la femme, c'est un prétexte pour faire l'exercice dont vous parlez.

G. G.: Oui. Enfin, c'est un prétexte — Rivardville, Hemmingbourg, le maire McRow, la clique du maire, le docteur Squeezeleft, Alberta Turnstiff, etc. — qui permet à Vincent Falardeau, le héros central, de se situer par rapport à la société, de dire comment il voit la société et de dire à quel point il ne veut pas de cette société. Ce qui l'intéresse, lui, c'est la seconde fugitive où la femme qu'il aime, qui est sa sœur, entre dans le bar où il l'attend. Là, il dit: «Le monde s'est arrêté, j'ai eu le souffle coupé, j'ai coulé sur le plancher comme une flaque d'eau, elle a pilé sur moi.» Toutes ces secondes fugitives qui sont les plus beaux moments de la vie, il les monte en épingle littéralement, les épingle comme des papillons. Cette espèce de fixité des moments les plus beaux de la vie, c'est d'une beauté extraordinaire.

Ces moments, il les immobilise dans l'histoire et les décrit avec un style, je pense, d'une perfection qu'il n'a jamais atteinte lui-même et qui est probablement sans exemple dans la littérature contemporaine.

J. S.: J'allais justement vous parler de ça. Que faut-il penser du style et de l'écriture de Ducharme?

G. G.: C'est très curieux. Il y a beaucoup de phrases presque claudéliennes dans ce livre. Donc, le grand style. Il y a également beaucoup de phrases très brèves, à la Paul Morand, à la Hemingway. En voici une: «Elle était frappante, il fut frappé.» Il y a enfin un troisième niveau, le niveau phonique, qui est celui de la farce: «Keskclfè?» On va de surprise en surprise. Son roman est entrelardé d'alexandrins, etc.

Ce mélange fait que je me rends compte, à la lecture, qu'il est en train de maîtriser le métier de romancier de façon absolument extraordinaire. On ne s'ennuie presque plus jamais en lisant du Ducharme, ce qui n'est pas le cas de la plupart des romans qui s'écrivent maintenant, parce qu'il fait cohabiter toutes sortes de façons d'écrire, parce qu'il nous picosse constamment, nous attire constamment à continuer de le lire.

Entrevue de Jean Sarrazin avec Gérald Godin,
série *Carnet arts et lettres*, CBF-FM, Raymond Fafard réalisateur,
émission du 14 avril 1976

---

1. Jean Montalbetti: «Ducharme démasqué. L'affaire de *L'avalée des avalés*», *Les Nouvelles littéraires*, Paris, 19 janvier 1967.
2. Cinq mois, en fait.
3. Elle sera presque entièrement publiée par René Lacôte: «Réjean Ducharme et l'arroseur arrosé» (précédée d'une note de René Lacôte), *Les Lettres françaises*, Paris, 2 février 1967.
4. «Gallimard publie un Québécois de 24 ans, inconnu», *Le magazine Maclean*, Montréal, septembre 1966.

À propos d'Hubert Aquin

1. D'une part

Si Hubert était mort dans un accident ou d'un cancer, sa mort aurait été inacceptable[1]. Ce bel être fauché par l'absurdité, le génie en lui qui n'avait pas fini de se réaliser et, surtout, sa présence: son merveilleux sourire, ses yeux gris d'acier, son intelligence, son intense fébrilité, cette espèce de contradiction entre tant de vitalité et tant de profonde insatisfaction. Tout cela n'est plus et me manque.

Mais aujourd'hui je ne suis pas triste. Hubert a choisi sa mort. Il aura maîtrisé jusqu'à la fin ces forces qui tentent de mouler les hommes ou de les briser.

Il y en a qui cherchent des coupables à cette mort. Ils ont tort. Il n'y en a pas. Croire qu'il y en a enlève son sens à cet acte qui est celui d'un homme qui a toujours été souverainement libre. Libre à Radio-Canada, libre aux Éditions de la Presse, libre à *Liberté* et aux Rencontres internationales des écrivains, libre partout toujours, comme un cheval sauvage de l'île aux Sables.

Notre génération a été marquée par son meilleur texte, «La fatigue culturelle du Canada français», qu'il faut relire aujourd'hui.

Quand il avait refusé le prix du Gouverneur général, je lui avais écrit pour l'en féliciter. Il m'avait affirmé par la suite: tu es le seul à l'avoir fait. C'était un ami avec qui la communication était difficile, mais toujours chaleureuse. Je l'avais revu sur les derniers milles du quotidien *Le Jour*. Il était là aussi, drôle, brillant et attachant.

C'était un homme à aimer et à respecter. Je pleure sa perte. Mais comme pour tout ce qu'il a fait d'important, je suis fier de lui. Il a toujours décidé lui-même de ce qu'il ferait. Du début des années soixante à sa mort, aujourd'hui, c'est le même chemin de la fidélité absolue à soi-même.

Hubert, je te salue bien bas. Je m'incline devant ton choix. Et comme on dit à Cuba: *La muerte es un acto de servicio.*

La Presse, 26 mars 1977

❑

2. D'autre part
(entretien avec Gordon Sheppard, *extraits*)

J'ai souvent des amis qui veulent se suicider et je fais une distinction entre eux: ceux qui veulent vraiment le faire et ceux qui veulent tester si je les aime assez pour les empêcher de le faire. Mais je ne joue jamais le rôle de celui qui est l'objet d'un test, je dis «si tu veux le faire, fais-le» parce que je pense que chaque personne doit s'assumer complètement et non pas s'en remettre à d'autres, non pas pomper chez l'autre plus d'affection pour se permettre de continuer à vivre.

Je pense que ça ramène à l'analogie du pays. Je ne pense pas qu'on doit faire du chantage comme pays ni comme personne, et ce que j'admire dans Hubert, c'est que ce n'était pas du chantage justement. Ce qui ressort du film de Godbout, c'est qu'Andrée a également refusé de jouer le jeu du chantage. Elle n'a pas dit «non, je t'aime, ne fais pas ça, j'ai besoin de toi» et, en ce sens-là, elle a assumé la souveraineté d'Hubert et la sienne[2].

[...]

Guy Lafleur, des Canadiens, c'est un peu comme Hubert Aquin. À un moment, Guy Lafleur a fait une déclaration disant que telle décision prise par les Canadiens est inacceptable. Tout le monde dit: «Quel courage, il va contre son patron.» Même si c'est pas toujours bien fondé, les gens trouvent que Guy Lafleur est très courageux de dire ça. C'est comme beaucoup de choses qu'Hubert Aquin a faites, au lieu de tenter de changer les choses d'abord par l'intérieur. Mais ils préfèrent *to go public*, comme pour s'ébrouer, comme pour «ne pas appartenir». Guy et Hubert sont des gens qui sont mal dans leur peau. Ça illustre une brèche... dans la vedette. Peut-être que toutes les vedettes, se voyant beaucoup trop comme étant une fausse représentation d'elles-mêmes, sentent le besoin de sortir du miroir et de (re)présenter autre chose aux gens. Alors, ils font ce qu'on appelle un «saut de carpe» en français, quelque chose d'imprévisible qui brise ce qu'on croyait être leur logique à eux, et ils font ça pour sortir de la prison, de la cage, en fait, que constitue l'image que les gens se font d'eux. Au fond, c'est une grande aspiration à la liberté.

[...]

Hubert, c'était un être souverainement souverain. Je pense que ce n'était pas un homme d'équipe, ce n'était pas un militant, sinon de lui-même. Quand on est militant, il faut laisser au vestiaire une partie de soi-même. Inévitablement, si tu veux faire partie d'une communauté, que ce soit l'équipe d'un journal, l'équipe d'une revue, que ce soit une équipe nationale d'un pays, en fin de compte, inévitablement tu vas devoir choisir entre toi et le renoncement à une partie de toi. Ça, Hubert ne l'a jamais accepté, sinon temporairement.

Hubert a participé à bien des choses pendant sa vie, donc il a renoncé à une partie de lui, mais quand la tension entre ce qu'il aurait voulu que ce soit et qui fut une irréalité, au fond, était trop forte, il quittait. La plupart des gens disent dans n'importe quelle job, à l'occasion, quand quelque chose ne marche pas: *I'm gonna quit.* Mais, à la fin, les gens disent: «Ça va s'arranger et, demain matin, je rentrerai au bureau comme tout le monde.» On peut appeler ça des *fits of freedom.* Hubert, non seulement avait-il ses *fits*, mais il quittait.

Moi, j'avais toujours été convaincu — et j'avais dit ça à des gens — que, dans une armée ou dans un maquis ou dans un FLQ, je n'aurais jamais confiance en Hubert Aquin. Dans un sous-marin non plus. J'aurais été sûr, dans un sous-marin, que la seule idée d'Hubert aurait été d'ouvrir une porte pour que le sous-marin coule, de faire un mauvais tour parce que c'était un être profondément isolé, seul, qui s'était toujours dit, comme Réjean Ducharme: «Ceux qui pensent que j'appartiens à ce groupe sont des cons, je ne suis pas de ce groupe, je suis différent d'eux et je vais le prouver: je vais me singulariser, je vais faire couler le sous-marin, je vais trahir, je vais quitter, je vais faire de la merde, je vais me suicider.» Il avait voulu montrer à quel point il était singulier, peut-être parce qu'il ne l'était pas du tout. C'est ça, en fait, le drame d'Hubert Aquin.

[...]

Il y a des gens qui sont toute leur vie des agents doubles. Pour qui travaille le véritable espion? Personne ne le saura jamais, sauf lui. C'est un thème central dans l'œuvre d'Hubert Aquin. Mais on sait maintenant, avec son suicide, pour qui travaillait Hubert Aquin: il travaillait pour lui. Oui, je pense qu'en se suicidant il a fait un aveu complet: au fond, il a toujours travaillé pour Hubert Aquin. Donc il a renoncé au *wolf pack* et au drame que ça représente de vivre dans une société avec des gens et à ce que ça peut inclure de compromis, de trahison de soi-même. Mais ce n'est jamais clair non plus. Moi qui suis un homme d'équipe, je ne suis pas sûr que j'ai raison non plus.

[…]

Mais je pense qu'il assumait toutes les contradictions qui découlaient de ses décisions qui étaient, la plupart du temps, de quitter, avec le risque de perdre des amis, de perdre des appuis, de perdre des affections, mais surtout de perdre la confiance que les gens pourraient avoir en lui. Ça, je pense qu'Hubert l'a assumé. Il n'était pas naïf au point de croire que, tôt ou tard, il ne serait pas congédié ou qu'il n'y aurait plus de jobs pour lui nulle part.

En ce sens-là, il a été aussi cohérent et conséquent que Paul Rose qui, ayant décidé de faire ce qu'il a fait, était prêt à aller en prison et à payer en conséquence.

Un être intelligent connaît la portée de ce qu'il essaie de faire, au départ. Hubert savait fort bien qu'ayant tenu toute sa vie le discours qu'il a tenu, ça ne pouvait pas le mener ailleurs qu'au suicide.

[…]

Si, du vivant d'Hubert, on était arrivé à l'indépendance au Québec, c'est sûr que le premier à la dénoncer aurait été Hubert, en disant: «C'est de la merde, vous avez reconnu un tel régime qui est de la merde, vous avez reçu sur votre territoire indépendant telle personne qui est de la merde, on s'est battus pendant quarante ans pour la pureté, et voici que vous êtes dans la merde.» Et là, ç'aurait été le drame, encore une fois, entre le Québec et son enfant terrible — ou ses enfants terribles, parce qu'il y en a d'autres, ici, qui font ça, comme Pierre Vallières. Pierre Vallières est une espèce de réincarnation, sur le mode mineur, du drame qu'incarnait Hubert Aquin, adorant tout et dénonçant tout, successivement.

[…]

Hubert incarnait ça et il mettait la société le dos au mur. Il a mis *La Presse* au pied du mur, il a mis *Liberté* au pied du mur[3], il mettait toujours les gens au pied du mur, peut-être pour le plaisir d'avoir tout le monde contre lui tout le temps, tôt ou tard. En ce sens-là, donc, on peut dire qu'il était irremplaçable, invivable et insupportable.

[…]

Je pense bien que si l'UQAM avait fait ça[4] du vivant d'Hubert, il aurait été très heureux, très fier et très content, si j'en juge par mon télégramme et par sa réaction à mon télégramme[5], et, en même temps, il aurait probablement ridiculisé l'université pour montrer que ça n'avait aucune importance.

J'avais l'impression qu'il ne s'imaginait pas qu'on l'aimait à ce point-là et qu'il était important à ce point-là. Il n'osait pas le croire, j'imagine. D'un autre côté, l'université, ou n'importe quelle institution au Québec, aurait été prête à donner le nom d'Hubert Aquin à un édifice, mais pas à donner une job à Hubert Aquin. En toutes circonstances, je pense que les gens se seraient prosternés pour Hubert et l'auraient mis sur un piédestal, mais personne ne l'aurait engagé dans n'importe quelle job. Parce qu'Hubert, c'était une grenade prête à sauter tout le temps. Il avait décidé d'être comme ça et, par conséquent, il était cohérent et assez conséquent pour reconnaître le fait qu'il n'y avait pas de place pour lui tel qu'il était dans ce qu'on appelle les institutions, parce que les institutions ne peuvent pas s'accommoder des grenades.

[...]

Hubert, ce qui a fait son prix et son irremplaçable qualité au Québec, c'est qu'il a choisi d'être tout seul, c'est-à-dire un être seul qui fait des livres, donc qui n'aurait pas de pouvoir, puis qui n'en veut pas, au fond. Il y a toujours cette tentation-là, chez les petits peuples, d'être tout ou d'être rien. Et d'être rien, ça veut dire d'être soi-même, au fond, et ce n'est jamais suffisant.

Montréal, 27 février 1983 (© Les films O-zali); inédit

---

1. Hubert Aquin s'est suicidé à Montréal, le 15 mars 1977.
2. Jacques Godbout et François Ricard, *Deux épisodes dans la vie d'Hubert Aquin*, ONF, 1979. Le témoignage d'Andrée Yanacopoulo, compagne d'Hubert Aquin, est publié dans *La Nouvelle Barre du jour*, n° 88, mars 1980.
3. *Liberté*: en mai 1971, à l'occasion de la IXe Rencontre des écrivains (organisée par la revue). *La Presse*: en août 1976, à l'occasion d'un différend entre Claude Hurtubise (président-directeur général des Éd. La Presse) et lui (vice-président et directeur littéraire) qui dure depuis le début de l'année.
4. Le pavillon Hubert-Aquin de l'Université du Québec à Montréal est inauguré en décembre 1979. Hubert Aquin a enseigné à l'UQAM comme professeur régulier en 1969-1970.
5. Pour le féliciter d'avoir remporté, en avril 1969, le prix du Gouverneur général (avec le roman *Trou de mémoire*, CLF, 1968), prix que, comme on sait, il a refusé.

C. Essai

Dollard

1. Qui est-il? Qui sommes-nous?

«Les extrêmes me touchent», écrivait le bel André. L'affaire Dollard l'eût sûrement enchanté, tant tout le monde ici est partagé entre les mots «mercanti, gangster, requin» et le mots «martyr, saint, héros».

Sauf le chanoine Lionel Groulx, dont la sagesse n'a d'égal que l'amour de la vérité. Son *Dollard est-il un mythe?* (Éd. Fides) est sobre, nuancé et, surtout, documenté. Il réfute tour à tour les objections extrémistes pour nous montrer un Dollard ni plus ni moins qu'humain. Un humain exceptionnel cependant, surtout à nos yeux, devons-nous nous répéter, nous dont les seules aventures sont l'achat à crédit ou la brosse mensuelle. Partir de la ville chaude et confortable, tenter la mort, dans ces bois inconnus, infestés d'Iroquois sanguinaires qui ne demandaient qu'à crever des yeux et arracher des ongles: quel courage!

D'ailleurs, qu'on ne déboulonne pas Dollard! Même s'il n'était parti que pour la chasse aux fourrures, ce qui n'est pas le cas, il reste qu'il est mort à la tâche ainsi que ses dix-sept compagnons. Oui, mort à la tâche, mort d'avoir résisté jusqu'au bout. Je me demande à combien d'entre nous cela arrivera... Quand DesRochers, le fils déchu, parle de sa race surhumaine, il entend sûrement Dollard.

Mais qu'est-ce qui me prend de parler d'histoire du Canada? Le passé, le passé... Aux lions le passé, et vive l'avenir. Aux lions, n'est-ce pas ce qui lui arrive quand certains historiens s'en emparent?

Oui, à d'autres l'*Histoire du Canada*. Elle ne peut que nous servir de somnifère, tel que je vous connais, et on a besoin plus que jamais d'être éveillés. Il n'est que de lire certaines déclarations de nos écrivains publiées récemment: on se plaint, on gémit, on récrimine comme de vieux «protesteux». On explique pourquoi ça va si mal, et patati et patata. Mais personne dans tout ça ne songe à se tuer au travail, à s'abêtir presque à force d'écrire. Balzac ne s'est pas fait en une semaine à dix minutes par jour.

Il y a dans l'histoire universelle de la littérature, un génie par vingt ou trente ans. Le Canada français sera-t-il différent des autres pays? Tel que je vous connais, on en aura un par siècle, de génie! Et tous les autres écrivains qui n'en seront pas ne le distingueront pas de la tourbe scribouilleuse, ou croiront que c'est eux, ou enfin, c'est la mode, accuseront la famille, la société, le clergé, le climat politique et autre, et je ne sais quoi encore, de ce que nous en soyons dépourvus.

Il existe déjà à l'heure actuelle, j'en suis convaincu. Mais il est inconnu, il est peut-être mort et oublié. Il passe ou est passé inaperçu, tant sa révolution dépasse la mode, le temps et nos intelligences. Elle n'est évidente à personne, pas même à lui. Il fait son bonhomme de chemin. Il écrit ce qui lui trotte dans la tête. Il ne peut rien faire qu'écrire, et comme sa tête et son cœur sont uniques et qu'il est indifférent à tout ce qui n'est pas son œuvre, et qu'il ne fait que ce qui lui plaît, il accouche ou a accouché lentement chaque jour de son œuvre, qui est le chef-d'œuvre de la littérature canadienne.

C'est peut-être vous qui lisez cette page, c'est peut-être votre voisin, mais il n'en saura jamais rien. Tel est le propre des génies de mourir avant que naisse leur gloire. Ce ne sera pas à nous, ou du moins serons-nous très vieux alors, de le reconnaître pour tel. Il ne faut donc prier que pour que tous ceux qui écrivent continuent de le faire et que ceux qui ont la démangeaison cessent d'y résister et se grattent sur le papier. Qu'on ne se leurre plus et qu'on cesse donc de gémir et de reprocher à l'univers canadien que ses habitants sont mal partagés: cela est le propre de tous les hommes. Nous ne sommes ni mieux ni pires que les Hindous et les Noirs.

Le Nouvelliste, 21 mai 1960

❏

2. Encore Dollard

Un groupe de collégiens feignent de vouloir déboulonner Dollard. N'importe qui peut traiter n'importe qui de bandit. On n'attache pas d'importance à ces choses, surtout quand on est un homme sérieux. Surtout, en un mot, quand on est historien. Mais que voyons-nous? Ces vieux messieurs partent en guerre, plume en main, pour assener de brefs coups de pied aux détracteurs et on les voit brandir le flambeau de ci et la bannière de ça. Entre autres flambeaux, il y a celui du sérieux. Les pro-Dollard commencent tous par: «Les objections des détracteurs de Dollard manquent de sérieux, sont gratuites.» Comme je l'écrivais tantôt: «N'importe qui peut traiter n'importe qui de bandit et de crétin.»

Et malgré le manque de sérieux des objecteurs, les pro-héros accouchent de paragraphes et de paragraphes, de chapitres et de chapitres.

Je cherche des explications à ces démangeaisons d'écrire. En voici quelques-unes. Ces vieux messieurs n'attendent que cela: une bonne attaque contre un sujet inattaquable. Je les vois d'ici se roulant sur leur chaise, je vois leurs pantoufles s'agiter sous la table, j'entends leurs idées qui s'entrechoquent. À moins que ce ne soit leurs osselets. Et c'est la guerre: on a l'impression d'être soi-même un héros, en même temps qu'on sait ne rien risquer. Une aventure, une expédition pour intellectuels fatigués...

Ou encore, les gens sérieux sont peut-être désœuvrés. Au lieu de l'amour de la guerre plumitive, c'est peut-être la lassitude de ne rien faire qui les fait monter en selle donquichottesquement.

Le sens de l'humour des détracteurs est réjouissant. Et puis, se payer la tête d'un historien qui époussette les vieilles choses, quel sport passionnant! Tout cela reste fort cocasse. Ridicule pas mort.

Le Nouvelliste, 28 mai 1960

Notre littérature, image de notre milieu?
ou l'art de discuter de faux problèmes
(*extrait*)

Tous ces gens ou presque n'aiment vraiment pas la littérature, et ne lui accordent pas l'importance qu'elle a lorsqu'ils se demandent si la littérature est bien à l'image de notre milieu. Il aurait fallu se poser la question autrement, car toute littérature est signe de quelque chose, toute respiration procède d'un cœur qui bat. Si notre littérature n'est rien, c'est que notre milieu, ou le milieu de celui qui a écrit n'était rien.

Toutes ces conférences[1] pouvaient se résumer ainsi: on invente ou on cite une image d'Épinal de notre milieu et on y appuie comme un décalque, une œuvre faite, écrite, qui existe vraiment. Or l'œuvre, parce qu'elle est œuvre, justement, n'est pas conforme à l'image d'Épinal, on comprend pourquoi. Alors que font ces messieurs de la Société? Ils concluent: non, cette littérature n'est pas à l'image de notre société. Aucun d'entre eux n'a mis en doute la véracité de l'image d'Épinal qu'il se faisait de la même société.

En voulez-vous quelques exemples, que vous pourrez ajouter à votre déjà, j'en suis sûr, abondante collection? Les voici: «Ils gardent l'âme que leur a faite un pays rude aux travaux divers et durs»: l'image du bon bûcheron bien de chez nous est du père Antonin Lamarche, directeur de la *Revue*.

Maurice Gagnon, pour sa part, nie que notre littérature soit bien le reflet de notre milieu, parce qu'il n'y trouve guère d'allusion, au «fait américain, au fait anglo-saxon, au fait juif, au fait étranger», au fait ton petit tas. De plus, et nous voici en plein plaidoyer *pro domo* comme nous en retrouverons un semblable chez Claire Martin tout à l'heure, Maurice Gagnon ajoute à son faisceau de preuves celle-ci: «un treizième de la population canadienne de l'époque a participé à la

Deuxième Guerre mondiale et on n'en trouve un écho que dans cinq ou six œuvres» dont cinq sont de Gagnon... et l'on sait qu'il se spécialise dans les histoires genre *The Enemy Below*.

Mais il ajoute cette réflexion qui me laisse songeur quant à la perspicacité, pour ne pas dire l'intelligence de son auteur: «Ah! voilà qui explique l'indifférence de leurs romanciers, de leurs dramaturges pour les problèmes qui doivent tourmenter tout de même la masse de leurs concitoyens. Ceux-ci ne les aiment pas: ils les rejettent; ils les font mourir de faim. Alors les intellectuels se vengent en ne parlant jamais des grands courants qui doivent brasser ces populations du Québec comme celles des autres pays.» Citant L.-P. Courier en un sanglot, je ne puis que dire: «À voir ce qui s'imprime aujourd'hui, on croit que tout le monde veut faire la preuve de sa bêtise.»

Toutefois, Gagnon se réhabilite un peu en disant: «Notre littérature est essentiellement une littérature d'introspection, une littérature de fuite en dedans devant la réalité du dehors; cela peut très bien produire de grandes œuvres; mais cela ne produira certes pas de témoignage vivant sur notre milieu à l'échelle qui le rendrait durable et valide.»

Voilà le mot lâché: notre littérature en est une de solitude, de fuite. Partons d'elle pour analyser notre milieu dans ce qu'il a de profond et d'essentiel. Partons de cette notion très juste de notre littérature pour en conclure que ce milieu qui est le nôtre ne peut que nous inciter à la fuite, peut-être parce qu'il est intolérable, ou parce que notre éducation familiale, scolaire et sociale ne nous prépare pas à l'affronter. La littérature est un signe, répétons-le. Toute littérature signifie. Il faut partir de la littérature dans un débat comme celui qui a occupé les vénérables mémères de la Société et non pas ramener les œuvres canadiennes à une fausse image de ce milieu. Je m'étonne d'ailleurs que personne n'y ait songé.

Claire Martin, dont un roman éblouissant vient de paraître, est plus juste. C'est elle qui a les pieds le mieux sur terre de toute la pléthore. «Le roman d'un auteur canadien, quand on le (le roman) gratte jusqu'à l'os, c'est celui de sa condition humaine. Améliorons-la, le roman disparaît.» Elle reprend le proverbe: les peuples heureux n'ont pas d'histoire. Et touche du doigt le fait que notre littérature soit documentaire, presque exclusivement. Elle conclut sur la plus belle chose de toute cette revue: «Il est normal que nous mettions au monde ces pauvres qui tâchent à survivre dans la grisaille et la peur, ces pauvres dont la vie se passe à tenter de maîtriser l'une et d'éclairer l'autre. Ils mènent notre combat. Combat contre l'incompréhension, le snobisme, l'étroitesse d'esprit, les familles, les menaces des tantes à héritage soi-disant déshonoré (il paraît que tout écrivain en a eu au moins une), et tout le tremblement. Combat aussi contre ces deux tentations si harce-lantes: notre propre pessimisme et notre propre àquoibonisme.»

Claire Martin ne vous est-elle pas sympathique? Il fallait que ce soit une femme qui, la seule de toute cette revue, dise ce que l'on de-vait entendre. Il fallait que ce soit une femme.

Mais n'oublions pas le plaidoyer *pro domo*. Claire Martin écrit des romans et des nouvelles d'amour. Elle n'a pu résister au désir de reprocher à tous les autres de n'en pas faire autant et, surtout, au désir de dire que l'amour était bien une des préoccupations les plus grandes des Canadiens français. Comme quoi le roman d'amour est bien à l'image de notre milieu. À l'entendre, on ne devrait écrire que ça.

Guy Beaulne fait aussi preuve d'intelligence, en disant que le théâtre canadien a définitivement trouvé sa voie et qu'il est bien à l'image de notre milieu. Il cite Gratien Gélinas, Marcel Dubé, Jacques Languirand et nombre d'autres. Ne nous y attardons pas, nous n'avons rien à lui reprocher.

Jean-Charles Bonenfant dans son article sur les essais déplore que le genre ne soit pas pratiqué davantage et enfin que la littérature elle-même soit si peu abondante. Il rêve en homme sensé du jour où les ro-mans, les pièces, les essais se contrediront tant ils seront nombreux. Il rêve d'un torrent de pensée écrite; ce jour-là, nous aurons vraiment la preuve que le niveau intellectuel d'ici est élevé. Comment peut-on savoir si les gens sont intelligents s'ils ne se manifestent jamais?

La poésie, cette chère enfant, est martyre. Le frère Clément Lockquell en dispose en moins de deux pages. «Peuple éminemment religieux, nous dit-on, notre vie ecclésiale n'a inspiré aucune œuvre valable. […] Sauf chez d'expirantes et d'insignifiantes exceptions, nous ne trouvons pas de valables inspirations terriennes ou histo-riques.» Et enfin. «Les ambitions actuelles de nos poètes majeurs sont de suppléer aux carences d'une certaine théologie naturelle et de pren-dre la relève d'une philosophie à la dérive. Dans ce haut projet, rien de spécifiquement canadien-français.»

Mais justement, cher frère que je ne dois pas trop picosser si je tiens à ce qu'il soit fait mention de mon prochain recueil dans la page littérature du *Devoir* qu'il dirige, justement, ce «haut projet» n'est-il pas un signe que pour bien des intellectuels ou poètes d'ici la «théologie naturelle» et la «philosophie à la dérive» ne suffisent plus. Non pas que je mette en doute leur valeur, mais bien plutôt la façon dont on les enseigne, ou applique, ou met en pratique.

Enfin, tout le monde semble avoir oublié qu'un véritable écrivain, celui chez qui écrire est un besoin profond, ne le fait pas comme il veut, mais comme il peut. Il écrit comme toutes les fibres de son être le lui dictent. Le choix même de l'anecdote sur laquelle il greffe ses expériences personnelles est significatif.

La vraie littérature est spontanée et, répétons-le encore, toute littérature digne de ce nom est un reflet d'une mentalité, d'une époque, d'un «milieu», et renvoyons à leurs images d'Épinal MM. Gagnon, Lamarche et Lockquell.

De plus, dans quel pays d'Europe, dans quelle France d'imagerie populaire a-t-on exigé de la littérature qu'elle soit un reflet du milieu? On exige et on encourage tout simplement une littérature, sans inventer de problèmes, sans crier au chef-d'œuvre national à la moindre *Belle bête*[2] qui se publie.

Enfin, les articles de MM. Lockquell, Lamarche et Gagnon ne sont que jongleries d'intellectuels fatigués qui ont le don de réduire à rien, en criant ciseau, toute une littérature bien vivante de chez nous qui s'exprime dans *Liberté 60*, dans *Écrits du Canada français*, dans les centaines de recueils de poèmes qui sont publiés chaque année, dans les dizaines de romans, etc.

Jongleries d'académiciens arrivés et arrogants.

Les trois articles susmentionnés sont d'ailleurs parfaitement à l'image d'une certaine partie de notre milieu, où l'on vit dans la plus belle catholique province de Québec de toutes les Espagnes, dans le contentement de soi, avec toute la complaisance de petits caïds de quartiers, de petites vedettes salonnardes qui, on le sait fort bien, n'ont jamais contribué au développement d'aucune littérature, en plus de tout simplement se boucher les yeux sur la réalité, tant il est plus facile d'affirmer sans preuve que de nuancer une réalité trop diverse.

Le Nouvelliste, 8 octobre 1960

---

1. *Revue dominicaine*, Montréal, juillet-août 1960. Actes du colloque organisé par la Société des écrivains canadiens, Québec, 14-15 mai.
2. Marie-Claire Blais, *La belle bête*, Québec, l'Institut littéraire du Québec, 1959. C'est le premier livre de l'auteur, paru en octobre 1959.

Une critique qui se fait

Il n'en va pas différemment de la critique que de toute forme littéraire. Les critiques aussi ont leurs «moments», leur «inspiration».

Et comme un romancier excelle dans les dialogues et ennuie dans les descriptions, ainsi un critique a ses terres où il est chez soi et d'autres où il est moins à l'aise.

Gilles Marcotte n'échappe pas à cette règle. Sa dernière publication, *Une littérature qui se fait* (HMH, coll. «Constantes») le montre.

Je vous dirai ce que j'attends d'un critique avant d'aller plus avant.

J'attends d'un critique qu'il survole son sujet, non pas qu'il l'effleure. Entendons-nous: qu'il plane au-dessus de lui.

J'attends d'un critique qu'il me situe en un tournemain, dans l'histoire littéraire, un moment sur lequel il porte son attention. Et qu'il me le situe tant dans l'histoire de la sensibilité que dans l'histoire de la forme.

C'est à ce moment qu'il devient utile. Ne disons pas nécessaire. Cette querelle n'est pas encore vidée et je n'y veux rien ajouter.

L'auteur va et ne voit rien. L'auteur va, attentif à lui seul et à ce qu'il croit juste. L'amour déforme la vue, détraque le sentiment, menace le sens critique. Tout auteur aime son œuvre. On voit d'ici dans quel état il est placé vis-à-vis d'elle.

Le rôle du critique sera de servir l'auteur, de lui montrer où est située son œuvre dans le paysage littéraire. Aussi bien dans le paysage littéraire canadien-français que dans le paysage littéraire français, que dans le paysage littéraire universel.

Il devra donc être informé.

Et son goût personnel, me direz-vous? Et son tempérament? J'y viens de ce pas. L'un n'empêche pas l'autre. Et ce n'est pas parce que le critique dit que telle œuvre lui rappelle la mythologie amoureuse médiévale, et qu'il s'étonnera de cette résurgence au XXe siècle, qu'il ne pourra pas ajouter que cela lui plaît ou lui déplaît.

Je vais plus loin: qu'un critique dise ce qu'il veut, comme il veut et dans l'ordre qu'il veut, mais qu'il n'oublie pas de me cimenter tout ça de faits, de rappels, de comparaisons, qu'il n'oublie pas de dire où va cette brique, ainsi nomme-t-on les livres épais dans le mur que les écrivains dressent depuis toujours entre eux et l'ignorance.

Je demande en un mot au critique d'être supérieur à l'œuvre dont il parle. Que ce soit pour l'aimer ou la honnir. Je lui demande de me parler d'une œuvre presque de haut, mais avec tendresse. De haut en ceci qu'il peut la cerner, qu'il en a compris le ou les sens, qu'il l'a franchie, qu'il l'a conquise et possédée et qu'il en livre en quelques mots la substance au lecteur.

C'est ce que fait M. Marcotte dans sa brève histoire du roman canadien-français. Il prend le roman canadien-français de haut. Plus on est haut, plus loin on voit. On fait ainsi se joindre des choses qui n'apparaissent pas unies au premier coup d'œil. On voit qu'une structure se dégage, que tout cela se tient. On établit des rapports. On construit et, quand tout est construit, on conclut.

Et les formules elliptiques enchantent, pour l'Information, les connaissances et la vive allure de la pensée qu'elles révèlent.

On aime voir l'intelligence d'un critique constamment en éveil, constamment en action. Oui, voilà, lire une critique, c'est s'en remettre à lui de sa propre intelligence. C'est lui donner, le temps de le lire, empire sur notre goût. C'est se livrer à lui.

Il a donc le devoir d'être plus intelligent que nous, ou mieux informé.

Quand M. Marcotte écrit: «On s'installe dans le grandiose, le toujours-noble, l'héroïsme, et fatalement, le boursouflé», il est plus intelligent que nous. Une longue fréquentation d'auteurs et d'œuvres que c'est son devoir de lire lui a appris cette vérité qu'il nous livre ici dans un ramassé clair, précis et fondé.

Dans chacun des chapitres de cette œuvre, on trouve des éclaircies de ce genre qui font à mes yeux tout son prix.

Pour le reste, et cela tient sans doute à l'état même de la littérature analysée dans cette œuvre ou peut-être à une certaine école de la morosité intellectuelle qu'on retrouve dissimulée sous les fracas d'un style en sabots chez Jean Le Moyne, ces essais critiques ont quelque chose d'irritant.

Tout y est ramené aux problèmes psychologiques de la démission, de la présence et de l'absence, de l'exil et de la solitude. Nul plus que Gilles Marcotte n'aura contribué à imposer ce mythe de la solitude dans notre littérature, et ce mythe de la maladie, comme s'il y avait une santé, comme si les hommes avaient jamais été, en quelque lieu que ce soit, en santé.

L'appareil critique de Gilles Marcotte, s'il est efficace quand il survole de vastes espaces de notre histoire littéraire, est singulièrement raccourci quand il porte sur des auteurs en particulier ou des œuvres en particulier.

Cet appareil est exclusivement psychologique. Et cette psychologie est grosse. C'est probablement pourquoi elle est à l'aise dans les survols, où la nuance compte peu.

Or au psychologue tout être est fou. Ainsi à Marcotte, toute œuvre est le reflet d'une maladie. Et nous voici lancés, tant au sujet d'Albert Lozeau que d'Octave Crémazie, Saint-Denys Garneau et Medjé Vézina, dans l'analyse clinique et psychologique.

J'ai choisi au hasard huit pages de ce recueil d'essais. Dans chacune, j'ai trouvé une expression morbide. Les voici: «condamnations, puissances de corruption» (p. 79), «sensation d'appauvrissement intérieur» (p. 95), «l'absence au cœur même de la réalité d'ici» (p. 113), «s'enfoncer dans l'amère solitude bâtie par ses rêves et ses amours» (p. 133), «s'expliquer sa défaite» (p. 161), «la consommation de la plus affreuse solitude» (p. 187), «une passion fermée sur elle-même et qui s'accomplit dans sa propre négation» (p. 281) et enfin «Ce qui fait échec aux mirages» (p. 289).

D'accord, d'accord, il parle d'œuvres et n'invente rien, mais en critique, tout est question d'éclairage et c'est M. Marcotte qui choisit ce qu'il va éclairer. C'est M. Marcotte qui choisit de parler psychologie, pour ne pas dire pathologie. À la sortie de son livre, on croit qu'on a eu affaire à un médecin dans un hôpital pour enfants.

Et ce n'est pas tout. Cet appareil psychologique est un peu court. Appliquez-le à n'importe quel poème d'un adolescent boutonneux et vous trouverez des vertus à ce qu'il écrit. Ce qu'il écrit rendra compte d'une réalité psychologique que vous cherchez et, comme telle, elle aura du prix. À telle enseigne que l'œuvre d'Aragon est considérée sur le même pied que l'œuvre de Claude Fournier, puisque psychologiquement l'un est aussi intéressant que l'autre. C'est ainsi que cette critique, en faisant passer les hommes avant les œuvres, se réduit elle-même à néant.

C'est ainsi qu'*Une littérature qui se fait*, plutôt qu'une analyse de la littérature canadienne-française et plutôt qu'une critique des œuvres canadiennes-françaises, est une analyse psycho-pathologique du Canada français.

Plus précisément d'un certain Canada français qui fait moins de la littérature qu'il ne se dégueule lui-même, et qu'il ne «gratte ses plaies», dans la tradition d'Émile Nelligan et de Saint-Denys Garneau.

Il est remarquable que, parmi les rares vraies œuvres poétiques du Canada français, celle d'Alain Grandbois, peut-être la plus grande, peut-être la moins psychologique et la plus verbale, déroute notre critique qui avoue se sentir «étranger» et la sentir «inusitée».

À force d'attacher du prix aux moindres confessions sans tenir compte de leur forme, M. Marcotte, dont l'audience est grande et l'influence dito, a imposé une certaine idée de la poésie qui n'est pas la bonne: la poésie éternellement adolescente, la poésie du je et du moi aux prises avec des brumes de ce qui n'est au fond qu'ignorance et pas du tout le grand drame d'incarnation qu'on en a fait. M. Marcotte est peut-être tout simplement naïf d'accorder tant de crédit aux premiers venus.

Disons toutefois qu'il est devenu, depuis le temps qu'il écrivait ces critiques, critique officiel de *La Presse*, qu'il affûte ses ergots systématiquement de semaine en semaine, qu'il se débarrasse de semaine en semaine de ses «données» psychologiques et que cette critique et ce critique «qui se font» nous réservent sans doute encore d'excellentes surprises, comme il dit de Roland Giguère.

Le Nouvelliste, 6 octobre 1962

Deux chapitres de *Convergences* de Jean Le Moyne

Expliquer quelques-unes de nos aliénations, tel est le noble objet que s'est fixé Jean Le Moyne dans *Convergences*, l'œuvre la plus primée de toute la littérature canadienne-française.

Les deux chapitres les plus intéressants de son recueil, sous le chef de l'aliénation, sont ceux où il traite de l'atmosphère religieuse au Canada et de la femme dans la civilisation canadienne-française.

Établissons dès maintenant que Jean Le Moyne, à notre gré, passe peut-être rapidement du particulier au général. Qu'il tire des conclusions de quelques événements réels et qu'il les applique ensuite à l'ensemble de la situation, commettant par là une faute contre la vérité et sa diversité même.

Établissons aussi que le milieu sur lequel il s'est penché ne constitue pas l'ensemble du milieu canadien-français, ni même la majeure partie de ce milieu. Et que les œuvres féminines, qu'il a analysées et dont il infère une conception de la femme qui serait le fait de tout Canadien français sont des œuvres issues d'un milieu bien particularisé. Quiconque a pris le moindrement connaissance de la littérature canadienne-française féminine a pu constater qu'elle procède toujours ou à peu près de la haute bourgeoisie, éduquée dans les couvents, célibataire à perpétuité, effrayée par l'homme et pour qui la littérature n'est pas une occasion de fixer par le livre une incarnation dans la réalité, mais bien plutôt une occasion de se couper de la réalité pour imaginer un univers de rois visiteurs et sans sexe où abondent les manifestations de complexes assez primaires et d'ordre mythique.

Cela, le livre de Jean Le Moyne ne nous le dit pas et ce n'est pas non plus à lui de le dire.

Tel quel, *Convergences* constitue tout de même une plongée passablement profonde dans un univers donné et une explication passablement éclairante de certaines aliénations propres à cet univers.

Quel est le phare dont se sert Le Moyne pour éclairer ces domaines inconscients? La théologie et la foi. De quel ordre est la solution qu'il propose à cette aliénation? Théologique et fidèle. (Entendez «fidèle» en son sens premier: qui tient de la foi).

Par là même, sa solution est contestable, car la foi est une question d'adhésion et reste en somme fort loin du rationnel qui reste, malgré ses imperfections, le canal le plus efficace pour conduire les gens à comprendre, à voir clair et à s'orienter.

Le Moyne propose donc le salut national par la foi. La fin du racisme par la foi. Le rapatriement de libertés essentielles par la foi. Et surtout, et c'est là son premier objectif: la fin du dualisme par la foi. Car le dualisme semble à Le Moyne le mal d'où vient tout le mal.

Le dualisme est précisément ce qui provoque chez l'homme «les subtils divorces des réalités spirituelles et charnelles», une «dissociation» intime de la matière et de l'esprit de tout être; une paralysie de l'intelligence, tout occupée à résoudre de minables et faux conflits intérieurs.

Cette dissociation est évidente surtout dans les relations de l'homme avec la femme et vice versa. Car c'est là que la preuve de la totalité d'existence d'un être est faite ou n'est pas faite. L'union entre l'homme et la femme est le pont aux ânes de la maturité et de l'équilibre. Dissocié intérieurement, le Canadien français ne sera jamais pour sa femme un homme et celle-ci le remplacera partout.

La femme, de son côté, n'échappera pas à cette dissociation intérieure. Elle non plus, toujours à cause du dualisme, ne sera pas une femme bien articulée. Le conflit sera ainsi multiplié à l'infini et la dissociation ira augmentant.

Il est une phrase que cite à plaisir le R.P. Ernest Gagnon, de la faculté de lettres de l'Université de Montréal, et qui constitue la réponse des Saints Écrits eux-mêmes au dualisme. «Je remercie Dieu de m'avoir fait une créature si admirable.» Peut-être est-ce tiré de l'Évangile, je ne sais plus. Le Moyne reprend la même réponse autrement: «L'Incarnation, restauration de la totalité, plus admirable encore que la création.»

Dante ne débouche pas ailleurs.

Le propos de Le Moyne est, en fin de compte, de réconcilier l'homme avec lui-même, tout simplement.

Jamais, dans notre littérature, un écrivain n'avait plané si haut dans la foi et dans la culture. Le Moyne entend rescaper l'homme en rescapant l'idée de la foi, mais d'une foi adulte, qui constituerait selon lui la solution à tout. C'est ainsi que l'on passe, dans ce livre, d'un rationalisme observateur des plus rigoureux à un domaine où l'arbitraire, l'hypothétique, l'apriorisme et l'incommensurable sont rois: celui de la foi.

C'est là que le bât me blesse. C'est là que *Convergences*, s'il constitue une œuvre forte, logique en un sens, grande et claire malgré certaines obscurités de style qui se veulent des grâces, cesse de me concerner directement et ne saurait constituer le seuil d'un engagement pour une grande partie de la jeunesse d'ici. *Convergences* nous concerne-t-il? J'en doute. Et Le Moyne s'en f…, j'espère.

De plus, ce livre en bouche un coin à la plupart de nos critiques qui déplorent que le catholicisme, la foi, la théologie et Dieu soient absents de notre littérature. Ils attendaient ce livre depuis des siècles. C'est pourquoi ils l'ont couronné à trois reprises. Ils passeront peut-être à autre chose et, au lieu de dire que notre littérature n'est pas catholique, ils songeront peut-être à dire ce qu'elle est.

Là où l'on mesure le poids du catholicisme dans le livre de Le Moyne, c'est quand il ramène les côtés sombres, les côtés lents, les coins désolants, désespérants de la dialectique historique, à l'Adversaire, pour reprendre son mot. C'est quand il voit dans ces versos peu rassurants la présence du Diable, pour ne pas dire du Malin.

Mais on discute, on reproche, on fait des nuances, on s'explique sans toutefois cesser de répéter que ce livre est probablement le plus important de notre littérature, à quelque niveau que l'on se place, à cause de son authenticité, de sa sincérité à laquelle nous sommes tellement peu habitués qu'elle nous semble du courage. La littérature, enfin le reflet complet et global d'un homme. C'est admirable.

Le Nouvelliste, 30 mars 1963

Ambassadeur de l'esprit.
Les lettres et les États

Le gouvernement provincial vient de nommer M. Jean Hamelin au poste de conseiller en littérature à la Maison du Québec, à Paris.

Une fois de plus, les autorités gouvernementales montrent beaucoup de sollicitude pour la littérature canadienne.

Les écrivains canadiens-français se posaient depuis quatre ans au sujet de M. Hamelin la même question qu'Eugène Ionesco: «Comment s'en débarrasser?» Comme *Le Devoir* cultive l'inamovibilité, il ne nous restait que deux chances: que la mort emporte M. Hamelin vers des cieux meilleurs pour nous, ou qu'on offre à M. Hamelin la chance de faire valoir ses dons ailleurs que dans la critique pour laquelle il n'en a aucun.

Comme la mort et la littérature ne se sont jamais entendues — celle-là fauchant dans leur jeunesse les plus brillants écrivains et laissant la vie aux plus gâteux: Rimbaud versus Henry Bordeaux et Montherlant —, nous n'espérions plus rien d'elle.

Quant à un organisme qui arracherait M. Hamelin au *Devoir*, nous ne voulions pas croire qu'il en existât. Pour nous, M. Hamelin avait atteint son apogée et il ne quitterait pas *Le Devoir* sans déchoir. Lui, il n'accepterait jamais de déchoir et *Le Devoir* cultive trop l'inamovibilité pour congédier quiconque, comme on l'a dit plus haut.

Nous avions oublié l'État! Le même État qui nous a privés de la prose de celui qui nous trouvait plus bête que les autres, il venait encore une fois à la rescousse du Canada français, cette fois à l'étage des lettres, pour nous priver du plus mauvais critique qui ait jamais parlé de la littérature canadienne, exception faite peut-être de Mgr Camille Roy, de terrifiante mémoire.

Parlait-il théâtre? Hamelin qualifiait tout et ne comprenait rien. Untel était «superbe», les décors étaient «brillants», Unetelle était

179

«extraordinaire» et la pièce «était promise à un vif succès» ou à un «succès d'estime». Mais de la valeur de la pièce, de la place dans l'histoire du théâtre, de la mise en scène, des qualités purement scéniques d'un spectacle, de la primauté du visuel sur l'audible, au théâtre, il n'entendait noune et ne disait rien.

Parlait-il littérature? Il disait d'*Amadou* qu'il était le meilleur des prix du Cercle du livre de France et le meilleur roman de l'année. Il pratiquait la critique au petit point et l'on pouvait compter sur lui pour nous dire, de chaque œuvre qu'il analysait, précisément ce qu'elle n'était pas.

Il a commis quelques œuvres dont aucune n'a eu de conséquences.

Il était encombrant par sa bêtise. Nuisible par son incompréhension et son incapacité à se faire de la littérature canadienne une vue d'ensemble.

Je suis hégélien et je crois aux répercussions de tout sur tout. C'est pourquoi je puis dire qu'il a nui au théâtre à Montréal presque autant que les taxes trop lourdes qu'on impose aux troupes sur chaque entrée qu'elles perçoivent.

À Paris, il s'occupera sans doute d'organiser des fours comme celui des *Violons de l'automne* de Jacques Languirand, et c'est tant mieux. Il est temps que les mauvaises œuvres canadiennes soient soumises à l'attention des bons critiques. Quant aux œuvres de qualité, il n'en moussera aucune, sinon par hasard, et elles n'ont justement besoin de personne pour se faire un chemin dans l'histoire.

Il convient donc de remercier le gouvernement du Québec d'avoir exaucé des prières que nous ne savions plus à quel saint adresser.

Je m'en voudrais de terminer sans suggérer au même gouvernement quelques candidats aux autres postes qui s'ajouteront vraisemblablement bientôt à celui qu'on vient de créer. Au poste de conseiller en poésie: Michel van Schendel; à celui de conseiller en peinture: Claude Jasmin; à celui de conseiller en critique: Guy Robert; à celui de conseiller en cinéma: Jean Basile; à celui de conseillère en roman: Louise Maheux-Forcier; à celui de conseiller en édition: Pierre Tisseyre. À ce moment-là, la boucle sera bouclée et les écrivains canadiens pourront travailler à leurs œuvres dans le calme d'un paysage nettoyé.

Le Nouvelliste, 16 novembre 1963

De Saint-Nini Garneau
à la Nouvelle-Orléans

Gaston Miron racontait l'autre jour que, quinze ans après la cession de la Nouvelle-Orléans aux États-Unis, l'élite du lieu écrivait et parlait le français le plus pur qui soit, pratiquait la virtuosité verbale et voyait l'avenir de la France en Amérique tout en rose. Jusqu'au jour où, demandant au laitier de laisser une chopine de plus, ils se sont rendu compte que le peuple, d'origine française comme eux, ne parlait plus leur langage, mais une sorte de sabir, mélange de français, d'anglais et d'argot de Noirs américains. La Nouvelle-Orléans était devenue «The New-Orleans».

La littérature française de la Nouvelle-Orléans doit ressembler à la nôtre.

Seuls les critiques la lisent. Nos écrivains sont le plus souvent des ménagères qui s'ennuient. Ils sont toujours issus de nos collèges classiques où l'on apprend le prix d'un mot bien à sa place dans l'économie de la phrase, plutôt que le prix d'une bombe bien placée dans l'économie de nos aliénations.

Ce n'est pas sans me marrer que je vois se multiplier les revues littéraires à minuscules tirages, les collections de poétrie, les réunions d'écrivains, les prix littéraires qu'on n'attribue qu'une fois sur deux; tout ça me fait la même impression que le chien fraîchement écrasé par la Cadillac de Mister et qui râle entre deux arrêts du cœur.

Je lisais l'autre nuit, toujours à la recherche de la bête noire, le numéro de *Liberté* sur Montréal, celui qui, croyait-on, serait le dernier.

Soit dit en passant et avant d'aller plus loin, je ne connais que Michel Brunet pour vraiment jouer ici son rôle d'écrivain, du jour où il a publié «Trois dominantes de la pensée canadienne-française» à celui, récent, où sortait «Le financement de l'enseignement universitaire au Québec».

Je laisse à ceux qui ont lu Brunet le soin de mesurer à quel point la littérature n'est pas pour moi question de belle écriture, mais question d'emmerder, d'une part les pouvoirs et les idées établis, d'autre part le colonisateur.

Or même dans cette œuvre, Michel Brunet paie son écot au colonisateur en commettant l'anglicisme [*sic*] «la collation des grades», comme quoi nous en sommes réduits à ne plus pouvoir battre l'âne qu'avec sa propre queue.

Mais revenons à nos moutons au sens propre: les collaborateurs de *Liberté*, et plus précisément Michèle Lalonde, Yves Préfontaine, Jean Filiatrault et Fernand Ouellet.

Vous m'excuserez ici de citer ce que tous quatre écrivaient dans *Liberté*, mais nous y sommes forcés par les exigences de nos conclusions.

Filiatrault: «J'aime les jardins anglais et ce n'est pas dans les quartiers français qu'on les trouve, hélas!»

Lalonde: «Je n'aime pas l'ouest de la rue Sainte-Catherine. Les rues agréables sont les rues qui sont réputées laides depuis toujours. Ce qui est typiquement montréalais, ce sont toutes ces vieilles rues que l'on veut faire disparaître depuis toujours.»

Préfontaine: «Montréal aurait pu, si nous, Canadiens français, avions été plus présents, être une ville superbe à cause de son emplacement.»

Et voilà. Le mépris de l'homme est partout présent. Chez Filiatrault, c'est le mépris du Canadien français qui n'a même pas la décence d'avoir son jardin anglais. Chez Lalonde, c'est pire. Le mépris du lieu où elle vit le dispute au snobisme du méconnu, du rare et de l'oublié pour déboucher sur la nostalgie de ces temps où les méchants hommes, spéculateurs ou urbanistes, n'existaient pas encore pour démolir précisément ce qui vaut d'être conservé.

Préfontaine cultive l'irrémédiable et l'absurde en bon écorché qu'il est, accorde aux Canadiens français un souci d'urbanisme et d'architecture qu'ils n'ont pas plus que quiconque dans le monde, et, tout comme Filiatrault et Lalonde, méprise le lieu où il vit.

Ouellet, mon Dieu, faisait peut-être dans la boutade. Oublions-le.

Je vois, mais je peux me tromper, beaucoup de points communs entre la conscience malheureuse de nos trois écrivains et celle de Saint-Nini Garneau qui rêvait, à l'âge de sa puberté, de ne plus avoir de sexe, alors qu'il fait si bon se masturber dans les séminaires.

Ces gens-là veulent faire les anges et font les cons: «Le monde est méprisable, à l'exclusion de nous.» Qu'on ne s'étonne plus si notre littérature sent l'hôpital psychiatrique, la mandarinade et l'inutilité.

Lisez les romans canadiens de ces dernières années, ils ne sont jamais des prises de la réalité, mais des fuites dans des châteaux ou des chapelles du Moyen Âge, des démissions, des documents sur une schizophrénie, c'est-à-dire, médicalement, «un détachement du monde et un repli du malade sur lui-même».

Mais pourquoi sont-ils malades? Je propose cette explication. Nos intellectuels sont d'origine bourgeoise. Le bourgeois est, par définition, un protégé, un enfant couvé. Son état de bourgeois est un écran entre lui et la réalité. Le bourgeois, devant le militarisme, la bombe, le duplessisme et l'oppression, reste assis.

L'intellectuel, par définition, est un exposé, un sorti de son monde et un entré dans le monde qui l'entoure. Il est, si l'on s'en tenait à l'étymologie du mot, une anémone: «exposé à tous les vents».

Tout intellectuel d'origine bourgeoise est ainsi sujet à un déchirement. L'œuvre romanesque de Jean-Paul Sartre en atteste. Mais certains d'entre eux se coupent de leurs origines et deviennent les meilleurs défenseurs des classes exploitées: les dernières œuvres de Sartre le montrent, ainsi que les vies, par exemple, de Lénine, de Marx et d'Engels.

Mais d'autres intellectuels répugnent à sortir de leur état de bourgeois, tout en restant obsédés par les prestiges de l'intelligentsia, dont on sait combien ils sont grands, ainsi que par les avantages connexes, dans une colonie. L'élite complice est l'enfant favori du colonisateur qui le boursifie, l'adule, lui donne des prix, lui offre des banquets et des médailles du lieutenant-gouverneur. Exemple: Jacques Ferron.

Mais l'intellectuel bourgeois, si avantagé qu'il soit, ne peut échapper à son déchirement. C'est dans ce déchirement, d'ailleurs, qu'il trouve une confirmation du mythe chrétien de la triste et insupportable condition humaine et croit que c'est là l'état naturel de l'homme.

Résultat: quand il parle d'une ville construite par les hommes évidemment, il la trouve méprisable, il déplore, il pleurniche en termes de critique morale ou esthétique, inutile par définition.

Seuls les riches qui s'ennuient peuvent s'adonner aux jeux de la critique morale et esthétique. Ils sortiront un jour des bureaux de *Liberté* où ils font la belle devant un magnétophone et ils comprendront pourquoi personne ne les lit et leur inutilité: leur laitier ne parle plus leur langage.

Cité libre, février 1964

Comme un curé de gauche

Le livre de Pierre Vadeboncœur[1] est le sermon de ce qu'on appelle un curé de gauche. Il est d'ailleurs curieux de voir à quel point la vie de cet homme pour qui je n'ai, par ailleurs, que respect et affection, a toujours valu beaucoup mieux que ses livres, exception faite de quelques pages colériques, de quelques lettres au *Devoir* et de son plus récent article dans *Socialisme 66*.

On dirait qu'il manque de souffle. Son *Autorité du peuple* est un très long développement de ces quelques idées: 1) «c'est chez les prolétaires que j'ai découvert le plus de vie, de vérité, d'intelligence, d'amitié, de talents jetés en friche et perdus à tout jamais pour le monde»; 2) «les bourgeois sont tous des salauds qui ne vivent même pas à la hauteur de ce qu'ils prétendent représenter, qui trahissent ce dont ils se réclament et dont la suprématie tire à sa fin», (en vertu de ce que j'appellerai un profond sentiment messianique et la conviction inavouée d'une justice immanente).

Quant au reste, le discours de Pierre Vadeboncœur n'est pas à la hauteur de son projet ni même de sa propre valeur. Ses références à Jean XXIII, sa joie de voir de temps en temps un curé ou un bourgeois tout à coup se remettre en question, s'auto-accuser, engueuler ses pairs, est probablement celle qu'il ressent lui-même à écrire *L'autorité du peuple*.

Au lancement de son livre, Vadeboncœur déclarait avoir longtemps attendu avant de trouver un éditeur. Il y a déjà plusieurs mois, Piotte et moi avons supplié Vadeboncœur de confier son manuscrit aux Éditions Parti pris. Il devait refuser en alléguant que le public qu'il voulait atteindre, les bourgeois de sa génération, ne le lirait pas s'il publiait à Parti pris. Un écrivain peut publier où il l'entend et je ne raconte cet incident que pour montrer quel est le propos de Pierre Vadeboncœur: donner mauvaise conscience au bourgeois, être celui qui le réveille la nuit, jouer le rôle de ces hâbleurs de Hyde Park qui recom-

184

mandent aux gens de mettre de l'ordre dans leur vie, de pardonner à ceux qui les ont offensés, de se rendre aux demandes d'augmentation de leurs employés parce que la fin du monde est proche. En d'autres termes, nous ne sommes pas loin du Charles Dickens de *The Christmas of Mister Scrooge*.

Or c'est cet homme, cet auteur, qui est, dans la vie, au nombre des syndicalistes québécois les plus dignes de respect et d'admiration. Je dirais que sa vie est plus exemplaire que la réflexion qu'il en tire et infiniment plus révolutionnaire.

J'ai aussi été frappé par la myopie de Pierre Vadeboncœur dans ses analyses de certaines situations québécoises et canadiennes. Dans le chapitre «Capitalisme et socialisme», il écrit que le capitalisme s'est développé chez nous à la faveur de la confusion créée par le scepticisme. Quand la lumière ou l'acuité de l'analyse lui font défaut, Pierre Vadeboncœur se réfugie dans le moralisme. Il parle du «vice d'une civilisation», d'une «crise des valeurs, lot d'intellectuels aberrants qui s'interrogent et se dépravent encore comme nous le montre le cinéma qu'ils font», de «cette civilisation du scepticisme et de la licence» oubliant la grande leçon de je ne sais plus qui, peut-être de Jacques Berque, peut-être de moi-même, qu'on ne change pas le monde en l'invectivant, mais en l'analysant.

Qui dit messianisme dit pessimisme. On ne croit pas en Dieu sans croire tout à la fois qu'il est bien possible qu'il ne se manifeste dans toute sa justice que trop tard, ou jamais. «Je ne sais de quel nom l'histoire décorera la contre-révolution militaire de Corée, écrit-il, celle de l'Indochine française, l'intervention au Guatemala, la contre-révolution cubaine, l'intervention à Saint-Domingue, la guerre du Viêt-nam. Cela dépendra de la fortune des deux mondes. [...] La révolution n'est pas à l'abri des hontes» (p 108).

Et voilà. Peut-être, au fond, ne nous a-t-il pas confié son manuscrit de peur que notre comité de lecture ne le refuse pour des raisons idéologiques. Je m'en voudrais toutefois de ne pas dire le plus grand bien de son dernier chapitre où il mesure sa propre inquiétude, où il se conteste lui-même, où il montre sa volonté constante de ne pas tenir pour acquis ce qui n'a peut-être d'autre qualité que d'avoir été perçu, où il nous livre enfin le fond de sa nature et ce pourquoi on l'aime; qu'il est toujours disposé à écouter ce que les autres ont à dire, sans orgueil, et à tirer son profit de la réflexion des autres autant que les autres tirent le leur de la sienne, au-dessus des différences d'âge et de génération. De ce fait, il est unique dans sa propre génération et il est le seul de nos aînés que nous puissions à la fois reconnaître comme un des nôtres et un de nos maîtres à penser. Oui, oui, malgré tout. On n'en pourrait dire autant de Pelletier et Trudeau qui ont tout simplement été déloyaux sur ce plan avec les jeunes lecteurs du *Cité libre* d'il y a quelques années. Pelletier, Trudeau et leurs pairs n'ont pas opté pour l'action, comme ils prétendent, ils ont opté contre la génération qu'ils avaient contribué à éveiller. Ils ont opté contre la jeunesse, l'histoire, l'avenir. En un mot, ils ont trahi.

Parti pris, février 1966

---

1. Pierre Vadeboncœur, *L'autorité du peuple*, Éditions de l'Arc, 1965.

Carnets politiques de Jean-Marie Nadeau

Ce livre est celui d'un échec: l'échec d'une honnêteté, l'échec d'une intelligence.

Il y a trop peu de livres dans la littérature québécoise qui sont de l'histoire racontée par ses témoins. En voici un.

Jean-Marie Nadeau s'y raconte, de 1951 jusqu'en août 1960, quelques semaines avant sa mort sur la route transcanadienne. Son entrée généreuse et enthousiaste dans le Parti libéral, son désir d'y mettre un ordre différent que celui qui caractérisait l'Union nationale, la grandeur de ses idées: tout le destinait à des heurts. Ils ne tardèrent pas. On cessa de le prévenir de certaines réunions, on l'ignora un peu plus, de mois en mois, on l'écarta des centres de décision. Histoire d'un échec.

Mais aussi, dans le même temps, développement d'un esprit d'observation et critique, comme nos élites traditionnelles n'en ont jamais produit ou à peu près. Avec Jean-Marie Nadeau, une prise de conscience commence. Le premier, il voit que ce n'est pas le peuple qui est dégénéré, mais bien plutôt ceux qui le dégénèrent, que ce n'est pas le peuple qui est pourri, mais ceux qui le pourrissent. Le premier, il abdique la supériorité creuse du moraliste pour adopter l'humanité de celui qui non seulement cherche à comprendre les mécanismes de notre société, mais découvre l'hypocrisie profonde et la bêtise de ce qu'on appelle, au Canada anglais, les leaders naturels du Québec.

Pour avoir jeté sur les milieux politiques de l'époque un œil chargé d'humour et de cruauté, Jean-Marie Nadeau incarne en quelque sorte l'étape de développement intellectuel qui précède immédiatement celle que *Parti pris* devait incarner quelques années plus tard.

Il est également rassurant de voir que toute la gauche dans cette génération n'était pas exclusivement dans *Cité libre*.

Il y a là de quoi ne pas désespérer du passé. L'avenir a beau être riche de tout ce qu'on veut y mettre, on aime constater qu'il y a des racines.

La collusion de l'Église et de l'État, la toute-puissante emprise de la finance étrangère sur la terre, le pays, le peuple, les partis et la politique du Québec, le jeu de la démocratie québécoise qui consiste à changer les têtes du personnel des grands intérêts anglo-saxons ou américains, personnel au pire profiteur de la situation et au mieux frustré de constater son impuissance (*cf.* Kierans): toute cette comédie dont le peuple fait les frais, Jean-Marie Nadeau nous la décrit, à mesure que, jour après jour, l'événement lui en donne la preuve.

C'est pour toutes ces raisons que les *Carnets politiques* de Jean-Marie Nadeau ne pouvaient être publiés mieux qu'à Parti pris: chez nous seulement, toute la portée révolutionnaire des réflexions de Jean-Marie Nadeau pouvait retrouver son sens et se trouver investie d'une nouvelle jeunesse.

Parti pris, février 1966

Parti pris, la revue
Parti pris, les éditions

Isidore Ducasse, dit Lautréamont, écrivait à son éditeur le 23 octobre 1869: «Naturellement, j'ai un peu exagéré le diapason pour faire du nouveau dans le sens de cette littérature sublime qui ne chante le désespoir que pour opprimer le lecteur, et lui faire désirer le bien comme remède.»

Dans l'universel bêtisier bourgeois qu'était le monde à cette période: colonialisme boutiquier des Anglais partout, des Hollandais et des Français en Indonésie, assassinat de Lincoln, échec de la Commune à Paris et quoi encore, Lautréamont ne fut pas heureux. Ce fut sa sensibilité de poète et non pas Karl Marx qui lui fit voir le monde comme une crapaudière gigantesque où les monstres pullulaient, visqueux dans un merdier de fric, d'arrogance bourgeoise, de mépris du peuple, de profit à tout prix, de racisme et de bonne conscience assurée par les bons soins de Rudyard Kipling.

Dans le Québec de 1965, il n'est pas facile non plus de faire une littérature heureuse.

Les écrivains sont partagés entre l'absence à leur patrie et l'engagement. En 1964, aux Éditions Parti pris, l'engagement s'est manifesté par l'option misérabiliste. Du *Cassé* à *La nuit*, tous les héros de nos auteurs sont ce que les Américains appellent des «sous-chiens», des *underdogs*.

Aussi Jean Éthier-Blais a-t-il cru bon d'écrire d'une des dernières publications de la saison dernière: «D'accord, la pauvreté existe, mais est-il nécessaire de ne plus parler que d'elle?»

Il en avait soupé. Le critique du *Devoir* en avait assez de la littérature misérable. Comme s'il y avait une littérature d'écrivain! La réalité se venge toujours de n'être pas décrite. *La vie heureuse de Léopold Z.*, conçue par son auteur comme une œuvre comique, est une des plus profondément sinistres de tout l'art canadien. Qu'il suffise de rappeler que le film des gentilles relations entre un camionneur et son patron a été lancé la semaine même où les camionneurs de la construction étaient en grève et que des milliers de dollars de dommages par jour étaient faits contre les économies familiales des grévistes.

Un nombre grandissant d'écrivains ont la tentation de littéraliser la révolution. Il est assez curieux que les écrivains que j'estime être de droite (Lemoyne, Jasmin, Godbout) aient inséré la littérature de libération nationale dans leur œuvre sous forme d'une bombe ou d'un terroriste, et que les autres (Major, Renaud, Ferron) aient plutôt montré des types exemplaires de la collectivité québécoise. Jasmin toutefois, dans *Pleure pas, Germaine*, a fusionné les deux tendances de l'exceptionnel et du collectif.

La réalité est donc là, qui nous guette. Mais elle est si chaude qu'on ne réussit pas à la tenir entre nos mains et à la rendre littéraire. Nous faisons donc des œuvres comme *Le petit soldat*, de Jean-Luc Godard: les événements ne sont pas dans nos romans, ils n'y sont que racontés, on n'y sent qu'une volonté de les faire. L'action ne réussit pas à entrer telle quelle entre les pages de nos livres. Le film de Gilles Groulx, *Le chat dans le sac*, porte le même sceau d'incapacité à faire agir des personnages.

Chamberland me disait, il n'y a pas longtemps, que la situation ne changerait pas aussi longtemps que l'Événement, avec un grand «E», n'aurait pas eu lieu au Québec.

Il est possible aussi que de cette incapacité naisse une forme nouvelle de littérature qui serait coincée entre le récit, le roman, le journal et la «nouvelle étirée». C'est du moins l'idée de Patrick Straram.

Quant à la saison qui commence, déjà, le *Journal d'un hobo* de Jean-Jules Richard est chez l'imprimeur. De plus, cette année, le vieux projet d'ajouter à la collection «Paroles», les collections «Aspects» et «Raison», celle-ci consacrée aux textes théoriques et celle-là aux documents, verra le jour. Des tractations sont actuellement en cours pour que la saison commence, du côté de la collection «Aspects», par la publication d'un livre qui fera parler de lui: les *Carnets politiques* de Jean-Marie Nadeau, un intellectuel qui s'égara dans le Parti libéral. Quant au reste, vous verrez bien.

Parti pris, août-septembre 1965

❏

G. G.: On peut dire dès maintenant que nous avons implanté ici, dans le Québec, un vocabulaire qui circulait déjà dans Fanon et dans Berque. D'ailleurs, il y a un mot qui circule: on dit «Québerque libre». Parce que Berque est le père spirituel de *Parti pris*, enfin, d'une partie de *Parti pris*, disons.

Il est venu ici il y a six ou sept ans, invité par l'Université de Montréal[1]. Comme il était familier, extrêmement familier avec des problèmes de colonialisme arabe et africain, il a retrouvé ici le syndrome colonial. Alors, nous, dans la confusion jusqu'à un certain point parce qu'on n'a pas de base, enfin — c'était nouveau, cette grille coloniale appliquée à notre situation —, on a fouillé ça et on s'est rendu compte que, en effet, nous étions bien dans une colonie, avec les différences qu'on imagine. Donc ç'a jeté une lumière entièrement nouvelle sur tout un aspect de nos problèmes et de notre situation, ça nous a fait approfondir Berque lui-même et aller plus loin avec nos données à nous. D'ailleurs, Berque a des contacts très étroits encore avec certains membres de la revue (correspondance, etc.), et il suit de très près ce qui se passe ici, nous éclaire, nous aide et nous donne ce qu'il découvre lui-même; on lui apporte, nous, des données[2].

Dans le même temps, on a tenté d'élucider ou de faire connaître ou de répandre l'information précise sur la situation au Québec, parce que l'ordre actuel repose en grande partie sur l'ignorance de ses victimes. Nous, on se dit: un état de choses ou de faits — l'état fédéraliste — qui ne peut durer qu'à partir de l'ignorance de ses sujets, est voué à la disparition. Ça, c'est le postulat. Donc, si l'on fait connaître la situation de dépendance économique et culturelle qui existe ici, les solutions vont apparaître qui vont évidemment dans le sens d'une indépendance totale assortie forcément d'accords avec les provinces qui resteront dans la Confédération et avec les États, mais, à ce moment-là, faits pour notre intérêt à nous, Québécois, et non pas pour l'intérêt de celui qui, actuellement, les fait et les signe, le fédéral.

Entretien de Jacques Godbout avec Gérald Godin,
Journée France-Culture au Canada, CBF-FM,
Gilles Archambault réalisateur, 19 janvier 1969

❏

J. G.: Combien d'années d'éditeur as-tu comme expérience à ce jour, à peu près?

G. G.: À ce jour, sept ans.

J. G.: Dans ces sept ans d'expérience comme éditeur, en plus des mariages de raison que vous avez dû faire ou défaire, est-ce qu'il y a une évolution dans la quantité des manuscrits, dans l'énergie qui vous parvient?

G. G.: Nous, c'est très particulier. Encore là, le symbole joue. J'imagine que chaque maison (Déom, HMH, etc.) reçoit une «tendance» qui se dégage des auteurs déjà publiés. Nous, on a la réputation de publier des choses impubliables, des choses qui ont l'air de ne pas valoir d'la marde à une certaine époque pis, tout d'un coup, quatre, cinq ans après, tout le monde (Claude Jasmin, Jean-Claude Germain, Jacques Hébert y compris) imite *Le cassé*[3]. Mais je ne dis pas que c'est l'œuvre qui a lancé toute la littérature joual.

R. M.: C'est le *free for all*. Si je t'envoie un manuscrit comme Télesse[4], ç'a des chances de paraître à Parti pris?

G. G.: On a la réputation de travailler un peu en fous, de prendre des risques, de ne pas fonder la maison sur la rentabilité, ce qui nous distingue peut-être de toutes les autres maisons au Québec. On ne fonctionne pas sur la rentabilité: avec *Journal d'un hobo*, de Jean-Jules Richard[5], on a perdu de l'argent, enfin. Avec 90 p. 100 des titres, on perd de l'argent.

R. M.: Avec *Les travailleurs face au pouvoir*, de Louis Favreau[6], tu ne perdras pas de l'argent puisque tu vas mettre dans tes poches les droits d'auteur!

G. G.: Je vais peut-être faire de la taule. De toute façon, on perd quelque chose: ou on fait du temps, ou on perd de l'argent. Il y a des risques qu'on est prêt à assumer.

[…]

J. G.: Qu'est-ce que le Conseil supérieur du livre, Léon Z. Patenaude, Jacques Hébert, Pierre Tisseyre ont fait pour les Éditions Parti pris?

G. G.: Ils ont fait leur part, ils ont adopté des résolutions condamnant toute censure. Nous, on a été l'objet de deux censures: on est la maison préférée des flics et de la justice du Québec. On a été poursuivis pour obscénité.

R. M.: *Le mal des anges*, d'André Loiselet[7]. Mais vous avez gagné.

G. G.: Oui, on a gagné en appel. Ça nous a coûté 1100 $. C'est un maudit trou: ça veut dire qu'il y a un poète, cette année, qui ne sera pas publié à cause de Jean Drapeau et de son avocat, Michel Côté. Messieurs les poètes, vous savez quoi faire.

Dans le cas de *Nègres blancs d'Amérique*, poursuivi pour sédition, l'accusé est disparu[8]. Il reste qu'on a été ennuyés au maximum: ils ont saisi cinq cents exemplaires du livre, le gouvernement du Québec qui en avait acheté deux cents a annulé sa commande, le Secrétariat d'État à Ottawa, parce qu'ils ne peuvent être poursuivis selon les lois provinciales, en a acheté six. Je pourrais vous donner la liste des personnes à qui l'on a vendu *Nègres blancs d'Amérique* pendant la Crise d'octobre, vous n'en reviendriez pas.

R. M.: J'aimerais ça en revenir. Envoie donc.

G. G.: Mitchell Sharp, le bureau de Pierre Laporte (entre le dimanche où il a été enlevé et le samedi où il est disparu)... En fait, toutes sortes de gens s'intéressaient tout d'un coup à ce livre-là qui était interdit, remarquez bien.

J'ai écrit vingt fois au bureau de Jérôme Choquette[9] pour leur demander si le livre pouvait se vendre, parce que l'édition anglaise, à Toronto, *White Niggers*, se vendait partout au Québec: «Est-ce que l'édition anglaise est en vente libre et autorisée par vous?» Ils m'ont dit: «On étudie la question.» Ils m'ont enfin répondu, après avoir saisi cinq cents exemplaires, après avoir saisi les plaques chez mon imprimeur, après avoir littéralement intimidé cinq, six libraires à Montréal, ce qui a gelé tous les autres au Québec (ils m'ont tous retourné les livres), après avoir tout fait ça, ils m'ont envoyé une lettre il y a un mois, me disant: «On ne comprend pas pourquoi vous vous vexez, aucun livre n'est interdit de prime abord.» Là, je leur ai envoyé une autre lettre, disant: «Si le livre est permis, alors, rendez-moi mes cinq cents exemplaires, rendez-moi...» De la foutaise pure et simple que la justice, en ce qui concerne ce livre-là et le sort qu'ils ont fait aux Éditions Parti pris.

> Entretien de Jacques Godbout et Réginald Martel
> avec Gérald Godin, série *Book-club*, CBF-FM,
> Gilles Archambault réalisateur,
> émission du 20 octobre 1971 (*extraits*)

❑

G. G.: Parti pris est consacré, depuis ses débuts, à la révolution québécoise et, à cet égard, il faut placer, à l'intérieur de cette révolution, aussi bien l'œuvre de Pierre Vallières et l'œuvre de Gabriel Hudon (qui raconte les débuts du FLQ[10]) que, pour aller d'un extrême à l'autre, les œuvres complètes de Claude Gauvreau (qui a réalisé une révolution du langage, dans sa chambre, chez lui[11]). Laquelle des deux révolutions est la plus importante? La question est posée. Pour moi, à Parti pris, les deux sont également importantes. Et si jamais le Québec devient socialiste, il faudrait que la révolution des individus, dans le langage, dans la peinture, etc., ne soit pas freinée comme elle l'a été, dans la plupart des pays socialistes, par une bureaucratie. Il faudrait qu'on y attache autant d'importance parce que, souterrainement, c'est aussi important. La signification de l'œuvre de Gauvreau, par exemple, qu'on ne publiera peut-être jamais dans sa totalité, est peut-être aussi grande que l'action politique, terroriste du FLQ.

Il serait prétentieux de ma part de faire un parallèle avec Maspero, mais je dois dire qu'il y a une sorte de confrérie internationale des éditeurs dits de gauche ou dits engagés: Maspero (Paris), Feltrinelli (Milan), Monthly Review (New York), Siglo XXI (Mexico), MarsVerlag (Berlin). Nous avons d'excellentes relations, nous attachons beaucoup d'importance à ce que nous faisons tous, nous nous faisons à nous-mêmes des conditions de coédition exceptionnelles. Il y a, littéralement, une confrérie des éditeurs qui sont engagés dans la libération de l'homme.

[…]

G. G. Parce qu'il y a beaucoup de jeunes éditeurs qui se lancent, publient quatre, cinq livres et ferment boutique après, je dois dire que, depuis quelques années, Parti pris, ayant maintenant soixante-dix titres dans son catalogue et presque neuf ans d'existence, est devenu une maison d'édition. Les éditeurs plus anciens et plus puissants commencent à nous prendre au sérieux et à nous considérer comme un collègue. Il y a aussi une espèce d'émulation entre nous. Je pense, par exemple, à Jacques Hébert qui était très content que j'aie mis la main sur Mao Tse-Tung[12], moi qui suis bien content qu'il ait mis la main sur Victor-Lévy Beaulieu, entre autres.

Entretien d'André Major avec Gérald Godin,
série *Horizons*, CBF-FM,
Gilles Archambault réalisateur,
émission du 14 juin 1972

❏

J. S.: Gérald Godin, les Éditions Parti pris sont des éditions qui ont beaucoup fait parler d'elles et qui feront beaucoup parler d'elles. Les jeunes s'y intéressent beaucoup. Comment ont-elles été fondées?

G. G.: Elles ont été fondées précisément, puisque vous parlez de jeunes, par un groupe de jeunes, il y a bientôt onze ans. Nous venons de célébrer notre dixième anniversaire. C'étaient des jeunes professeurs, des étudiants à l'université, etc., qui ont investi chacun une couple de cent dollars dans l'entreprise qui se voulait d'abord un mouvement politique. C'était la revue *Parti pris* et, dans la foulée de la revue, les éditions sont venues au monde, la revue mourant après cinq ans d'existence[13]. Ce groupe de jeunes a quitté Parti pris après la revue, et tout m'est resté sur les bras. C'est comme ça que c'est devenu le *one-man-show* actuel.

J. S.: Donc, une maison d'édition qui a comme objectif, comme orientation…

G. G.: Il y avait un double objectif. Il y avait l'objectif collectif qui est la libération du Québec et l'objectif littéraire qui est de libérer certains auteurs oubliés ou certaines tendances méprisées. Je pense à l'écriture en langue populaire qui, aujourd'hui, fait les beaux soirs du TNM et même de la Place des arts. Nous, par conviction et aussi parce qu'on trouvait ça beau, cette école-là, on l'a relancée. Elle existait déjà au début du siècle avec *La Scouine* d'Albert Laberge[14] et quelques œuvres éparses comme ça, mais ce n'était pas encore à l'état de mouvement. Nous, on en a fait une école, un mouvement, on a théorisé là-dessus, on a publié beaucoup de livres là-dessus, et ç'a été imité, après ça, mais parce que c'était mûr. On a quand même été les premiers à voir…

J. S.: En lançant un petit chef-d'œuvre, *Le cassé* de Jacques Renaud…

G. G.: … dont on pourrait dire que c'est peut-être le plus grand cru de toute l'école jouale.

Publier aussi des écrivains méconnus, inconnus: je pense à Jean-Jules Richard, maintenant un écrivain prolifique, mais, à l'époque où nous, on l'a sorti de derrière les fagots, il était absolument oublié. On a publié le *Journal d'un hobo* en 1965, ça faisait neuf ans qu'il n'avait pas publié. C'est peut-être ça qui l'a «remonté», qui l'a sorti d'une sorte de désespoir, d'amertume dans lesquels il était à l'époque, qui l'a repoussé à écrire, qui l'a remis au travail, et aujourd'hui c'est redevenu un grand écrivain.

J. S.: Combien avez-vous de titres maintenant?

G. G.: Soixante.

J. S.: Et vous aviez eu à la revue plus d'une centaine de numéros?

G. G.: En fait, plus d'une cinquantaine.

J. S.: Avez-vous des collections?

G. G.: La principale collection, qui regroupe la poésie et le roman, s'appelle «Paroles». Puis la collection «Aspects» regroupe les essais, dont *Nègres blancs d'Amérique* de Pierre Vallières, un des rares best-sellers internationaux québécois dans le domaine de l'essai, publié en six langues, trente-cinq mille copies vendues au Québec et peut-être cent mille dans le monde. Il y aussi «Le chien d'or», une nouvelle collection dans laquelle on a publié *L'esprit révolutionnaire dans l'art québécois*, un album de deux cent soixante-cinq illustrations anciennes montrant les divers mouvements de résistance au Québec[15], et dans laquelle on publiera au mois de septembre les œuvres complètes de Gauvreau[16]. Cette dernière collection se veut la collection maîtresse des Éditions Parti pris, celle où l'on publiera les œuvres complètes ou les bouquins très importants, l'équivalent du «Nénuphar» chez Fides ou de «La Pléiade» chez Gallimard.

J. S.: Vous avez aussi la collection «Documents».

G. G.: Celle où l'on publie les journaux intimes: je pense aux *Carnets politiques* de Jean-Marie Nadeau[17], un des fondateurs du Parti libéral moderne. Il y a aussi les documents sur ce qu'on a appelé le «lundi de la matraque[18]».

J. S.: Pour en revenir au roman, vous avez tout de même publié des œuvres qui sont restées célèbres et des auteurs très connus. Quels sont vos autres auteurs?

G.G.: Dans ceux qui ont le mieux marché — c'est peut-être l'un des critères les plus concluants —, il y a eu *Le monde sont drôles* de Clémence DesRochers[19], *Pleure pas, Germaine* de Claude Jasmin, qui marche encore beaucoup. Et on peut en dire autant du *Cassé*: au-delà du fait que ce soit une œuvre importante, c'est un livre qui est encore vivant, dont on vend, même après dix ans, quelque mille exemplaires par année.

[...]

J. S.: Maintenant, vos problèmes d'éditeur, qui sont toujours des problèmes de papier...

G. G.: Oui, c'est surtout des problèmes financiers. Mais grâce à la politique fédérale, je dois dire que, tout en étant indépendantiste, je reconnais au fédéral le fait d'avoir mis au point un programme d'aide aux éditeurs qui est absolument remarquable, et j'espère que le Québec l'imitera un jour. C'est une formule qui n'est pas basée sur un choix fait par des jurys, mais sur les activités d'une maison au cours des cinq, six dernières années, sur ses publications, sa performance financière, ses programmes. Le fédéral donne à peu près 10 p. 100 du budget à chaque maison, au Québec et au Canada, ce qui nous permet de publier quatre, cinq auteurs de plus.

J. S.: Vous avez fait des coéditions?

G. G.: Une avec l'Hexagone, à Montréal, et trois ou quatre avec des éditeurs français, Maspero à Paris en particulier.

J. S.: Maintenant, vos «problèmes» avec les auteurs: choix de ceux-ci, sélection de manuscrits, etc.

G. G.: Comme on a peu de moyens, malgré tout, on est extrêmement exigeant. Ce qui joue la plupart du temps, c'est: une œuvre que personne d'autre ne publierait, nous, on la publie. C'est ce qu'on a fait avec le *Journal d'un hobo*. Ou, alors, il y a d'autres cas, basés sur l'entêtement de l'auteur à exiger d'être publié: quand un auteur est d'un entêtement extrême, que son livre nous plaise ou non, on le publie parce qu'on se dit qu'il a certainement du talent.

J. S.: Est-ce qu'il y a un autre «problème» qui vous intéresse…

G. G.: Un aspect qui me semble important, c'est celui de l'explosion, si vous voulez, qu'a fait faire à la littérature québécoise la modernisation du système d'enseignement au Québec. Maintenant, les étudiants étudient la littérature québécoise, et les bouquins de poésie de Chamberland publiés chez nous[20], par exemple, ont atteint des tirages exceptionnels, même si on les compare, per capita, aux tirages de grands poètes français. Pourquoi? Parce que les écoles, ici, enseignent la poésie contemporaine, invitent les auteurs contemporains à aller parler aux étudiants. Il y a donc tout un dynamisme qui existe et qui est un gage, pour nous, absolument irrépressible, si vous voulez, du développement futur de la littérature québécoise.

Entretien de Jean Sarrazin avec Gérald Godin,
série *Carnet arts et lettres*, CBF-FM, Raymond Fafard réalisateur,
émission du 16 août 1974 (*extraits*)

1. Jacques Berque a été professeur invité au Département d'anthropologie, faculté des sciences sociales, Université de Montréal, durant l'année scolaire 1962-1963.

2. Il a fait la préface d'un choix d'articles publiés par *Parti pris* et repris en livre sous le titre *Les Québécois*, Paris, Maspero, 1967; ce livre est repris par Parti pris en 1971.

3. Jacques Renaud, *Le cassé*, 1964. Claude Jasmin, *Pleure pas, Germaine*, 1965; Jacques Hébert, *Les écœurants*, Éd. du Jour, 1966; Jean-Claude Germain, *Diguidi diguidi ha! ha! ha!*, pièce créée en 1969 dans une première version, laquelle est publiée dans un supplément de *L'Illettré*, petite revue littéraire montréalaise, en février 1970.

4. Récit de Gérald Godin publié dans *Écrits du Canada français*, n° XVII, 1964.

5. Jean-Jules Ricard, *Journal d'un hobo*, 1965.

6. Louis Favreau, *Les travailleurs face au pouvoir*, 1972.

7. André Loiselet, *Le mal des anges*, 1968.

8. Pierre Vallières, *Nègres blancs d'Amérique*, 1968.

9. Ministre de la Justice dans le premier gouvernement de Robert Bourassa (1970-1976).

10. Gabriel Hudon, *Ce n'était qu'un début*, 1977.

11. Claude Gauvreau *Œuvres créatrices complètes*, 1977 (le contrat ayant été signé dès 1969).

12. Mao Tse-Tung, *Poésie complète*, 1971.

13. *Parti pris*: 1963-1968, Parti pris: 1964-1986.

14. Albert Laberge, *La Scouine*, Imprimerie Modèle, 1918 (édition à compte d'auteur et à tirage limité). C'est essentiellement par l'*Anthologie d'Albert Laberge* (CLF, 1963) de Gérard Bessette qu'on connaît, au début des années soixante, l'œuvre de Laberge. *La Scouine* ne sera rééditée qu'en 1968 (édition sous le manteau et), officiellement, en 1972 (l'Actuelle).

15. Robert-Lionel Séguin, *L'esprit révolutionnaire dans l'art québécois*, 1972.

16. Cette brique (1503 p.), dont la parution est annoncée dès 1971, ne verra le jour qu'en 1977 et deviendra le dernier livre publié par Gérald Godin en tant qu'éditeur.

17. Jean-Marie Nadeau, *Carnets politiques*, 1966, (plutôt dans la coll. «Aspects»).

18. Parti pris; *Le lundi de la matraque*, sans date (1968). Allusion au lundi (24 juin 1968), précédant l'élection de Pierre Elliott Trudeau comme premier ministre du Canada.

19. Clémence DesRochers, *Le monde sont drôles*, 1966.

20. Paul Chamberland, *L'afficheur hurle*, 1965; *L'inavouable*, 1968.

Pourquoi acheter à Paris les droits de traduction d'un livre publié à New York?

Avant de parler de «crise» de l'édition québécoise et des menaces que «la pieuvre Hachette» fait peser sur le livre québécois, il convient peut-être de dire quelle serait la situation idéale, de montrer où se situent les diverses maisons d'édition et de distribution par rapport à cet idéal et d'indiquer par quels chemins le Québec pourrait y parvenir.

Le Québec irresponsable

Rappelons que le débat occupe les premières pages des journaux depuis que le Québec a adopté la politique irresponsable de permettre aux maisons étrangères de contrôler jusqu'à 50 p. 100 des actifs d'une maison d'édition québécoise. À ce moment, Hachette venait d'acquérir 45 p. 100 du Centre éducatif et culturel.

Or, la puissance d'Hachette, qui contrôle la majeure partie de l'édition française et à peu près la totalité de la distribution en France, est telle qu'elle pourrait bien se retrouver au Québec comme un éléphant entouré de chiens de poche.

Le même problème s'est posé il y a quelques années, quand la maison américaine Encyclopedia Britannica a acheté le Centre de psychologie et de pédagogie, qui était à l'époque un de nos meilleurs éditeurs de manuels scolaires. Ce problème-là s'était réglé de lui-même, pour un tas de raisons qu'il serait trop long d'énumérer ici, mais qui tiennent peut-être en une phrase: les indigènes sont les mieux placés pour régler certains de leurs problèmes et administrer certaines entreprises.

Les entreprises culturelles sont probablement de ce genre-là. Elles impliquent en effet tout un réseau qui comprend des auteurs, des fonctionnaires, des imprimeurs, en un mot une connaisance tellement intime du milieu qu'un étranger ou un nouveau venu ne peut y réussir avec la même facilité. Il en va de même, par exemple, dans les banques coopératives que sont les caisses pop. Je vois mal un groupe d'étrangers tenter d'implanter un tel système ici. C'est pour cette raison que la présence d'Hachette chez nous ne sera probablement jamais aussi forte qu'elle l'est en France. Ce qui ne veut pas dire qu'il faille laisser Hachette agir à sa guise.

Production locale

Un livre n'est pas un produit uniquement culturel, il implique aussi une fabrication «secondaire», comme les souliers ou les bougies d'allumage. À ce niveau, c'est le papier, l'encre d'imprimerie, les caractères d'imprimerie, les presses, plieuses et colleuses qui entrent en jeu. Quand le livre est sorti des presses, il est distribué par une autre entreprise. Enfin, il est disposé en kiosque ou en librairie, ce qui est la quatrième étape avant de parvenir au lecteur. Les quatre étapes sont les suivantes: édition, impression, distribution et ventes.

Je ne mentionne pas les créateurs puisque l'immense majorité d'entre eux sont édités par des maisons québécoises d'ores et déjà, et que, par conséquent, il n'y a pas de problèmes de ce côté.

Toutes les étapes!

Dans l'idéal, tous les livres qui se vendent au Québec devraient être entièrement produits ici, par des entreprises québécoises. Pour une raison bien simple: plus les éditeurs, imprimeurs, distributeurs et libraires auront de travail, plus ils se développeront et mieux ils pourront servir les auteurs et les lecteurs québécois.

Rappelons que, même alors, les presses et les caractères d'imprimerie ne sont pas produits ici, mais bien en Allemagne ou aux USA, puisque ce sont là deux secteurs dont le Canada, et encore plus le Québec, sont entièrement absents. Il n'est toutefois pas interdit de penser qu'un jour, de l'Institut des arts appliqués du Québec sortiront les créateurs d'une typographie proprement québécoise qui prendront la succession des plus grands, tels Didot, Peignot et autres.

Donc, même les livres produits ici sont des sources d'emplois pour les fabricants de presses, de caractères et de photocomposeuses qui ne sont pas québécois.

Il nous reste les fabricants de papier, les éditeurs, les imprimeurs, les distributeurs et les librairies au détail. Du côté du papier, pas de problèmes, sauf peut-être l'importation du papier ontarien par certains imprimeurs québécois.

Manuels scolaires

Au stade de l'édition, seul le domaine du manuel scolaire excite la convoitise des étrangers. D'abord parce que c'est un fruit juteux de quinze millions par année! Déjà 40 p. 100 de ce secteur est entre les mains des Américains ou des Français. C'est évidemment une chose que ni les Français ni les Américains ne toléreraient chez eux pour d'excellentes raisons, mais notre mentalité de cocus contents ne connaît pas de limites.

La solution, c'est que seuls les éditeurs québécois aient le droit de vendre à l'État, puisque c'est l'État qui est le seul client, ou à peu près. Dans le cas où les manuels étrangers sont les meilleurs, surtout dans les sciences exactes, par exemple, il y a une seule solution: que le manuel porte la marque d'un éditeur d'ici, via des ententes avec les maisons étrangères. Par exemple, le manuel de chimie de McGraw-Hill, qui serait le meilleur du monde, serait repris ici par une maison québécoise qui le traduirait et pourrait même l'adapter si nécessaire. Même chose pour les manuels français.

Toutefois, dans ce genre d'entente se pose le problème du contenu québécois. En effet, si les manuels sont créés, écrits, imprimés en France et s'ils n'ont de québécois que le tampon de l'éditeur, peuvent-ils être considérés, au sens de la loi, comme des manuels québécois? Le problème est posé, nous en parlons plus loin au sujet des récentes initiatives des Éditions du Jour.

Distribution

Au stade de la distribution, qui est une affaire de dix millions par année, encore là, les étrangers regardent notre marché avec convoitise. Déjà, d'ailleurs, ils contrôlent 65 p. 100 du marché de la distribution. Ils sont, encore une fois, américains et français. Et, encore une fois, ni les Américains ni les Français ne toléreraient une telle situation chez eux. On doit toutefois souligner qu'à cet égard, le Québec est en meilleure posture que le Canada puisque les Américains contrôlent la distribution dans les provinces anglaises. Un éditeur de Toronto doit passer par Cleveland ou New York pour faire distribuer au Canada des œuvres canadiennes! C'est probablement ce à quoi fait allusion la publicité fédérale qui vante «l'unité dans la diversité».

Les «coéditions» vraies et fausses

Depuis quelques mois, les Éditions du Jour que préside Jacques Hébert ont multiplié les coéditions, avec Robert Laffont surtout. Où se situe ce genre d'opérations par rapport à la situation idéale décrite plus haut: disons que c'est mieux que si Robert Laffont confiait sa distribution à Hachette-Québec. Au moins, il y a une entreprise québécoise de distribution qui récolte une partie des profits de l'opération. Toutefois, il faut bien dire que tous ces livres sont imprimés en France et contribuent à créer du chômage ici. Hébert lui-même nous a déjà déclaré qu'il préférait confier l'impression de ces livres à des imprimeurs d'ici, mais que «ça coûterait trop cher».

Les livres de ce type de «coédition» ne peuvent en aucun cas être considérés comme des «livres québécois».

C'est ici que doit intervenir la notion de «contenu québécois». Il faudrait établir des critères à partir desquels ces coéditions pourraient être considérées comme «québécoises». Par exemple, 80 p. 100 du coût de production du livre devrait être dépensé au Québec. Ainsi, nos imprimeries travailleraient davantage.

Pour le lecteur, maintenant, ces coéditions lui permettent-elles d'acheter les livres français moins cher qu'auparavant? Dans certains cas, non. Dans d'autres, oui. Il faudrait évaluer avec précision cet aspect du problème. Car si les livres coédités ainsi reviennent plus cher, le coéditeur québécois devient un intermédiaire inutile et coûteux. Le seul cas, à mon avis, où un prix de vente plus élevé pourrait être justifiable, c'est celui qui donnerait du travail à des imprimeurs québécois. En d'autres termes, il serait justifiable de payer plus cher une édition québécoise d'un livre français si la hausse de prix profitait à un secteur de l'industrie québécoise du livre.

Dans le domaine de la librairie, la situation, qui était dramatique il y a quelques années, a été passablement améliorée par la loi Cloutier qui forçait les institutions financées par l'État à s'approvisionner chez les libraires accrédités. Ceux-ci y ont trouvé une garantie supplémentaire de survivance et de développement.

On sait que le réseau de librairies au Québec est insuffisant. Il est heureusement compensé par la présence de kiosques dans à peu près tous les quartiers de toutes les villes du Québec. Mais la myopie de certains dirigeants d'associations professionnelles de libraires et d'éditeurs est telle qu'ils ne se préoccupent pas de ce réseau de «débits» de livres, où je suis sûr qu'il se vend plus d'imprimés que dans le grand réseau de librairies.

Or quelle littérature occupe ce réseau? Le *dumping* américain et français des magazines, revues, bandes illustrées, etc. De cet envahissement de notre espace culturel, pas un mot. Sur le contrôle de ce réseau de distribution, pas un mot. Sur l'ampleur de ce marché, pas une enquête. Rien! Et pourtant, c'est peut-être par là que pourrait commencer la reconquête du territoire québécois par la culture québécoise.

Combien de livres et d'imprimés américains sont vendus au Québec? Chiffres inconnus. Ils sont probablement supérieurs aux chiffres d'affaires des éditeurs québécois de toutes sortes. À quand une enquête là-dessus, messieurs des Affaires culturelles et messieurs du Conseil supérieur du livre?

Pourquoi devenir puissants?

Quel est l'intérêt pour la culture québécoise et les lecteurs québécois à ce que les imprimeries, les éditeurs, les distributeurs et les libraires québécois deviennent puissants?

Un exemple: si un éditeur québécois devient assez puissant, il pourra concurrencer les éditeurs français sur le marché américain. Par exemple, pourquoi serait-il interdit de penser que les droits en langue française de *Love Story*, un best-seller international, puissent être achetés un jour par un éditeur québécois au lieu de l'être par les Français qui, ensuite, revendent aux Québécois via les réseaux établis ici, dans les librairies françaises établies ici, des dizaines de milliers d'exemplaires d'un livre conçu à cinq cents milles de Montréal?

Le développement de l'édition québécoise permettra aux éditeurs d'ici de donner de meilleures conditions aux auteurs, donc de multiplier le nombre des auteurs. Donc, les chances seront multipliées qu'il y ait des œuvres québécoises valables. Plus il y a de chevaux dans la course, plus le gagnant doit être rapide.

Du côté de l'imprimerie, même raisonnement. Plus les imprimeurs québécois auront de travail, plus ils pourront se tenir à la fine pointe des progrès techniques, meilleurs seront les livres en tant que produits et moins cher ils coûteront à l'impression ainsi qu'aux lecteurs.

Comme on peut le voir, les implications du problème sont vastes. En un mot, là comme ailleurs, le Québec, et le Canada peut-être plus encore, sont des colonies. Le moins qu'on puisse demander aux gouvernements à qui nous payons des taxes, c'est de prendre les mesures pour conserver ce qui est acquis. Dans ce contexte, la décision du Québec de laisser Hachette ou n'importe qui s'emparer de 50 p. 100 des actifs d'une maison d'édition québécoise a quelque chose d'effarant. Non seulement l'État ne protège plus ses commettants, il leur met la tête sur le billot...

Ce qu'il faut, c'est d'abord une enquête sur la situation aussi bien du livre et des librairies québécoises que sur l'occupation du territoire culturel québécois par des imprimés étrangers. Et, dans un deuxième temps, il faut une politique du livre cohérente et globale, qui toucherait aussi bien l'imprimerie que la création d'une typographie québécoise, la distribution, l'édition, etc., sans oublier le problème de l'approvisionnement en livres français essentiels à notre participation de plein droit à la francophonie internationale, sans oublier non plus les traductions faites ici en langue française des grandes œuvres de ce temps.

En d'autres termes, là comme ailleurs, il y a un monde à bâtir et des emplois à créer. L'État du Québec, comme il l'est maintenant, peut-il y parvenir?

Québec-Presse supplément, 26 mars 1972

«Je vais tenter
de vous brosser un tableau…»

Je vais tenter de vous brosser un tableau, même approximatif, de ce qui se passe au Québec, dans le domaine de la littérature.

Tout d'abord, je dois dire que je suis éditeur, poète et journaliste — éditeur depuis onze ans.

C'est donc en tant qu'écrivain et éditeur à la fois que je vais brosser ce tableau.

On remarque depuis quelques années au Québec littéralement une explosion de la création. Le roman et la poésie ont toujours occupé une place importante dans la création, mais ce qui est nouveau depuis quelques années, c'est l'arrivée en masse de manuscrit, de livres qui décrivent le pays. Qui décrivent, par conséquent, l'identité québécoise. Qui nous parlent de la création sous toutes ses formes. La création aussi bien de meubles, de maisons, d'objets, tout ce qui constitue la culture au sens large, fait maintenant partie de l'empire littéraire.

Et c'est ce phénomène nouveau, cette connaissance du pays québécois qui se manifeste de plus en plus dans les manuscrits qu'on reçoit en tant qu'éditeur et dans les travaux qui se font à l'université aussi bien qu'ailleurs. Donc, il y a littéralement une prise en main du pays par les gens qui veulent le faire.

Cette saison littéraire, il va se publier au Québec quatre cents ouvrages, ce qui est, je pense, un nouveau record.

Donc, au bas de la pyramide, il y a une vie intense. Toutefois, si j'emploie l'image de la pyramide, c'est qu'il y a un rétrécissement au sommet, un goulot. Ces quatre cents livres qui vont paraître vont se bousculer bientôt dans ce goulot d'étranglement, et il est causé par ce qui est resté, depuis vingt ans qu'on le décrit, l'état colonial du Québec.

Il existe un rapport commandé par le gouvernement du Québec, en 1969, qui porte le nom de Rapport DeGrandpré et qui traite surtout de la vente et de la distribution des livres et périodiques au Québec. Ce document, qui n'a pas encore été dévoilé par le Gouvernement, mais dont on a eu connaissance, grâce à des fuites, nous apprend que le marché des imprimés au Québec est d'environ soixante millions de dollars et que de cette somme il n'y a à peu près que vingt millions qui sont consacrés à acheter des livres et des produits québécois. Les quarante millions qui restent sont consacrés à acheter surtout des produits américains et français: livres de poche, magazines, revues, etc. Nous assistons, par conséquent, dans ce pays, à un phénomène qu'on nomme tout simplement le *dumping*.

Ce n'est peut-être pas du *dumping* au sens strict du terme, mais les grands empires culturels — et j'entends surtout l'empire américain et l'empire français, en ce qui nous concerne — en sont rendus au stade de ce qu'on appelle les économies d'échelle et, par conséquent, ils peuvent inonder le marché du livre de poche. C'est ce qui se passe ici.

Avec le résultat que la vente moyenne des titres québécois se situe autour de trois cents à quatre cents exemplaires. Et que les trois quarts de la production de chaque titre sont condamnés à mourir vite et à être débarqués des kiosques de journaux et des libraires.

Avec le résultat que toute cette création dont je parlais au début se trouve condamnée tôt au tard à n'avoir presque pas de répercussion, à n'avoir pas de diffusion, à n'être presque pas accessible au public.

Les livres, dans les librairies et dans les points de vente, vivent trois mois. Si après trois mois le livre n'est pas un succès, il est refoulé en entrepôt. Tous les éditeurs québécois font face à ce problème-là. D'ailleurs, il en meurt beaucoup, des éditeurs québécois, par les temps qui courent. Ce phénomène d'étranglement devrait amener le gouvernement, amener l'État à intervenir.

M. Jean-Paul L'Allier, notre ministre des Affaires culturelles, a publié récemment un livre vert, et la solution qu'il proposait c'était la création par l'État d'un réseau de dépôts, parallèle aux librairies existantes et aux points de vente existants, donc, une sorte de chapelet de petits ghettos réservés à la culture québécoise.

Mais le grand réseau, c'est-à-dire là où il y a douze mille points de vente, M. L'Allier nous a dit qu'il ne pouvait pas toucher à ça.

Une hypothèse qu'on fait, c'est que, pour y toucher, il faudrait qu'il bouscule, qu'il bouleverse des intérêts puissants, que sa philosophie politique et économique l'empêche de bousculer. De sorte que nous sommes littéralement une sorte de Viêt-nam culturel, bombardé jour après jour, semaine après semaine par des produits culturels américains et français.

Les éditeurs crèvent l'un après l'autre, ceux qui survivent ne peuvent le faire que grâce à des subventions du Conseil des Arts du Canada, et aussi (très peu) du ministère des Affaires culturelles du Québec. Mais ça, c'est un autre aspect de la question sur laquelle on pourra revenir plus tard.

Avec le résultat que, dans l'avenir, s'il n'y a pas une intervention prochaine quant au goulot d'étranglement, je pense que la création littéraire, enfin, la création du Québec en général, va se retourner contre elle-même et nous allons assister à ce à quoi on assiste dans le domaine du cinéma.

Car tout ce qui est nécessaire dans le domaine du livre, c'est une rame de papier et un crayon, c'est pour ça qu'il y a tellement de manuscrits. Dans le domaine du cinéma, il faut au moins cent mille dollars et, faute de les obtenir, les cinéastes québécois, l'un après l'autre, décrochent, débarquent, se suicident socialement en se retirant au fond des bois. Ils refusent de continuer à créer, parce que ce n'est pas possible.

Dans le domaine de l'écrit, comme ça ne coûte pas cher, il y a encore des livres qui s'écrivent, mais quand on les produit, quand on les imprime, quand on les diffuse, on se heurte au plafond. Et le plafond est très bas.

Par conséquent, je voudrais saisir cette Rencontre internationale des problèmes des petits pays qui sont, au sens strict du terme, des colonies culturelles et qui sont gouvernés par des gens que Hanoï qualifiait, à l'époque, de marionnettes ou de fantoches. Mais c'est effectivement ce qu'ils sont en refusant d'intervenir à l'égard du goulot d'étranglement.

Ce gouvernement subventionne les auteurs un par un autant qu'ils le veulent et, quand il s'agit de toucher au réseau de distribution, quand il s'agit de toucher le goulot d'étranglement, on ne fait rien, on n'intervient pas, on ne peut pas intervenir. Parce qu'on heurterait des intérêts trop puissants, ou avec lesquels on a partie liée.

Dans cette perspective, à moins de changements radicaux de la part de ce gouvernement-là, je vois difficilement comment la création au Québec, la littérature nationale, pourrait continuer de se développer autrement au niveau d'une masse de manuscrits non imprimés, non publiés et non diffusés.

Je pense que le problème fondamental auquel nous sommes confrontés, c'est celui-là.

Merci.

❏

(Extraits de la discussion suivant les communications de Gérald Godin, Uffe Harder, Liliane Wouters et Jacques Folch-Ribas)

G. G.: Moi, je me sens comme devant un marais, je parle du texte de Folch-Ribas. Je pense que si on s'engage dans ce marais, on en a pour trois jours à s'empêtrer, et Folch dit qu'il est pour et qu'il est contre en même temps.

Moi, ce qui me gêne dans les gens qui récusent l'idée de nation ou d'État-nation, c'est que s'il n'y a pas de nation, il n'y aura plus qu'un impérialisme.

S'il n'y a plus de différence, il n'y aura plus que le nivellement, et Folch va me dire: «Ce n'est pas ça que je dis, c'est le contraire.»

Sauf que, comme il a tout dit, moi je suis baisé.

J. F.-R.: Ce n'est pas grave!…

G. G.: Je ne suis absolument pas d'accord avec cette attitude qui consiste à renvoyer tout le monde dos à dos et à dire… Moi, en tant qu'éditeur, je reçois cent manuscrits par année. Si tous les écrivains lisaient le texte de Folch avant d'écrire, il n'y en a pas un qui écrirait, parce que ça mène à l'impuissance.

[…]

Je me rends compte en tout cas que je suis peut-être devenu, après onze ans d'expérience comme éditeur, plus un éditeur que le poète que je suis resté, parce que ce que je crains c'est précisément qu'un jour il n'y ait plus de poètes, et que, par conséquent, il n'y ait plus de gens qui se posent des questions sur le genre d'êtres qu'ils sont ou le genre de groupes auxquels ils appartiennent ou le genre d'idées qu'ils veulent diffuser.

Au fond, ma crainte c'est ça, c'est qu'il y ait un nivellement et une uniformisation du monde.

Par exemple, il y a quelques mois, Bob Dylan, qui est l'un des poètes progressifs américains, est venu à Montréal chanter au Forum. Il a chanté une chanson pour Hurricane Carter, un boxeur noir américain qui est emprisonné, et j'ai vu vingt mille Québécois applaudir pour la libération de Hurricane Carter, alors que dans le même moment, dans notre propre pays, il y a des prisonniers également politiques dont aucun chanteur ne s'occupe. Alors je veux dire: allons-nous assister même à l'internationalisation du progressisme? Allons-nous voir le monde entier se battre pour les opprimés à l'intérieur des empires? Et personne nulle part ne se bat pour les opprimés à l'intérieur des colonisés ou des colonies.

Moi, c'est ça qui me préoccupe le plus et c'est pour cette raison-là que je parle d'abord des structures qui permettent à l'imagination des peuples et des individus et même à leurs soubresauts de pouvoir arriver au jour, de pouvoir se manifester, de pouvoir être publiés, de pouvoir être communiqués à ne serait-ce qu'une seule autre personne.

Si vous perdez ça, si vous perdez les canaux de transmission que sont les maisons d'édition, que sont les réseaux de distribution, qu'est la communication, en fin de compte, est-ce qu'il y aura autre chose? Il y aura peut-être des écrivains qui vont continuer à écrire des manuscrits chez nous, mais pourquoi? Mais pour qui? Allons-nous devoir, nous des petits pays, être réduits au samizdat ou bien allons-nous pouvoir un jour avoir accès à l'édition, avoir accès à la communication avec les autres?

Et je reviens sur Hurricane Carter: je trouve que c'est la pire forme de colonialisme que même le progressisme ou les idées de gauche soient des idées d'importation et que même nos héros ne soient pas les nôtres. Et que les Roumains, par exemple, se battent pour Hurricane Carter dans les rues, ça me semblerait une aberration, parce que vous ne verrez jamais les Américains se battre pour un prisonnier politique chez vous. Quand c'était vous, il n'y avait pas des chanteurs roumains qui allaient remplir le Madison Square Garden à New York pour chanter pour vous.

Alors, c'est ça qui me préoccupe beaucoup et je me dis que c'est par des interventions uniquement de l'État et de l'État-nation que ces choses-là vont pouvoir être protégées, que la pensée elle-même va pouvoir être protégée, que même la pensée de droite de Folch-Ribas — il m'a semblé — va pouvoir exister et arriver au jour.

Moi, je vais me battre pour que Folch-Ribas puisse publier, je ne le publierai pas, moi, mais je vais me battre pour qu'il puisse publier et je vais me battre pour qu'il puisse avoir accès à une aussi bonne place et même une meilleure place dans les librairies que n'importe quel Valéry Giscard d'Estaing qui publie ses mémoires.

C'est ça que je veux dire et c'est dans ce sens-là que dans les petits États, dans les États-nations par opposition aux empires, il faut absolument que nous soyons conscients que, sans une intervention comme il s'en fait en Afrique, comme il va s'en faire bientôt ici, si jamais on réussit à nettoyer un peu le paysage, il puisse y avoir la chance pour aussi bien Folch-Ribas que le Édouard Glissant québé-cois, si jamais on en a un, qu'ils puissent tous les deux être publiés, diffusés, lus, avoir des lecteurs, autrement dit une cible, un public cible.

Où en sont les littératures nationales?,
Ve Rencontre québécoise internationale des écrivains,
Mont-Gabriel, 11-16 octobre 1976;
Liberté, juillet-octobre 1977

Marcel Rioux, homme d'amitiés

Marcel Rioux est un homme d'amitiés, de quelques certitudes et de persistance. J'écris ces lignes au moment où le Québec vient de perdre l'homme de tous les doutes.

Si je mesure Marcel à l'aune de cet homme, je constate qu'il a toujours eu une confiance absolue dans la capacité des gens, donc du peuple, de créer. De créer tout ce dont il a besoin, ses propres mots, et nul poète ne saurait rester indifférent à l'oreille de Marcel pour les mots dont le peuple se dote pour saisir le réel. Créer aussi ses propres outils, ses propres mœurs, ses propres blagues. Et quiconque sait avec quelle attention Marcel écoute quiconque lui proposer d'approfondir l'un ou l'autre aspect de la créativité des Québécois voit en lui une sorte d'accoucheur universel qui a le stéthoscope acoustique appliqué en permanence sur le grand corps québécois pour en déceler tous les frémissements, un peu comme les Indiens placent l'oreille sur la voie ferrée pour savoir si le train s'en vient.

Il a observé à l'Isle-Verte, dont il fréquente encore la poissonnerie Georgette, les inventions en tous genres d'un peuple de pêcheurs, au large de la Renardière.

C'est dans ces observations que s'enracinent quelques-unes de ses certitudes, nommément qu'un peuple peut tout si on lui en laisse les moyens, sans entrave aucune, et qu'ainsi il inventera, comme tout le monde et comme n'importe qui sur la face de la terre, non seulement ce qu'il lui faut, mais ce qui est, anthropologiquement, autant de pierres qui s'ajouteront non seulement à la pyramide québécoise, mais à la pyramide humaine, ce qu'on appelle la civilisation. C'est cette certitude qui fait de lui une exception dans sa génération.

Dans chaque maison du Québec, il y a un personnage sombre qui prospère et se développe. Ce personnage, c'est le doute. Il y a long-temps que Marcel Rioux lui a dit: *Don't call us, we'll call you.*

Hommage à Marcel Rioux. Sociologie critique, création artistique et société contemporaine, Éditions Saint-Martin, 1992, actes du colloque en hommage à Marcel Rioux, Montréal, 20 novembre 1987

3
Littérature étrangère

À propos d'Ezra Pound

1. D'une part

Tant par sa vie que par son œuvre, Ezra Loomis Pound est le seul enfant terrible de toute la littérature américaine. Citons un fait: son arrestation et son emprisonnement par le gouvernement américain pour une période de dix ans.

Nous sommes à la fin de la Deuxième Guerre mondiale. Ezra Pound, Italien d'adoption depuis 1924, chante la louange de Mussolini et du fascisme pour l'édification des Américains, par le moyen d'émissions radiodiffusées de Rome.

En 1944, les Américains débarquent en Italie. Une de leurs premières missions est d'aller mettre la main au collet de Pound et de l'emprisonner temporairement à Pise, avant de l'expédier aux États-Unis où il doit répondre à une accusation de haute trahison. Au cours du procès, il est soumis à un examen mental, est déclaré fou et *mentally unfit* pour subir son procès, en plus d'être interné gratuitement à l'hôpital psychiatrique gouvernemental St. Elizabeth, près de Washington. Il y restera dix ans.

Les Américains jetaient ainsi dans l'ombre le plus cultivé d'entre eux, leur poète le plus original, homme d'action autant qu'intellectuel, dont on ne compte plus les revues par lui fondées, les mouvements artistiques et poétiques qu'il anime tour à tour à Paris, à Londres, aux États-Unis et en Italie.

Mentionnons pour mémoire: 1908, il a vingt-trois ans, il vient de quitter l'Amérique pour Londres et publie son premier recueil de poèmes: *A Lume Spento*. 1909: deux autres recueils de poèmes, à Londres toujours: *Exultations* et *Personae*. Chef de file des cénacles littéraires londoniens, il fonde et édite la revue *Poetry*, lance avec T. S. Eliot le mouvement des Imagiers, puis le Vorticisme et sa revue-manifeste *Blast*. De 1917 à 1919, il édite à Londres *The Little Review*, toujours vivante; devient en 1919 et pour quatre ans le correspondant à Paris de la revue américaine *Dial*. Et nous revoici au début de son long séjour en Italie: 1923.

Il y fonde la revue *Exile*, qui fit long feu.

Il est à la fois biographe, critique littéraire et artistique, traducteur de la littérature médiévale française, du théâtre japonais et de la poésie chinoise qu'il répand en Europe et aux États-Unis.

Il tire de l'ombre l'œuvre oubliée de Vivaldi. Il fréquente et dirige James Joyce, T. S. Eliot, Rabindranath Tagore, Ernest Hemingway, le musicien Georges Antheil et combien d'autres.

Fermons cette parenthèse et retournons à l'asile.

Des nuées de protestations tant françaises qu'anglaises et américaines pleuvent sur le gouvernement américain pendant dix ans, jusqu'à la libération du poète, il y a cinq ans. Pound n'est pas loquace sur cette période de sa vie: a-t-il feint la folie? est-il vraiment devenu fou devant ce qui l'accablait, ce sommet de conformisme idéologique? tout cela n'est-il qu'une mascarade politique? Nul ne le sait, sinon que Pound a récemment déclaré en France que les États-Unis lui semblaient un immense asile d'aliénés. Après *A Lume Spento*, *Exultations* et *Personae*, Ezra Pound a adopté pour son œuvre poétique un titre unique auquel il n'a pas dérogé depuis: les *Cantos*, à ce jour plus d'une centaine de longs poèmes délirants dont nous tenterons de vous montrer ce soir une partie de l'infinie richesse.

Dans ses *Cantos*, Ezra Pound, autant poète que moraliste, illustre constamment sa conception d'une poésie la plus libre d'allure et d'inspiration, quoique soumise à des règles internes sévères et exigeantes qui en assurent la survie dans l'histoire de la grande littérature contemporaine.

Prenons n'importe lequel de ses *Cantos*, au hasard. On dirait un film composé d'images tirées de mille autres films. Les arènes de Rome, Dioclétien, Baldy Bacon de Cuba, un groupe de péons, un souvenir d'enfance, le sommeil de Baldy Bacon enchaîné à ses deux esclaves pour éviter qu'ils ne se sauvent, New York où tous les moyens sont bons pour gagner sa pitance, les rackets, l'achat d'un navire en perdition, le Mexique, La Mecque, une réunion de banquiers, leurs fraudes, un marin chahuteur, médisant et gueulard que la boisson envoie finalement à l'hôpital, etc. En un mot: la vie, le foisonnement de la vie qui l'entoure.

Mais non pas la vie idéale, la vie qui sent bon la mer et les grands espaces, la vie des explorateurs de salon qui vont en Afrique à

300 $ par jour. La vie quotidienne, les gens qu'on rencontre, les bruits que l'on entend de sa chambre, les murs de la maison d'en face, les odeurs de cuisine, le tapage de la femme qui bat son linge sur sa planche à laver, les cris des enfants.

Ce qui retient davantage, chez Pound, c'est un amour profond de l'humanité et de tout ce qui la compose.

D'un côté, le populaire, de l'autre, la beauté de certains lieux, la beauté de certaines maisons. Et Pound est ici le dandy baudelairien, amant du Dante, des jardins à étages, des beaux tissus éclatants et soyeux, du fantôme de Rome, du pauvre vieil Homère aveugle, de la littérature folklorique, du grec qu'il n'hésite pas d'ailleurs à incorporer tel quel à ses poèmes.

Pound, également moraliste, a l'arrogance de ceux qui savent avoir raison. L'esprit aura toujours raison contre la matière, le poète aura toujours raison de ridiculiser le «professionnel», et c'est avec hauteur et dédain que Pound parle des usuriers de Wall Street et je cite: «Presbytériens de marque, directeurs actionnaires de holdings, diacres, propriétaires de taudis, alias usuriers *in excelsis*, la quintessencielle essence d'usuriers».

S'il aime l'humanité travailleuse, il n'est pas tendre pour les autres hommes, qu'il n'identifie guère pour qu'on s'y reconnaisse tous: «Les hommes de trente-quatre ans à quatre pattes qui criaient "maman".» «Minces cosses que j'avais connues, hommes, enveloppes sèches de sauterelles mortes parlant par carapaces de phrases soutenues entre chaises et table, mots comme carapaces de sauterelles, sans réalité intérieure. Toujours la vieille parole, morte et sèche. Évaporée, la vieille classe prétentieuse. S'affirme, seule, la cosse de la parole.»

Et la vie va toujours, «flânant sur les collines nues».

Sous cette manière butée de nous dire des vérités. Ezra Pound ne manque pas d'humour, disons plutôt irrespect des valeurs établies, qu'il s'emploie à saper depuis qu'il écrit. Il y en a tant qui s'emploient à les consolider qu'il n'y a rien à craindre pour elles, remarquez. Sa manière, pour dire le vrai, ressemble fort à la confession que nous ferait, un soir de Noël qui ramollit le cœur, un ivrogne qui aurait beaucoup voyagé, beaucoup vécu, beaucoup observé. Il passe d'un sujet à l'autre sans prévenir, parle de sa maison natale, de la tapisserie aux «fleurs fanées peintes il y a sept ans et qui ne sont plus d'aucun effet, contre le lambris, fauteuil de paille, un vieux piano et sous le baromètre la voix des vieux hommes, sous les colonnes de faux marbre».

Et il parle, parle de vieux amis, de la commode en acajou remplie de diverses couches de bouteilles de bière, de la mort de ceux qu'il a aimés, d'Éléonore que le climat anglais fit vieillir bien vite et, bientôt, il me donne des conseils: «Ce que tu aimes te reste, rien d'autre ne compte, ce que tu aimes ne te sera pas arraché, ce que tu aimes est ton véritable héritage. À qui le monde, à moi, à eux, ou à personne?

«Mets bas ta naïveté et tes mesquines haines, mesquin en charité. Les yeux d'une morte m'ont salué, enchâssé dans un visage stupide.»

Tel est le style Pound. Difficile à lire au début, puis nous enchantant bientôt. Fût-il lâche aux coutures, il nous laisserait froid. C'est par les échos qu'il éveille constamment en nous que nous pouvons dire avec assurance que cet art est architecturé, organisé. Pound seul pourrait probablement nous dévoiler ses secrets de fabrication, à moins qu'ils ne procèdent tout simplement de la vie vécue et aimée du monde accepté tel qu'il est et du bonheur d'exister.

Le Nouvelliste, 14 janvier 1961

❏

2. D'autre part

Ezra, c'est le nom d'un prophète mineur, qui devient en français Esdras, comme dans Minville. Pound, c'est le dollar de l'empire britannique, à l'époque où le soleil ne se couchait jamais sur l'Union Jack. Ezra Pound, c'est le plus grand poète américain, ou encore «l'inventeur de la poésie moderne de langue anglaise», si l'on en croit l'éditeur américain New Directions. Flammarion vient de publier, dans une traduction dirigée par Denis Roche, ses *Cantos*.

Mais si, dans Esdras Pound, il y a confluence de deux cultures, Ezra porte bien son nom, car sa poésie n'est jamais aussi neuve, et surtout renouvelante, que dans le choix de Pound de mélanger le quotidien et le sacré, le «joual» des soldats américains avec la culture de la Chine ou de Venise, que dans le mélange des langues, des niveaux d'observation avec les niveaux de réflexion.

Mais soyons justes, la parution du «Pound de Flammarion», comme on dira bientôt, ce n'est pas tout à fait la grande première que l'on prétend. La justice commande de rappeler qu'il y a eu d'autres

Pound avant celui-ci. Entre autres, le vrai Pound, à mon avis, celui de la magnifique revue de l'ami Dominique de Roux, dans les *Cahiers de l'Herne*, qui déjà, il y a plus de vingt ans, nous donnait cent pages de *Cantos*, une cinquantaine de témoignages, des lettres choisies et une douzaine de photos du blasphémateur.

Son plus grand blasphème consista à appuyer ce bouffon de Mussolini plutôt que les troupes américaines, lors de la Deuxième Grande Guerre. Il eut ce qu'il méritait. On l'enferma dans une cage, à Pise, comme la Corriveau, avant de l'expédier aux USA où, accusé de trahison, il plaida la folie et s'en tira avec un internement à l'hôpital St. Elizabeth. Et, pour revenir à l'édition, les mêmes éditeurs ont publié, il y a plus de vingt ans aussi, les *Cantos pisans*, traduits par le même Denis Roche. Et il y avait eu, auparavant, évidemment, l'irremplaçable Pierre-Jean Oswald (1958).

Pensez qu'il fut un temps où l'on trouvait tous ces livres rares en librairie, à Montréal même. Mais, trêve de pleurs, venons-en à Pound.

Je l'ai dit plus haut, l'œuvre de Pound est aussi étonnante que son nom.

Mais, plus important encore pour l'avenir de la poésie, Pound était aussi un pédagogue. Il voulait que l'on sache comment il faisait ses poèmes et nous montrer ainsi comment en faire soi-même.

Par exemple, dans son texte sur le Vorticisme, qui était sa théorie littéraire, Pound raconte comment lui est venu un poème: «Il y a trois ans, à Paris, comme je sortais du métro, place de la Concorde, je vis soudain un beau visage, puis un autre et un autre encore [...] Et toute la journée, j'essayai de trouver les mots correspondant à ce que j'avais ressenti sans rien découvrir qui me parut digne ou aussi beau que l'avait été cette soudaine émotion [...] Je composai un poème de trente lignes que je détruisis car c'était ce que nous appelons une œuvre de seconde intensité. Six mois plus tard, je fis un poème d'une longueur réduite de moitié. Un an après, j'écrivais la phrase suivante, à la façon d'un "haïku": "L'apparition de ces visages dans la foule / Pétales sur un humide et sombre rameau".

«Dans un poème de ce genre, on essaie de reproduire l'instant précis où une chose extérieure et objective se transforme ou se précipite en quelque chose d'intérieur et de subjectif[1].»

De telles explications, simples et faciles d'accès, abondent dans l'œuvre pédagogique de Pound et elles ont l'avantage de montrer que la poésie peut être faite par tous, à condition d'y mettre la passion et la patience d'écrire.

Oui, mais les *Cantos*, qu'est-ce que c'est? La meilleure définition que j'en connaisse et qui vaut cent fois la mienne, elle nous vient
du poète grec Georges Séféris: «Moi, j'en dirai que depuis Dante,
c'est la première fois qu'un poète tente de faire de son œuvre une
somme.

«On peut ajouter — c'est Séféris qui parle — que c'est l'épopée de
l'homme de notre temps, sans intrigue, sans légende, qui veut montrer,
dans le seul cadre de la poésie, tous les événements, spirituels ou historiques, qui constituent la vie d'un homme. Conflit tragique ou catharsis,
analyse de sentiments, action, rien de tout cela, en tout cas, au sens littéraire habituel. Reste l'*anecdote* — n'importe laquelle: il suffit qu'elle
soit capable de mobiliser l'expression rythmique du poète — l'anecdote
coupée de ce qui nous paraît son contexte normal et introduite dans le
poème, souvent à l'état brut. Ce qui fait que les *Cantos* semblent à première lecture une gigantesque mosaïque. La tête vous tourne au fur et à
mesure que vous tournez les pages et que vous découvrez l'accumulation de citations, d'incidents, de conversations — très souvent en langues étrangères — de personnages historiques ou inconnus dont vous
vous demandez ce qu'ils viennent faire là, de paysages qui introduisent
l'Antiquité dans la Renaissance, à notre époque, ou vice versa[2].»

Mais, pour aimer Pound, et si vous achetez le Pound de Flammarion, ne suivez pas l'ordre des poèmes établi par les traducteurs qui est
l'ordre du poète lui-même. Non, feuilletez le livre, batifolez de branche en branche, comme font les oiseaux, jusqu'à ce qu'un passage
vous arrête en vol. Ainsi, ne commencez pas au début, mais plutôt à la
page 37, par le *Canto III*, et ensuite, allez à la page 59, qui commence
comme la météo dans *Le Journal de Montréal*, et quand vous aurez
vraiment acquis le goût de Pound, quand vous serez comme moi un
Pound-addict, lisez-le de la première à la dernière page. Et si vous
croyez, comme bien d'autres, que la poésie ne peut pas et ne doit pas
être traduite, allez voir chez Classic's si, d'aventure, il leur resterait les
Selected Poems publiés par New Directions en 1957, un livre que vous
pouvez commencer par le premier poème, car la sélection y est fort
bien faite.

Le Devoir, 11 octobre 1986

1. Ezra Pound, *Cahiers de l'Herne*, Éd. de l'Herne, 1965, p. 86-87.
2. *Ibid.*, p. 265.

Le lion désamorcé

Le lion devenu vieux s'est fait historien. Qui plus est, historien de lui-même, de ses œuvres et d'un monument littéraire où il a occupé une place prédominante: le surréalisme.

Vous avec reconnu André Breton. Voulant le voir, les amateurs de littérature s'étaient joints aux habitués de *Premier plan*, mardi dernier.

Il était beau de penser, d'évoquer, en suivant distraitement un des bonzes de la littérature française, que les révolutions littéraires ne peuvent être que de Paris, que là, des jeunes gens peuvent afficher partout, manifester sur la rue leurs tendances littéraires ou philosophiques et être suivis des yeux par un public attentif, intéressé.

Ce n'est qu'à Paris, et peut-être dans quelques capitales européennes, que le public ouvrira le feu des tomates et des œufs sur les auteurs d'une pièce surréaliste, ou d'une pièce qui révolutionne quelque peu les canons de l'art dramatique, ou de la sensibilité littéraire.

Allez donc dire ici, allez donc crier sur la rue des Forges le vendredi soir, que vous êtes un «explorateur de l'inconscient», que vous pratiquez l'«écriture automatique», le badaud vous criera: «Vatcoucher tapette» ou «Vatfércoupélesjueux», ou quoi d'autre. Et pour avoir «troublé la paix», mais pas du tout la littérature, vous passerez quelques heures dans le bureau du sous-directeur de la police, dans l'attente de votre poupa ou de votre mouman pas encore rentrés de leur partie de cartes hebdomadaire chez des amis.

Car ce n'est qu'au Forum que l'on lancera des «canots» ou je ne sais quoi, en guise de protestations, et parce que l'arbitre est aveugle, encore.

Enfin, est-on ici pour faire la leçon à quiconque et pour déplorer quoi que ce soit et qui sommes-nous, en premier lieu, pour nous essayer? La cause est entendue, passons à autre chose.

André Breton, donc, le révolté, le pape du surréalisme, le grand maudisseur du conformisme (et qui a lu l'*Histoire du surréalisme* de

Maurice Nadeau peut juger à quel point ils étaient violents, ces Soupault, ces Hans Arp, ces Louis Aragon et combien de fois ils vous ont déculotté le père Claudel et autres littérateurs officiels), André Breton, dis-je, était lundi soir le pantouflard, la statue de plâtre que l'âge écaille, le témoin froid de quelque grande aventure littéraire, qui la décrirait aujourd'hui, du dehors, comme une belle histoire du temps jadis.

J'aurais aimé, je ne sais pas moi, qu'il se lève de sa chaise un bon coup et pousse Mme Jasmin à bas de sa chaise et crie: «J'en ai soupé, moi, de la télévision canadienne et de toutes les autres. On en a tous soupé, nous, du Canada et des Canadiens français qui confessent les fautes que Saint-Denys Garneau a commises et s'en prennent aux curés, aux poupas, aux moumans, au milieu ambiant, au climat de leurs propres défauts sans jamais songer qu'ils ont peut-être le premier rôle à jouer dans leur médiocrité et leur démission. Qu'ils écrivent sans fin, sans trève, jour et nuit, vos écrivains, et abolissez le Conseil des Arts tant il est vrai que l'argent amollit les artistes, et brûlez tous vos collèges, etc.» Nous serait apparue, en surimpression sur l'écran, la prudente excuse «Difficultés de réseau».

Oui, voilà ce que j'aurais voulu entendre ou quelque chose de ce genre, quelque chose qui nous mette mal à l'aise, qui nous mette en m... contre Breton et Radio-Canada et Mme Jasmin et tout le monde. Mais non, ce fut poli, courtois. Non que j'en tienne pour les cris et l'impolitesse, mais j'en tiens pour la continuité, pour le courage de ne pas abandonner, de ne pas se ranger, surtout si l'on doit sa petite gloire à quelques esclandres, jadis...

La vieillesse n'est pas agréable à attendre, mes amis. Regardez ce qu'elle fait d'eux tous sur leur chaise de paille.

Le Nouvelliste, 4 mars 1961

Fernando Pessoa, l'homme multiplié

Les activités de M. Fernando, ou de M. Pessoa, comme les gens de son quartier l'appelaient, suivant le degré de familiarité qu'il leur permettait, sont plutôt réduites. Polyglotte, il remplit pour diverses maisons de commerce de Lisbonne la fonction de correspondant-interprète.

On le voit au café des Irmaôs Unidos, où il prend sa tasse régulièrement. Ses amis trouvent qu'il fume beaucoup: quatre-vingt-cinq cigarettes par jour. Ses patrons remarquent que, souvent pendant le jour, M. Pessoa porte la main à la poche intérieure de son veston, en sort un petit flacon et y prend discrètement une gorgée. On le voit de temps à autre attablé au café avec des «intellectuels» et discutant littérature, poésie, parlant de fonder une nouvelle revue pour que retentisse bien haut le mot «Portugal».

À Lisbonne, on ne lui connaît pas d'ennemis. Tous ses voisins lui trouvent l'air affable et poli. Il sait s'intéresser à la dernière dent du petit, aux rhumatismes du marchand de tabac, aux difficultés de fin de mois de ses colocataires. Il poste beaucoup de lettres et peut rester des heures sur le quai, là où le Tage se jette à la mer, attentif aux mouvements des grues, au vol des goélands, à l'arrivée et au départ des navires. Il rentre ensuite chez lui et l'on entend le claquement continu de son clavigraphe: le seul peut-être de tout Lisbonne. Nous sommes en 1920!

Les années passent, la même vie tranquille continue son cours. En 1934, il voit enfin «son nom s'étaler en beau noir franc sur fond jaune orangé». C'est sa première œuvre. Il l'a intitulée *Message*. Ou plutôt, c'est sa première publication, car il écrit depuis toujours. Le 31 décembre 1934, il obtient une mention spéciale au très conventionnel concours du Secrétariat de la Propagande nationale. Il se propose de publier pour octobre suivant un grand livre, cette fois, qui donnerait de son talent une idée complète. La mort en avait décidé autrement: le

26 novembre, il est admis à l'hôpital Lisbonnin de Saint-Louis des Français et y meurt trois jours plus tard, à l'âge de quarante-sept ans.

On découvre dans sa chambre une pleine valise de manuscrits, dont douze ont été publiés à ce jour. Il en reste autant à venir qui nous révèlent le poète le plus original et le plus divers de son époque.

Car il écrivait sous quatre noms différents, soit ceux d'Alberto Caeiro, Ricardo Reis, Alvaro de Campos et le sien. Et les œuvres d'Alberto Caeiro sont aussi différentes de celles de Ricardo Reis qu'un poème de Verlaine peut l'être d'une page de Saint-John Perse!

Avant de voir comment Pessoa se multiplia ainsi, regardons-le vivre. Il naquit à Lisbonne le 13 juin 1888. Le 12 juin 1893, son père s'éteignait. En novembre 1895, sa mère convolait pour une deuxième fois et le nouveau couple et leur seul fils partait de Lisbonne pour l'Afrique du Sud. Fernando y suivit ses études primaires et secondaires à Durban, puis les poursuivit à l'Université du Cap jusqu'en 1905, alors qu'à dix-sept ans il retournera à Lisbonne pour y demeurer presque sans interruption jusqu'à sa mort.

Il était du genre «premier de classe» et ne pratiquait aucun sport. Devenu homme, il fut effacé et discret, passant ses journées à un travail insignifiant qui assurait sa subsistance et ses nuits à écrire. Il était malade, imprécis, un homme tel qu'il n'inspirerait rien au plus imaginatif des romanciers. Nulle femme ne l'aima jamais. Il eut peu d'amis. Il était un de ces oubliés de la nature, un de ces minuscules qui sont comme les poussins malades d'une couvée, ceux qui ne survivent pas. Et pourtant, quatre poètes cohabitaient en lui.

Il était venu à la poésie par les poètes anglais et ses premiers poèmes sont démarqués de Pope. Il fut ensuite d'un paganisme emporté, puis devint un bucolique compliqué. Il fourbissait ses armes sans le savoir. Les bucoliques ayant été mal accueillies par ses amis critiques et poètes, il avait décidé de renoncer, mais, raconte-t-il, «un jour où j'avais finalement renoncé, je m'approchai d'une commode haute et, prenant un papier, je me mis à écrire, debout, comme je le fais toutes les fois que cela m'est possible. Et j'écrivis d'affilée trente et quelques poèmes, en une espèce d'extase dont je ne saurais définir la nature. Ce fut le jour triomphal de ma vie, et jamais je n'en pourrai connaître de semblable.

«Je partis d'un titre: *Le gardeur de troupeaux*. Et ce qui suivit fut l'apparition en moi de quelqu'un à qui je ne tardai pas à donner le nom d'Alberto Caeiro. Excusez l'absurdité de l'expression: il m'était apparu mon maître. Telle fut la sensation immédiate que j'éprouvai À telle enseigne que, sitôt écrits ces trente et quelques poèmes, je pris incontinent un autre papier et j'écrivis, d'affilée également, les six poèmes qui constituent *Pluie oblique*, de Fernando Pessoa. Immédiatement et intégralement... Ce fut le retour de Fernando Pessoa-Alberto Caeiro à Fernando Pessoa tout seul. Ou mieux encore, ce fut la réaction de Fernando Pessoa contre son inexistence en tant qu'Alberto Caeiro...

«Après l'apparition d'Alberto Caeiro, je m'inquiétai de lui découvrir — instinctivement et subconsciemment — des disciples. J'arrachai à son faux paganisme le Ricardo Reis qui était latent et je lui trouvai un nom, je l'ajustai à lui-même, parce qu'à ce point, je le voyais déjà. Et tout d'un coup, par une autre dérivation opposée à celle de Ricardo Reis, voilà que surgit impétueusement en moi un nouvel individu. D'un seul jet, à la machine à écrire, sans interruption ni rature, surgit l'*Ode triomphale* d'Alvaro de Campos. L'Ode avec ce titre et l'homme avec le nom qu'il porte.

«Je créai alors une coterie inexistante. Je fixai tout cela en des gaufriers de réalité. Je graduai les influences, je connus les amitiés, j'entendis en moi les discussions et les divergences de points de vue et, en tout cela, il me paraît que je fus, moi, créateur de tout, de tous le moins présent. Si je peux publier un jour le débat esthétique entre Ricardo Reis et Alvaro de Campos, vous verrez comme ils sont différents et à quel point je ne suis pour rien en cette affaire...»

Comme le dit Armand Guibert qui s'est institué héraut de Fernando Pessoa pour tous les pays de langue française, «la nébuleuse s'est fragmentée, autour de la planète Pessoa les satellites ont commencé leur gravitation».

Le poète venait de trouver ses voix propres. Il avait fini de montrer ses œuvres à ses amis pour en obtenir une approbation. Il savait où il allait, il ne lui restait plus qu'à écrire. Ce qu'il fit.

Mais qui sont ces poètes Caeiro, Reis, de Campos et Pessoa et comment diable peuvent-ils se distinguer, étant tous issus d'un même cœur, d'une même sensibilité, d'une même raison?

Alberto Caeiro est un primitif. Attentif aux rythmes des saisons, il laisse s'écouler le temps, regarde amoureusement la nature, sa sœur. Il se sent naître à chaque instant «à l'éternelle nouveauté du monde». Berger simple et ensoleillé, il s'extasie de tout et décrit, comme un enfant ébahi, la vie, la vraie vie, la belle vie qui l'entoure.

Ricardo Reis est l'alchimiste des quatre. Jongleur expert, il manie le latin avec art et transpose en portugais d'acrobatiques inversions. Il a la passion de la forme. Il invente des images, des alliances de mots, aime le langage comme un sculpteur l'argile. Il a le type du mathématicien et confie à un ami: «J'abomine le mensonge parce que c'est une inexactitude.» Mathématicien, il se devait d'être fataliste.

Alvaro de Campos est un méridional. Débraillé, fou du voyage et de l'aventure. Avant Blaise Cendrars, il compose le poème des croisières en bateau et des voyages en train. Les «grandes lampes électriques des usines», les «bruits des pistons et des courroies» l'inspirent. «Je fume et je suis las», écrit-il. Il fait de la vitesse au volant d'une Chevrolet empruntée sur les routes tortueuses des montagnes, et dans toute cette activité — Montherlant dirait «dans tout cet énervement» —, survient tout à coup la conscience malheureuse de l'individu oppressé par les difficultés de vivre.

«Pauvre de lui, qui avec des larmes authentiques a donné à un pauvre qui pleure professionnellement les derniers sous qui lui restaient dans sa poche moscovite.»

Il s'amuse à écrire, il s'amuse de lui, s'amuse de pleurer. Le ton d'un homme las, qui a tout cherché, tout essayé et rien trouvé. On le retrouve enfin, las d'attendre le train, las d'attendre le bateau, las de se reposer…

Fernando Pessoa était tous ces poètes, mais il était aussi lui-même, Fernando Pessoa, et a signé des poèmes de son vrai nom. Il s'y révèle hautement lyrique et dit son angoisse d'être si divers, si multiple. Il se demande qui il est précisément. Il part à sa propre recherche et ne trouve qu'une multiplicité de «moi» séparés les uns des autres, ne laissant à Pessoa rien de stable, rien de solide, rien qui se tienne, sur quoi se bâtir une contenance devant la vie et les gens.

Le Nouvelliste, 10 juin 1961

Ernest Hemingway, journaliste impénitent

Que représente Ernest Hemingway dans la littérature de notre temps? De quelle manière était-il écrivain et surtout romancier? C'est à ces deux questions que nous tenterons ici de répondre, en commençant par la seconde.

Beaucoup plus qu'un imaginatif, Hemingway était un reporter. Point ne lui était besoin d'inventer des aventures qui frappent le lecteur, l'intéressent, le séduisent, il n'avait qu'à raconter ses propres exploits, qui dépassaient en grandeur, en force et en intérêt même ceux des héros imaginés.

Le comte de Monte-Cristo, le Capitaine Fracasse, les Trois Mousquetaires n'ont plus qu'à aller se rhabiller. Le comte Hemingway, le Capitaine Ernest, Athos le chasseur, Porthos le torero et Aramis l'écrivain les saluent.

La légende veut qu'un jour Hemingway le correspondant de guerre manque de nouvelles. À l'Ouest, rien de nouveau depuis trop longtemps. Les rédacteurs en chef mécontents, les lecteurs qui s'ennuient. Hemingway décida de leur donner des émotions. Et de partir en jeep, seul avec un ami fidèle et deux mitraillettes, de s'emparer d'une tête de pont, de la remettre aux mains de ses compagnons d'armes et de retourner derrière les lignes. Il le tenait enfin, son papier! Il l'avait inventé, en un sens, et avait fait en sorte de pouvoir l'écrire sans mentir.

Ainsi de la plupart de ses romans. *Le soleil se lève aussi*, directement tiré de ses expériences de journaliste américano-parisien, dans l'entre-deux-guerres. *Pour qui sonne le glas*, rappelant ses années de conducteur d'ambulance durant la guerre civile espagnole. *L'adieu aux armes*, réminiscences de la guerre civile italienne. *Le vieil homme et la mer*, écrit du temps où il vivait sur une île antillaise et fréquentait les pêcheurs de l'endroit, en plus de s'adonner lui-même à la pêche au gros poisson. *Les vertes collines d'Afrique*, les souvenirs d'un chasseur méditatif.

Hemingway étant lui-même un personnage de roman, il n'avait qu'à se raconter pour nous satisfaire.

Paradoxalement, rien n'est plus romanesque, rien ne semble plus fictif que les romans d'Hemingway, qui n'en sont d'ailleurs pas. Ils sont trop vrais pour être vrais. Ou plutôt, on croit à ces romans, on ne croit pas à cette vie dont ils sont issus! À la limite, eût-il donné ses œuvres comme des extraits de journal intime, on se serait dit à soi-même: il rêve, le bonhomme.

Or il ne rêvait pas. Doué d'une vitalité prodigieuse, assez fort pour défoncer avec sa tête la carcasse écrasée au sol d'un avion en flammes, faisant partie de tous les safaris, de toutes les expéditions de chasse et de pêche possibles, malgré un nombre incalculable de cicatrices récoltées comme autant de souvenirs au cours de je ne sais combien de guerres, etc. Pour écrire, il lui fallait une moisson de souvenirs, il en eut.

Mais jamais n'allait-il en profondeur. Les drames se dénouaient à coups de poing ou de fusil. Ses personnages ne sont pas diserts. Ils ne s'expliquent jamais. Ils agissent, tout simplement. On les regarde agir et, selon que l'on a soi-même vécu ou non, on les comprend et on les aime, ou on ne fait que les admirer comme savent le faire les ingénues. C'est pourquoi les plus fervents admirateurs d'Hemingway sont ceux qui comptaient Robert Jordan, le héros de *Pour qui sonne le glas*, au nombre de leurs amis très chers. Gary Cooper le taciturne, le muet, le timide était d'ailleurs un personnage d'Ernest Hemingway que l'écrivain eut la surprise de croiser un jour à Hollywood. Ils se sont tout de suite reconnus.

Le timide courageux, le fier taciturne, celui qui ne se justifie pas et court le risque de n'être compris qu'après sa mort, tel est le personnage type d'Ernest Hemingway.

Il en va différemment de ses nouvelles, d'un désespoir retenu. Toujours l'homme y est aux prises avec plus fort que lui. La vie, le poids des habitudes, du jour, du soleil, le poids omniprésent de la mort évidente. Et malgré tout, la noblesse de ne pas courber la tête. Il faut imaginer Sisyphe heureux, disait Camus. Hemingway l'imaginait désespéré, mais trop viril pour pleurer, préférant jouer des jeux enfantins et graves où la mort peut lui tomber dessus en tout temps: la chasse aux fauves, les guerres civiles, les courses de taureaux.

De quoi se chauffer la sensibilité, la mémoire et le cœur à blanc. De quoi être fort et sûr de soi, de quoi écrire un bon livre ou deux.

Voilà comment il a vécu, voilà comment il a donné son œuvre.

Il écrivait debout, passait des heures, avant de s'y mettre, à aiguiser des dizaines de crayons qu'il renversait dans un vieux pot de grès.

Il en usait toutes les mines jusqu'au bois et, quand du faisceau multiple et pointu il ne restait plus qu'une poignée de moignons, il recommençait.

Quelle place occupe-t-il dans la littérature contemporaine? Une des premières, parce qu'il était, aux yeux de tous, l'Américain par excellence, le pionnier qui, n'ayant plus rien à découvrir ou à défricher, employait ses énergies aux seules activités qui permettent encore à l'homme de se montrer tel.

Hemingway, c'était un coffre, un physique, un géant. Là étaient sa force, sa raison d'être, sa manière de supporter la vie, de survivre au désespoir. Sans coffre, sans santé, finies les grandes chasses, finie la haute mer, finie la sur-vie du sur-homme. Il ne lui restait plus qu'à faire mentir le titre de son chef-d'œuvre, *L'adieu aux armes*, et d'en arriver à l'adieu par les armes.

On songeait à Hemingway comme on songe à des héros de cinéma. Cet homme-là vivait comme dans les films: un jour à Paris, le lendemain à Madrid, le surlendeman au Kenya, boire du champagne au volant d'une Ferrari, vider quatre bouteilles de Black and White en une heure, vivre toujours, en un mot, à la limite du possible, à la limite du rêve, au jusant de la vie et du cinéma.

Nous avions tous besoin de ce mensonge. Car Hemingway nous disait par sa vie que tout cela était possible. Que le cinéma, c'est peut-être vrai. Que les héros existent sûrement. Les héros ne meurent pas dans les films. Ernest Hemingway n'est pas mort, avec ce que cela comporte d'abandon physique de soi-même à une force venue de l'extérieur. Hemingway a choisi le jour et l'heure. Jusqu'au bout, il a mené son destin à force de bras, à force de volonté. Mme Hemingway dormait. M. Hemingway se lève, place une balle dans chacun des barillets de son .12 à deux coups, enveloppe la gachette dans une serviette pour étouffer le bruit et s'envoie d'un seul geste les deux balles en même temps dans la bouche. Adieu vieil homme. Est-ce la mer, là où tu es?

Le Nouvelliste, 8 juillet 1961

Blaise Pascal et les occasions manquées

Blaise Pascal a trop consacré de sa jeunesse aux sciences exactes.

Enfant choyé, vivant trop au gré de ses humeurs, aimant le changement, vivant par bonds et par sauts, il rompit tôt avec la logique et ses sciences pour se consacrer tout entier, lui et son appareil rationalisant, à la défense de ce qui est la chose la moins mesurable: la foi.

S'il eût été plus discipliné, si l'époque eût été moins vouée aux amusements tant de l'esprit que dans le reste, son esprit scientifique, qui reste sa plus grande vertu, lui aurait permis probablement d'aller plus loin que tout autre dans les voies que lui traçait la science et pour laquelle il était au fond fait.

Mais l'époque était aux touche-à-tout! Au tourisme intellectuel.

Cela étant posé et les gamineries de Pascal connues, on ne doit plus s'étonner de l'immense place qu'occupa tout à coup le hasard dans la vie de cet homme. Il avait trop longtemps couché dans le lit des faits, du mesurable et de l'exact.

On dirait que, las de tant de précisions, Pascal a eu besoin un jour de fantaisie comme un mineur d'air pur et de soleil. Enfin cesser de maîtriser son esprit, enfin le laisser librement accorder son crédit au concept le plus libre qui soit: le hasard.

En janvier 1646, étant sorti de chez lui pour empêcher un duel, le père de Blaise, Étienne Pascal, tomba sur la glace et se démit une cuisse. Il fut soigné par deux gentilshommes jansénistes qui convertirent à la doctrine toute la famille.

Jusque-là, rien d'extraordinaire. Et jusque-là, Pascal ne s'est pas encore converti à la religion du hasard.

Mais le 8 novembre 1654, Pascal se rendait en carrosse à quatre chevaux au pont de Neuilly. Les deux premiers chevaux prirent le mors aux dents et se précipitèrent dans le fleuve. Heureusement, les traits se rompirent et le carrosse resta suspendu sur le bord du pont. Pascal que déjà travaillaient en secret, depuis la cuisse de son père, ses convictions religieuses, que sa vie mondaine avait atténuées comme il s'en faisait d'ailleurs le reproche, vit là un avertissement du ciel, un décret de Dieu pour l'engager à changer sa vie et à songer plus sérieusement au salut de son âme.

On peut sourire à voir ce savant, ce calculateur, l'inventeur d'une machine à additionner, l'auteur d'un «Traités des sons», d'un «Traité des sections coniques» qui fit l'émerveillement de Descartes et de Leibniz, l'auteur des «Nouvelles expériences touchant le vide», d'études sur le triangle arithmétique, le calcul des probabilités, la cycloïde, on peut sourire, dis-je, à voir ce théorème ambulant, tout à coup s'abandonner comme un célibataire endurci épouse un jour la première femme venue par goût du changement, s'abandonner totalement au hasard et surtout y voir un signe providentiel.

Quelque temps après, il entrait à Port-Royal. Le hasard avait coûté à l'histoire du monde celui qui fut peut-être le mieux préparé des hommes de son temps à rendre service à l'humanité, celui qui, comme jamais personne avant lui, eût pu amener à la lumière des milliers de secrets à la portée de son intelligence, la plus vive peut-être que la France ait connue, sinon le monde. Alors qu'attendaient pour être connus et utilisés au service de l'homme, comme les découvertes des siècles futurs le démontrent, d'immenses domaines de la science, Pascal préféra devenir le polémiste que l'on connaît. Il a ainsi retardé de plusieurs siècles peut-être la progression de l'humanité vers les lumières de la science.

On doit d'autant plus lui en vouloir que s'il est un domaine de l'esprit qui eût pu se passer de ses dons, c'est bien la foi, dont on sait qu'elle peut être aussi grande chez un charbonnier que chez le mieux informé de tous les théologiens.

À sa paix intérieure et sous prétexte d'une euphorie, que seul peut-être un métabolisme particulièrement équilibré lui donna la nuit du 23 novembre 1654 et qu'il prit pour un vision béatifique, il sacrifia l'intelligence qu'il eût pu avoir de sciences qui durent attendre peut-être un siècle pour être familières aux hommes.

Nul plus que lui ne fut bien préparé à rendre service à l'humanité.

Or il s'y refusa.

Il passa du général, qui était le défrichement des *terræ incognitæ* de l'esprit humain, au particulier, qui fut la défense du jansénisme. Il passa, en un mot, du plus grand au plus petit.

Et la littérature, diront les amateurs de beaux mots bien agencés? Elle n'y eut rien perdu au demeurant puisque la langue de ses «Traités» est aussi riche que celle de ses *Pensées*.

Il eût pu être l'Albert Einstein de son temps, il en fut le Père Brouillé, avec le génie en plus, évidemment.

Et il y a assez longtemps qu'on a cessé d'attacher du prix aux grâces de style pour placer, plus haut que des écrits simplement littéraires, dont l'objet même est dépassé, des écrits utiles à l'avancement de l'humanité.

C'est dans cette perspective que les écrits revêches d'Hegel me semblent plus valables que les fusées de Pascal dans «le pari». C'est dans cette perspective aussi que je dis que Pascal fut l'homme de la grande occasion manquée.

Le Nouvelliste, 18 août 1962

Salinger

La jeunesse américaine, d'après *Time Magazine*, a trouvé sa voix et sa conscience dans les œuvres de Jerome David Salinger. La jeunesse et tous ceux qui ont conservé d'elle la curiosité, pour ne pas dire l'inquiétude, l'idéalisme et l'insatisfaction.

Une insatisfaction profonde, un malaise de vivre qui tient à la pureté, à l'intolérance, au refus du compromis et de la concession. On pourrait dire de tous les héros de Salinger qu'ils sont mal dans leur peau. Quoique le nombre de ces héros ne soit pas trop élevé, si l'on pense, par exemple, à Balzac. Après vingt ans de littérature, Salinger n'a en effet donné à ses lecteurs que *L'attrape-cœurs*, *Franny and Zooey* et un recueil, *Neuf nouvelles*.

Mais dans cette œuvre brève est ramassée toute l'insatisfaction du monde. Les héros de Salinger, Holden Caulfield, Seymour Glass, Franny Glass, Zooey Glass et Salinger lui-même (quelques-unes de ses nouvelles sont autobiographiques) se tuent à avoir mauvaise conscience, pour ainsi dire.

Mais qu'est-ce que la mauvaise conscience? Difficile à expliquer, *Time Magazine* en parle dans ces termes: «La plupart des hommes savent comment ignorer, supprimer ou se débarrasser de l'idée selon laquelle le monde est, au fond, vraiment insupportable. Ceux qui ne le savent pas, ce sont les saints, les fous et les enfants.»

Cette définition, toutefois, ne rend pas justice à la manière dont la mauvaise conscience ou l'insatisfaction s'incarne dans l'œuvre de Salinger. Car Salinger n'est pas un moraliste. Il ne s'en prend pas aux hommes comme Rousseau ou La Rochefoucauld. Ses héros sont tout simplement torturés dans leur vie même par les injustices de ce monde et les blessures que reçoivent les naïfs, les purs et les inoffensifs.

Je vois l'œuvre de Salinger, mais cette vue est toute subjective, comme l'hymne des rats de cale de la société. Holden Caulfield, le héros de *L'attrape-cœurs*, est celui qui est à l'écart des groupes dans son collège, qui marche seul dans la forêt, dans les rues, qui s'assoit seul dans les tavernes et ne s'intéresse en somme avec sympathie qu'à sa toute petite sœur, ce parangon de naïveté, de légèreté, de tendresse, de spontanéité — en un mot: un ange.

«Les autres», dans *L'attrape-cœurs*, sont tous complices, à divers degrés, de l'impureté de ce monde. Holden Caulfield ne juge personne, ne nous y trompons pas, mais il ressent dans sa chair la tragédie de celui qui voudrait nettoyer le monde, le rendre acceptable pour tous, même pour sa petite sœur.

À la fin de *Franny and Zooey*, il est question d'une grosse dame. De cette grosse dame anonyme, mal foutue, mal habillée, probablement malheureuse en amour, parce que trop peu jolie. De cette grosse dame qui n'est pas intelligente, qui ne sait pas s'exprimer, dont la vie doit se passer à manger des hot-dogs et à boire du coke, durant le loisir que lui laissent, par exemple, les quarante-cinq heures qu'elle passe par semaine à repriser des bas pour une quelconque fabrique. «Cette grosse dame, dit Zooey Glass, c'est Jésus-Christ.» C'est-à-dire l'être le plus abandonné, le plus seul de la société. C'est pour cette dame qu'il faut continuer à vivre, dit Zooey Glass à sa sœur Franny qui a cherché chez la plupart des écrivains spirituels, catholiques, chrétiens ou bouddhistes de quoi vivre dans la sérénité.

Ainsi, de son premier roman (assez désespéré) à son dernier, Salinger est devenu, tout bonnement, «charitable», mais avec une tendresse infinie, comme on ne l'a jamais été en littérature et comme on l'est encore moins dans la vie. Il n'y a peut-être que les Fioretti de saint François pour être à la hauteur des sentiments exprimés par Zooey Glass. Salinger parle d'ailleurs des Fioretti dans une de ses nouvelles, si ma mémoire est bonne, comme d'un livre fort important. La seule manière de vivre proprement, ce serait donc la propreté des sentiments. Or quel sentiment est plus propre que la tendresse universelle, la volonté de compréhension et de pardon des autres?

Dans ses nouvelles, Salinger développe ses deux thèmes favoris. Ou, plutôt, il filme des situations qui illustrent ses deux thèmes favoris. Car il n'y a là aucune volonté de démonstration, mais la présence d'un art de la suggestion, presque japonais par sa délicatesse et sa discrétion.

Ce que Salinger suggère, c'est d'abord la fuite devant le monde. Seymour Glass se suicide, au cours de son voyage de noces avec une de ces affreuses Américaines que Judy Holliday pourrait incarner à l'écran. Et c'est bien ici que Salinger est exemplaire, car j'ai toujours trouvé que Judy Holliday ne manquait pas de charmes. Mais Salinger nous montre que ce qui nous entoure ne résiste pas à l'examen et qu'on a toutes les raisons du monde de se suicider.

L'autre tendance est celle de la rédemption des déclassés. Comme cette sœur peintre, dans une des nouvelles. Le plus irremplaçable des êtres, le plus doux, le plus riche, le plus profond et, en même temps, le plus méconnu, le plus retiré. Pour de tels êtres, la vie est acceptable.

Et voilà. Je n'ai montré de Salinger que ce que j'appellerai la philosophie ou la vision du monde.

J'aurais pu aussi parler de l'humour involontaire des héros de Salinger. Ils sont des étrangers sur la terre et n'ont pas des choses ni des gens la perception que nous en avons. Un exemple: «J'étais assis sur le lit. Albert m'a raconté sa vie pendant environ 45 000 heures.» Les personnages de Salinger semblent ainsi venus d'un autre monde, des espèces de lunatiques issus de domaines disparus, où la bonté, l'absence totale de méchanceté plutôt, est non pas la règle, mais l'essence même de la création. Mais aussi d'un univers où les notions de temps, d'espace, ainsi que les contacts humains, ne sont pas comme chez nous. Il en procède un humour volontaire chez Salinger, mais qui est involontaire chez ses personnages et qui rend d'autant plus convaincants leur insatisfaction et leur malaise.

Il faudrait parler aussi de l'art de Salinger, hautement impressionniste, tant dans sa description des lieux que dans les monologues ou réflexions intérieures de ses personnages. Mille petites touches, mille contradictions, toujours mues par une nécessité profonde. C'est l'art le moins gratuit qui soit, sous son apparente désinvolture.

Le plus déchirant des écrivains de l'heure, J. D. Salinger est probablement aussi le plus inquiet d'une littérature qui a toujours été, plus que toute autre, où que ce soit dans le monde, avec la littérature russe, celle de l'authenticité et de la sincérité la plus profonde.

Le Nouvelliste, 15 juin 1963

II
D'UN QUÉBEC
ANTHROPOLOGIQUE

1
Pittoresques

Il y a snob et snob
(*extrait*)

Si l'on en juge par la définition du snob qui se dégage du *Dictionnaire du snobisme* de Philippe Jullian (Plon), il n'y a pas, à Trois-Rivières, de véritables snobs. Il n'y a que des snobs relatifs.

En d'autres termes, beaucoup de Trifluviens participent du snobisme, mais aucun ne l'incarne.

Je n'ai connu, pour ma part, qu'un seul Canadien français qui soit un grand snob, un snob par jeu, de ceux dont on dit: ce sont les meilleurs. Jean-Louis Curtis établit cette distinction en ces termes: «Le snobisme est chez les sots une passion, chez les habiles une politique, chez les meilleurs un jeu.»

Je veux parler d'Alain Grandbois. Il avait trinqué avec Hemingway à Montmartre. Chassé le tigre aux Indes, du haut d'un mirador où le coup de feu était coupé de whisky. Conduit une Maserati dans les premiers rallyes de Monte-Carlo et eu la noblesse de finir la course dixième: ni trop près de la tête, car c'eût été tapageur et de mauvais aloi, ni trop près de la queue, car c'eût été indigne de lui et de tout homme bien né. Descendu le Yang-tseu-kiang sur un steamer battant pavillon portugais. Publié son premier recueil de poèmes à Han-k'eou, conformément à des traditions typographiques plus vieilles que la civilisation occidentale elle-même et sur un papier vieux de quelques centaines d'années. Trouvé que le charme d'Harlem, après avoir été suffisamment dépaysant, est aujourd'hui frelaté. Etc.

Car n'est pas snob qui veut. La marque du snob est d'abord la fortune, ou de savoir en donner l'illusion qui assure du crédit au Ritz; et, ensuite, le désœuvrement.

Le snob relatif, pour procéder par un exemple, c'est le fumeur d'opium qui méprise le morphinomane, c'est l'ivrogne permanent qui tient la dragée haute au buveur du samedi.

Le vrai snob, relativement au snob relatif, plane au-dessus des contingences, des continents, des cultures. Il sait tout, se joue de tout, s'amuse de tout, comprend tout, tranche tout, ne se croit pas supérieur mais l'est.

Le snob relatif, c'est celui que les contingences distinguent, ou plutôt les apparences, sociales ou autres. Le vrai snob est supérieur par ce qu'il est, le snob relatif est supérieur par ce qu'il paraît.

L'élève du séminaire snobera l'élève de l'académie, par exemple.

Le conducteur de *sport-car* snobera le conducteur d'une Chevrolet.

Et cetera.

Mais le snobisme se perd. Le travail gâche tout. Il n'y a pas de désœuvrement possible ici. Il n'y a pas de compartimentation possible non plus. La pénétration de tous chez chacun et de chacun chez tous, pour une raison ou pour une autre, a fait tomber des murs qui, en temps ordinaire, seraient encore debout et pourraient être les parois d'un aquarium qui est l'habitat naturel du snobisme.

Aquarium, car ne peut y entrer et y survivre que celui qui y est préparé ou admis. La densité d'air et de pensée qui y règne est établie par le plus grand nombre et si le plus grand nombre décide de la changer, le non-prévenu s'y noiera ou devra en sortir.

Toujours est-il qu'ici le snobisme est en bonne voie de mourir. Entendez: le petit snobisme. Il est vrai que l'allée centrale de la cathédrale, les concerts de l'orchestre symphonique, le ciné-club Georges-Méliès, le club Radisson, le club Ki-8-Eb, pour ne nommer que cela, sont encore des chasses gardées, mais leurs murs craquent.

Et pour cause! Sachez qu'en Europe, les piliers du snobisme sont des descendants de familles titrées. Le snobisme a déjà des représentants que leur naissance même désigne. En Amérique, c'est la fortune qui fait foi de tout. Or la fortune s'acquiert et le snobisme devient à la portée de tout le monde.

Mais il y a aussi certains snobismes personnels, qui tiennent au souci de particularisation. Un fille qui porte de longs bas noirs avec une jupe verte et un gilet à col roulé est une snob. Mais l'analyse en ce domaine est sujette à caution, car tout le monde s'habille à sa manière, me direz-vous. Je répondrai à cela qu'il y a des modes acceptées, endossées par le plus grand nombre, qui ont leurs limites connues de tous et à l'intérieur desquelles plusieurs choix sont possibles, mais ne s'éloignent tout de même pas trop d'un certain dénominateur commun. Le snobisme, dans la mode, c'est d'outrepasser ces limites. Les vrais snobs les outrepasseront par le haut. Ce sont eux qui créent la mode. Les petits snobs les outrepasseront par le bas. C'est là que se range la jeune fille de tout à l'heure.

C'est ce même souci de particularisation qui fait certaines personnes se donner du trait d'union. Je ne nommerai personne d'ici pour éviter de m'aliéner qui que ce soit, mais songeons par exemple à ce conférencier qui nous rendit visite il y a quelques années et qui descendait de René Bazin. Il signait, je crois, Claude René-Bazin. Voilà ce que j'appellerai l'usage des apparences. Depuis quelques années, la coutume se répand chez nous que les épouses non pas prennent le nom de leur époux, mais gardent le leur et ajoutent celui de leur nouvelle famille. Pensons par exemple (ce nom est fictif et toute ressemblance avec un nom existant serait l'effet du hasard) à Louise Durand-Brunelle. On pourrait peut-être expliquer cela par le regret qu'éprouvent ces jeunes filles à passer de leur famille, qui a un nom, à une autre qui n'en a pas. Car c'est un fait que, depuis quelques années, les membres de la haute société trifluvienne commettent des mariages morganatiques. On comprend pourquoi: la véritable haute société trifluvienne se fait de moins en moins nombreuse, submergée par une petite bourgeoisie montante, et comme un frère et une sœur ne peuvent pas encore se marier, ils se voient forcés de jeter la nasse ailleurs que parmi les leurs.

De toute manière, tout cela est fort sain pour la démocratie. Les grands bourgeois ont l'illusion de mieux participer et comprendre les problèmes du petit peuple et ceux qui montent d'un cran ne sont rien moins que satisfaits.

Si j'avais à tracer la carte géographique de la haute bourgeoisie à l'intérieur de Trois-Rivières… mais non, j'abandonne ce projet, je ferais trop de mécontents. À propos de géographie, les migrations vers les coteaux de familles cotées, jadis établies dans le centre de la ville, ont activé le brassage des classes et le nivellement par le plus grand nombre.

Des maisons tombaient en ruine et certaines grandes familles ont constaté que ce qu'elles croyaient être leurs souris, ce qui restait acceptable, provenait d'une écurie voisine et couraillait un peu partout. C'est ce qui emporta le morceau et provoqua les grands départs, les grands déménagements, les grandes constructions. Une telle migration est unique, je crois, dans l'histoire de la vieille grande bourgeoisie canadienne-française qui avait la réputation de s'enraciner à jamais. C'est de ce temps que date l'usage du mot *plate-glass* à Trois-Rivières. C'était à qui aurait la plus grande! Cette rage semble passée et mes contacts se sont trop espacés avec mes informateurs pour que je sache quel est le nouvel objet de leur mutuelle envie.

Enfin, j'achève ici ce qui avait commencé par une gauche appréciation du snob pour finir sur une esquisse du Trois-Rivières G.B. («G.B.» *stands for* «grand bourgeois»).

Le Nouvelliste, 20 octobre 1962

Les ouvriers de la «baboche»

L'alcool frelaté — la «baboche» — fait l'objet d'un commerce important: quelque vingt-cinq millions de dollars par année, au minimum. C'est une industrie concentrée en Mauricie, où le *bootlegger* bénéficie de la complicité d'un peu tout le monde.

Le 3 octobre 1962, un cultivateur de Saint-Adelphe, petit village situé à trente-cinq milles à l'est de Trois-Rivières, découvrait un cadavre dans une voiture. Celle-ci, une Météor 1955, était stationnée sur un chemin secondaire menant à une terre à bois.

Le cultivateur, M. Médéric Gauthier, courut au village et en prévint le maire, le docteur Roger Fontaine. Le mécanisme policier fut mis en branle et dévoila une série de circonstances troublantes.

La voiture était fermée à clé. Toutes ses vitres étaient hermétiquement closes. Un boyau de caoutchouc reliait le tuyau d'échappement à un trou pratiqué dans le plancher de la voiture. Le contact était encore sur le moteur quand la voiture fut découverte; le moteur avait donc tourné jusqu'à épuisement du réservoir d'essence. La mort remontait à une semaine.

Le coroner du district, Me Guy Lebrun, fit enquête et, après l'autopsie, il conclut à un suicide au monoxyde de carbone.

Le suicidé, c'était M. Wilfrid Brousseau. La famille Brousseau, malgré les conclusions du coroner, croit toujours qu'il s'agit d'un meurtre.

Mais pourquoi aurait-on assassiné Wilfrid Brousseau et qui aurait pu l'assassiner?

Et, s'il s'est suicidé, pourquoi l'a-t-il fait? Craignait-il quelque chose ou quelqu'un?

Revenons trois semaines en arrière.

Nous sommes le 14 septembre, dans une des salles d'audience du palais de justice de Trois-Rivières. Wilfrid Brousseau est à la barre des inculpés. On l'accuse sur plainte portée par la Gendarmerie royale du Canada de possession illégale d'eau-de-vie de contrebande.

Wilfrid Brousseau prend la parole et fait une déposition qui lui assurera la haine de tous les contrebandiers d'alcool de la région et qui mettra la Gendarmerie royale dans une mauvaise position dont elle se tirera sur-le-champ.

«J'étais en possession de cet alcool à la demande de la Gendarmerie royale qui en avait besoin comme preuve contre un contrebandier. J'ai reçu 350 $ du sergent Léo Raymond pour acheter cette "baboche" et permettre de pincer un contrebandier.»

Wilfrid Brousseau vient d'avouer qu'il est un mouchard. Combien de propriétaires d'alambics de la région de Saint-Adelphe ont compris pourquoi la Gendarmerie royale avait fait irruption dans leur distillerie familiale, un beau matin!

Le sergent Raymond est aussitôt appelé à la barre par la Couronne. Il jure avoir donné 350 $ à Wilfrid Brousseau pour des informations dans une affaire d'alambic, il y a quelque temps, mais aucunement pour acheter de l'alcool.

Ce fut un beau coup de théâtre. Me Robert Gouin, procureur de Brousseau, demanda qu'un nouveau procès soit tenu. Il fut fixé au 18 septembre. À cette date, Wilfrid Brousseau fit défaut de comparaître. Un mandat d'amener fut émis contre lui et l'ajournement fut fixé au 20 septembre. Il ne se présenta pas non plus à cette date. Le mandat d'amener ne lui fut jamais signifié personnellement. Il était peut-être déjà mort, au moment où le huissier l'appelait en vain, dans les corridors du palais de justice, le 20 septembre.

Il est évident que Wilfrid Brousseau n'était qu'une pièce mineure dans l'engrenage de l'industrie des alambics en Mauricie. Il était ce qu'on pourrait appeler un «travailleur d'alambics», comme on dit «travailleur d'élections».

Il y a probablement deux cents Wilfrid Brousseau en Mauricie. Deux cents personnes à vivre de cette industrie, soit comme surveillant d'alambic, comme installeur d'alambic, comme distributeur de boisson, comme propriétaire d'un hangar, d'un fenil, d'une écurie ou d'une cabane à sucre qui abrite un alambic.

Ils sont d'ailleurs connus de la Gendarmerie, et combien d'alambics ou de caches de boisson ont été découverts par la police, tout simplement en suivant à la trace les vétérans travailleurs d'alambics!

Mais les grands inconnus de la machine, ce sont les *boss*, les pièces maîtresses de l'échiquier.

Ce sont eux qui découvrent quels cultivateurs sont en difficultés financières et qui leur offrent les moyens de «faire une piastre vite». Ce sont eux qui paient une commission d'un dollar sur chaque gallon qui sort de la distillerie clandestine. Ce sont eux qui paient les salaires des travailleurs d'alambics, ce sont eux qui paient les amendes des travailleurs condamnés, ce sont eux qui continuent de verser à la famille, le temps que le travailleur est en prison, un salaire. Ce sont eux aussi qui tirent les marrons du feu, ne sont jamais importunés parce que la loi du silence est extrêment bien appliquée, à l'intérieur du «racket».

Ce sont eux aussi qui se vengent à l'occasion, en donnant à la Gendarmerie, au moyen d'un coup de téléphone anonyme, le nom d'un de leurs surveillants d'alambics qui a décidé un jour de rentrer dans la légalité.

Bootlegger: au sens large: contrebandier d'alcool frelaté; fabricant ou distributeur. Le terme est d'origine écossaise. Il s'appliquait aux Écossais qui cachaient dans la jambe de leurs bottes leurs flacons de scotch.

Baboche: alcool frelaté. S'appelle aussi «bagosse», «snoot», «chien», «whisk» et «moonshine».

Moonshine: ce terme a une histoire. Aux USA, dans certains États dont le Kentucky, la police saisit non seulement l'alambic et la boisson, mais aussi le bâtiment qui les cache. C'est pourquoi les *bootleggers* américains construisaient leurs alambics en plein air, pour échapper à la saisie de leurs bâtiments. Ils produisaient leur alcool de nuit, au clair de lune, ou *moonshine*, d'où l'expression *moonshine* pour alcool et *moonshiner* pour *bootlegger*.

Un de ces travailleurs d'un petit village le long du Saint-Maurice a d'ailleurs échappé, à quelques heures près, à l'amende et à la prison: il avait démoli un alambic qu'il exploitait, pour le compte d'un *boss* de Shawinigan ou de Grand-Mère, la veille d'une descente de la Gendarmerie. Trois jours plus tôt, il avait averti son *boss* qu'il quittait le milieu.

Mais, dans bien des cas aussi, le *boss* sera un patriarche qui fait travailler ses fils sous ses ordres, restant lui-même inconnu. Quel fils ne prendrait la place de son père en prison!

L'industrie de l'alcool frelaté fait des affaires pour environ vingt-cinq millions par année au Québec. La Mauricie, de son côté, perçoit probablement une dizaine de ces vingt-cinq millions.

Et ces chiffres sont probablement éloignés de la vérité, puisqu'ils représentent seulement les actifs des alambics saisis par la Gendarmerie royale.

Pourquoi la Mauricie est-elle le centre nord-américain de la «baboche»?

Primo, la Mauricie est au centre de la partie habitée de la province. Elle est comme une maison à plusieurs portes: si une porte est bloquée, vous pouvez sortir par l'autre. De la Mauricie, les routes permettent de rayonner dans tous les sens. La police fédérale a d'ailleurs trouvé aussi bien à Charlottetown, dans l'île du Prince-Édouard, qu'en Ontario des cargaisons de «baboche» distillée en Mauricie.

Secundo, la Mauricie est une des régions les moins peuplées de la province. Une immense partie en est à peu près inhabitée. Ce pays sauvage est parsemé de milliers de lacs et de rivières extrêmement difficiles de surveillance et où des hydravions peuvent se poser dans le plus grand secret.

Ces hydravions ont d'ailleurs une particularité: une de leurs ailes sert de réservoir à essence, tandis que l'autre sert de réservoir à «baboche».

Tertio, les *bootleggers* font partie du folklore, dans la région du Saint-Maurice. Il n'y a personne qui n'ait bu de «baboche»; il n'est personne qui ne compte dans sa famille quelqu'un qui a déjà été mêlé, ou qui l'est encore, au réseau clandestin; enfin, il y a bien peu de gens qui n'achètent pas leur gallon de «baboche» durant le temps des Fêtes.

Peu de gens, en somme, voient le problème dans toute son ampleur, comme un gigantesque racket de fabrication et de distribution de poison, où des millions sont en jeu et qui peut déboucher un matin sur la découverte d'un cadavre sur une route de rang.

S'agit-il bien d'un poison? Un jour, au cours d'un procès pour possession illégale d'alambic, un expert de la Gendarmerie royale ajouta à son témoignage: «Je n'ai jamais vu d'alcool aussi pur et d'un bouquet aussi raffiné.» Le procureur de l'accusé se serait alors levé pour demander au tribunal: «Nous donnez-vous la permission de citer ce témoignage sur nos "labels", l'an prochain?»

Mais la vérité est tout autre. Les *bootleggers* ne veulent pas distiller de la bonne boisson, ils veulent faire beaucoup d'argent le plus rapidement possible. Leurs installations de fortune dans des poulaillers, des étables ou des cabanes à sucre ne sont conformes en aucun point à l'hygiène la plus élémentaire. De plus, ils activent la fermentation du moût au moyen de sel d'uréa, d'acide sulfurique ou de soda caustique pour la réduire de sept jours, qui est le temps normal, à quarante-huit heures. Or ces trois ingrédients sont des poisons vifs.

Enfin, même si un *bootlegger* soucieux de qualité n'activait pas la fermentation du moût et procédait à trois distillations consécutives, il ne pourrait faire disparaître un produit de la fermentation: le furfurol, qui ne peut être éliminé qu'avec un équipement très coûteux et que seules les distilleries peuvent se payer.

Il y a donc cent chances sur cent que l'alcool de contrebande qui est employé pour «réduire» dans le temps des Fêtes, ou pour composer un punch, soit un poison mortel, dont l'efficacité n'est diminuée que par l'abondance de bonne boisson dans laquelle il baigne.

C'est donc à la distribution d'un poison sous de fausses représentations, à la fraude d'une vingtaine de millions en taxes et à l'illégalité que la police fait la guerre et non pas à un folklore agréable et bien de chez nous.

De l'avis des officiers de police de la région, toutefois, la guerre qu'ils mènent n'a pas beaucoup de résultats, parce que les tribunaux ne seraient pas assez sévères.

Il n'est d'ailleurs que de comparer les sentences imposées à Trois-Rivières et les sentences imposées à Montréal pour mesurer le décalage de sévérité qui existe entre les juges des deux endroits.

Par exemple, pour un alambic d'une capacité de production de quarante gallons par jour, on imposera à Montréal 1000 $ d'amende et huit mois de prison. À Trois-Rivières, on imposera une amende de 200 $ et les frais ou deux mois de prison. À Montréal, on a déjà imposé une amende de 300 $ pour possession illégale de deux gallons d'eau de vie frelatée. À Trois-Rivières, on a imposé 100 $ d'amende pour alambic de deux cent quarante-cinq gallons. À Trois-Rivières et à Montréal, on a imposé un jour la même amende de 100 $: il s'agissait à Montréal de la possession d'un gallon d'alcool et, à Trois-Rivières, de cinquante et un gallons.

Comment s'y prend la police pour dépister les membres du racket? De plusieurs façons. Éliminons les dénonciations, qui sont payées par la Gendarmerie entre 200 et 1000 $ suivant la capacité de l'alambic et la facilité de faire la preuve devant le tribunal.

Mais outre ces pratiques, la police dispose d'un éventail extrêmement varié de sources d'information. Les plus courantes sont les marchands de canistres d'un gallon, les marchands de sucre et de mélasse, les marchands de réservoirs et de tuyaux, c'est-à-dire tous ceux qui vendent des produits qui peuvent être mêlés à la distillation d'alcool.

La plupart des alambics sont construits sur des routes assez achalandées pour qu'un camion transportant cent poches de sucre, un baril de mélasse, dix caisses de canistres d'un gallon, puisse passer inaperçu.

De plus, si un petit salarié ou un petit cultivateur se met un jour à rouler Cadillac, la police n'aura qu'à interroger ses voisins sur ses sources de revenus pour découvrir si elles lui permettent de se payer une grosse voiture.

Mais il n'y a pas de règles dans cette industrie. Un alambic saisi en plein bois, tout récemment, était en exploitation depuis deux ans. Depuis deux ans, un père et ses deux fils avaient réussi à transporter poches de sucre et le reste assez discrètement pour échapper à tout soupçon.

Car les voisins parlent, malgré leurs sympathies pour les *bootleggers* et malgré que la majorité d'entre eux répugneraient à dénoncer un *bootlegger* à la Gendarmerie. Tout le monde sait qui fabrique de la boisson dans son village. Et quand une arrestation se produit, on déplore, mais on n'est pas surpris.

La moitié des quarante et un alambics saisis par la police l'an dernier au Québec étaient de type dit «familial», c'est-à-dire d'une capacité de production de un à cinq gallons par jour. Ils ne servent pas au commerce, mais ils sont tout aussi pourchassés par la police, pour des raisons d'hygiène et de protection de la santé, cette fois. Ils sont le fait de pères de famille qui veulent servir à leurs invités du jour de l'An leur «petit jus», qui n'est pas moins nocif que l'autre.

De toute manière, on ne trouve guère d'alambics de ce format dans la Mauricie. Depuis deux ans, par exemple, cinq alambics de deux cents gallons ont été saisis dans la Mauricie. Ce qui fait croire à la Gendarmerie que l'organisation mère, s'il y en a une, a choisi la Mauricie comme centre de développement.

D'autant plus que cette organisation, si elle existe, disposerait ici d'une réserve presque inépuisable de main-d'œuvre spécialisée. La distillation est un métier qui se transmet de père en fils. La réputation des distilleurs de la Mauricie est telle que deux d'entre eux ont été arrêtés dans le nord de l'Ontario récemment. Ils y avaient été invités pour faire bénéficier les Ontariens de leur science.

Un expert mauricien avait d'ailleurs suivi des cours de chimie et de distillation à l'université de Chicago, il y a quelques années, avant d'installer un bonne dizaine d'alambics parfaitement au point dans la région.

Dans la morte-saison, c'est-à-dire en été, le gallon de «baboche» est vendu de 10 à 15 $. À l'automne, le prix grimpe à 20 $ pour atteindre son maximum de 22 à 25 $ durant le temps des fêtes. Dans les débits de la Régie, un gallon de petit blanc se vend 20 $. Mais l'alcool de la Régie n'est preuve qu'à 30 p. 100 tandis que celui des *bootleggers* l'est à 60 et 80.

L'installation d'un alambic coûte entre 1000 et 5000 $ suivant sa capacité de production. On estime généralement à 5 $ le gallon le profit net au *bootlegger*. Un alambic moyen, d'une capacité de cent gallons par jour, rapportera donc 500 $ à son propriétaire.

Un gallon coûte 4 $ de production. La principale partie des bénéfices est répartie entre le propriétaire du local, le surveillant de l'alambic, qui travaille souvent dix-huit heures par jour, le distributeur et les multiples intermédiaires qui achètent, l'un des canistres, l'autre du sucre, l'autre la mélasse, etc.

La principale partie des bénéfices sert donc, en somme, à camoufler le *boss*, à le faire échapper à ce qui peut le compromettre.

Peut-on parler des *bootleggers*, des alambics et de la «baboche» sans parler de ceux qui l'achètent? De ceux-là mêmes qui sont au fond la cause première du racket: les détenteurs du pouvoir d'achat et d'un goût certain pour la boisson?

Ce pouvoir d'achat est d'ailleurs tellement fort et ce goût tellement raffiné qu'on compte au moins trois sources illégales de distribution d'alcool dans la Mauricie.

Il y a tout d'abord les alambics, dont nous venons de tenter de décrire le réseau, mais il y a aussi le «petit Saint-Pierre-et-Miquelon», qui mériterait un reportage à lui seul. Et, en dernier lieu, la fraude la plus extraordinaire qu'on puisse imaginer.

Parlons d'abord du Saint-Pierre-et-Miquelon. Les vieux pêcheurs de barbue, de loche et d'esturgeon, entre Sainte-Anne-de-la-Pérade et Trois-Rivières, n'ignorent pas que la contrebande de «petit Saint-Pierre» bat son plein depuis longtemps dans le chenal du Saint-Laurent, en face de la Bécancour et du Cap-de-la-Madeleine.

On en est toutefois réduit aux conjectures en cette matière, car on n'a pas eu connaissance depuis longtemps qu'un contrebandier du «petit Saint-Pierre» ait été pris par le police, de qui on aurait pu apprendre exactement comment la contrebande se pratique.

On dit que certains bateaux viennent d'aussi loin que les îles Saint-Pierre-et-Miquelon jusqu'à la hauteur du Cap-de-la-Madeleine, c'est-à-dire un voyage de plusieurs centaines de milles, pour livrer leur marchandise. Mais tout ce que l'on sait avec exactitude, c'est qu'ils ne battent pas pavillon français quand ils montent par chez nous, et qu'il circule du «petit Saint-Pierre» en Mauricie. Il paraît qu'il est délicieux.

Quant à la dernière source d'approvisionnement en boisson, c'est la plus fiable et celle qui satisfait le mieux le palais.

Il est fort probable qu'elle soit épuisée, à l'heure actuelle.

Revenons en arrière: le 24 mai 1962, à Berthier, petite ville située exactement à mi-chemin entre Montréal et Trois-Rivières, un enfant découvrait un tuyau de plastique à demi enfoui dans un champ.

Il alertait ses parents, qui transmettaient l'alerte à la police. Celle-ci devait dégager de terre un tuyau de huit cents pieds de longueur. Il reliait un réservoir de vingt-cinq mille gallons de la distillerie Melcher's, la plus grosse entreprise de Berthierville, à une valve sise tout près de l'accotement de la route n° 2, là où la voie ferrée la coupe en deux.

À compter de la minute où la police découvrit la chose, la nouvelle se répandit comme une traînée de poudre dans le village et les déclarations de gens qui avaient constaté des choses étranges au cours des dernières semaines affluèrent.

On avait remarqué un camion-citerne. On avait été frappé de ce que la lumière de rue qui se trouvait dans les parages de la valve était obstinément éteinte, quelques heures après qu'on en changeait l'ampoule électrique. On avait vu circuler des personnes étranges dans la ville, etc.

De toute manière, il fut établi hors de tout doute que cinq mille gallons d'alcool le plus pur qui soit, c'est-à-dire preuve à 97 p. 100, avaient été subtilisés.

Ces cinq mille gallons équivalent à quinze mille gallons d'alcool de la Régie, qui n'a que 30 p. 100 de preuve. En d'autres termes, le vol se chiffrait par au moins 300 000 $. Les plus gros perdants dans cette affaire étaient évidemment les gouvernements, qui perçoivent 0,81 $ de taxes sur chaque dollar de boisson vendue dans la province, et la distillerie…

Au terme de ces réseaux, qu'y a-t-il? Bien des victimes, dont les plus émouvantes sont celles qui vont chez leur curé, un lundi matin, avec deux canistres de «baboche» au bout des bras: «Je lâche la boisson», et qui, ajoutant le geste à la parole, laissent leurs canistres au presbytère dans un geste symbolique. Je connais un curé qui s'en fait de l'alcool à friction, en y mêlant un peu d'huile d'olive. Ce serait excellent pour l'épiderme.

Quant aux victimes qui sont de l'autre côté de la clôture, du côté des distributeurs, rappelons Wilfrid Brousseau. Le témoin Wilfrid Brousseau qui savait qu'il avait rendez-vous avec la mort, un jour d'automne 1962, puisque la veille, il était allé à la confesse chez les pères du Cap, comme on appelle ici les oblats. Il avait en sortant du confessionnal demandé un billet de confession au père qui l'avait absous. Ce billet, que Brousseau destinait à sa mère, il fut retrouvé dans une poche de son veston, quand son corps fut découvert.

Le magazine Maclean, février 1964

Des héros costauds[1]

Au début du siècle, et à la fin du XIXe, les grands déplaceurs de foules étaient les hommes forts. L'enthousiasme que l'on voit aujourd'hui voué aux chanteurs, chansonniers, interprètes nationalistes ou yé-yé, il l'était à l'époque aux manieurs d'haltères, aux géants qui grimpaient au sommet des poteaux avec un veau sur le dos, aux costauds qui retenaient deux chevaux avec les dents, aux tours de poitrines, tours de biceps, tours de cous, tours de cuisses et tours de mollets.

Les deux troupes les plus célèbres du temps furent d'abord celle de Louis Cyr-Horace Barré et ensuite celle d'Hector Décarie. Les hommes à muscles étaient en effet constitués en troupe comme des comédiens et on parlait de leur groupe comme de «cirques».

Après 1920, l'étoile du muscle, pourrait-on dire, se mit à pâlir. Les troupes furent dissoutes et on ne vit plus que quelques costauds solitaires, Baillargeon, Victor DeLamarre, The Great Antonio et quelques autres donner quelques spectacles, puis des parties de spectacles dans des soirées de lutte. La mode n'était plus au muscle.

On ne cesse pas d'en parler pour autant. À l'occasion des derniers Jeux olympiques de Tokyo, on ne s'est pas fait faute d'imaginer quelle figure y aurait fait Louis Cyr. Andy O'Brien de *Perspectives* déclare pour sa part sans ambages que Cyr aurait été difficile à battre. Le numéro de *Paris-Match* consacré aux Jeux olympiques rappelle qu'en 1904, c'est un Québécois nommé Desmarteau qui gagna l'épreuve du lancer du pavé.

Il y eut donc une tradition du muscle au Québec et une tradition du cirque voué à la force. Mais quelle était-elle? Et quels étaient ces cirques?

La galanterie commande de parler d'abord de la femme la plus forte du monde, comme disaient les affiches du temps: Mme Henri Cloutier. Un nationaliste écrivit à son sujet en 1920: «Il ne faut pas désespérer de l'avenir de la race canadienne-française tant que nos campagnes nous fourniront des amazones d'une force et d'une taille aussi extraordinaires [...] ainsi Mme Henri Cloutier qui est incontestablement la femme la plus forte du monde.»

Mme Cloutier soulevait d'une main cinq cent dix livres et accomplissait une imposante série de tours de force aussi extraordinaires les uns que les autres, comme de porter sur ses épaules un baril de ciment de trois cent quinze livres, soulever sur son dos une plate-forme chargée de deux mille cinq cents livres et soulever de terre, «à la Kennedy», c'est-à-dire entre les jambes, de neuf cent vingt-deux à mille livres, suivant les jours.

De son nom de fille Marie-Louise Sirois, Mme Cloutier avait vu le jour à Sainte-Anne-de-la-Pocatière à l'époque où nos hommes politiques discutaient à Québec de la Confédération: en 1866. Elle devint athlète professionnel par hasard. Son époux tenait aux États-Unis un gymnase. Un jour, un groupe d'amateurs essayaient tour à tour de soulever un plateau sur lequel on avait réuni quatre cents livres d'haltères. Par bravade, Mme Cloutier, qui ignorait tout de sa force à l'époque, se gaussa de ces hommes qui ne réussissaient pas même à soulever le plateau. On la prit au mot, elle s'essaya et réussit en un tournemain. Son nom était fait. Sur-le-champ, on ajouta au plateau soixante-quinze livres et elle répéta l'exploit dans le gymnase familial plein à craquer à l'heure qu'il était.

Cette femme, qui mesurait cinq pieds dix pouces et demi, pesait cent quatre-vingt-cinq livres. Elle fut des fêtes qui marquèrent en 1917 à Montréal l'inauguration du monument de Sir Georges-Étienne Cartier. Le spectacle de Mme Cloutier, dont le gérant était au début du siècle un autre homme fort, Hector Décarie, avait remplacé sur les affiches et dans les tournées le cirque Louis Cyr-Horace Barré, qui avait fait les beaux soirs de nos grands-pères et grands-mères quand le XIXe siècle tirait à sa fin.

Louis Cyr incarna mieux que quiconque la force canadienne-française. Celui qui fut longtemps connu comme «l'homme le plus fort du monde» était un tendre. Il aimait, dans la vie de cirque qu'il appelait d'ailleurs «la vie de théâtre», l'esprit de famille qu'il y rencontrait.

Qui mieux est, il grattait le violon avec talent, échangeant ses haltères de trois cents, quatre cents et cinq cents livres pour l'archet léger comme une plume. Il avait été violoneux à Lowell, Mass., où il avait passé son adolescence, et Ernest Lavigne, marchand de musique à Montréal, avait été un de ses professeurs de violon. Quand il quittait les salles remplies à craquer où il avait étonné les gens par sa force, son premier souci était de rassembler un bal et de jouer du violon.

Les longs voyages d'un spectacle à l'autre lui laissaient beaucoup de temps libre. C'est alors qu'il apprit à lire et à écrire. Il perfectionna son français en copiant des pages des *Devoirs du chrétien* et son anglais dans les journaux de Nouvelle-Angleterre. C'est Mme Louis Cyr qui servit d'institutrice à son mari, lui faisant la lecture en scandant chaque syllabe, comme il le raconte lui-même dans ses mémoires.

Louis Cyr fut du cirque Barnum and Bailey avec John L. Sullivan qui prenait plaisir à lui dire: «Nous sommes deux champions, je suis le champion des boxeurs et tu es le champion des hommes forts.»

Sa réputation lui valut d'être probablement un des hommes les plus provoqués en duel de toute l'histoire du Canada. Duel de force, évidemment. Même le curé Labelle ne pouvait rencontrer Cyr sans lui offrir de tirer au poignet avec lui. Les plus célèbres des duels auxquels Louis Cyr a pris part sont encore ceux avec David Michaud, de Québec, et le géant Beaupré. Cyr disposa de Michaud en le battant par plus de trois livres, mais, par courtoisie, il déclara ensuite qu'il avait eu du mal à vaincre le Québécois: «J'ai été obligé de faire appel à ma réserve de force», disait-il, car non seulement était-il fort, mais encore avait-il une sorte de banque de force. Cyr ne fut défait, semble-t-il, qu'une fois, c'était au Monument national où un lutteur anglais, George Little, lui avait collé les épaules au plancher à deux reprises.

«L'un des incidents les plus typiques de ma vie de théâtre, raconte Cyr, ce fut ma rencontre avec le géant Beaupré. Là, il ne s'agissait pas de poids lourds à manœuvrer, mais d'une lutte à bras-le-corps avec ce grand gaillard de huit pieds au moins qui levait d'une seule main son cheval "bronco" de six cents livres. La rencontre eut lieu au parc Sohmer et je défis Beaupré par deux à zéro. Cela fit beaucoup de peine à Beaupré qui pleura.»

À l'apogée de sa carrière, la population de Montréal lui remit une ceinture en or, au cours d'une cérémonie qui eut lieu au théâtre Queen's, qui céda la place quelques années plus tard au magasin Eaton. Louis Cyr était né le 10 octobre 1863 à Saint-Cyprien de Napierville et il mourut à Saint-Jean-de-Matha de la maladie de Bright, en 1912, à l'âge de cinquante-neuf ans.

Édouard Beaupré, aussi nommé «Géant», mesurait huit pieds deux pouces et demi. Il était originaire de la Saskatchewan et le fruit de l'union d'un Canadien français avec une Indienne. Il avait le visage difforme des suites d'un accident d'équitation du temps qu'il était dans les Prairies. Il dut d'ailleurs abandonner le cheval quelques années plus tard, quand, étant devenu trop grand, les pieds lui traînaient par terre.

Il mourut à vingt-deux ans, en 1904, à l'Exposition universelle de Saint-Louis, Missouri, où son gérant, Aimé Bénard, qui devint sénateur par après, le montrait à la foule.

Exposé momifié

Géant Beaupré était trop grand dans un monde trop petit. Tout ce qu'il portait devait être fait sur mesure. Les portes étaient toujours trop basses, les lits trop courts, la différence entre les tables et les chaises trop petites et quoi encore. Son principal tour de force consistait à se mettre un cheval de six cents livres autour du cou et à grimper à un poteau...

André de La Chevrotière, vieil anecdotier montréalais, l'a vu un jour dans un train prendre ses valises dans le filet sans même se lever de son fauteuil: «Il avait le bras aussi long que la justice», commentait-il.

Les spécialistes attribuent la défaite de Géant Beaupré par Louis Cyr au parc Sohmer à la turberculose qui le minait déjà. Quand il mourut, le cirque Barnum and Bailey pour lequel il travaillait ne se tint pas pour battu et obtint la permission de la parenté de l'exposer momifié dans un cercueil de verre.

Le cercueil fut enfin ramené à Montréal et, pendant six mois, il attira les curieux dans l'entrée du musée Eden, à deux pas du Monument national, rue Saint-Laurent. La momie repose aujourd'hui à l'Université de Montréal où, de temps en temps, des lutteurs en mal de publicité se font photographier devant elle, en des poses menaçantes.

Horace Barré avait le mérite d'être plus grand que Louis Cyr. Né dans Saint-Henri, il travailla tôt à la construction du chemin de fer du Grand Tronc et la légende veut qu'il ait soulevé seul, par le milieu, un rail de trente-deux pieds pesant six cent soixante-quinze livres. Louis Cyr l'incita à faire carrière dans l'herculéen.

Tous deux, ils devinrent le meilleur numéro de force que le cirque ait jamais connu dans toute son histoire. À la force, ils ajoutèrent l'imagination. Les poids et haltères eux-mêmes furent transformés.

Horace Barré, par exemple, développait à deux mains une barre à deux sphères creuses, contenant un homme chacun. Louis Cyr, de son côté, dévissait à la main droite une barre à sphères contenant deux femmes. Ensemble, ils soulevaient de terre, d'une main chacun, une plate-forme sur laquelle douze hommes étaient assis. Enfin, sur leurs épaules, ils enlevaient une plus grande plate-forme sur laquelle trente spectateurs avaient pris place.

En 1899, Barré rencontra Ronaldo, un athlète allemand qui prétendait être l'homme le plus fort du monde. L'épreuve eut lieu, une fois de plus, au parc Sohmer. Chaque concurrent devait exécuter cinq exercices, le titre revenant à celui qui enlèverait le plus grand nombre de livres. Barré gagna le match par seize livres.

À l'approche de la quarantaine, Barré devint fonctionnaire. Il gardait les prisonniers à la prison de Bordeaux. Il fut attaché à la surveillance des criminels. C'est le poste qu'il occupait toujours quand il rendit l'âme en 1927.

Hector Décarie naquit lui aussi dans Saint-Henri. Il fut le seul leveur de poids à faire match nul avec Louis Cyr. C'était au parc Sohmer, le 27 février 1906. Raphaël Ouimet, chroniqueur sportif à *La Patrie*, les présenta en ces termes:

«De Saint-Jean-de-Matha, comté de Joliette, Louis Cyr, l'homme le plus fort du monde, celui qui a triomphé d'athlètes renommés comme David Michaud, de Québec, ancien champion du Canada; Otto Ronaldo, champion d'Allemagne; Sébastien Miller; Eugene Sandow, champion de Grande-Bretagne; Cyclops, champion de Pologne; Montgomery et Johnson, champions de Scandinavie.»

«De Saint-Henri (Montréal), le jeune contestant Hector Décarie, qui est le champion incontesté du Canada au tir au poignet, athlète invaincu, qui a surpassé les athlètes de réputation comme le Belge Audray, Otto Ronaldo et Rousseau.»

Les présentations faites, les deux opposants retirèrent leurs robes de chambre. Cyr était l'éléphant. Décarie était le tigre.

Chacun des deux athlètes devait exécuter quatre levers de son choix, mais pas le même que son adversaire. Ils firent partie nulle. L'arbitre Ouimet avait à peine laissé le crachoir pour l'annoncer, comme on dit, que Louis Cyr s'avança et dit: «Hector Décarie est peut-être l'homme le plus fort que j'aie rencontré depuis que je suis dans l'arène. Il me fait donc grandement plaisir de le reconnaître comme mon successeur au titre de "l'homme le plus fort du monde" et à ma ceinture de champion. J'espère sincèrement qu'il respectera et justifiera le plus grand honneur qui puisse être accordé à un athlète.»

Cyr avait vu juste puisque, quatorze ans plus tard, lors des épreuves du championnat international des leveurs de poids tenu à Montréal, Hector Décarie déclassa les hommes les plus forts d'Amérique et d'Europe.

La carrière publique de David Michaud, surnommé «Baby», ne dura que quatre ans. Baby Michaud fut en quelque sorte le Hamlet des hercules québécois. Il est celui qui promettait le plus et qui donna le moins. Il avait une passion malheureuse: la boisson. Aussi sa force déclina-t-elle fort vite.

Baby Michaud naquit à Kamouraska le 15 juillet 1856. Rien ne le destinait au cirque. Il fut d'abord agriculteur comme son père. Quand il eut l'âge de choisir, il embrassa la carrière militaire. C'est dans l'armée d'abord que sa force fut connue. On dit même que l'armée réduisit les effectifs de la batterie B, à la citadelle de Québec, tellement Baby Michaud pouvait, à lui seul, tenir la place de quelques hommes normaux.

Son premier fait d'armes, si l'on peut dire, fut le suivant: il y avait un concours entre la batterie A et la batterie B pour le démantèlement et la reconstitution d'un canon dans le plus bref délai. La batterie B prit l'avance dès le début, mais s'aperçut bientôt que l'affût de son canon, déjà à moitié remonté, était à l'envers. La batterie B craignait de perdre là plusieurs minutes à l'avantage de la batterie A. Mais Baby prit l'affût, à lui seul, le disposa comme il fallait et permit à son équipe de gagner. Un affût de canon pèse mille cinq cent soixante-huit livres!

Au cours de sa carrière publique, il se mesura à Louis Cyr, plus jeune que lui de six ans, et fut défait par trois cent quatre-vingt-dix livres au total des exercices. L'objet du match était le titre de «champion d'Amérique» et il eut lieu en la salle Jacques-Cartier de Québec, située à l'époque à l'angle des rues Saint-Joseph et de la Couronne. C'était en 1885.

Le numéro de Michaud ne consistait pas uniquement en des tours classiques de dévissé, de *bench-press*, de développé, de lever, etc., mais aussi en des tours de costauds de village, par exemple casser de cailloux avec ses poings et se faire briser une pierre sur la poitrine à coups de masse.

En 1890, il disparut de la province. On n'entendit plus parler de lui qu'en août 1905, quand les journaux de Québec annoncèrent qu'il venait de mourir à quarante-neuf ans, à Vancouver.

Victor DeLamarre fut le dernier de la dynastie des hommes forts canadiens-français qui ont véritablement fait carrière dans le muscle.

Il était né à Hébertville, au Lac-Saint-Jean, le 24 septembre 1888. Dès son tout jeune âge, il émerveilla ses voisins par sa force. Il fut tour à tour à l'époque bûcheron pour la Belgo Pulp and Paper dans les hauts de La Tuque, policier à Montréal où on avait tout d'abord refusé de l'admettre sous prétexte qu'il ne mesurait que cinq pieds et huit pouces. C'est au gymnase de la police qu'il fit ses classiques, pourrait-on dire, en se familiarisant avec les techniques du lever du poids.

De la police, il passa au spectacle. De Vancouver à Halifax, et jusqu'en Nouvelle-Angleterre, il donna des démonstrations de sa force. Toute sa famille l'accompagnait. Sa force était telle qu'il ne savait plus quoi inventer pour la démontrer. Ses tours de force les plus célèbres collaient de très près au XXᵉ siècle et à son symbole même: l'automobile.

Victor DeLamarre s'arc-boutait sur ses pieds et ses talons, ses aides posaient en équilibre sur sa poitrine une travée d'une trentaine de pieds de longueur. Une limousine McLaughlin avec ses occupants s'engageait sur la travée, y montait, s'arrêtait quelques instants sur la poitrine de DeLamarre et redescendait de l'autre côté. La travée à elle seule pesait mille deux cents livres!

Un record inégalé

Mais il ne fut pas satisfait pour autant. À l'auditorium de Québec et au théâtre Saint-Denis de Montréal, il entra en scène en automobile, se l'attacha aux épaules et escalada avec ce poids de deux mille deux cent soixante livres une échelle de dix-neuf pieds de hauteur.

Il dévissa également un jour un poids de trois cent neuf livres et demie, battant ainsi le record mondial de Louis Cyr de trois cent six livres et quart. Bien des duels furent organisés, bien des polémiques s'engagèrent là-dessus, mais jamais ce record ne fut battu.

Victor DeLamarre était un grand catholique. Il disait que cette force qui l'habitait n'était pas la sienne, mais bien celle de Dieu. Il répétait souvent: «Ce n'est pas moi qui ai fait cela, c'est le Sacré-Cœur.»

Il avait son pied-à-terre à Québec, rue de Lanaudière, et sa maison était facile à distinguer des autres. Une énorme statue du Sacré-

Cœur en bronze en occupait le parterre et son auréole lumineuse ne s'éteingnait jamais. On dit que DeLamarre l'avait juchée lui-même et seul sur son piédestal.

Le 27 novembre 1954, Victor DeLamarre fut l'objet d'une fête au Colisée de Québec à l'occasion de deux anniversaires: le quarantième de son dévissé de trois cent neuf livres et demie au théâtre Arcade à Montréal et le quarantième anniversaire de son mariage.

Il mourut l'année suivante des suites d'une jaunisse pernicieuse.

Outre ces hercules professionnels, il y eut aussi les fiers-à-bras de village, nommés boulés de comté, boulés de village (d'après l'anglais *bully*), qui ne donnèrent pas de spectacles, du moins professionnellement, mais n'en réussirent pas moins à défrayer la chronique et à devenir légendaires, par la vertu de l'histoire parlée. Leur rôle social était surtout celui de «redresseur de torts».

Il est peu de villages au Québec qui n'ait eu le sien qu'on évoquait le soir dans les veillées, avant que la télévision ne vienne remplacer le conteur.

A Saint-Jean-Deschaillons, par exemple, ce fut Mailhot, connu sans prénom. À quelques milles du village, le long de la route qui relie Nicolet à Québec en longeant le fleuve, on peut toujours voir une roche immense, religieusement entourée d'un clos comme un calvaire. Elle porte le nom de «la roche à Mailhot», car c'est Mailhot de Deschaillons qui l'avait roulée de son village jusque-là.

Le plus célèbre des boulés de comté fut Jos Montferrand. Il était Montréalais et nationaliste comme quinze. Pendant sa dix-huitième année, il assista au Champ de Mars de Montréal à un combat de boxe entre deux champions anglais. Le vainqueur fut proclamé champion du Canada et il lança un défi à l'assistance pour l'obtention de son nouveau titre. Le sang de Jos ne fit qu'un tour. Il monta dans l'arène, chanta le coq, ce qui signifiait qu'il relevait le défi et, d'un seul coup de poing, il l'étendit par terre.

Jos Montferrand

Il gagna sa vie tour à tour dans la traite des fourrures et comme «chef de gang des cageux des pays d'en haut», comme on appelait les bûcherons du temps sur la rivière Outaouais. La frontière entre l'Ontario et le Québec était fort importante à l'époque et Montferrand vit plusieurs fois à la faire respecter, allant même un jour jusqu'à jeter en bas du pont de Bytown (maintenant Ottawa) cent cinquante Shriners (orangistes), après avoir invoqué l'aide de la Vierge Marie et de Dieu, en se servant de l'un d'eux comme d'un gourdin qu'il tenait par les pieds.

Jos Montferrand mourut à Montréal le 4 octobre 1864 dans sa maison, au 212 rue Sanguinet.

Il faudrait aussi nommer Grenon de Baie-Saint-Paul, connu sous le nom de l'Hercule canadien: Joseph Taillefer qui s'illustra comme Zouave; Pierre de Sales Laterrière, de Trois-Rivières, qui arrachait des arbres, et combien d'autres.

Mais l'époque n'est plus à cela. Il y a bien encore des costauds, mais ce monde n'est plus un monde pour eux. La lutte elle-même, qui était leur dernier refuge, a perdu en popularité. Le seul emploi qui fasse dorénavant honneur à leurs capacités c'est celui de *bouncer* dans les clubs ou de barbouzes, comme on nomme en France les gardes du corps des hommes politiques. C'est bien peu et ils doivent se contenter d'emplois ordinaires où ils ne donnent pas leur pleine mesure. Non, le monde n'est plus au muscle. Mais est-il pour autant à l'esprit? pourrait demander un moraliste.

Le magazine Maclean, juillet 1965

---

1. Sous le titre «Un folklore méprisé, à tort», la rédaction du *Magazine Maclean*, à l'occasion de cet article, écrit ceci:

Gérald Godin raconte comment, en faisant la recherche sur les costauds du passé, il a été accueilli par le docteur Gérard Aumont. Sa mère était la fille de Louis Cyr, Émiliana. «En voulez-vous des choses sur Louis Cyr, j'ai tout.» Et c'était vrai. Les poids et haltères. Tous les journaux de tous les pays du monde où Louis Cyr a donné des spectacles. Un choix de photos qui constitue littéralement le film de la vie entière de «l'homme le plus fort du monde», et tout cela en plusieurs copies et exemplaires, en cas de perte.

C'est ainsi que Gérald Godin a plongé dans l'époque où le divertissement populaire consistait à regarder forcer autrui. Ses articles pour *Le magazine Maclean* ont souvent traité des divertissements. Il y eut une brève histoire d'Olivier Guimond, dit Ti-Zoune, et une analyse de ce monde où l'on fabrique l'alcool frelaté: alambics et «bootleggers». «En sus du folklore homologué par les esthètes, celui de la chanson populaire, de la catalogne et de la ceinture fléchée, il y en a un autre, riche aussi mais qu'on tient dans le mépris. C'est celui-là que je voudrais consigner avant qu'il ne soit oublié et que ses témoins aient tous disparu.»

Méthodes et structures des Bérets blancs

L'Union des électeurs, aussi appelés Bérets blancs, existe depuis vingt-six ans. Dirigée par Mme Gilbert Côté-Mercier et M. Louis Even, l'Union tire la principale partie de ses revenus de la vente d'abonnements au bimensuel *Vers demain*.

L'Union se prête des effectifs d'environ quatre mille personnes. En 1965, deux cent trente-trois personnes ont vendu plus de cinquante abonnements au journal. Celui-ci compte vraisemblablement cinq mille abonnés. En tout cas, l'objectif-budget que s'est fixé l'Union en 1965 était de 200 000 $. On peut imaginer que son budget fut en réalité d'environ 160 000 $.

Cette somme sert à l'administration du journal, à l'impression de tracts, pamphlets et circulaires pour la distribution desquels le mouvement dit disposer de quatre mille personnes.

De plus, le mouvement possède à Rougemont la maison Saint-Michel, vaste édifice de quatre étages du type «maison de retraites fermées». La maison Saint-Michel abrite les bureaux de l'Union et, outre les directeurs permanents du mouvement, cités plus haut, une trentaine de ce que les Bérets blancs nomment les «plein-temps», aussi dits «missionnaires».

Structurellement, l'Union des électeurs est probablement l'organisation la moins démocratique qui soit. La tête du parti est la même depuis toujours et les membres sont tenus de diffuser une pensée immuable.

Les Bérets blancs se consacrent non seulement à diffuser leurs théories économiques analysées ailleurs, mais aussi à s'opposer à diverses décisions gouvernementales telles que les hausses de taxes, la régionalisation scolaire, la fluoration de l'eau, le regroupement municipal et autres mesures de planification toutes assimilées au socialisme, à Moscou, à Khrouchtchev, à Kossyguine et au communisme international télécommandé par la haute finance américaine depuis

Trotsky, le représentant des banquiers Kuhn Loeb, Warburg, Guggenheim et Otto Kahn.

Mon propos est de décrire leurs techniques dans leur quotidienneté la plus concrète et les moyens qu'ils emploient pour augmenter leurs effectifs et vendre des abonnements et leur matériel créditiste.

1) Les fondateurs de l'Union des électeurs ont eu la riche idée d'assimiler assez tôt leur organisation à la religion. Leur objectif, par exemple, est de faire des Bérets blancs des «Christ de la politique». Dans l'humus québécois, la recette devait être d'un bon rapport.

Leurs manifestations estivales (l'an dernier à Sherbrooke, Québec et Montréal) sont dites «marches des chapelets», mais les slogans brandis pour la circonstance sont pour la plupart carrément politiques. Exemples: «Le ministère de l'Éducation et la victoire des francs-maçons»; «La télévision actuelle est corrompue»; «Arrière la centralisation des municipalités»; «Les taxes sont le chemin du communisme»; «Le plan d'urbanisme vient du communisme», etc. On y voit aussi des slogans plus ambigus, tels «Les femmes du Brésil ont sauvé leur pays du communisme par le chapelet»; «Faites pénitence, dit la Vierge de Fatima» et aussi les deux pôles de la religiosité combative des Bérets blancs: Saint-Michel terrassant le dragon du mal, et Marie, Reine du monde, chacun représenté par un tableau vivant constituant un char allégorique. Fait à noter, dans chaque cas, ces manifestations se font avec la bénédiction de la force policière.

Résultat de cette mixture? Voici le témoignage d'un des plein-temps (*sic*) du mouvement, Élie-Ange Fortin: «Au premier appel de Mme Côté-Mercier, ce à quoi je ne m'attendais pas, j'avais vingt ans. Quand j'ai lu la lettre, j'en suis devenu malade. [...] J'étais entraîné et poussé à faire de l'action, et je voyais comme l'un de mes devoirs de conscience, et je n'étais pas tranquille quand je ne faisais pas d'action dans mes fins de semaine. Cependant, je n'aurais jamais pensé que j'aurais pu être missionnaire plein temps. [...] J'ai dû suspendre par la suite pour régler des problèmes de famille. Mais mes pensées restaient sur la route et il n'y avait plus rien pour me faire changer d'idée. Premièrement, parce que je comprenais que c'était un appel de Dieu, que je n'avais pas le droit de refuser de répondre et que même mon salut en dépendait. J'ai compris que, pour moi, c'était le chemin le plus assuré du ciel, et je pouvais en même temps coopérer au salut de mes frères. Rien d'autre ne vaut sur la terre. Toutes mes actions doivent tendre à ce but-là. Cherchez Dieu et vous le trouverez.»

Les trente plein-temps du mouvement sont l'objet d'une sollicitude toute particulière. Leur photo paraît régulièrement dans le journal et, au congrès annuel, les plein-temps reçoivent des mains de Louis Even des médailles d'or, d'argent ou de bronze suivant qu'ils sont «donnés», «moyens donnés» ou «grands donnés» au mouvement. Un donné compte une année de service, les autres cinq et les meilleurs dix.

2) Le porte-à-porte est revêtu d'une valeur sacrificielle extraordinaire. Le porte-à-porte est le plus sûr chemin du ciel, en même temps que le meilleur moyen de vendre de l'abonnement d'une part, d'acquérir de nouveaux membres d'autre part.

Un article consacré à un des plus anciens pèlerins du mouvement s'intitule «Qu'ils sont beaux les pieds du Missionnaire». Sur l'air de «Dieu de paix et d'amour», Louis Even, chef spirituel du mouvement, a composé en hommage à ce pèlerin qui compte vingt-trois ans de service un hymne dont j'extrais les passages les plus significatifs:

Oh! qu'ils sont beaux les pieds, les pieds du missionnaire
S'en allant sur la route et semant du bonheur
[…]
Sans jamais se lasser, il porte son message
De maison en maison, son chapelet en main.
[…]
Signalons aujourd'hui un de ces grands apôtres
Du journal *Vers demain*: Louis Philippe Bouchard.

En 1962, les pèlerins disaient avoir frappé à 541 500 portes dans trois provinces du Canada. Ils avaient recueilli cette année-là 78 000 abonnements.

3) Mais, outre la motivation religieuse et la plus-value attachées au porte-à-porte et à la vente de journaux, l'Union des électeurs a mis au point un système d'émulation que l'on retrouve aussi bien dans nos écoles primaires que dans l'agriculture soviétique et toutes les armées du monde: la distribution de médailles. Une médaille d'or est remise à ceux qui vendent plus de mille cinq cents abonnements. Certains Bérets blancs ont plusieurs médailles d'or puisque l'un d'eux a vendu, depuis le début de sa carrière, plus de neuf mille abonnements. Sept cent cinquante abonnements, cela vaut une médaille d'argent, et cent cinquante, une médaille de bronze.

Chaque année, au congrès annuel, un grand tableau d'honneur est dressé qui énumère tous les créditistes qui ont vendu plus de cinquante abonnements. Plus le nombre d'abonnements vendus est grand, plus le caractère au tableau est gros.

4) Mais comment voyagent-ils? Comment font-ils des contacts? Comment se sont-ils multipliés? Si, au cours du porte-à-porte dans un village encore intouché, une sympathie quelconque se manifeste quelque part, ce sympathisant devient un «représentant autorisé». Son nom et sa maison deviennent connus de tout le mouvement. Mme Gilberte Côté-Mercier nous en apprend long dans *Vers demain* au sujet d'une des plus célèbres maisons créditistes, celle de Gédéon Therrien de Saint-Félicien: «C'est Gédéon Therrien, le fidèle des fidèles. Les créditistes le connaissent. Tous les plein-temps, depuis le commencement, ont couché chez lui maintes et maintes fois. Depuis 1938, sa maison est toujours grande ouverte pour le Crédit social. Même quand sa famille groupait quinze personnes, trois fois par jour, autour de sa table, Mme Therrien dressait trois tablées quand il le fallait, pour nourrir les apôtres de *Vers demain*. Et ensuite, elle trouvait un petit coin pour les coucher tous dans sa maison de charité.»

Et le Béret blanc Émile Bolduc de Québec raconte ainsi par lettre une de ses fins de semaine: «Je suis parti par autobus vendredi soir, pour aller faire la fin de semaine à Saint-Urbain, Charlevoix. Le samedi, j'ai pris sept abonnements. J'étais seul et j'ai trouvé au moins six places pour coucher dans le même rang. Les gens sont très généreux.»

Et la plupart des numéros de *Vers demain* sont farcis de remerciements à l'endroit des familles qui accueillent, nourrissent et logent des créditistes en tournée.

5) Le Crédit social a toutefois certaines difficultés. Il arrive que certains de ses membres se fassent expulser de certaines municipalités sous l'empire de règlements municipaux, pour la plupart *ultra vires* d'ailleurs, concernant la vente d'abonnements et la distribution de littérature. Dans chaque cas, le mouvement porte plainte et réussit souvent à faire révoquer ces règlements. Ils auront donc joué un rôle important de pionnier et de cobaye dans ce domaine et la gauche peut en tirer profit, éventuellement.

Il y a évidemment des Bérets blancs qui sont transfuges. Réal Caouette est de ceux-là et il est moqué copieusement dans *Vers demain*, chaque fois que l'occasion se présente. De plus, certains Bérets blancs ne quittent le mouvement que pour entrer dans un autre de même nature. Dans une telle instance, le journal publie une mise au point recommandant aux lecteurs de décompter comme créditiste X, Y, ou Z, mais non sans le traiter de saboteur ou traître, car il semble que certains d'entre eux continuent à vendre des abonnements ou se présentent chez des créditistes comme les loups déguisés en moutons pour mieux les convertir au Ralliement des créditistes ou au mouvement dit des «Disciples de l'amour infini» fondé et dirigé par le pape Clément XV.

Outre ces difficultés externes, les membres du Crédit social ont des difficultés internes. Voici un témoignage significatif à cet égard, celui de Bertrand Caouette s'adressant à ses coreligionnaires moins dévots que lui: «Je vous entends me dire "J'ai une grosse famille, des dettes, du trouble plein la tête". Je vous réponds: les autres qui font du travail sans fléchir ont les mêmes charges que vous et souvent leur femme est une tigresse contre le Crédit social. Elles sont assez rares les saintes femmes, aujourd'hui, qui sont prêtes à endurer des créditistes dans leur foyer, à l'année longue, comme Mme Dostie de Sherbrooke a fait et continue de faire.» (Mme Dostie était l'épouse de Philippe Dostie, assassiné d'une décharge de carabine six mois plus tôt en faisant du porte-à-porte à East Angus et dont Mme Gilberte Côté-Mercier a dit dans *Vers demain* qu'il était «tombé au champ d'honneur»).

Voilà donc le tableau. J'y ajouterai quelques réflexions.

a) Le mouvement de Mme Gilberte Côté-Mercier est indépendantiste à sa manière puisqu'il ne s'attaque qu'au gouvernement provincial. *b*) Les Bérets blancs mènent actuellement une bataille juridique pour bénéficier des mêmes exemptions de taxes que les mouvements éducatifs. S'ils la gagnaient, il y aurait peut-être là un précédent à invoquer pour tout organisme de formation politique. *c*) L'hospitalité publique est sans bornes. *d*) Le mouvement s'annexe le vocabulaire nationaliste: dans son exposé annuel, Mme Côté-Mercier qualifie de «patriote» celui qui se dévoue au Crédit social et, dans son éloge funèbre de Philippe Dostie, elle parle de lui comme d'un «grand patriote».

Le mouvement est-il un succès? Tout à fait et pas du tout. Pas du tout parce qu'il est marginal au sens strict du terme. Le Crédit social n'a gagné aucune des batailles idéologiques qu'il a menées, sauf une, contre les annexions dans l'île Jésus. De plus, le mouvement ne constitue même pas un groupe de pression. Le ridicule qui s'attache au chaos de sa pensée l'a littéralement tué et on n'en parle, dans les journaux, les revues et à la télévision, que dans une perspective humoristique ou pittoresque. Par ailleurs, à l'intérieur de sa marginalité, le mouvement est un succès: son budget augmente d'année en année, ainsi que le nombre de ses abonnés. Mais là où la vraie faiblesse du mouvement apparaît, c'est dans son caractère antidémocratique. Louis Even et Gilberte Côté-Mercier sont des noms passablement connus. Mais, dictatorialement et égoïstement, ils contrôlent tout et aucun autre qu'eux n'est connu en dehors du mouvement. On peut donc présumer que le mouvement disparaîtra avec eux et qu'une page sera alors tournée de l'histoire de la schizophrénie galopante au Québec.

Parti pris, mars 1966

De La Tuque à Trois-Rivières en canot…

Au début d'avril, dans les eaux glacées du Saint-Maurice, alors qu'il y a encore des plaques de neige sous les arbres de l'île Saint-Quentin, près de Trois-Rivières, un canot de course passe silencieusement. Un canot qui ne va nulle part dans cette eau si froide que si on y met la main, on a l'impression qu'elle est sectionnée d'un coup de serpe.

Il file à toute allure et on entend les avironneurs qui s'encouragent d'un cri à chaque coup d'aviron, pour aller encore plus vite, comme s'ils étaient poursuivis par ce fameux monstre marin que bien des pêcheurs disent avoir vu à Saint-Roch-de-Mékinac, quarante milles plus haut sur la rivière.

À moins qu'ils ne courent après la gloire. Et qui sait s'ils n'entendent pas déjà les cris et les bravos des trente mille spectateurs qui seront là le lundi de la fête du Travail, le premier lundi du mois de septembre, pour la fin de la troisième et dernière étape de cette course de canots dite «la classique internationale de canots de la Mauricie».

Un des avironneurs se nomme Marcel «Badger» Paquette. L'été dernier, pour la 32e classique, il faisait équipe avec Claude Paquin. Ils se sont classés au 14e rang, une heure, deux minutes et vingt-trois secondes derrière les gagnants: «Mon homme a barré des reins; en plus, on a fait des erreurs. L'an prochain, on va s'y prendre autrement.» Entre autres, cette année, il a changé de coéquipier. Avec lui, ils travaillent la rivière de trois heures à trois heures et demie par jour, du début d'avril jusqu'au moment de la classique, début de septembre, soit pendant cinq mois. Et le samedi, ils franchissent cinquante milles. Et quelquefois, au cours de l'été, ils prendront part à des courses de moindre importance au lac Gareau, au lac Mongrain, à la rivière Croche, sur la Bastican ou quoi encore. Mais la vraie, la seule, la «classique», c'est celle qui relie La Tuque à Trois-Rivières en trois étapes; distance totale: cent vingt milles.

Sur ce même Saint-Maurice, deux des plus importantes compagnies papetières du continent, la Consolidated Paper et la Canadian International Paper expédient de leurs terrains de coupe à leurs usines de Grand-Mère et Trois-Rivières, de mai à novembre, environ un million de cordes de bois, ou plus exactement cent quinze millions de billots qu'on appelle «pitounes» dans la région.

La Mauricie est le haut lieu du canotage, La Mecque de l'aviron; on fabrique même encore des canots d'écorce dans les réserves indiennes en haut de Sanmaur et il y a toujours eu des chapelles de chasseurs et de pêcheurs en Mauricie pour préférer le canot à toute autre forme d'embarcation sur les dizaines de rivières et de criques et les centaines de lacs de la Mauricie. Chaque année, d'ailleurs, on voit de ces vieux routiers dans la classique. Ils ne battent pas de records, mais ils tiennent le coup, là où de plus jeunes ne résistent pas…

On pourrait croire que l'expérience de la rivière et du canot suffirait à assurer une victoire, mais il n'en est rien, du moins plus maintenant. C'est devenu un sport où l'entraînement en gymnase est en fin de compte ce qui prévaut. Il y a bien eu une équipe, celle d'Ovila Dénommé et d'Henri Goyette, de La Tuque, qui résumait le folklore, le mythe, la force: ils ont gagné la classique quatre fois. Dénommé était un bûcheron et Goyette un guide pour les McCormick, gros exploitants forestiers: ils sont devenus légendaires et, dans la région, on en parle comme de la ligne Blake-Lach-Richard des Canadiens. Ils ont été les seuls et les derniers canoteurs mauriciens à gagner la classique. Les Mauriciens se consolent en se disant qu'eux, au moins, c'étaient des vrais de vrai, qu'ils buvaient dru avant la course, qu'ils étaient en fin de compte des surhommes et que les champions d'aujourd'hui, Américains comme Peterson-Sawyer ou Canadiens anglais comme McEachern-Crerar, gagnent la course d'accord, sont des champions d'accord, savent avironner oui, mais ne savent pas vivre, avec tout ce que ça représente.

On peut dire que la Mauricie est humiliée de ce qui lui arrive et même si Dénommé-Goyette ont établi des records qui n'ont pas encore été battus, la Mauricie a la tête basse. La classique ne reprendra son sens que du jour où une équipe de la région aura repris la première place.

C'est presque devenu une religion, une passion. Il y a maintenant des équipes qui s'entraînent de plus en plus sérieusement. On voit, par exemple, des taupins, qui passent leurs soirées d'hiver à achaler les filles rue des Forges ou à prendre une bière au Rio, s'imposer des disciplines de fer dès la fin du printemps, changer leur graisse en muscles, se taper plusieurs heures de canots tous les jours, arrêter de fumer, couper la bière.

Huit fois vainqueur

On a compris que la classique n'est pas un «party», mais une épreuve.

John Nikel, un entraîneur de Flin Flon, Manitoba, déclare: «Si je ne faisais qu'une course par année, ce serait celle-là. C'est une course de gentilshommes. Ça fait trente-deux ans qu'ils organisent des courses, ils connaissent ça. Et puis ici, il y a le public qui est partout sur le parcours, qui participe à la course, et il y a les commanditaires, qui assument une partie des dépenses.» C'est vraiment un événement auquel tout le monde dans la région «participe».

Dans l'univers des courses de canots, il y a des courses de vitesse, des courses d'endurance, des courses casse-cou, des courses de fou, les courses effrénées et quoi encore, mais il y en a une qui constitue un heureux dosage de tous ces éléments et c'est celle-là. Pour l'endurance, c'est la première étape La Tuque–Saint-Roch-de-Mékinac: cinquante-quatre milles d'eau calme et de batture. Pour les casse-cou, c'est Saint-Roch–Shawinigan et son portage, et pour la vitesse, c'est la troisième étape: Shawinigan–Trois-Rivières avec les rapides des Forges et la victoire au bout du chemin.

Le grand manitou de la classique, c'est le blond Irwin Peterson, le viking de Minneapolis, qui a gagné la classique à huit reprises avec trois partenaires différents et qui a réussi à aller chercher la victoire de la dernière étape, l'année dernière, devant les gagnants McEachern-Crerar.

Irwin Peterson ne travaille pas seulement les rivières, on dit qu'il s'est installé dans son garage transformé en gymnase, dans le Minnesota, un instrument compliqué qui lui permet d'avironner contre une pression de près de cent livres. C'est ainsi que, rendu sur l'eau, il peut atteindre la moyenne incroyable de cent coups d'aviron à la minute, quand il pousse des pointes.

L'année dernière, la lutte se fit donc entre les équipes Peterson-Sawyer et McEachern-Crerar. En 1963, l'équipe de Flin Flon avait battu celle de Minneapolis de quelques minutes; en 1964, les Américains prenaient leur revanche avec deux minutes quatre secondes d'avance et, l'été dernier, les Manitobains battaient les Américains par près de quinze minutes. Cette année, les deux équipes sont attendues.

Dans la Mauricie, les gens disent d'eux qu'ils sont imbattables: «C'est comme Joe DiMaggio et Ted Williams, ils sont dans une classe à part. Nous autres, c'est de l'artisanat, comparé à ce qu'ils font.»

L'été dernier, l'équipe mauricienne qui a été la meilleure s'est classée cinquième, celle de Jean-Guy Beaumier et Pierre Gill qui étaient allés chercher une neuvième place à Flin Flon, Manitoba, dans le territoire des champions, plus tôt dans la saison.

La course dure trois jours. Le départ a lieu le samedi matin à 10 h 30. Une quarantaine de canots de couleurs vives, les flancs couverts du nom de leur commanditaire, sont nez à nez sur le Saint-Maurice. Il y a des faux départs, des canots qui se renversent, des cris, des hurlements, la bénédiction du curé de La Tuque, un compte à rebours, puis un moment de suspense et enfin un coup de feu: le départ. Les canots fendent l'eau comme des couteaux, ils bondissent à chaque coup d'aviron donné en cadence par les deux équipiers. L'eau vole au bout des avirons, de petites vagues viennent mourir sur le sable, puis au détour de la rivière, vous les perdez de vue, il ne reste plus des coureurs que des ronds qui disparaissent, et c'est la ruée vers les voitures, les enfants qui s'égarent, les postes de radio qui diffusent déjà la position des équipes au haut-parleur, des embouteillages, des coups de klaxon, des lentes filées de voitures immobilisées: la classique est commencée.

En fait, elle a commencé la veille. Dès le début de l'après-midi de vendredi, la ville de La Tuque vit d'une animation particulière. La population se multiplie à vue d'œil. Des station-wagons arrivent, surmontées de canots renversés, avec des plaques des dix provinces du Canada et des USA. Il n'y a plus une chambre à louer, les hôtels sont combles. Les réserves des grills débordent…

Puis, à 4 h 30, la brasserie qui commandite toute la classique reçoit les coureurs et ceux qu'on appelle les officiels quelque part, au chalet municipal ou ailleurs. Les maires de toutes les villes de cette région aussi nommée «le Cœur du Québec» sont présents, ainsi que les députés provinciaux et fédéraux, les présidents de ci et les présidents de ça. Tout le monde a une bière à la main. Personne n'écoute les discours de circonstance. On retrouve de vieux amis qu'on n'avait pas vus depuis la 31e classique. On reconnaît Peterson. Et puis McEachern. Et puis Adams et puis Robbie Burns et Dave Quigley. Et Gil Tinkler qui a déjà gagné deux fois quand il faisait équipe avec Peterson. Et bien d'autres dont, en spécial l'an dernier, une équipe d'Esquimaux, John Harrison et Tom Ross, d'Inuivik, qui n'ont pas terminé la course.

C'est véritablement ici que se donne le coup d'envoi de la classique. Et deux heures plus tard, face à l'hôtel Royal, quartier général de la classique à La Tuque, la pesée des canots commence. Ils doivent être portés à la balance par les canoteurs eux-mêmes. Puis des juges vérifient le poids, la longueur et la profondeur de ces longs cigares plats et effilés, dont les bouts ne sont pas retroussés, contrairement aux canots traditionnels. Et pour empêcher l'eau d'y pénétrer, une toile les recouvre, percée, pour laisser les paletteurs s'asseoir. Au fond du canot, pendant la course, les canoteurs disposent leur lunch liquide qu'ils prennent au moyen de tubes et sans cesser d'avironner, car chaque coup de palette représente des secondes précieuses.

Le capitaine du canot est à l'arrière. C'est lui qui donne le signal à son coéquipier de changer de main quand il avironne pour laisser le canot dans le meilleur chenal possible.

Donc, le lendemain matin, 10 h 30, le départ a été tué d'un coup de feu et la théorie de voitures essaie de se mettre en route. La plupart des équipes ont des manières d'unités mobiles couvertes d'inscriptions d'encouragement qui les suivent tout le long du parcours et qui, par le fait même, ont droit à des privilèges spéciaux: doubler sur les accotements, se déguiser en clowns, transporter six caisses de bière dans le coffre, etc. Ils doivent être au bord de l'eau aussi souvent que possible quand leur équipe passe pour leur crier des encouragements, leur dire en quelle position ils sont, combien de temps derrière les meneurs, etc.

Les nuits de la classique

Au départ de La Tuque, on roule à quinze milles à l'heure, puis, dix milles plus loin, on recommence à longer la rivière et là, comme on a déjà doublé les canoteurs, il y a une bonne moitié des voitures qui s'arrêtent pour faire le point sur la position des coureurs. L'autre moitié continue et va dix milles plus loin. Ainsi le long serpent de voitures sera coupé en deux tout le long de la classique et l'on ne saura jamais quelle partie est la tête et laquelle est la queue. Le serpent jouera au fou pendant trois jours.

Mais pour l'arrivée, autant à Saint-Roch qu'à Grand-Mère et Trois-Rivières, ce ne sera plus qu'un embouteillage monstre le plus près possible de la ligne d'arrivée.

Première étape, La Tuque–Saint-Roch. Cinquante-quatre milles, la plus longue. L'an dernier, elle a été franchie en six heures, trente et une minutes et vingt-deux secondes, soit approximativement à une moyenne de neuf milles à l'heure. La dernière équipe suivait la première d'une heure. Il était alors cinq heures de l'après-midi. Le prochain départ n'avait lieu que le lendemain à 10 h 30. La deuxième des nuits de la classique commençait.

Le lieu de ralliement, à Saint-Roch, c'est l'hôtel Champoux. Pour la circonstance, il y a un orchestre, beaucoup de bruit, beaucoup de danses, on y chante la pomme à qui mieux mieux, des couples se chicanent, il se casse quelques margoulettes, on y fait le *twist* agricole, le *surf* de province, le *hully-gully* de la Mauricie; il se prend quelques verres et plusieurs bières, on se couche tard ou on ne se couche pas. Au petit matin, on va à la messe. Enfin, c'est le départ de la deuxième étape.

On est las. La course intéresse déjà un peu moins, malgré que cette étape soit la plus belle à suivre: la route longe la rivière presque tout le long. Les organisateurs de la classique ont prévu cette chute d'intérêt: ils vous ont organisé à Grand-Mère une épreuve extraordinaire qu'on appelle un portage. Il s'agit pour les coureurs de prendre leur canot, de le sortir de l'eau, de partir à la grand-course en le portant comme ils peuvent: à bout de bras comme une valise ou sur la tête comme une barrette, et de franchir les trois quarts de mille du portage le plus vite possible. Cette année, pour la première fois, le trajet du portage passait par un petit parc abrupt qui entoure le rocher qui donne son nom à la ville de Grand-Mère; un rocher comme les autres, cimenté contre les intempéries et dont on dit qu'il affecte la forme d'un profil de vieille femme... enfin! Toujours est-il qu'à la droite de ce rocher, un ruisselet se fraie un chemin entre les pierres et les arbres vers la rue quelque cent pieds plus bas. Les premiers coureurs n'eurent pas trop de difficultés. Mais à mesure qu'ils passaient, le ruisselet devenait un ruisseau, puis le gazon de la boue et enfin le parcours une fondrière: on glissait là-dedans comme dans une cour de ferme et, malgré tout, une équipe a réussi à en doubler une autre là même, en se lançant à la fine épouvante dans ce gouffre, le canot sur le crâne, la vue à moitié bouchée, suant, soufflant, sacrant, étant rendue. C'est dans cette côte à pic que les équipes de terre qui accompagnent les coureurs rendent les plus fiers services; ils sont les yeux des canoteurs. Ce sont eux qui voient les pierres, les trous, les racines et qui crient: à gauche, à droite, au milieu, et les enfants parmi tout ça qui traversent la piste sous le nez des coureurs et les humoristes que rien n'émeut et les sadiques qui attendent qu'un duo perde pied, tombe et glisse jusqu'à la rue, assis dans le canot comme dans une traîne sauvage, pourquoi pas. Mais rien de tout ça ne s'est produit, sinon que McEachern et Crerar n'ont pas perdu une seconde d'avance dans l'aventure.

Puis, ils remettent le canot à l'eau, et en route vers Shawinigan où une autre épreuve les attend. Un sprint autour de deux bouées, juste en face du Club nautique et de la rue des Cèdres qui longe la rivière.

Puis, la deuxième étape finie, le petit bal à l'huile recommence. Pour ceux que le bal n'intéresse pas, il y a, comme à La Tuque, un spectacle aquatique et des concours de majorettes, corps de clairons et fanfares municipales. De toute manière, beaucoup de bruit.

Mais les canoteurs, qui sont-ils? Les gagnants, McEachern-Crerar travaillent pour la Hudson Bay Mining and Smelting: un travail difficile. Et ils obtiennent de la compagnie des permissions pour participer aux courses qui leur ont rapporté l'été dernier environ 3000 $ chacun. C'est peu pour le travail requis avant et après: les heures de pratique, la fatigue du sport, les risques courus. C'est beaucoup si l'on songe à la situation d'il y a cinq ou six ans, quand les bourses, pour la classique La Tuque–Trois-Rivières, n'étaient que de quelques centaines de dollars.

Le canot, un vice solitaire?

Le statut du champion de canotage s'améliore, mais il n'a encore rien de comparable à celui des champions de tennis ou de hockey, par exemple. La course de canots n'a pas encore ce prestige des très vieux sports. Il faut dire que la course de canots est gratuite, que les spectateurs ne paient pas pour y assister, qu'elle ne sera jamais, en fin de compte, une grosse affaire commerciale. C'est probablement le sport le plus ingrat. Au cours d'une partie de hockey, par exemple, chaque seconde est suivie, regardée, appréciée, le moindre geste de Jean Béliveau soulève quinze mille spectateurs. Dans la course de canots, vous pouvez doubler un canot adversaire de façon spectaculaire, vous pouvez atteindre la moyenne de cent dix coups d'aviron à la minute et faire littéralement planer votre canot au-dessus de la surface de la rivière, ou le lancer dans les rapides comme un couteau dans le beurre frais et tout ça devant personne, devant l'immuable, magnifique et extraordinaire nature de la Mauricie ou du Manitoba qui s'en f… comme de l'an quarante. La course de canots, c'est presque un vice solitaire.

Il n'y a qu'aux départs et aux arrivées et sur quelques plages le long du parcours que vous pourrez trouver des spectateurs, d'autant plus passionnés, il est vrai, qu'ils ne voient de leur sport que 10 p. 100 de son ensemble, mais le temps doit sembler long, par ci par là, quand on ne fait qu'avironner contre la montre, seul sur l'eau.

Badger Paquette, de son côté, champion du Cœur du Québec l'an dernier, travaille pour Norton, au Cap-de-la-Madeleine, vous savez, les fabricants de pierres à sabler, à polir et à affûter: une industrie infernale qui transforme en produits industriels les résidus de gigantesques fournaises. Le travail de Badger consiste à décoller les résidus. Il a tant de fournaises à faire par jour, dans la chaleur et les gaz quasi toxiques. «Les gaz? dit-il. On est habitués, ça fait huit ans que je travaille là. La job et le canot, c'est parent. L'année dernière, on n'était pas assez entraînés, cette année, on va commencer plus tôt. On se croyait bons parce qu'on était les champions du Cœur du Québec, mais mon homme a barré des reins et on a fait quelques erreurs aussi.»

L'été dernier, sans compter les miettes qu'il a ramassées en se classant 14e dans la classique et 4e dans le sprint, il a fait avec son coéquipier, Claude Paquin, 725 $ de revenus. La somme a servi à acheter un canot de course et à payer diverses dépenses de voyage et de pension, là où il allait courir. «Il faut acheter une bonne toile de surface. En bas de 40 $, ça se déchire.»

Cette année, il sera encore dans la course. Il travaillera la rivière tous les jours, des eaux glacées de la fin de l'hiver aux eaux chaudes de la fin de l'été, sauf les fins de semaine où il prendra part à des courses mineures, pour payer une partie de ses frais et se faire la main.

Et la première fin de semaine de septembre, la 33e classique de canots de la Mauricie attirera à La Tuque les meilleures équipes du continent et, encore une fois, il se prendra autant de petites bières de La Tuque à Trois-Rivières que les quarante-quatre équipes donneront de coups d'aviron dans l'eau sur le parcours de cent vingt milles, un des plus beaux du monde.

Le magazine Maclean, août 1966

Nos zouaves

«Partez maintenant, soldats du Christ et de la Vérité, partez! Allez jusqu'à Rome, sur ce théâtre de grands événements de l'His toire. Allez y défendre notre Père outragé, notre Mère attaquée, nos frères dépouillés et trahis.» Ainsi parla Mgr Ignace Bourget, en l'église Notre-Dame de Montréal. C'était le 18 février 1868. Il s'adressait au premier contingent de zouaves du Québec qui s'en allaient défendre le pape Pie IX, à Rome.

Tout avait commencé ici, le 8 décembre 1867, quand Mgr Bourget avait rédigé une lettre pastorale dans laquelle il incitait les catholiques du Canada à donner suite à l'Encyclique que signa Pie IX le 17 octobre 1867 et qui portait sur le droit imprescriptible de l'Église de Rome de posséder des territoires couvrant le dixième de l'Italie.

On fit des quêtes partout. Ce fut un succès! On évalue à 1000 $ les frais d'un zouave. En trois mois, on avait recueilli de quoi expédier cent trente-six hommes et, au total, en un an, on en expédia cinq cent cinq. Au retour, quand tout fut terminé, il restait assez d'argent en caisse pour permettre aux zouaves de fonder une ville. Elle existe encore, elle porte toujours le nom significatif de Piopolis et elle comptait aux dernières nouvelles une centaine de familles. Par cette fondation, les zouaves entendaient «marquer leur place sur la carte géographique de notre pays».

Mais si les habitants de Piopolis ignorent pour la plupart d'où vient le nom de leur ville et si le souvenir des guerres pontificales est à peu près oublié, le mouvement survit toujours au Québec, dernier endroit du monde où l'on trouve encore des gens dans cet uniforme étrange, maintenant modernisé d'ailleurs, les guêtres et les pantalons bouffants ayant été remplacés par des pantalons droits.

En ce temps-là, du parvis de Notre-Dame, les Soldats du Christ et de la Vérité partirent en plein hiver. À Montréal, ils avaient été reçus et hébergés par des associations pieuses. La compagnie du

Grand-Tronc avait accepté, modeste contribution du grand capital aux luttes papales, de les transporter à New York à mi-tarif. Rendus là-bas, ils furent photographiés pour l'Histoire prirent le *Liverpool* sur lequel, dans les hurlements des sirènes et les cris des remorqueurs, ils quittèrent l'Amérique pour entrer dans le rêve.

La plupart d'entre eux étaient des séminaristes et des étudiants. Ils venaient de partout: Nicolet, Acton Vale, Saint-Jacques-l'Achigan, Saint-Grégoire, Bécancour, Saint-Jean-de-Dorchester, Trois-Rivières, Saint-Hyacinthe, Rimouski, Terrebonne et Québec.

L'un d'entre eux l'avouera plus tard: n'importe quoi plutôt que les études! C'est bien à l'aventure qu'ils partaient. Ils voulaient quitter l'école ou le train-train de la vie quotidienne. Ils voulaient voir du pays. Ils voulaient vivre plus intensément. Tout ça, ils le trouvèrent. Après Montréal, New York et la traversée, ce fut la France, comme il va de soi et puisque le principal appui du pape en cette affaire était Napoléon III. Là, on les reçut à grands coups de «frères» et «cousins» du Canada.

Ils eurent droit à leurs petites visites dans quelques villages de France où de grands catholiques, propriétaires de châteaux à moitié vides, s'offrirent à les héberger et à les recevoir. Certains d'entre eux se rendirent à Paris où ils eurent droit à des manchettes dans les journaux. On les appelait là-bas: les Castors. Et à Rouen et Perrache, la fanfare du Collège des frères les accueillit aux accords de *Vive la canadienne*.

Le 10 mars 1868, le premier contingent parvint à Rome, puis d'autres en mai et d'autres en juin. Un septième et dernier groupe quitta Montréal quelques mois plus tard. Mais plus tard fut trop tard: entre le moment où les bonnes sœurs mirent la dernière main à leur costume et celui où leur train arriva à New York, la guerre s'était terminée.

Entre-temps, pour ceux qui étaient déjà là-bas, ce fut la pire des choses: l'attente! Le rêve commença de s'estomper. Pour ces fils de famille habitués seulement à la discipline des collèges, la vie militaire ne fut pas toujours facile. Elle eut tout de même ses moments euphoriques. Tout d'abord, ils vivaient à l'ombre de Pierre, comme on dit. Puis il y avait quelques sorties; César et Tibère et Auguste durent frémir dans leur tombe quand ils entendirent *À la claire fontaine*, *En roulant ma boule* et *Par derrière chez nous, lui a-t-un étang*, qui étaient les marches aux accords desquelles nos Castors défilaient sur les Via Appia ou Flaminia.

Et ils furent présentés au pape. Ils choisirent pour ce faire le 24 juin, jour de la Saint-Jean-Baptiste, évidemment. L'année suivante, ce fut Rome qui se plia à leurs coutumes et le 24 juin 1869 les zouaves canadiens eurent des places à Saint-Jean-de-Latran.

Cette vie dura, pour la plupart d'entre eux, deux ans et demi. Écoutons le témoignage d'un zouave, M. E. Perrin qui écrivait de Rome à sa famille, le 17 juin 1869:

«Parole de troupier! je ne connais rien, par le temps qui court, de plus semblable à la journée d'hier que la journée d'aujourd'hui. Toujours le même train-train, toujours la même ture-lure, du lundi au dimanche et du dimanche au lundi. Quel est donc, s'il vous plaît, le mal avisé qui osa le premier mettre en principe que "les jours se suivent mais ne se ressemblent pas"?

«Le réveil au point du jour, par exemple, ce réveil sonné par un "tromba" moqueur qui vous arrache impitoyablement son homme aux douces illusions de Morphée;

— Les quatre heures de farnesine autrement dit de sac au dos, dont il est gratifié chaque matin, par un épais brouillard de poussière irritante, en guise de coup d'appétit;

— Les appels de propreté où l'on vous toise pouce par pouce, ligne par ligne, pour dépister une tache imaginaire sur votre veste de l'an dernier qui aurait raison d'en avoir trente au moins;

— La consigne au quartier de une heure à quatre;

— Enfin le supplice du rata qui couronne le tout vers cinq heures;

— Je vous fais grâce, bien entendu, des gardes et des piquets, des patrouilles et des corvées ordinaires, sans tenir compte des revues de détail et des corvées à l'œil.»

La corvée à l'œil, c'est la punition. Voici, toujours d'après Perrin, en quoi elle consistait:

«— Vous irez demain porter café, soupe et rata au poste de Sainte-Balbine, à l'autre bout de Rome;

— Vous nettoierez trois fois par jour (avec un fantôme de balai) les escaliers et la cour de la caserne;

— Vous fendrez du bois et vous charrierez l'eau de la cuisine au bon plaisir des marmitons.»

Mais les avis sont partagés au sujet de la vie de caserne. À preuve, cet autre témoignage: «Ce que le zouave a à faire peut se réduire à trois choses: se rapetisser le ventre, s'allonger les jambes, s'élargir l'esprit et, quant à moi, j'en prends gaiement mon parti.»

Ce qui intrigue le plus les gens, à l'époque comme maintenant, c'est le costume des zouaves, costume de désert qui ne servit qu'en Italie. Le costume, tout comme le nom, vient de Zouaias ou Zouaghas, tribu de Berbères de montagnes, alliés des Français contre les Arabes en Algérie. Ils étaient réputés pour leur bravoure et constituaient un régiment à part dans l'armée coloniale française. Un jour, des Français se joignirent à eux, on les appela les zouaves. Et longtemps plus tard, quand les territoires de la papauté furent menacés, le général Lamoricière, qui avait commandé des zouaves en Algérie, décida de lever une troupe pour défendre le pape et il appela ses hommes des zouaves.

Tout cela se passait en 1860, l'année de la première bataille des zouaves contre l'armée de Garibaldi à Castelfidardo, où les zouaves durent battre en retraite. Dès ce moment, un Canadien français portait l'uniforme des zouaves: Me B.-A. Testard de Montigny, avocat, qui fut chez les zouaves pendant dix-huit mois.

La campagne des zouaves du Québec en Italie, ou plutôt la participation de cinq cents Québécois à la guerre qui opposa les troupes du roi Victor-Emmanuel aux troupes pontificales et aux troupes françaises, marqua le début de ce dont on parle beaucoup ces années-ci: «la stature internationale du Québec». Il s'agissait là d'un conflit international et, assez curieusement, les zouaves québécois venaient, en cette affaire, en conflit avec la politique de l'Angleterre.

On doit toutefois dire que les Québécois ne trahirent pas la reine Victoria à cette occasion, car la Très Gracieuse s'opposait, en l'occurrence, à la politique de son gouvernement et de son premier ministre Lord Palmerston qui prétendait de son côté que «les Italiens avaient le droit de disposer d'eux-mêmes».

Les études historiques sur les zouaves du Québec sont trop peu nombreuses pour qu'on puisse savoir aujourd'hui si le gouvernement fédéral de l'époque manifesta une opinion quelconque sur la participation du Québec à un conflit international. Ottawa s'abstint peut-être de toute intervention, se souvenant probablement que le sentiment religieux était un domaine auquel il valait mieux ne pas s'attaquer au Québec.

Mais de toute manière, bien peu de Canadiens français savaient à l'époque de quoi il s'agissait. Les discours et les sermons qui précédèrent et suivirent la crise italienne parlaient de la chrétienté menacée, de l'Église en danger, alors qu'en fait il s'agissait de tout autre chose. Il s'agissait en effet de la réunification de l'Italie.

L'Italie de l'époque était divisée en sept parties. Le pape en possédait et en administrait une, avec armée, police et gouvernement à ses ordres. Le territoire papal couvrait environ le dixième de l'Italie, juste en son centre.

Un vaste mouvement populaire de libéralisation, de nationalisme et de réunification avait été lancé par Giuseppe Mazzini vers 1830. Pie IX, qui passait pour libéral à l'époque (pour avoir libéré plus de mille prisonniers politiques que son prédécesseur Grégoire XVI avait fait emprisonner à cause de leurs idées trop libérales), se transforma à son tour en réactionnaire quand il vit ses biens et territoires menacés; et il ne les céda qu'après une guerre sanglante dont les principales escarmouches eurent lieu à Castelfidardo et au Vatican.

Du côté de l'opposition à l'Église, on trouvait le plus célèbre révolutionnaire de l'époque, une sorte de Che Guevara avant la lettre, Garibaldi. Le Québec eut son Régis Debray en la personne d'Arthur Buies qui fit le coup de feu avec les Chemises rouges, en 1859. Il fut le seul Québécois à se ranger du côté de la révolution. Il y en eut cinq cent cinq de l'autre bord...

Revenu à Montréal, Arthur Buies devint le plus grand pamphlétaire et le plus drôle des humoristes du Québec et publia un journal anticlérical et presque socialiste: *La Lanterne*, où il s'en prenait surtout d'ailleurs à Mgr Ignace Bourget.

Onze ans plus tard, au Vatican, ce fut enfin la guerre. Peu avant la tombée du jour, les troupes de Garibaldi ouvrirent le feu sur le Vatican. Comme le rapporte un témoin dans le style de l'époque: «Ce fut l'attaque sacrilège qui devait arracher au Vicaire de Jésus-Christ le dernier lambeau du manteau royal posé sur ses épaules par Charlemagne.»

Ou encore, comme l'évoque le caporal des zouaves, François Lachance: «Élevant un rempart vivant autour de la personne auguste et vénérable du chef de la catholicité, ils ont opposé leur poitrine aux cent vingt pièces d'artillerie de l'armée d'un roi voleur et parjure.»

Le combat inégal dura huit heures. Neuf Canadiens y auraient laissé leur peau (certains disent aucun): toujours est-il qu'à 10 h 10 du soir, le pape fit hisser le drapeau blanc. E là, ce fut le *vae victis*! Écoutons encore François Lachance:

«Après le combat, les prisonniers furent conduits à la place Colonne, au milieu des huées et des insultes de tout genre, abondamment prodiguées par les dix mille individus (repris de justice) accourus de tous les points de l'Italie pour applaudir et acclamer sur son passage l'armée victorieuse. Quant aux vaincus, on leur cracha à la figure, on leur jeta des bâtons et des pierres et les grossièretés les plus sales et les plus immondes accompagnaient ces indignes traitements. On poussa la barbarie et la cruauté jusqu'à tirer le comte de Couessin par les cheveux et la barbe, parce que, disaient ces misérables, la barbe portait les couleurs pontificales. M. de Couessin avait en effet un côté de la moustache blond et l'autre blanc.»

Ces quelques sévices subis, les zouaves du Québec furent transportés de Rome à Livourne et, de là, à l'île d'Elbe pour enfin revenir à Montréal où ils furent reçus en héros.

Cent ans après ils sont mille

Le Québec est le seul pays du monde où il y a encore des zouaves.

Le 19 février 1871, à l'occasion du troisième anniversaire du départ du premier contingent de zouaves pour Rome, une association des anciens zouaves pontificaux fut fondée. Elle groupait des professionnels, des hommes de métier et des journalistes, d'où l'abondante littérature qui émana du mouvement. Celui-ci se lança corps et âme, à l'époque, dans la lutte contre ce que Robert Rumilly définit ainsi: «La catholique province de Québec était menacée par deux dangers: le danger reconnu, représenté par les radicaux du journal *Le Pays* et de l'Institut canadien; le danger insidieux représenté par le gallicanisme d'hommes d'État.»

Le mouvement se doublait alors d'une union contre les ultramontains. Puis, peu à peu, les zouaves devinrent ce qu'ils sont maintenant: un mouvement auxiliaire d'action catholique. Plus nombreux qu'ils ne l'étaient au moment des guerres pontificales, ils sont environ mille. L'âge d'or du mouvement zouave se situe vers les années 1935, alors qu'il y avait de mille cinq cents à mille huit cents zouaves dans la province. Puis la guerre vint, les zouaves s'engagèrent en grand nombre; revenus au pays, ceux qui ne restèrent pas sur les champs de bataille en avaient probablement assez de l'uniforme; ils ne réintégrèrent pas le mouvement.

Les mille zouaves actuels sont divisés en cinq bataillons: deux à Montréal, un à Québec, un à Trois-Rivières et un à Valleyfield. À ces cinq bataillons s'ajoutent trois compagnies de cadets zouaves: à Coaticook, à Drummondville et à Grand-Mère.

Il y a un Musée des zouaves au château Ramezay, mais le cerveau du mouvement est à Québec où se trouve le quartier général de l'Association: édifice de trois étages sur la rue des Sables. Le mouvement est dirigé par un état-major, sous les ordres du col. A. A. Trudel.

Le mouvement a été secoué l'an dernier par un conflit au sujet de l'uniforme: les bataillons de Montréal voulaient passer des pantalons bouffants aux pantalons droits, tandis que celui de Québec tenait au costume traditionnel. Ce conflit s'inscrit dans la série de conflits qui ont souvent opposé Québec et Montréal au sujet de l'origine du mouvement.

En fait, les zouaves qui ont défendu Pie IX étaient membres d'un mouvement qui a vu le jour à Montréal et qui a pris fin avec la guerre. Il s'écoula près de trente ans avant que les zouaves, tels qu'ils existent, ne renaissent de leurs cendres; cette renaissance se fit à Québec.

Entre la fin de la guerre et la fondation du régiment des zouaves pontificaux en 1899, les zouaves canadiens étaient tout de même groupés comme anciens combattants dans l'Union Allet, du nom de leur colonel.

Du côté militaire, les zouaves ont leur «campement annuel» qui dure trois jours et au cours duquel ils reconstituent la vie au bivouac: les tentes bien alignées, l'absence des épouses, les exercices et concours de toutes sortes, athlétiques et militaires. Voici la définition d'un des concours:

«Concours avec armes: La démonstration peut être basée sur n'importe quelle partie de notre théorie militaire, incluant l'escrime à la baillonnette et exercices de gymnastique avec arme.»

Au concours de clairons, seules les marches françaises sont permises.

Mais pourquoi est-on zouave en 1967? Écoutons le major Paul-Émile Laurence: «C'est le mouvement où l'on trouve le plus de satisfactions. Elles sont d'ordre militaire, social et religieux. Le mouvement facilite aux membres l'exécution de leur vie religieuse: la communion et la fréquentation des sacrements. Le mouvement nous permet aussi de faire des connaissances et de rencontrer des amis.»

Le magazine Maclean, avril 1968

Les gaietés de l'escadron

1. Les casques à palette

L'armée ne comptant que des têtes, il est généralement admis qu'il faut à l'armée des casquettes, aussi appelées képis ou, dans la langue verte, des casques à palette.

Le plus récent rapport de l'Auditeur général du Canada, dont nous vous dévoilerons les perles de semaine en semaine, fait état de «défauts dans les képis achetés pour le compte des Forces canadiennes».

Entre 1964 et 1966, le ministère des Approvisionnements et Services acheta d'un fabricant cinquante-cinq mille casques à palette au coût de 262 000 $, soit 4,75 $ la pièce.

Au fur et à mesure des livraisons, on se rendit compte que les palettes se fendillaient ou se boursouflaient. On fit un relevé de tout le stock rentré et on en dénombra quatre mille à la palette foutue. Le fabricant décida de remplacer sans frais les quatre mille palettes. Mais, malchance inouïe, les nouvelles palettes ne valaient pas mieux que les anciennes. Or le fabricant avait acheté onze mille palettes pour les casques en cours de production... En consultant ce que l'on appelle dans les ministères le «cahier des charges», qui décrit dans les moindres détails les produits qui sont achetés, on se rendit compte que le cahier ne parlait pas de la qualité de la colle, donc que le fabricant n'était pas responsable du défaut des palettes ou visières. On lui versa donc 15 000 $... De plus, au cours des mois qui suivirent, on découvrit dans le stock accumulé cinq mille autres képis à la visière mal en point. Une valeur de 25 000 $. Ils sont considérés techniquement par l'armée comme «fournitures excédentaires». Ils seront donc probablement vendus aux enchères à environ cinq cents pièce et vos enfants ou les hippies pourront les acheter au surplus de guerre.

Le résultat pratique de tout ça, pour le contribuable, c'est que le cahier des charges pour la prochaine commande de «casques à palette» de l'armée exigera l'usage d'une colle souple entre les différentes parties qui constituent la palette des casquettes de nos militaires.

Pour un progrès, c'est un progrès. Mais il en a coûté 40 000 $ aux contribuables du Canada pour apprendre au fabricant qu'il avait le devoir de livrer au gouvernement des képis dont la visière tienne le coup. À chaque chèque de paie que j'encaisse, je consulte la colonne dite «de l'impôt fédéral» et je pense aux casques à palette de l'armée en serrant les dents.

À la prochaine «gaieté».

Québec-Presse, 31 mai 1970

❏

2. Le mur du çon

Si l'on vous demandait ce que vous rappelle le 1er février 1968, vous ne pourriez pas répondre. Et pourtant, cette date est passée à l'histoire pour tous les membres des Forces armées du Canada.

Un mariage de raison

C'est en effet ce jour-là que le mariage de raison entre la marine canadienne, l'aviation canadienne et l'armée de terre fut consommé. Le 1er février donc, la marine, l'aviation et l'armée disparaissaient pour devenir «les Forces canadiennes unifiées».

Un enterrement

Ce mariage ne fut pas différent des autres. La veille, par exemple, dans la plupart des bases militaires du Canada, il y eut ce qu'on appellerait des «enterrements de vie de garçon», le garçon étant la marine, l'aviation ou l'armée de terre, suivant le cas.

Un de ces enterrements de vie de garçon, celui qui eut lieu à Comox, en Colombie-Britannique, est devenu célèbre.

Sur le coup de minuit

Le meilleur pilote de la base avait reçu l'ordre du commandant de survoler le mess des officiers à basse altitude sur le coup de minuit, exactement comme dans les *Contes* de Grimm ou de Perrault, pour marquer le moment où l'aviation royale canadienne basculerait dans le passé pour s'intégrer aux forces unifiées.

As fast as you can

Comme entendu, à minuit et une seconde, le réacteur CF-101 survola la base. À l'intérieur du mess, le commandant qui n'en avait pas eu pour son argent, probablement, prit le micro et donna l'ordre à son pilote de repasser au-dessus du mess *«as fast as you can»*.

Les désirs d'un commandant sont des ordres. Les ordres d'un commandant ne se transgressent pas. Le fidèle pilote revint sur ses pas, pour ainsi dire, «ouvrit les gaz» au bout et, à cinq cents pieds d'altitude, franchit le mur du son au-dessus de la base.

Une fenêtre sur le monde

Résultat: le choc fit voler en éclats les vitres d'à peu près toutes les maisons autour de la base, et celles de la base elle-même, sans parler des autres dommages.

Dans les jours qui suivirent, le commandant de la base reçut vingt-quatre réclamations en dommages-intérêts. À la base elle-même, les dommages furent évalués à 500 $. Le grand total se chiffre par «au moins 7100 $», comme l'affirme l'Auditeur général du Canada dans son rapport.

«Ses responsabilités de surveillant»

Les autorités de la base ont fait enquête. Aucune accusation formelle n'a été portée, mais leur rapport attestait que celui qui avait exécuté l'ordre, le pilote, avait été réprimandé, celui qui avait transmis l'ordre avait été accusé de manquer de jugement, celui qui avait donné l'ordre stupide et coûteux «a reçu l'ordre de prendre des mesures précises en ce qui concerne ses responsabilités de surveillant». C'est clair...?

Un bon salaire

À titre de comparaison, rappelons qu'en 1967, par exemple, sur 6 655 683 personnes qui avaient payé des impôts au Canada, plus de 85 p. 100 n'avaient pas gagné 7100 $ pendant l'année...

Québec-Presse, 7 juin 1970

❏

3. Autant en emporte le vent

L'armée canadienne a ouvert, en 1968, une petite base à Masset, en Colombie-Britannique. Comme le site choisi était un terrain vierge, il a fallu procéder à son défrichement, qui fut le sport national des premiers Québécois, comme tout le monde sait.

Quand toutes les souches, broussailles, roches, etc., furent enlevées, il fallut niveler le tout. L'entrepreneur dont les services avaient été retenus par le ministère de la Défense nationale s'était engagé par contrat à recouvrir tout le terrain avec du sable bien compact. Mais, en cours de travaux, l'entrepreneur s'était rendu compte d'une chose bien simple: il ventait que le maudit à Masset, et le sable risquait de s'envoler à brève échéance. Il fit part de sa découverte au Gouvernement et proposa de remplacer le sable par du gravier lourd.

Sa proposition fut reçue à la Défense nationale par une sorte de génie comme il y en a dans la fonction publique autant qu'ailleurs. Le génie répondit: au lieu d'utiliser du gravier lourd, construisez un coupe-vent avec les souches enlevées du terrain et tenez-vous-en au sable qui est prévu au cahier des charges. «La modification proposée n'a pas sa raison d'être.»

Le coupe-vent fut donc construit. Il coûta 8000 $. Le sable fut répandu et bien tassé. Mais, comme prévu par l'entrepreneur, il s'envola et, très bientôt, l'érosion fut si grande que la base était un pied au-dessous du niveau recommandé par le contrat. Et le sable était perdu dans la nature.

Un peu tard, la Défense nationale décida donc de remplacer le sable par... du gravier lourd. Le même gravier que l'entrepreneur avait proposé dès le début de ses travaux.

Le génie qui avait refusé l'idée du gravier lourd occupe toujours son poste à la Défense nationale.

Le gravier lourd est, aujourd'hui comme hier, bien en place à Masset. Combien a-t-il coûté? 139 000 $. En d'autres termes, quand le génie donna l'ordre à l'entrepreneur de s'en tenir au sable, c'est comme s'il lui avait dit: «Voici 139 000 $ en coupures d'un dollar. Étendez-les soigneusement sur toute la surface de la base et attendez qu'ils partent au vent.»

Que feriez-vous avec 139 000 $? Combien d'années de votre salaire cela représente-t-il? Que payez-vous par année en impôt fédéral? À quoi servent ces impôts? Toutes les réponses à ces questions, elles subiront le même sort que le sable de la base de Masset, qui a coûté, à vous et à moi, 139 000 $: le vent les emportera.

Québec-Presse, 14 juin 1970

2
Artistiques
A. Peinture, sculpture

«La Relève» résume à peu près toutes les tendances actuelles de la peinture
(*extraits*)

La peinture contemporaine a ceci de bien que le peintre ne peut plus y mentir. C'est son cœur mis à nu, pour reprendre l'expression, qui montre bien que l'on connaît Baudelaire au moins par ses titres.

Un tel tableau, où la peinture proprement dite remplace l'anecdote, exige toutefois de l'amateur certaines connaissances. D'où l'incompréhension de la plupart à son égard, tout simplement parce que les gens sont si paresseux. Au point même de demander à l'art d'être apprêté à leur goût...

Le Centre d'art mauricien présente cette semaine à la terrasse du château de Blois vingt-cinq toiles et dessins de onze peintres du groupe «La Relève», qui n'a pas manqué le dernier train.

Exposition à voir de toute manière, puisqu'elle constitue un résumé d'à peu près toutes les tendances actuelles de la peinture.

Elle permet de voir que la peinture moderne peut être aussi anecdotique que celle du siècle passé, que certains peintres abstraits se servent de la peinture pour produire un effet tout comme les plus traditionnels pompiers et, enfin, pour couronner sérieusement le tout, les recherches d'un Ricard, d'un Bellerive, d'un Henri Saxe, un peu de Rajotte montrent ce que doit être la peinture du XXe siècle.

[...]

Au fait, qu'est-ce que la peinture, que doit-elle être au XXe siècle? Elle en est rendue, grâce à tous ceux qui ont précédé, et surtout à Klee, à l'os même, pour ne pas dire à son essence. On sait exactement ce qu'elle est et ce qu'elle n'est pas. Plus de sujets, plus d'histoire: laissons la peinture être la peinture. À quoi peut servir une toile d'où l'on a banni le sujet? À la matière, à la couleur, à l'espace et à la composition. Le peintre évolue à l'aise parmi ces données, parmi ces êtres. Mais il ne peut jouer à évoluer à l'aise: il est ou n'est pas.

La peinture abstraite anecdotique ou à effets est encore plus insupportable que le pompiérisme parce que, sous des dehors avant-gardistes, elle cache le pire conformisme.

La peinture doit cesser de décrire pour être. Comprenne qui peut. À bas la littérature en peinture. Il doit être question de masse, il doit être question de l'existence et non de la description. Comment une peinture peut-elle être? En ne se mentant pas, en ne prenant pas le biais de l'anecdote ou du sujet. La peinture, c'est matière, couleur, espace et composition. N'en sortons pas.

Picard le sait, ainsi que Bellerive et Henri Saxe dans son *Resurging Object* devant lequel arrêtez-vous longuement. Vous comprendrez peut-être le fin mot de l'histoire. Oui, postez-vous devant la toile de Picard, les recherches solides et assurées de Bellerive, le dessin de Saxe (l'autre est un peu confus) et aussi devant Rajotte, malgré tout.

Rajotte a tout ce qu'il faut, je crois, pour entrer de plain-pied dans la peinture. Il le fera le jour où il sortira de la lumière et de son fractionnement par pavés. Mais le peut-il? Il lui appartient de s'extraire de ces compositions confortables, toujours les mêmes en somme.

Une exposition à voir, dit-il, et il y trouve peu de bonnes choses. Les quelques qui s'y trouvent suffisent et les autres compléteront votre connaissance de ce que ne doit plus être la peinture. Enfin, ils peuvent bien continuer de peindre, en s'en f..., et même d'exposer leurs œuvres et sûrement de les vendre, ces anecdotiers, mais qu'ils jettent un peu les yeux du côté de chez Klee. Ils y trouveront peut-être la vérité dernière et la seule qui vaille encore de nos jours.

Le Nouvelliste, 30 novembre 1960

Marcel Bellerive et
Janine Leroux-Guillaume
(*extrait*)

Marcel Bellerive. Commençons par ses titres: *Résistance à la lumière, Échec au blanc, Réflexion discrète, Tournoiement incandescent, Ondes en attente, Montée de couleurs, Lumière antique, Sauts multiples*. On y voit, même sans connaître les œuvres, que le souci primordial est d'ordre plastique. La peinture, c'est couleur, composition, espace et matière. Et le reste est vraiment littérature.

L'art tel que le pratique Janine Leroux-Guillaume est plus près du cœur humain, de ses sentiments, de ses accords et de ses refus. Les gravures de Janine Leroux-Guillaume sont des échos d'un cœur.

L'art de Marcel Bellerive est franchement pictural. Janine Leroux-Guillaume est un poète. Marcel Bellerive est un peintre. C'est aussi simple que cela. Est-ce à dire qu'il faut honnir toute œuvre qui est plus littéraire que picturale? Pas du tout, mais alors que Janine Leroux-Guillaume et les siens seront toujours des écrivains égarés dans la peinture, comme l'ont été des générations et des générations de peintres avant elle, Marcel Bellerive est dans la peinture comme un poisson dans l'eau.

Janine Leroux-Guillaume est dans la vieille aventure de la peinture, où les avenues sont claires et bien déblayées. On sait où l'on va. On a un sentiment, une impression, un sujet: on cherche à le rendre le mieux possible, le plus parfaitement possible.

Marcel Bellerive est dans l'aventure actuelle de la peinture. Ce n'est pas telle ou telle gouache qui vaut, c'est l'étape que représente chaque œuvre, l'étape vers le terme d'une recherche constante. Janine Leroux-Guillaume est confortablement installée dans des clichés qu'elle essaie de renouveler. Marcel Bellerive est en pays neuf et vierge.

Remarquez, on peut tout aussi bien s'installer confortablement dans des idées neuves. Il y a une question d'honnêteté. Il peut y avoir un conformisme de l'avant-garde et il est possible qu'un peintre à sujet soit moins conformiste qu'un peintre non figuratif. De toute manière, il est question ici d'attitude devant la peinture et celle de Bellerive me plaît davantage par son audace.

Ajoutons enfin qu'une peinture non figurative peut être aussi paisible, lyrique, emportée, torturée qu'une peinture figurative, mais ces vertus humaines ne font pas le sujet de l'œuvre. Elles y sont inconsciemment. Un pessimiste qui fait de la peinture figurative pourra, quand il le voudra, jouer les optimistes, mais un pessimiste non figuratif ne pourra être que ce qu'il est. Il ne travaille pas sur le sentiment, mais sur les composantes mêmes de la peinture: matière, couleur, composition et espace. Ses sentiments, parce qu'inconscients, sont par le fait même beaucoup plus purs, détachés de la littérature. Et faut-il ajouter que la peinture est ainsi infiniment plus proche de la vie? Cette seule pensée ne vous rend-elle pas heureux, amateurs de peinture?

Parlons ici des œuvres de Bellerive. Les mots, disons-le, sont bien impuissants à les cerner, et c'est un signe. On peut parler de structure, d'équilibre et de force calme. On peut parler, mais si peu. De toute manière, on ressent infiniment de joie devant ces gouaches, la même que j'avais ressentie lors de la plus récente exposition Bellerive chez Denyse Delrue à Montréal. Je croyais qu'il s'agissait de la joie du peintre, mais c'était bien de la mienne, la joie de voir l'existence d'une toile. La même joie que l'on peut éprouver devant une pomme rouge et ronde. La même joie qui faisait écrire à Henri Michaux: «Il y a une pomme sur une table. Je la vois et je m'installe dedans.»

Le Nouvelliste, 5 décembre 1960

Exposition Jordi Bonet à la galerie Libre.
Les jeux du cœur et de la main

L'émail a je ne sais quoi qui laisse froid. Est-ce dû aux instants passés dans le four, loin, trop loin de l'artiste dont l'émotion n'apparaît jamais? La cuisson porte d'ailleurs le nom de glaçage... Il faut y voir plus qu'un mot.

Il ne reste, après l'épreuve du feu, que la technique, qui s'apprend, tout comme la versification, et dans le cas de Jordi Bonet, le dessin, qui est unique.

L'émail et la céramique présentent l'avantage d'être des arts fortement manuels et donnent à qui les pratique, n'en doutons pas, un plaisir différent de la peinture ou du dessin, par exemple. La céramique et l'émail sont des arts longs et qui tiennent occupé, en plus d'exiger l'attention la plus complète, la plus suivie et la plus matérielle, alors que la peinture et la musique (sauf la concrète) sont abstraites par nature et exigent une attention métaphysique. Plus simplement, en peinture et en musique, l'esprit travaille davantage, tandis qu'en émail, c'est la main.

Combien d'artistes ont consacré au travail manuel une grande partie de leur temps, qui voulaient être ouvriers en même temps que penseurs, qui voulaient concilier la tête, le cœur et le geste? Toulouse-Lautrec tirait ses lithographies. Rouault a fait de même avec son *Miserere*.

Il faut donc parler de la satisfaction qu'éprouve l'artiste à ces travaux. Il faut songer aussi que la céramique et l'émail sont aujourd'hui fort populaires et qu'on a vu le public refuser globalement la peinture d'un peintre pour s'engouer presque sans mesure de sa céramique et de ses émaux. Tel a été le cas de Jordi Bonet, il n'y a pas si longtemps. Outre la vertu d'être pour Jordi Bonet un gagne-pain, la céramique et l'émail lui permettent de donner libre cours à sa passion des grandes surfaces, à son besoin d'espace. Et ce sont des murales… Parlons d'elles, pièces maîtresses de l'exposition.

Celle où il rejoint le mieux la grandeur tragique de sa peinture s'intitule *Agression*: un taureau, comme un nuage qui recouvrirait l'homme de toute son ombre, est aux prises avec deux êtres.

Un enchevêtrement de muscles, de forces, des raccourcis butés; les cris de la bête, les visages fermés de l'homme et de la femme arc-boutés. Ce sujet est grand et trouve dans cette murale sa vraie dimension. Le sens de l'œuvre n'échappe à personne. Il y a là une nervosité, une rage d'écriture, une frénésie qui donnent à ce taureau et à ces deux êtres une puissance, une existence, enfin, dont le moins que l'on puisse dire est qu'elle remplit le spectateur de la même sombre satisfaction, de la même noire plénitude que ce que l'on appelle communément les chefs-d'œuvre.

Cela serait infiniment plus émouvant en peinture, probablement.

Une murale comme celle-ci a toutefois l'avantage d'une permanence que la peinture n'aura jamais. Léonard de Vinci eût-il fait de sa *Dernière Cène* une murale de céramique-émail plutôt qu'une fresque, elle serait encore aujourd'hui telle qu'il l'eût créée il y a des siècles, mais serait-ce bien la *Dernière Cène*?

Que dire des autres pièces, sinon en louer la technique et le dessin. Technique où se manifeste toujours plus de maîtrise, subtilité des gris et des noirs de la murale *Ma famille*, vertus décoratives de l'*Abstraction en rouge*. Mais au diable la technique et laissons les professeurs en parler, ils y sont tous des maîtres. Venons-en plutôt au dessin. Le dessin de Bonet, on l'a déjà dit, est d'une liberté comparable à celui de Picasso avec, comme différence, une force toujours présente qui montre qu'il ne s'agit pas comme chez Picasso d'une infinie virtuosité, mais d'une nécessité, d'une partie essentielle et authentique.

Cette force qui n'est rien d'autre, j'en reviens à ce mot, que frénétique, de la frénésie des écorchés vifs.

À la galerie Libre, jusqu'au 17 juin.

Le Nouvelliste, 10 juin 1961

La nature et l'art abstrait

Dans un récent billet qu'il donnait au *Figaro littéraire*, François Maurica tenait, relativement à l'art non figuratif et à son abstraction de la nature, des propos dont le moins qu'on puisse dire est qu'ils prêtent à réflexion.

Voici ce qu'il écrivait: «... mais la limpidité d'une matinée de printemps pose une autre question. Son innocence, nous savons bien qu'elle n'est pas en nous. Elle existe en elle-même, par elle-même, mais elle demande d'être exprimée. Je touche ici à la raison de ce qui me rend étranger l'art non figuratif: cette idée que le monde a besoin de nous pour être, et que l'art humain est l'expression de cette nécessité. La nature que j'ai tant aimée ressemble à cette endormie qui n'a plus à espérer qu'aucun baiser de poète ou de peintre la tire de son sommeil enchanté. L'art abstrait témoigne que l'homme n'a rien à dire, rien à exprimer ni à fixer, s'il se coupe du monde tel que le capte le regard d'un enfant... Mais à quoi bon parler de ces choses et qui donc souhaiterais-je persuader.»

Il est vrai que bien des artistes contemporains veulent, non pas reproduire la nature, mais en créer une autre et qui ne soit que picturale, qui n'ait besoin, pour exister, d'aucune des illusions de l'art figuratif. Assignent ils à l'art une fonction trop haute? Je ne le crois pas

Non que la peinture figurative ne puisse être aussi noble, aussi forte, aussi émouvante, aussi belle que la non figurative. Mais il y a là une concession à l'œil de l'amateur et la complicité d'un mensonge.

De Rembrandt à Jackson Pollock, la peinture n'a pas changé. Aussi bien chez Pollock que chez Rembrandt, elle est l'écho d'une sensibilité, elle rend compte du courage d'un artiste qui s'est fait, avec le temps et à force de travail, une idée tellement précise, tellement enthousiasmante de ce que devrait être sa peinture que rien après n'a pu l'en détourner.

L'œuvre d'un grand peintre est avant tout un témoignage sur le courage du peintre. Un peintre est devant sa toile comme un homme nu dans la jungle. Il peut se comporter comme un lâche ou comme un grand seigneur. Lui seul saura ce qu'il a été, et les êtres qui savent y être attentifs.

L'art est le parti pris de la solitude et du courage. Rien d'autre ne compte et quelle importance peuvent avoir les querelles de chapelle, les échanges de mots et les épousailles de théories pour un qui s'est fait de l'art une certaine idée qui, quoique menacée, sujette à révision, tour à tour mise en doute et emportant l'adhésion la plus complète et la joie, demeure en lui comme un phare, comme une bouée de sauvetage, comme une confirmation de la hauteur de l'homme et de la prééminence en lui de l'esprit.

Ces considérations étant prises, reste le fait qu'au XXe siècle, les peintres ne sont tels qu'ils étaient au XVIe, par exemple. Est-ce dû à la photographie qui a montré la vanité de l'image? Est-ce dû à l'époque d'horreurs que nous traversons, où toutes les barrières ont été renversées, celle de la dignité humaine comme celle de l'attraction terrestre? Toujours est-il que tout a explosé. La fission nucléaire, la pulvérisation de la matière ont eu leurs répondants en poésie, en peinture et en musique. Tout est devenu possible, en art. Même la laideur, concédons-le.

L'artiste, au milieu de tout ce mouvement de libération, n'y a pas échappé. Il en est résulté une peinture dépouillée de tout artifice, de toute concession à notre imagerie familière. La peinture est devenue pure à l'égard de la peinture. Des tableaux ont vu le jour, qui n'étaient que des tableaux, qui n'étaient que des «surfaces planes recouvertes de couleurs en un certain ordre assemblées».

Que ces découvertes aient servi aux lâches à ne plus apprendre à dessiner, à travailler mollement, c'est un fait. Mais seuls les mal informés s'y trompent. Et, en somme, même avant la peinture abstraite, il y avait de mauvais peintres, et la majorité des gens ne les distinguaient pas plus des bons qu'ils ne distinguent aujourd'hui Borduas de je ne sais plus quel barbouilleur.

Il importe plus à un peintre de faire la peinture qui lui convient qu'à la nature d'être «tirée de son sommeil enchanté par un baiser de peintre ou de poète».

Le peintre non figuratif succombe peut-être à la tentation d'être un dieu, de créer à nouveau le monde. Peut-être y a-t-il quelque chose de luciférien dans son attitude. D'autres pourraient nous éclairer là-dessus. Un cynique dirait: à voir le monde tel qu'il est, peut-on reprocher à quiconque de vouloir le refaire?

De toute manière, il y a là quelque chose de grand. Il y a là des hommes qui ont consacré leur vie à ce qui n'est pas matériel: l'art et la pensée qui le meut. Combien d'entre nous en feraient autant, quitteraient la paix du foyer pour la jungle de l'esprit?

Le Nouvelliste, 17 juin 1961

Jacques de Tonnancour
(*extrait*)

Jacques de Tonnancour occupe une place à part dans la peinture figurative canadienne. Il a ce que l'on appelle un style. Ce style est toutefois absent de la plus grande des trois toiles exposées au Séminaire. Les deux petites en montrent la dernière période. Il a enlevé de ses toiles ses arbres pour ne garder que le ciel et l'eau. On ne peut pousser plus loin le dépouillement tant du sujet que de la manière, d'où provient souvent le maniérisme. Il y avait dans ses paysages d'arbres une certaine nervosité qui leur donnait vie. Les arbres disparus, il ne reste plus que l'huile étalée comme une eau calme et oscillant du vert au bleu. Peu de peintres contemporains échappent à une aliénation dont je veux parler ici. Après avoir commencé par charger leurs toiles, ils les dépouillent par souci d'évolution et l'on se rend compte que la seule évolution a consisté à désosser un poulet. Il ne s'agit pas d'un mûrissement, mais de la preuve d'un vide que quelques lignes nous avaient caché jusqu'à présent.

Peu de peintres y ont échappé, dis-je, et l'on voit un grand nombre de toiles entièrement blanches avec seulement un point noir quelque part, par exemple, vouloir être prises pour des chefs-d'œuvre sous prétexte que le peintre s'émonde, s'ascétise, mûrit. Je crois plutôt qu'il s'appauvrit ou qu'il montre enfin sa pauvreté profonde. Et c'est par suite d'un gigantesque malentendu qu'on accordera du crédit à de telles œuvres. Ce n'est pas parce qu'un peintre l'est depuis vingt ans qu'il est meilleur. Il s'est peut-être tout simplement vidé.

Et ainsi qu'on ne me fera jamais prendre pour un chef-d'œuvre un poème d'un poète arrivé qui écrirait en tout et pour tout: «Je crois qu'il pleut», sous prétexte qu'il en est arrivé à exprimer toute la densité de la pluie en quatre mots, après l'avoir cherchée pendant quarante ans; une toile entièrement grise avec un filet noir situé à l'endroit prescrit par le nombre d'or ne me semblera jamais admirable.

Depuis trop longtemps, on trouve génial le mauvais goût de certains peintres, sous prétexte qu'ils l'expriment depuis si longtemps. La répétition du laid ou du vide ne me fera jamais croire qu'il est beau et plein. La mode a voulu que les silences, quand ils étaient le fait de gens cotés, aient un sens profond.

Depuis trop longtemps, des écrivains et des peintres qui se réfugient en dessous des faits, en dessous de la vie, dans la mort des formes, des couleurs, des mots et de la pensée, passent pour exprimer notre époque et son absurdité, alors qu'ils ne font la preuve que de leur vacuité. Notre époque n'est pas plus absurde que les autres, mais il y a peut-être plus que jamais de faux arbitres des élégances. Tant vaut la critique, tant valent les œuvres.

Le Nouvelliste, 20 octobre 1962

À propos de Jean-Paul Mousseau

1. «Ici, tu plies ou tu crèves!»

Automne 1964: Jean-Paul Mousseau quitte Montréal pour New York. Le plus montréalais des peintres, puisque né dans ce que l'on appelle d'un seul mot: «l'Est», il choisit l'exil. Le Montréalais le plus attaché peut-être à cette ville, qu'il n'a d'ailleurs jamais quittée; il a encore aujourd'hui ses ateliers et son logis dans l'Est, tout près du parc Lafontaine et à dix minutes de marche du coin de rue où il est né et où il a grandi.

Jean-Paul Mousseau a réussi à Montréal. Non loin de son quartier se dresse un édifice qui porte la preuve de son succès dans sa ville et sa province: l'Hydro-Québec, rue Dorchester, dont le hall est enrichi d'une murale de styrène coloré de soixante et onze pieds sur quinze, animée par des tubes au néon et qui ne répétera pas le même motif avant deux siècles, selon des calculs scientifiques. Elle est signée: Mousseau.

Il a aujourd'hui trente-sept ans. Il a pris quelques livres depuis quelques années. Cheveux coupés en rase-bol, la moustache en bataille, il n'est pas content de Montréal. Il disait déjà, en 1960: «Si nous avions eu des ouvertures dans les milieux dirigeants, ou à des postes clés; si nous avions bénéficié de revues, de publicité, d'expositions, le mouvement automatiste serait devenu international. Aujourd'hui, on ne peut plus rien faire ici. Il n'y a pas de diffusion, pas de nourriture artistique. Il faut aller à New York, à Paris, là où il y a des contacts, des sources.»

Il a mis quatre ans à se décider. Que dit-il maintenant? «Ça va être dur, pénible même, mais j'ai confiance.

«Je vais me trouver un petit local désaffecté qui servait jadis à des industries familiales, en bas de Washington Square. J'ai quelques contacts dans le milieu artistique, là-bas, et ce que je fais comme peinture a plus de chances d'être accepté à New York que n'importe où dans le monde, même Paris. Je ne veux pas crouler dans mon coin. Il y a une tentative de s'intéresser à la peinture, chez les gens d'ici, mais ce n'est pas profond. On sent que ce n'est pas une nécessité. Ici, tu n'as pas l'impression d'avancer, de faire des progrès. Et on peut expliquer pourquoi les gens ne s'intéressent pas à l'art: ils n'ont pas le temps. Les Canadiens français ont trop longtemps été pauvres. Ils ont trop longtemps dû employer leurs énergies pour survivre, ils n'avaient le temps ni de se cultiver ni de voyager. Après avoir assuré leur gagne-pain, il ne leur restait plus de temps pour le reste. Ce sera la prochaine génération de Canadiens qui s'intéressera à la peinture.

«À New York, il y a dix millions de personnes, il y a évidemment un public plus vaste. Là-bas, les musées, les galeries, c'est toujours plein. Les fois que je suis allé au musée Guggenheim, les gens faisaient la queue. Il y a un intérêt profond. Il y a du monde qui se déplace pour voir des tableaux. La peinture intéressante, aujourd'hui, elle vient de New York. Tu sens que les gars travaillent. Tu sens une fièvre. Ça bouillonne.

«Et puis, il faut se nourrir l'esprit. Mon rêve serait d'avoir des ateliers partout dans le monde: Tokyo, Paris, New York… Je pourrais me nourrir de partout. Je pourrais avoir des confrontations avec toutes les écoles, avec tous les peintres du monde. Oui, oui, il y a eu progrès, ici, mais il ne faut pas se leurrer, ce n'est pas le paradis terrestre. Il y a tellement peu de moyens, et on s'épuise moralement. Je n'arrive plus, moi. Organiser une exposition coûte un prix fou et rapporte peu. Tu est balayé à tout coup.»

Jean-Paul Mousseau a vu le jour au coin des rues Champlain et Logan. Rues bruyantes d'enfants que les automobiles n'apeurent pas, habitués qu'ils sont à mesurer d'un coup d'œil aussi rapide que dédaigneux s'ils doivent céder la place ou s'ils peuvent continuer leurs jeux. Rues où toutes les maisons sont semblables par leurs deux premiers étages de briques rouges et de persiennes vertes, mais toutes différentes par le troisième, mansardé, aux lucarnes et aux balcons de bois travaillé: torsadé, dentelé et quoi encore, dans le plus rococo des styles.

Un quartier où l'on apprend tôt que la vie ne se laisse pas facilement gagner. «Je suis d'une famille très pauvre, nous dit-il. J'avais cinq demi-frères et deux frères propres. Ma mère est devenue veuve et s'est remariée. Je suis du deuxième lit. J'ai un frère qui a soixante-quatorze ans, tu sais. Chez nous, ils ont dit: tu vas apprendre. J'étais le grand espoir de la famille qui pensait: on va en avoir au moins un à l'école. En 1939 ou 1938, mon père est mort. La même année, mes frères ont été forcés de travailler comme «volontaires», ainsi qu'on disait dans le temps, dans des usines de munitions. J'ai fait quelque temps d'orphelinat et, en 1941, j'avais quatorze ans, j'entrais au collège Notre-Dame.»

À Notre-Dame, un homme très simple et très doux enseigne le dessin et la peinture: le frère Jérôme. Celui-ci remarque Jean-Paul Mousseau parmi tous ses élèves. Quelques fois par an, les élèves exposent leurs œuvres. Un professeur de l'École du meuble est invité à commenter les travaux. Lui aussi remarque les œuvres du jeune Mousseau. Il lui parle. Il l'encourage et, enfin, ils se lient d'affection. Ce professeur se nomme Paul-Émile Borduas. Mais écoutons Mousseau:

«J'étais étudiant au collège Notre-Dame. Dans mon irrésistible appétit de peindre, je cherchais un prétexte pour m'évader du pensum des cours. Se faisant mon complice, le frère Jérôme me confia les clefs de l'atelier du collège. J'étais comblé, la vie prenait son vrai sens. Comme par hasard, ou par une intuition perspicace, le frère Jérôme fit la connaissance de Paul-Émile Borduas, alors professeur à l'École du meuble et il me le présenta. J'avais quinze ans. D'emblée, j'épousai le dynamisme et la pensée de Borduas et je passai bientôt, aux côtés de cet homme généreux et qui savait être intransigeant, de l'état d'adolescent à l'état d'homme. À ce moment, je peignais comme tous les enfants peignent. Du jour où je connus Borduas, la peinture devint pour moi une aventure, l'engagement de ma vie. Je ne m'en suis jamais dédit. À ses côtés, j'ai appris à découvrir, à voir un brin d'herbe, à me retrouver devant la beauté d'un paysage, du visage de la terre, de la nature. Ce qu'il nous apprenait était pur de tout calcul. Nous nous aidions mutuellement. Ce qu'il y avait d'extraordinaire chez lui, c'est qu'il aidait les gens à découvrir leurs propres qualités, en leur faisant confiance. C'était alors si simple de vivre auprès de cet homme entier, libéré, toujours angoissé, mais que l'on admirait pour son intégrité, la pureté de son engagement, sa joie de vivre et d'agir. Grâce à lui, je crois avoir compris comme c'est simple, vivre. Le comportement de Borduas envers nous était empreint de paternité.»

À cette époque, Paul-Émile Borduas ne sait pas encore que sa carrière de professeur à l'École du meuble achève. Il sait seulement que certaines choses doivent être dites, dans cette province, pour soulever un peu le couvercle de cette marmite dans laquelle ils étouffent, lui et ses pareils.

Jean-Paul Mousseau ne sait pas encore, lui non plus, qu'il aidera à soulever le couvercle. Il ne sait qu'une chose: quoi que Borduas lui demande, quoi que Borduas attende de lui, il le lui donnera.

Quelques studieuses années passent. Des groupes se créent. Une nouvelle faune apparaît. Hirsute, extravagante, bruyante, elle passe ses nuits au restaurant Chez Geracimo. Elle se donne un nom prétentieux: Société d'art contemporain. On discute, on se querelle, on expose ici et là. Des peintres, comme tant d'autres dans le monde, mènent leur vie d'artistes. Puis, en 1946, une petite révolution de palais survient: les ultras de la Société d'art contemporain s'en séparent et fondent sous l'inspiration de Paul-Émile Borduas un nouveau groupe: les Automatistes.

Le revolver sur la table

Qu'est-ce que l'automatisme? Paul-Émile Borduas voyant un jour dans une galerie un nu provocant le tourne contre le mur en disant: «Ceci n'est pas fait sous le signe de l'accident.» Tout l'automatisme est là. Il fut toutefois défini ainsi: «produit par des moyens strictement physiques: plissage, grattage, frottements, dépôts, fumage, gravitation, rotation, etc. Les objets ainsi obtenus possèdent les qualités plastiques universelles, les mêmes nécessités physiques façonnent la matière.»

Les Automatistes n'étaient pas que peintres et Paul-Émile Borduas veut que l'automatisme change le monde. Les peintres se font agitateurs. Ils distribuent des tracts socialistes dans les usines. La RCMP les suit. «Elle nous envoyait des *stool* pigeons, raconte Mousseau. On les reconnaissait. On buvait avec eux.»

La brigade dite «antisubversive» est aussi sur leurs traces. Elle fouille les peintres et leur maison. «Ce n'était pas une époque facile, continue Mousseau. Tiens, par exemple, le fait d'aller à Prague au Festival de la jeunesse démocratique des deux mondes m'a coûté un emploi à l'Office national du film. Les gars ne parlaient que de révolution. Ils avaient tous lu Hegel, Marx et Engels. On était carrément communistes. Un jour, dans une réunion plus bruyante que les autres, j'ai mis mon browning sur la table, je leur ai dit: allez la faire pour vrai, votre révolution. Personne n'a bougé. Ils en ont moins parlé, après ça.»

Mais on ne gagne pas sa vie à poser un browning sur la table. Pendant trois ans, Jean-Paul Mousseau est commis libraire chez Tranquille, à la même adresse qu'aujourd'hui, rue Sainte-Catherine, près de Saint-Laurent. Deux étés de suite, il lave la vaisselle des touristes du Richelieu, qui fait des croisières Montréal-Saguenay. C'est au cours de ces croisières que la Canada Steamship Lines fit les plus grosses dépenses de son histoire en savon: Jean-Paul Mousseau faisait de la sculpture dans les «barres» de savon du bateau. Pendant des années, il a aussi pris la relève de l'entreprise familiale qui fabriquait ce que l'on appelait des bonbons «clairs», durs et transparents. «C'est mon père qui avait commencé ça. Puis ma mère en a fait et, à la fin, c'était mes frères. J'ai travaillé des dix-huit heures par jour là-dedans. On vendait ça à des *jobbers*, des détaillants, qui plaçaient ça dans les petits magasins.

— (Une question malicieuse.) Dites-moi, est-ce que votre expérience dans les bonbons clairs vous a influencé dans votre carrière de sculpteur au styrène?

— Ça ferait un bon titre: du nanane au plastique. Non, non, fais pas le fou, rapporte pas ça.»

À l'époque, les Automatistes avaient quitté Chez Geracimo. On les voit maintenant à La Hutte, chez Borduas, chez Leduc. Ils exposent chez Tranquille, chez Mme Gauvreau, la mère de Claude, le barde du groupe. Ils discutent des nuits durant, sans prendre une goutte d'alcool. «Nous étions des purs. Nous étions très chastes», dit Mousseau.

C'est en somme un mouvement comme il y en a tant. Dans quelques mois, il n'en restera plus rien. Les Automatistes se querelleront, d'autres ultras surgiront, le petit manège recommencera et l'on mettra tout ce bruit sur le compte de la jeunesse et de l'enthousiasme. Mais l'histoire en avait décidé autrement, et pas seulement l'histoire de la peinture, mais encore de la pensée canadienne.

Août 1948. Un hebdomadaire «couvre» un lancement à la librairie Tranquille. Les Automatistes lancent un manifeste au titre agressif: *Refus global*, tiré à quatre cents exemplaires. L'hebdomadaire imprime en quarante-huit points: «Les Automatistes annoncent la décadence chrétienne et prophétisent l'avènement du régime de l'instinct.»

Qui a signé le manifeste et ses principaux articles? Entre autres, Paul-Émile Borduas et Jean-Paul Mousseau, évidemment, Jean-Paul Riopelle, Marcelle Ferron, Marcel Barbeau, Pierre Gauvreau, Fernand Leduc, Bruno Cormier, etc.

Le 4 septembre suivant, quand Paul-Émile Borduas se présente à l'École du meuble pour reprendre les cours qu'il y donne depuis plus de quinze ans, une lettre l'attend sur son bureau: il est renvoyé. La lettre est signée par le ministre de la Jeunesse, Paul Sauvé, qui devait s'illustrer pendant quelques mois, après la mort de Duplessis, quelque douze ans plus tard.

Le *Refus* refusé...

Un grand mouvement de protestation est lancé contre le renvoi de Borduas, qui avait une femme et des enfants à faire vivre. Claude Gauvreau ameute la province pour recueillir des signatures en vue de demander au gouvernement de réinstaller Borduas dans ses fonctions. Roger Duhamel, maintenant imprimeur de la reine, dénonçait dans un hebdomadaire, le 27 septembre 1948, ceux qui défendaient Borduas et les accusait de vouloir dénigrer l'Union nationale. Dans *Le Clairon* de Saint-Hyacinthe, le journal de T.-D. Bouchard, un écrivain sous le pseudonyme de «Loup-garou» récitait les litanies de l'intolérance et rangeait parmi ses victimes les millions de juifs tués par Hitler et Paul-Émile Borduas, auteur du *Refus global*, qui remettait en question les institutions éducatives et artistiques de la province, en même temps que son héritage chrétien.

En 1953, Paul-Émile Borduas devait s'exiler à New York. «Il étouffait, dit Mousseau. Il avait besoin de voir ce qui se faisait ailleurs. Il avait besoin de confrontation.» Un an plus tard, Borduas lui-même écrivait à un ami: «Depuis que vous m'avez posé la question: pourquoi avoir quitté le pays, je n'ai plus eu de repos. Et je crains devoir vous désappointer. J'ai l'impression d'être entre mon passé et l'avenir: plus près cependant de l'avenir — dans une action où de nouveaux espoirs se précisent chaque jour davantage — que d'un passé qui s'estompe, mais me trouble encore.»

Borduas devait reconnaître plus tard qu'il s'était «trouvé» à New York.

Après le départ de Borduas, le mouvement automatiste ne fut plus le même. Ses dernières manifestations datent de 1954, l'année de l'exposition «La Matière chante» qui devait attirer quatorze cents spectateurs en quinze jours tant il se fit de bruit autour d'elle. Un peintre de Québec, Claude Picher, écrivit dans *L'Autorité* un texte plus humoristique que sérieux sur les Automatistes qu'il qualifiait de «boys-scouts du Cosmos». Claude Gauvreau, qui manie la plume comme un fleuret, le traite en retour de «momifié de Québec», de «porte-drapeau de la sclérose obligatoire», de «morpion régionaliste», de «fossile sentimental», et d'«éteignoir désintéressé» pour conclure sur ces mots: «Claude Picher, lui aussi, devrait tenter l'expérience humoristique. Peut-être, dans un moment d'oubli, parviendrait-il à échapper à la platitude appliquée qui le caractérise habituellement.

Mais l'automatisme étant mort, les Automatistes continuèrent de vivre. Certains d'entre eux atteignirent à Paris la gloire internationale: Jean-Paul Riopelle est de ceux-là.

Jean-Paul Riopelle est au nombre de ce que les connaisseurs appellent «les dix meilleurs vendeurs au monde». Ses toiles peuvent aller chercher dans les 30 000 $ comme rien. Comme tout enfant chéri, et Riopelle l'est des collectionneurs et des musées du monde entier, il mène grand train. Son appartement parisien est si singulier que le magazine *Elle* en a reproduit le foyer, l'an dernier, à titre de curiosité.

Il se partage d'ailleurs entre Paris et sa maison sur la Méditerranée. Là-bas, son sloop l'attend fidèlement à l'ancre. Et on dit, dans l'argot des amateurs de voile, qu'il ne «sort que par force sept». C'est-à-dire quand il y a un ouragan.

On aperçoit quelquefois sa tête d'Indien au Dôme ou à la Coupole, les deux hauts lieux de l'histoire de l'art à Montparnasse. Dans une même quinzaine, quand il vient au Dôme, on peut le voir descendre tour à tour d'une Bristol, d'une Bugatti, d'une DS ou d'une Citroën onze chevaux.

Mousseau, de son côté, étend les bras dans les directions les plus diverses: «Tu comprends, le petit tableau rectangulaire, c'est peut-être le meilleur moyen d'arriver, de faire du pognon, mais ça ne m'intéresse pas. Qu'est-ce qu'un petit rectangle de toile peinte a à faire avec la vie, la recherche globale? Pense à Léonard de Vinci: inventeur en artillerie, en machines volantes, sculpteur, peintre, dessinateur, philosophe et quoi encore. Au XXᵉ siècle, nous avons la science à notre disposition, de nouveaux matériaux, de nouvelles réalités, autant de choses qu'il faut intégrer à l'art.»

... et revenir?

Mousseau est ainsi le peintre canadien qui a le plus désiré agrandir son domaine d'expression. Tissus peints à la main le disputent aux tapisseries que réalise d'après ses cartons Mariette Rousseau-

Vermette; tentative d'intégrer l'art et l'architecture avec Claude Vermette et le studio Viau-Morisset qui cède le pas en 1957 à ce qui sera, pour ces dernières années, la passion de Jean-Paul Mousseau: le styrène, matière plastique tour à tour malléable et rigide, transparente, facile à colorer et qu'on peut illuminer de derrière avec les tubes au néon.

Une fureur créatrice s'empare de lui: il colle, il colore, il allume, il soude, il assèche, il polit. Ce sont d'abord des plaques murales qui n'intéressent pas les acheteurs. Ce sont ensuite des lampes: les architectes se jettent dessus comme des mouches. Et enfin, en 1961-1962, la revanche de la murale: il obtient le premier prix du concours de l'Hydro-Québec.

C'est presque une nouvelle carrière qui commence. Les vertus décoratives de ces murales sont presque infinies. Dans le même temps, le gouvernement du Québec décide de mieux jouer son rôle de mécène et tous les ministres ou à peu près font ce que Mousseau appelle «de grandes déclarations» sur la nécessité d'encourager les artistes en les faisant collaborer à l'aménagement des édifices publics qui sont construits par troupeaux depuis quelques années partout dans la province.

Mais Mousseau et ses collègues qui chantaient déjà le coq devant ces mirobolantes déclarations devaient vite déchanter. «Ils me font rire avec leurs belles paroles. Dans leurs discours, les ministres nous passent la main dans le dos, nous promettent mers et mondes et tout est bloqué par des fonctionnaires minables qui ne comprennent rien. Les ministres veulent qu'on marche et leurs fonctionnaires nous tirent dans les jambes. Je me demandais pourquoi il n'y avait pas d'architecture intéressante au Québec, même dans les édifices publics, je le sais, maintenant. Au ministère des Travaux publics, l'équipe de fonctionnaires qui accepte ou refuse les projets a soixante-huit ans d'âge moyen. En plus d'être vieux, ils sont peureux, ils préjugent de ce que les gens aimeront ou n'aimeront pas, ils veulent éviter les problèmes, tel celui d'Armand Vaillancourt à Asbestos, ils coupent ici, ils transforment là, ils réduisent tout à une commune médiocrité. Qu'avons-nous comme œuvres architecturales valables dans la province? Rien. L'Hydro-Québec, par exemple, le plan original de Gagné était infiniment plus beau que l'édifice actuel. Ils lui ont fait recommencer six fois. À chaque fois, c'était moins bon. On dit aux architectes: battez-vous, les gars, et puis on comprend que, s'ils s'entêtent, ils vont tout perdre, alors on se tait. Ici, tu plies ou tu crèves. Le savant Pauly disait un jour: la vérité ne triomphe jamais, mais ses adversaires finissent par mourir. On pourrait dire la même chose du bon goût.»

Alors, devant tant de bêtises, Mousseau s'en va. «Ce ne sera pas mieux à New York, mais les débouchés sont plus nombreux. On a donc plus de chances de travailler. Il n'y a plus que ça qui m'intéresse: travailler. Discuter, c'est fini.

«Pourquoi on ne peut pas réussir, ici, c'est simple: il n'y a que le gouvernement à pouvoir nous aider. Or il ne le fait pas. Et il ne faut pas compter sur ceux qui ont de l'argent, les bourgeois, pour acheter nos œuvres: nos œuvres sont contre eux. C'est donc toujours par erreur ou par hasard qu'ils nous encouragent.»

Il fera donc ses paquets. «Il faut qu'il se passe quelque chose. Je sens qu'il va se passer quelque chose. Je ne sais pas quoi, mais ça va arriver.»

Il nous l'a dit lui-même, ce quelque chose, c'est un exil à New York. Y restera-t-il? Citons le père spirituel de Mousseau, Paul-Émile Borduas: «M'ennuyant des amis, du pays, de son climat, de ma montagne, il faudra bien y retourner un jour.» Mousseau lui-même disait de Borduas quelques jours après avoir appris sa mort: «Et vous savez… il allait revenir au pays, paraît-il. Dans six mois. Il serait retourné à Saint-Hilaire.»

Même sachant cela: que l'on s'ennuie de son pays, que l'on veut y revenir, Mousseau part de toute manière. Il quitte ce pays trop petit pour qu'un artiste puisse y réussir de façon satisfaisante et auquel on est trop attaché pour pouvoir le quitter à jamais.

Le magazine Maclean, octobre 1964

❏

2. «J'enseigne, donc ça change!»

Après la Mousse-Spacthèque, la Mousse-Crash, la Mousse-tache qui lui donne l'air d'un tortionnaire chinois de la région du Sin-kiang avant la Longue Marche, la Mousse-Hydro, la Mousse métro-Peel, voici depuis la mi-décembre la Mousse-Expo, intitulée *Aspects*, au Musée d'art contemporain.

Il y a là des maquettes de décors de théâtre, des affiches, des tapisseries, des lanternes, des sculptures lumineuses, des diapositives de ses murales lumineuses, des photos de sa station Peel dans le métro, des photos du Crash (discothèque en forme d'accident de la route), une reconstitution d'une partie de la Mousse-Spacthèque, des dessins, des gouaches, des tableaux de sa dernière période comme peintre: tableaux en forme de boucliers, comme ceux des samouraïs, des bijoux, des maquettes de reliure et une pièce dite «d'ambiance», ou «d'environnement».

Un chercheur et non un vendeur

— Faites-vous encore des tableaux?

Mousseau: Ce que j'aime, c'est la recherche. Ce dont je rêve, c'est d'un laboratoire de recherches. Je cherche, je trouve, je laisse à d'autres l'utilisation. C'est la raison pour laquelle je ne fais plus de peinture: j'ai fait le tour d'une recherche en trois tableaux. Et puis tu comprends, je ne suis pas bon vendeur, moi. La plupart des peintres qui vivent de leur peinture sont obligés de faire cinquante ou cent tableaux dans la même veine pour tenir une exposition, moi, tout ça me fait suer. Je veux aller vite, aller dans le nouveau...

— Croyez-vous encore à la toile?

Mousseau: Oui, le tableau a encore sa place, mais je ne puis m'empêcher de la trouver de plus en plus réduite. Le tableau est lié à une petite classe de gens qui se dérangent pour aller dans les galeries et dans les musées, et ça me paraît de moins en moins une réalité concrète. D'ailleurs, on ne sait plus où commence et où finit le tableau, avec les multiplans, l'intégration de la sculpture à la peinture, etc.

Pas de mots qui le définissent

— Comment vous définiriez-vous, maintenant?

Mousseau: Il n'y a pas de mots pour ça... la Mousse-Spacthèque, par exemple, c'est un lieu, une atmosphère sonore, rythmique, lumineuse, sculpturale, colorée, c'est une synthèse, car je veux créer des *lieux totals*, réunir tous les modes d'expression qui touchent la société, l'homme de tous les jours.

— Avez-vous des projets (question rituelle)?

Mousseau: Je travaille sur l'utilisation de la couleur à la télévision. L'émission sera diffusée au début de février. J'ai demandé une bourse au Conseil des Arts du Québec pour aller à l'Institut de recherches de Prague dont on a vu les réalisations au pavillon tchèque... C'est d'un laboratoire de ce genre que je rêve pour le Québec.

— Quand vous avez commencé dans la peinture, aviez-vous songé à tout ça?

Mousseau: Non, c'est nouveau. Tout a commencé avec les plastiques et s'est développé dans mon travail avec un bureau d'architectes avec lesquels j'ai fait équipe. C'est d'ailleurs grâce à eux que j'ai pu faire la station Peel...

— Comment expliquez-vous qu'il n'y ait qu'une station, celle de Peel, où il y ait, disons le mot, de l'art?

Mousseau: Parce que c'est la seule dont les architectes aient eu conscience de ce problème. Il faut dire par ailleurs que la formation de l'architecte et de l'artiste n'est pas faite pour que nous nous entendions. Nous sommes compartimentés et ça prend de l'ouverture d'esprit, des discussions, du temps et de la compréhension pour qu'une équipe se forme entre architectes et artistes.

— Est-ce que ça change?

Mousseau: Oui, J'enseigne avec Marcelle Ferron à l'Université Laval, en architecture. Donc, ça change, tout change.

Le magazine Maclean, janvier 1968

B. Théâtre

Les conditions d'un théâtre
authentiquement populaire

Il n'est aucun art plus près de la politique que le théâtre, par sa forme. Il est assemblée, communauté d'hommes. Il est transmission d'idées et de sentiments par la parole. Il est dialogue. Il provoque. Il peut être éducation en vue d'un objectif. Il peut être utile, d'une manière qui soit audible par le plus grand nombre.

Théâtre et Marx

Mais un théâtre ne saurait être politique sans idées claires, sans précision de l'action. Voilà pourquoi, sans doute, le seul théâtre politique du siècle aura été socialiste ou marxiste. On peut n'être pas d'accord avec les marxistes ou les socialistes, on ne peut nier que le socialisme et le marxisme soient les seules doctrines de notre temps dont les idées soient claires, qui soient engagées dans une lutte précise, celle des classes.

Un théâtre illustrant cette lutte a aussi le mérite d'intéresser le plus grand nombre et s'assure des auditoires aussi nombreux qu'enthousiastes.

Théâtre populaire

La conclusion surgit d'elle-même: le seul théâtre populaire authentique sera politique. Le seul théâtre à grand succès sera politique.

Le prolétariat n'est peut-être pas conscient que sa guerre n'est jamais gagnée et le succès populaire du *Dindon* de Feydeau au TNM l'an dernier montre que le prolétariat ne songe quelquefois qu'à rire. Un théâtre populaire devra donc aller d'un des deux pôles à l'autre, du plus pur divertissement au plus pur engagement dans une lutte politique ou sociale.

315

Certains efforts

Certaines troupes montréalaises sont soucieuses du public ouvrier. Au TNM, il y a demi-tarif pour les syndiqués. Au théâtre du Gesù, le prix des billets n'excédera pas 1,50 $. Chez les Apprentis-Sorciers, le public donne ce qu'il veut bien donner. (On peut voir dans cette habitude des Apprentis-Sorciers aussi bien la meilleure forme de théâtre populaire que la pire. En effet, qui ne peut vraiment rien donner ira-t-il à la boulangerie? Et le mécanisme de la charité pour l'art n'est-il pas strictement bourgeois?)

Le nœud du problème

Mais le nœud du problème n'est pas là. Écoutons Erwin Piscator: «L'homme du peuple voyait dans le théâtre "le temple des muses", où l'on ne pouvait entrer qu'en habit de gala et dans l'"état de grâce" correspondant. Il aurait le premier considéré comme un sacrilège d'entendre parler dans ces salles d'apparat couvertes de velours rouge et de dorures en stuc, de la "hideuse" lutte quotidienne, des salaires, de la journée de travail, des dividendes et du profit[1].»

De plus, la tournée de troupes de théâtre célèbres dans les usines peut n'être que la visite des bourgeois aux ouvriers. Les tentatives du TNM, du théâtre du Gesù, des Apprentis-Sorciers restent des cadeaux des bourgeois aux ouvriers et leur théâtre reste un piédestal bourgeois où l'on inviterait les ouvriers. Ce théâtre n'est pas inscrit dans la vie même du prolétariat.

La présentation de la pièce de Barrie Stavis *Joe Hill, martyre du syndicalisme* par le TNM en fin de saison me semble encore un cadeau, une tentative, un essai de communication louable sans doute, mais qui ne résoudra pas le véritable problème. Tout au plus cela donnera-t-il bonne conscience à tout le monde.

Une solution

La solution est peut-être celle-ci: la fondation d'un théâtre réservé exclusivement aux ouvriers. Il n'y a qu'une manière d'en arriver à un théâtre authentiquement populaire, politique, prolétarien, c'est d'être à l'intérieur même du prolétariat.

C'est de faire un théâtre tel que le bourgeois n'y ira pas, qu'il sentira, comme l'ouvrier sent, à la porte des *plush theatres*, qu'il n'est pas chez lui. C'est à ce prix que l'ouvrier, lui, se sentira vraiment chez lui.

Il s'agit d'opter. L'esprit mi-chair mi-poisson qui anime sur le plan politique (au sens le plus large) nos troupes de théâtre soucieuses surtout de commerce, justement à cause des exigences financières que comportent les *plush theatres*, fait qu'elles ne savent jamais exactement où se jeter, qu'à chaque spectacle leur survivance est remise en cause.

L'échec de toutes les autres tentatives «popularistes», tant sur le plan financier que sur le plan spirituel, me porte à croire que telle est la clé de cette porte du théâtre populaire depuis toujours fermée chez nous.

Le Nouveau Journal, 14 octobre 1961

---

1. Erwin Piscator: «Naissance d'un théâtre politique», dans *Théâtre populaire*, Paris, n° 41, p. 27.

À propos de Bertolt Brecht

1. *L'Opéra de quat'sous*

Les bas-fonds de Londres, sous le règne de Victoria.

Le pillage, le meurtre, le vol, la fraude le disputent au chômage, aux coups de couteau, à l'abus de confiance, à la prostitution.

Mackie Messer, Peachum, Polly, gangsters et filles de vie jouent à qui serait le plus malhonnête.

Ce n'est guère moral mais, disent-ils aux bourgeois:

«Nous sommes des fumiers, nous le savons,
Mais dans cette chienne de vie
On ne peut se payer le luxe d'être moral
Quand on n'a pas bouffé.»

Voilà le thème de *L'Opéra de quat'sous*.

Mais Brecht aimait trop la vie, aimait trop ses personnages, il les faisait toujours plus sympathiques que pitoyables.

C'est ainsi qu'il dépasse son propos qui n'était que de revendiquer et de lancer des briques aux bourgeois.

C'est ainsi que cette pièce comble tout le monde.

Le bourgeois s'amuse à *L'Opéra de quat'sous*: ce n'est pas tous les jours qu'on peut voir s'animer une «cour des miracles», un repaire de bandits et de respectueuses, une fosse aux serpents.

Et cet *Opéra de quat'sous*, qui est l'évocation la plus cruelle possible de l'enfer qui est au verso de la bourgeoisie capitaliste, peut être aussi bien le tableau le plus vivant, le plus riche de personnages, de sons et d'odeurs d'un univers primitif entre tous, intéressant entre tous.

La police soudoyée, les chasses à l'homme, les salles de garde, les tripots: là où l'humanité est la plus vraie, la plus dépouillée de ses artifices, puisqu'aux prises avec la faim, la peur, la soif, le souci, en un mot, de ne pas crever, souci élémentaire s'il en est.

C'est ce monde que le TNM a choisi d'animer pour son dixième anniversaire. Ce sont ces revendications que le TNM a décidé d'endosser.

Qu'en plus, ce théâtre soit un des plus grands, c'est là le miracle de Brecht.

Le Nouveau Journal, 11 novembre 1961

❏

2. Bertolt Brecht contre l'acteur

Bertolt Brecht a refait tout le théâtre, nous ne l'apprendrons à personne. Mais sa théorie la plus neuve, tant dans sa conception que dans son efficacité, est celle qui a trait à l'acteur. La théorie de la distanciation, la théorie du *Verfremdungseffekt*.

Du côté de l'efficacité, cette théorie n'est pas neuve et les tragiques grecs arrivaient au même résultat au moyen des chœurs.

Les chœurs sont là pour briser le mensonge, pour rappeler aux spectateurs que le théâtre n'est pas la vie, mais un art.

Brecht a appliqué la même théorie non plus seulement aux chœurs, non plus seulement à ceux de ses personnages qui chantent ou qui haranguent, mais à tout de ses pièces.

Le dépaysement doit être total. Non seulement dans les décors (par exemple, dans ses notes pour la mise en scène de *La résistible ascension d'Arturo Ui*, Brecht insiste pour que la pièce soit jouée devant des tentures de grosse toile blanchie à la chaux. «On peut aussi, continue-t-il, utiliser, le cas échéant, des vues panoramiques peintes sur des toiles de fond»), mais encore, pour ne pas dire surtout, dans la manière de dire le texte.

Car c'est l'acteur qui est le plus soumis à la tentation du mensonge, à la tentation du romantisme, à la tentation du mélodrame, à la tentation de la fourberie, à la tentation de feindre.

C'est par la porte de l'acteur qu'entre le plus facilement sur scène le souci grossier d'émouvoir.

Brecht concevait la distanciation, et c'est par là qu'il est le plus original, comme un moyen de ne pas mentir, comme une manière d'être plus vrai, d'être vrai pour le théâtre, ce qui n'est pas la même chose qu'être vrai pour la vie.

Avec Brecht, finies les tirades à émotion. Le texte doit suffire. À l'instant où le comédien «joue» le texte, il se mêle quelque chose d'impur au choc qu'en reçoit le spectateur.

Il me plaît d'imaginer que Brecht en est arrivé à cette conception de la distanciation par le marxisme.

Par exemple, si *L'Opéra de quat'sous* est «joué», dans la manière naturaliste, sans distanciation, il n'y a là que passe-temps pour bourgeois. Il n'y a là qu'un exotisme assez atroce, qui rejoint la malhonnêteté de *Never on Sunday*. Les bandits, les putains, la faune de *L'Opéra de quat'sous*, sans la distanciation, sans la mécanisation, sont des bandits, des putains, une faune de salon, une faune pour bourgeois qui s'ennuient.

Grâce à la distanciation, cette conscience dans le jeu, on est prêt à oublier que les personnages de *L'Opéra de quat'sous* sont joués par des comédiens. On l'oublie puisqu'ils ne nous le cachent pas. Parce qu'ils ne veulent pas nous leurrer. À ce moment, nous sommes dans le coup. Nous participons au spectacle. Nous savons qu'il s'agit d'une pièce. Le théâtre n'est plus un excitant, un désennuiement, mais une communion.

C'est ainsi que la distanciation, cette recherche d'une vérité artistique, devient, à l'intérieur du théâtre de Brecht, un engagement social, un engagement politique.

Ce théâtre est extrêmement grave, faut-il le rappeler.

C'est la fin de la futilité. Dans *L'Opéra de quat'sous*, Brecht montre l'enfer qui est le répondant d'une société que l'argent mène. Enrichi de la distanciation, *L'Opéra de quat'sous* montre au bourgeois l'horreur mathématique de cet enfer, l'horreur par deux et deux font quatre. La distanciation fait de *L'Opéra de quat'sous* une machine inoubliable, une machine efficace, tandis que le romantisme n'en ferait qu'un passe-temps et le bourgeois aurait ainsi la chance de se demander s'il a frémi parce qu'il a tort d'être riche ou parce que la pièce était émouvante.

Le Nouveau Journal, 18 novembre 1961

❏

3. Réflexions sur un Brecht

On a dit bien des choses de ce spectacle qui sera peut-être l'ambassadeur du théâtre canadien-français à Paris dans quelque temps. On a presque tout dit, sauf ceci: qu'en aurait pensé Bertolt Brecht?

Ébloui par les qualités visuelles de cette production, je n'ai pas songé avant aujourd'hui à répondre à la question que je me posais la veille de la première de *L'Opéra*: cette pièce sera-t-elle de l'exotisme pour bourgeois, ou la machine de guerre qu'a imaginée Brecht?

Un fait demeure: *L'Opéra de quat'sous* peut malheureusement être présenté comme un divertissement pour bourgeois. Brecht, quand il l'a écrit, n'était pas l'écrivain engagé qu'il est devenu par la suite. Ce problème dans l'interprétation ne se pose pas, par exemple, avec *Galilée*. Il n'y a pas de malentendu possible.

Qu'a fait le TNM? Il a suivi la pièce mot à mot, la plupart du temps, et ne lui a donné que rarement le sens d'un engagement.

On sentait la fidélité prudente, ou plutôt l'indifférence devant l'engagement. Ou, peut-être, la volonté de ne pas heurter, auquel cas Brecht a été trahi.

Jean Gascon n'était pas assez méchant. Il a conçu le *verfremdungseffekt* ou «distanciation» comme un détachement en face du rôle, alors qu'il aurait dû être une outrance dans la méchanceté, dans la traîtrise, dans l'hypocrisie, dans le meurtre. Il aurait fallu sentir le traître et, plus que le traître, le sans-cœur et le sans-âme.

Il aurait fallu un coup de fouet dans toute cette mise en scène. Le policier le plus véreux, le clergyman le plus véreux, des gens à haïr, en somme, pour ce qu'ils représentent et que Brecht détestait.

Chez les petites gens, une agressivité mordante et omniprésente. Chez Mackie, le côté requin. La «distanciation» par l'excès de méchanceté.

Brecht n'est pas de tout repos, messieurs du TNM. C'est de la dynamite. Vous n'avez pas désamorcé la dynamite, c'est pourquoi on ne peut vous en vouloir. Ou plutôt, vous n'avez même pas désamorcé la dynamite, et ça frise l'inconscience.

À bien y penser, ce décor trop riche dans la pauvreté, en somme, n'incite guère au courage ni à l'engagement d'une mise en scène. Et j'ai bien peur qu'au bout du compte, ce pauvre Brecht, vous ne l'ayez émasculé.

Et vous avez peut-être et malheureusement raison, car qui a protesté? Qui s'est senti lésé? Et la pièce n'est-elle pas votre plus grand succès?

Bon voyage à Paris!

Le Nouveau Journal, 10 février 1962

Un théâtre de comédiens

Une rapide tournée des compagnies de théâtre nous a montré d'une part que le théâtre montréalais est un théâtre de comédiens plutôt que de metteurs en scène, d'autre part que ces comédiens, de qui relève la vitalité ou la sclérose du théâtre canadien-français, éprouvent certaines difficultés à parler théâtre.

Il a fallu attendre Paul Hébert pour entendre des mots qui soient le fruit d'une réflexion sur l'essence même du théâtre: l'espace scénique. Tout au plus Gilles Marsolais, avant Hébert, avait esquissé certains rapports entre la scène et la salle, avait parlé de l'usage du proscenium.

Les autres hommes de théâtre que nous avons interrogés ont su nous servir ce que tout homme de théâtre doit savoir sur le rôle social du théâtre, sur sa mission, sa vocation, sa valeur formatrice. La plupart d'entre eux, ainsi, parlent plus facilement des dimensions morales ou éthiques du théâtre que de ses dimensions scéniques, ses dimensions visuelles, ses dimensions dans l'espace, ses dimensions esthétiques.

Encore là, cette réaction est celle de comédiens.

Il ne faudrait pas inférer de leur silence qu'ils ne réfléchissent pas sur le théâtre. Et il serait plus équitable de les juger sur leurs réalisations que sur leurs propos ou leurs silences.

On peut se demander aussi jusqu'à quel point cette situation a marqué le théâtre canadien-français.

L'âge d'or du théâtre de comédiens a été l'époque de Sarah Bernhardt, autour de 1900... Le temps était à cela.

Les besoins étaient aux rois et aux reines. Valentino en fut un.

À Montréal, ce fut Fred Barry et son équipe, qui ont joué cinq cents fois *Le maître de forges*. La mise en scène n'existait pas encore. Du moins, n'avait pas encore ses règles, ses logiciens, ses exégètes.

Le théâtre était confortablement installé dans l'émotion et le mélodrame. Dans le morceau de bravoure et le culte de la vedette.

Mais les temps ont changé.

Le cinéma est venu, entre autres. Le public de théâtre est aujourd'hui réduit à quatorze mille personnes, à Montréal. Et qui ne se déplacent pas pour chaque spectacle!

À qui la faute?

Personne ne parle plus du théâtre. Parce qu'il est assis dans des poncifs. Parce que les hommes de théâtre eux-mêmes n'en peuvent rien dire. Parce qu'il ne leur vient pas à l'idée qu'un art, s'il est vivant, ne laisse personne indifférent.

Tenter de renouveler le théâtre. À tout le moins le dire. Être bruyant et fracassant, comme les gens du cinéma, voilà ce que trop d'hommes de théâtre ne font pas.

Redonner vie au théâtre. Faire de la mise en scène un art de la provocation. Replacer le théâtre au nombre des préoccupations de tous ceux qui cherchent quelque chose à quoi s'intéresser et qui iront là où ils croient que la vie est la plus intense. Voilà ce qu'il faut tenter.

Le théâtre de comédiens ne s'y prête guère. Tout au plus donne-t-il lieu au potin.

Dans certains cas, ce théâtre de comédiens est allé aussi loin que possible dans ses limites. Le public n'était toujours que de quatorze mille personnes.

C'est pourquoi je me dis: peut-être faut-il regarder ailleurs.

Peut-être faudrait-il songer maintenant plus au théâtre qu'aux comédiens? Briser de vieux cadres?

Grâce, par exemple, aux expériences de Roger Planchon, en France, le théâtre a recommencé à bafouiller. Il est redevenu un enfant. Il est redevenu vivant. Il faudrait voir si ce rajeunissement provoquera un sursaut d'intérêt. Auquel cas, il n'y aura plus à hésiter.

Le Nouveau Journal, 6 janvier 1962

Gérald Godin au Théâtre des nations
(*extraits*)

1. Dans un cimetière, du divertissement bourgeois, du folklore, du théâtre engagé et du romantisme sale

Tant de velours rouge, tant de stucs dorés, tant de lustres et tant de chapelets de cristal aux plafonds, tant de smokings et tant de visages bientôt tous les mêmes, migrations du Sarah-Bernhardt au Lutèce, du Lutèce au théâtre des Champs-Élysées.

Trop d'images se succèdent; le tour du monde du théâtre, le tour du monde du spectacle, le tour du monde du folklore, le tour du monde du goût, bon et mauvais.

Au théâtre, il n'y a pas d'absolus. Un mauvais spectacle à Paris a été un succès en Argentine. Il s'agit d'être de son époque, de son milieu, de son chez-soi au bon moment. On ne fait pas de théâtre pour l'Histoire, mais pour les indigènes. Le théâtre, c'est comme la cuisine. Mangeriez-vous des sauterelles grillées? Mangeraient-ils des *beans*?

Strip-tease intellectuel

Au Théâtre des nations, on fait le point. C'est le strip-tease du niveau intellectuel de tous les pays présents.

Tous les pays ont un folklore. Dans certains, il est de qualité, dans d'autres, il est mystique, dans d'autres, enfin, il est vulgaire et bas. Comment l'expliquer? Le folklore est une fleur qui ressemble à l'humus dont elle émerge. Le folklore trahit les siens. Il est l'expression des préoccupations, du goût, de la culture populaire. J'aimerais être espagnol, se disait-il l'autre soir au Lutèce où le ballet Zambra donnait son anthologie du ballet et du chant flamenco: tant de feu et tant de foi, tant de sensualité et tant de violence!

— Pourquoi les égouts sont-ils à ciel ouvert, à Paris?
— Non, c'est la Seine.

Elle roule ses flots bruns sous ma fenêtre. Ah! jeter un cœur de pomme dans la Seine.

Deux sortes de théâtre

De toutes ces images, une pensée se dégage lentement. Posons qu'il y a deux formes de théâtre: le futile et l'utile, le divertissement et la réflexion, celui qui assoupit la conscience et celui qui la réveille. Celui qui aide à la digestion et celui qui la trouble. La comédie musicale et Bertolt Brecht.

Paris n'est pas méchant, mais il est humide. On y tousse beaucoup. Surtout au théâtre qui vous a, certains soirs, des airs de sana. Une dame s'est fait dire, le soir des *Pantomimes de Wroclav*: «Allez vous faire soigner, merde». Les Américains ont beaucoup ri.

À Paris comme à Montréal, le théâtre est bourgeois. On y va en dilettante, en dandy. On aime Brecht parce que le Berliner Ensemble fait du beau travail. On coupe les couilles au théâtre et, aux petites heures, après les premières, on dira, entre deux «express» (on ne dit pas espresso, ici): «Je donnerais dix ans de ma vie pour voir une pièce de Sophocle au temps des Grecs.» Même là, on ne trouverait à dire qu'une chose: «C'est beau.» Car on a perdu la foi. Il n'y a pas d'état de grâce sans foi. Les publics prolétaires du Théâtre politique de Piscator à Berlin sont les Grecs de notre temps théâtral. Et la question se pose d'elle-même: une société bourgeoise, confortable, arrivée à un certain niveau de culture et d'intelligence, peut-elle concevoir le théâtre comme autre chose qu'un divertissement? Peut-on être grec et bourgeois? Entendons bourgeois dans le sens de bien doté, bien éduqué, socialement égoïste, partagé entre le gagne-pain et le loisir, n'ayant rien de plus à souhaiter que bonne table et bonne bagnole.

Deux bonnes expériences

Peut-on être grec et désabusé? Dans une société heureuse et satisfaite, le théâtre peut-il être engagé? Le théâtre peut-il être ce lieu privilégié d'une communion profonde de pensée entre la salle et le spectacle, d'une réflexion, d'un éveil?

Jean Dasté, de la Comédie de Saint-Étienne, nous a raconté comment, dans cette petite ville de province, lui et ses camarades avaient contribué à grouper les bonnes volontés, à secouer des cocotiers, à mettre en ébullition des intelligences, à attirer l'attention des pouvoirs publics pour en arriver à ceci: dans deux mois, un préfet, ou un maire, ou un ministre lèvera la première pelletée de terre d'une Maison de la Culture groupant salles de théâtre, bibliothèques, salles d'exposition, salles de jeux. Quel moyen a-t-il employé, de quelle allumette s'est-il servi pour f... le feu partout à Saint-Étienne: du théâtre, qui a réuni des gens, formé un courant d'opinion, d'intérêt. Tout a commencé par une parade aux tambours dans les rues de Saint Étienne, par des cris d'aboyeurs publics, par l'érection d'un théâtre portatif sur la grand-place. Il a suffi de cette étincelle pour tout mettre en branle. Des gens se rassemblent, aiment le spectacle, en parlent, pierre qui roule amasse mousse, et voilà. Roger Planchon en est arrivé par les mêmes moyens aux mêmes résultats, à Villeurbanne.

Un public neuf, qui n'est jamais allé au théâtre, est moins conformiste que l'autre. Il juge sur pièces, n'a pas de préjugés, aime ou n'aime pas, juge avec ses tripes. C'est ainsi que le même Roger Planchon à Villeurbanne est à faire le théâtre total avec la franchise et la pureté de jeunes mariés qui s'aiment pour la première fois. Pour mettre au point une dramaturgie neuve, c'est à l'épreuve des tripes qu'il faut se soumettre. Et ce qui semble audacieux et osé au connaisseur est tout naturel au public populaire. Et c'est quand l'audace est quotidienne que le théâtre avance.

Le romantisme sale

Le Living Theatre de New York, que dirigent Judith Malina et Julien Beck, est précisément à l'opposé de ce travail dans le vif. Malina et Beck ont élaboré un sorte de Carte du tendre du siècle de la bombe.

À leur avis, l'indifférence a condamné le monde à disparaître. Les deux K font KK et empoisonnent à qui mieux mieux l'eau que l'on boit et l'air que l'on respire, et ne protestent qu'un petit groupe de rêveurs candides et inoffensifs. Il faudrait en arriver, disent-ils, à ce que les gens soient si sensibles qu'à la première nouvelle d'une expérience nucléaire, ils se précipitent à la Maison-Blanche ou au Kremlin et f... KK par la fenêtre. De quelle façon s'y prennent-ils pour arriver à rendre les gens hypersensibles? En présentant des pièces criardes, où des comédiens feignent de s'inoculer de la dope, où l'on casse des verres avec fracas de façon imprévue, etc. Tout au plus ce bruit de verre cassé réveillera-t-il les gens qui dormaient. C'est là que l'on mesure toute la différence entre le romantisme et l'action.

Le Living Theatre veut faire de nous des écorchés. Tout au plus réussit-il à nous écorcher les oreilles. Mais c'est ainsi qu'on se donne l'illusion confortable d'être engagé dans les problèmes de son temps.

«Vous ne croyez pas, monsieur Beck, que le temps est à la raison et non aux fumées romantiques?

— C'est la raison qui nous a tous tués, jusqu'à maintenant», dit-il.

L'Italie, la Yougoslavie, l'Amérique, l'Argentine, Israël, l'Espagne et la Pologne ont tour à tour, jusqu'à aujourd'hui, présenté des spectacles. Du moins depuis mon arrivée. La Pologne s'est montrée à la fine pointe des conceptions contemporaines du théâtre, spécialement avec son *Richard III* de Shakespeare. Les décors stylisés à l'extrême descendaient du ciel. Une passerelle, venant également des cintres au besoin, était le plan surélevé des théâtres élisabéthains. Toutefois, un vieil homme aux cheveux blancs m'a dit avoir vu la même mise en scène, les mêmes décors en 1937, à Berlin, quand le grand Werner Kraus aujourd'hui disparu avait donné son *Richard III*. Un vieil homme avec l'accent allemand. Qui a disparu dans la foule.

Il y a quelques années, dans une pièce anglaise donnée au Sarah-Bernhardt, une des scènes se passait chez les spectateurs. Elle était tellement bien jouée que les gardes républicains qui sont de faction au théâtre ont vidé les deux comédiens anglais, dont l'un se défendait âprement avec un énorme sac à main.

Nationalistes au cimetière

Les Théâtre des nations, c'est tout ça. C'est l'ONU du spectacle. On est toujours assis entre un Japonais et un Marocain, entre un Yougoslave et un Nigérien. Et l'on se demande s'il fait beau, si on aime la pièce, et pourquoi, si le théâtre marocain va bien ou non, et pourquoi. Et l'on mesure bientôt qu'ils sont tous, ou à peu près, terriblement nationalistes. Sauf pour un Brésilien de formation communiste, «ou de déformation marxiste» pour reprendre son expression, qui, lui, critique le Brésil à bras raccourcis, et l'aveuglement dans lequel le gouvernement tient les masses.

Et, en contrepoint, Paris les vieilles pierres. Et sur chaque maison, une plaque commémorative «Fabriziot, Henri, gardien de la paix, mort pour la Libération de Paris en mil-neuf-cent-quelque chose», et Verlaine, et Antoine, et tous ceux qu'on ne connaît pas. Paris, c'est un cimetière où il y a beaucoup de cafés.

Le Nouveau Journal, 19 mai 1962

❑

2. À Paris, la guerre de deux théâtres: l'optimiste et le pessimiste

Ce sera l'histoire de deux prises de conscience. Celle d'un auteur dramatique et celle d'un centre dramatique de province. Et à travers ces conversions à une certaine foi nouvelle, ce sera la critique du théâtre dit d'avant-garde.

L'auteur, c'est Arthur Adamov. Le centre dramatique, c'est celui de Villeurbanne, que dirige Roger Planchon. L'université du Théâtre des nations nous a permis de rencontrer Adamov et René Allio, décorateur de Planchon. C'est au cours de ces deux conférences que l'on a touché le plus directement le cœur du problème, soit le rôle du théâtre dans toute société.

Des choses incurables

Arthur Adamov avait, en 1953, tout pour être Ionesco, dont on connaît la renommée actuelle. Il était du peloton de tête du théâtre d'avant-garde. On parlait de Beckett, d'Ionesco et d'Adamov comme des Trois Mousquetaires. L'un n'allait pas sans l'autre. Leurs pièces avaient ceci de commun qu'on y pratiquait un misérabilisme psychologique envahissant, que les dialogues étaient de sourds, que l'incommunicabilité des êtres y était érigée en système, qu'au bout du compte, pour reprendre les mots d'Adamov lui-même, on renvoyait les êtres dos à dos, et rien n'était plus possible entre eux-mêmes ou entre eux et le monde. Le vice de ce théâtre qu'Adamov renie aujourd'hui était de ne montrer que des choses incurables et, en somme, de se complaire dans la résignation. Ce théâtre a eu son utilité dans l'évolution du théâtre contemporain. Il venait en réaction contre l'hypertrophie des mensonges du théâtre bourgeois. Il voulait montrer comment était le monde bourgeois. Il était, citons Adamov, «le compte rendu d'un monde flagrant».

À bas les poubelles

De découvertes en découvertes, de rencontres en rencontres, d'influences en influences (le théâtre de Bertolt Brecht et les spectacles du Berliner Ensemble, surtout), Adamov a compris que le théâtre devait aussi montrer le curable en ce monde, devait aussi montrer que l'homme peut jusqu'à un certain point faire lui-même son destin et non plus en être la victime impuissante, confinée à la poubelle, de *Fin de partie* de Beckett.

Pour Adamov, le théâtre de Beckett et d'Ionesco n'était pas révolutionnaire, mais, au contraire, n'avait pas le courage de montrer deux côtés des choses, était devenu, avec le temps, complaisant et, par contre, strictement bourgeois, strictement satisfait de la situation existante, fût-ce celle des morts-vivants de Beckett.

En 1953, il a donc rompu avec ses œuvres précédentes pour écrire un théâtre plus large, plus vaste et qui ne se contente plus de montrer une situation désespérée, mais qui tend au contraire à montrer que le monde peut être transformé. Ce fut *Paolo Paoli*. Première tentative hésitante et trop dogmatique. Un ratage, en somme. Précisément ce qu'attendait toute une critique réactionnaire pour qualifier d'ennuyeux tout théâtre politique, au sens large du terme.

Le théâtre doit éveiller

C'était oublier que le théâtre de divertissement a derrière lui toute une tradition de facilités, de complaisances, de clins d'œil au spectateur qui simplifie considérablement la tâche des auteurs, tandis que le théâtre révolutionnaire, politique et socialement engagé, est un fait passablement neuf, surtout en France, trop neuf pour qu'un auteur frappe juste du premier coup. D'autant plus que tout écrivain dialectisant, ainsi qu'il veut montrer dans ses œuvres les deux côtés des choses, tient aussi, et l'histoire du théâtre contemporain le montre hautement, à révolutionner les formes qu'il emploie. Il écrivait ensuite

Printemps 71, tirée de l'histoire de la Commune de Paris et interdite pour l'instant en France, parce que trop brûlante.

Adamov continue: «Ce que je voudrais, c'est montrer en même temps toutes les raisons qui font agir un homme, tout ce qui le marque. Je voudrais qu'il y ait dans une pièce toutes les conditions de la vie particulière: qui sont les gens, quelles maladies les font souffrir, se lèvent-ils bien le matin? C'était un 12 janvier 1940, il pleuvait, le jeune homme était blond comme son père et je ne crois pas que la poésie perde quoi que ce soit dans un théâtre ainsi situé. Je crois au contraire qu'elle y gagnerait. C'est dans cette voie qu'il faut songer à faire le théâtre total et non pas dans la danse et le chant. Le théâtre doit éveiller.»

La mystification

C'est René Allio qui parle. Il en est au même point qu'Arthur Adamov. Le théâtre, pour lui, comme pour Planchon, comme pour le Centre de Villeurbanne où il travaille, doit être un éveilleur de consciences, doit poser des questions. Simultanément, Planchon et Allio refont le théâtre à neuf, lui annexant le cinéma, la mécanique, les projections, les pancartes, les apostrophes. Les expériences de Planchon représentent sans doute la fine pointe de l'évolution vers le théâtre total. Tout comme Adamov, c'est en passant par Brecht qu'ils se sont ouvert les yeux à une réalité plus large.

Ce qui faisait dire à quelqu'un: «Planchon est une autre des victimes du Théâtre des nations», qui a présenté à quatre reprises le Berliner Ensemble à Paris et dont l'influence sur le théâtre français ne pourra sans doute jamais être mesurée dans toutes ses dimensions.

C'est René Allio qui parle, dis-je. Il vise, ainsi que Planchon, à un art qui ne soit pas mystifiant.

«Qu'appelez-vous un art mystifiant?

— La télévision la plupart du temps, les grandes revues, enfin tout ce qui veut imposer aux gens le fait que la réalité est telle qu'on la leur montre. Un art qui n'est pas mystifiant: celui auquel nous tendons à Villeurbanne, c'est un art qui donne au public les moyens de juger le monde, d'éveiller sa curiosité, son sens esthétique, qui lui montre que certaines conventions peuvent être abolies, qu'il est davantage libre, en face du monde et de la société, qu'on veut bien le lui faire croire. Ce que l'on veut faire éclater, c'est une vision du monde. Dès qu'on se préoccupe d'amener au théâtre un public populaire, on doit se poser la question: est-ce que l'on va chatouiller sa sensibilité ou est-ce qu'on va l'aider à comprendre que la culture est une arme pour lui, que la culture n'est pas simplement un instrument de jouissance mais aussi un instrument de connaissance. Le public est chloroformé, nous voulons le faire sortir de son sommeil.»

Le Nouveau Journal, 2 juin 1962

La Roulotte du Service des parcs
ou le théâtre à la portée de tous

Il y a dix ans qu'elle roule sa bosse dans tous les parcs et terrains de jeu de la ville de Montréal.

Elle a eu ses cinq cent mille spectateurs, adultes et surtout enfants.

Son choix de spectacles va de *Pierre et le Loup* de Prokofiev à la commedia dell'arte.

Un grand nombre des jeunes comédiens les plus brillants de la scène et de la télévision montréalaises ont appris leur métier sur les planches de La Roulotte.

Le plus célèbre des magazines américains du spectacle, *Variety*, consacrait à La Roulotte, en août 1953, un article élogieux et enthousiaste.

Enfin, on n'en finirait plus d'énumérer des faits, des chiffres, des titres de spectacles, des expériences.

Parlons tout même d'une de ces expériences qui consiste à confier aux enfants, dans chacun des parcs et terrains de jeu, le soin de préparer eux-mêmes des spectacles, ayant à leur disposition les maquillages et costumes de La Roulotte. Du théâtre pour les enfants, par les enfants.

La leçon

Mais là n'est pas l'essentiel de l'expérience de La Roulotte. La création de La Roulotte, il y a dix ans, répond à une conception toute nouvelle du théâtre, celle qui consiste à désacraliser l'art, à le sortir de ses maisons.

Il est temps que Mahomet aille à la montagne et le théâtre au public.

333

Longtemps, on a pensé que l'art avait suffisamment de vertus pour que le public fasse de grands et beaux efforts pour se rendre à lui, gravisse des montagnes, s'il le faut, pour voir La Joconde.

On évoque le théâtre grec comme un âge d'or en frémissant: en ce temps, les gens savaient vivre et la valeur de l'art!

On répondra tout d'abord qu'on ne sait pas précisément les raisons pour lesquelles le public des théâtres grecs était si féru de théâtre. Et peut-être est-ce pour de tout autres raisons qu'une hypothétique culture mieux vécue, mieux sentie. Peut-être à cette époque sans hockey ni baseball, les gens ne pouvaient, pour se délasser aller qu'au théâtre.

Et ensuite, on répondra que tout a changé, que la télévision par exemple met sur la table de la salle à manger, tous les musées du monde, les chefs-d'œuvre de la littérature théâtrale ou musicale, etc.

Il ne reste au théâtre qu'une solution: aller lui aussi le plus près possible de la foule. Au lieu de cela, il se cantonne comme un vieille douairière, dans des maisons de stucs dorés et de fauteuils de velours, bien à l'image d'ailleurs de sa désuétude.

L'art peut suffire

Et la plupart des gens de théâtre continuent de croire que l'art peut suffire à chasser les gens de leur foyer, à les faire s'habiller en dimanche et à affronter les périls et l'excitation de la circulation et du stationnement, pour aller au théâtre voir une pièce bourgeoise.

Cette attitude, d'ailleurs, n'a rien pour étonner. Depuis des siècles, l'art est un passe-temps de riches dans les sociétés comme la nôtre et répond à la vieille notion de «argent-égale-culture». Au terme de cette attitude, on prendra les moyens, tel le prix exorbitant des billets, pour réserver l'entrée des théâtres aux seuls riches que l'on croit les seuls habilités à goûter l'art. Ce sont d'ailleurs les seuls à se déplacer pour l'art, parce qu'ils en ont le temps et les moyens.

Les gens qui ont songé à La Roulotte n'étaient peut-être pas conscients de faire une révolution, mais ils l'ont tout de même faite. Ils ont tout de même mis le théâtre à la portée de tous, sans distinctions d'aucune sorte.

Paul Buissonneau me confiait d'ailleurs qu'il y avait souvent autant d'adultes que d'enfants aux spectacles de La Roulotte.

Je ne regrette qu'une chose, c'est une certaine ambiguïté de pensée que peut entretenir l'idée de La Roulotte.

En ceci qu'on la réserve aux enfants. Comme si on faisait de la seule communauté enfantine une société sans classes.

Mais c'est sans doute ce que l'on croit ici.

À quand du théâtre adulte qui irait à la foule? À quand une roulotte Shakespeare, qui planterait ses tréteaux un beau soir, aux carrés Dominion ou Saint-Louis, jouerait ses premières répliques pour les flâneurs du coin puis sa dernière pour des milliers de gens? À quand un théâtre à la portée de tous et non pas de toutes les bourses, car il y a des gens qui n'ont pas de bourse?

La leçon de La Roulotte et ses cinq cent mille spectateurs de sept à soixante-dix-sept ans est à retenir. En un mot: la montagne ne veut pas aller à Mahomet, c'est Mahomet qui doit se déplacer, s'installer dans la montagne comme La Roulotte du Service des parcs dans un tas d'enfants.

Je vois d'ici un public flottant, se sentant libre de quitter la pièce quand il veut, étant en plein air, cueillant au passage quelques grandes vérités de Shakespeare ou de Molière, continuant sa route, s'arrêtant peut-être, puis tout à coup, étant pris par l'action qui s'empare de lui, comme une pieuvre dont les personnages, les costumes, l'intrigue, le texte et le mystère du théâtre seraient les bras.

Le théâtre ne sera pas populaire au niveau du texte, ou d'une éthique, ou d'une esthétique, ou même d'une politique, mais au niveau des moyens qu'il emploiera pour toucher le plus grand nombre de gens.

Le Nouveau Journal, 16 juin 1962

À propos de William Shakespeare

1. La chance de Shakespeare

On se demande pourquoi il n'y a plus de Shakespeare. C'est pourtant simple. Il n'est que de voir le *Richard II* du Théâtre du Nouveau Monde pour le comprendre.

Il y a dans cette œuvre toute une mythologie accessoire qui est pour les trois quarts de sa valeur.

L'époque était à ça. La conception du monde, la conception de l'histoire, la conception de Dieu, tout contribuait à donner du corps à une œuvre, à l'enrichir. À l'époque, on ne comprenait rien dans sa réalité. Ou plutôt, on s'expliquait tout par les théories les plus farfelues, les plus fantaisistes, les plus échevelées.

Les choses et les hommes étaient bons ou mauvais. Quand ils étaient bons, Dieu était avec eux, quand ils étaient mauvais, c'était le diable. Quand Dieu était favorable à un homme, il gagnait la guerre, son armée fût-elle la moins nombreuse. Car l'armée nombreuse avait peur de la présence de Dieu dans le camp ennemi et combattait avec la conviction de perdre. C'est d'ailleurs de cette époque que date la devise de notre ville: *Si Dieu est avec nous, qui sera contre nous.*

Et tout allait ainsi. Et autant les théories se multipliaient qui ne reposaient sur rien de réel, autant les drames, les déchirements intérieurs étaient nombreux et difficiles à résoudre. Qui dit tragédie dit déchirement intérieur. Qui dit tragédie dit présence de la Fatalité ou de Dieu. Il ne reste plus aux tragédies d'aujourd'hui que le déchirement. D'où leur réduction.

Si l'on prenait l'une après l'autre les œuvres de Shakespeare et si l'on en retranchait tout ce qui tient à l'esprit du temps et qui n'a plus cours aujourd'hui, il n'en resterait, mon Dieu, que quelques scènes.

Loin de moi l'idée d'enlever des vertus à ces pièces et de les dénigrer. Je veux ici montrer pourquoi il n'y a plus de Shakespeare. Pourquoi la tragédie au théâtre est peut-être dépassée, non pas comme spectacle, le succès du TNM le prouve, mais comme mode d'expression pour un auteur du XXe siècle.

Il faut toutefois dire que Bertolt Brecht a peut-être trouvé la voie vers une nouvelle tragédie, aussi riche que celle que Shakespeare et qui ait assimilé une nouvelle mythologie, celle du XXe siècle. Il faudrait peut-être aussi établir les relations du Grand Will et de Brecht avec les théories historiques de leurs époques respectives.

Au temps de Shakespeare, l'histoire était aux mains de Dieu. C'était Dieu qui choisissait les rois, qui les déposait par le moyen de ce que l'on a coutume d'appeler un traître et un ambitieux.

Au temps de Brecht et depuis Hegel, l'histoire est faite par les hommes. Le succès d'un chef ne dépend plus de la grâce que Dieu lui a faite, mais de la perfection de son organisation.

L'histoire elle-même a évolué dans le sens de la réalité, comme tout le reste, et ce n'est pas sans sourire aujourd'hui que l'on voit des personnages de Shakespeare attribuer à Dieu les succès d'Henri Bolingbroke qui devint Henri IV après Richard II, alors qu'on sait, non pas depuis Hegel, mais tout simplement parce qu'il en est ainsi, que Bolingbroke a pu déposer Richard II parce qu'il a su bien s'organiser.

Mais outre l'histoire, il y avait aussi des coutumes qui ne sont pas sans être d'un excellent recours pour un auteur comme Shakespeare. Avant toute guerre, on se défiait, on palabrait, on s'insultait copieusement. On se chauffait à blanc en paroles avant le combat de façon que celui-ci soit plus court, par la colère animé. Les combats étaient donc courts, mais les dialogues longs: il n'en faut pas plus à un auteur pour écrire une pièce.

De plus, on se lançait le gant. On se battait en duel et le mieux équipé ou le plus traître devenait, après la victoire, celui qui avait raison. C'est ainsi qu'un menteur, habile à l'épée, pouvait accuser n'importe qui de n'importe quel crime et démontrer par sa victoire en tournoi que le crime était fondé, que l'accusé était vraiment le coupable. Car au moment de donner le coup de grâce, ce n'était plus le chevalier qui frappait, c'était Dieu qui brandissait son bras, croyait-on.

Enfin, on se condamnait à l'exil ou au cloître.

Au départ pour l'exil, on dit sa peine de quitter son pays. Au retour, on parle comme Saint-John Perse de beaux pays lointains et de dalles de marbre où rôdent les fauves.

Au cloître, on devient Blaise Pascal. Dans un tel décor et dans de tels alentours, à quoi penser d'autre qu'à des choses graves et profondes, telles que la mort, la vanité du monde et des hommes, les regrets du monde et des choses du monde, l'égoïsme des hommes. Au cloître, en un mot, que faire d'autre que devenir moraliste, que juger des hommes et des choses avec le détachement qui est le ton même de moralistes. C'est là qu'on accouche de proverbes et de sentences que cinq cents ans plus tard les professeurs écriront au tableau noir pour l'édification de leurs élèves et la leur.

Au cloître, pour parler théâtre, que faire d'autre que gémir et bellement se lamenter. Le cloître au théâtre est l'avant-poste du monologue. C'est là qu'un auteur se livre le mieux. Et un acteur de même.

Est-il besoin d'aller plus loin? Shakespeare avait tout pour lui. Les erreurs du temps et les coutumes du temps. Voilà pour son époque.

Aujourd'hui, autre avantage qui fait défaut aux contemporains, il jouit du crédit que l'on donne aux classiques et par lequel on les accepte en bloc. Défauts et qualités, on appelle ça le style de Shakespeare, et le style d'un grand auteur, c'est sacré. Tandis qu'à nos contemporains, les défauts d'un auteur sont des défauts et ses qualités des emprunts aux anciens.

Pour toutes ces raisons, *Richard II* est un chef-d'œuvre et sera un succès.

Le Nouvelliste, 15 septembre 1962

❏

2. Le *Richard II* du TNM

Jamais peut-être dans son histoire le TNM n'aura mieux mis en place un spectacle.

Le décor et la mise en scène de Robert Prévost et Jean Gascon ne sont pas sans rappeler ceux de *Venise sauvée*, avec cette différence que, relativement au coup de maître de *Richard II*, *Venise sauvée* semble aujoud'hui un simple coup d'essai.

Dans un décor unique à praticables qui en indiquent les changements de lieu, la vie mouvementée de Richard II se déroule. C'est la cour, ses intrigues, les Communes, les familles ennemies, les trahisons, le goût du plaisir à l'italienne, l'amour de l'Angleterre, la fidélité, le devoir, l'honneur, le favoritisme, enfin tout ce qui est une cour dont le roi est plus gentilhomme que guerrier.

Les groupes succèdent aux couples, les monologues aux harangues publiques, les vues d'un des camps aux vues de l'autre, la pièce va son train d'enfer, l'histoire se déroule et le troupeau humain l'accompagne.

De cette multitude de scènes, de cette suite d'événements, aucun n'est obscur, aucun ne chevauche le suivant ou le précédent. La pièce respire librement du début à la fin, ses articulations sont au point.

De plus, chacune des scènes, chacun des événements est conçu, dirait-on, comme un tableau de maître, Velasquez ou Rembrandt. Les gens sont placés, disposés. On sent, dans leur disposition sur la scène, une pensée, une maîtrise, l'art enfin.

Le choix des costumes procède d'une même conscience, d'un même souci d'organisation de la couleur.

Le spectacle est constamment une fête pour les yeux.

Quant au reste, comme nous tombons dans l'humain tout cru, c'est évidemment moins parfait.

Jean Gascon dans le rôle-titre trouve la véritable dimension du personnage quand il apprend la mort prochaine de Jean de Gand: cynique, superbe, brillant, profond, comédien, intelligent, Richard II est tout cela. Jean Gascon ne l'est qu'à compter de la cinquième scène, et de là jusqu'à la fin. Seule faiblesse de son interprétation.

Cette faiblesse tient d'ailleurs, m'a-t-il semblé, à une mécompréhension (passez-moi ce mot) des italianades de la cour anglaise du temps. J'aurais vu Richard II et ses trois favoris plus décadents encore qu'on ne nous les a montrés. Jean Gascon avait assumé toutes les facettes du personnage de Richard, sauf sa décadence, sauf son faible pour les jeunes mâles et tout ce que cela comporte, dans une cour conformiste, de scandaleux, d'arrogant, de différent.

J'aurais vu Richard et ses trois favoris plus liés, plus unis, plus séparés du reste de la cour qu'ils ne l'étaient dans le spectacle du TNM. J'aurais vu ces quatre mousquetaires comme un État dans l'État, comme un meuble rococo dans un salon austère. Il y avait des tentatives en ce sens, des indications dans les couleurs des costumes, mais trop superficielles et qui ne justifient pas, dans mon esprit, la colère de Jean de Gand contre la décadence du royaume, à la cinquième scène.

C'est le seul reproche que je fais à ce spectacle.

Quant à la version française de Jean Curtis, tous y auront retrouvé la verve, le goût du paradoxe et de l'invention (sans jeu de mots), le lyrisme propres à Shakespeare.

Le Nouvelliste, 15 septembre 1962

Sur trois pièces québécoises

1. *Klondyke* de Jacques Languirand

Tandis que Jean Gascon est en train de devenir le James Bond du théâtre canadien, un maître ès patentes (équivalent joual du mot franglais *gadget*), Jacques Languirand s'est mis à l'école du théâtre épique.

C'est un bon élève. Il a choisi un thème simple: «l'argent ne fait pas le bonheur, il rend l'homme semblable à la bête et souvent le fait mourir»; la démonstration qu'il nous en a donnée est convaincante; l'événement qu'il a choisi pour y ficher son épopée (la ruée vers l'or) a tout le contenu dramatique requis.

Mais nous ne sommes pas satisfaits. Cette si grandiose machine nous comble les yeux et les oreilles, mais ni le cœur, ni l'esprit, ni l'âme. Pourquoi? Tout simplement parce que le thème («l'argent ne fait pas le bonheur») est truqué.

Ce dicton en est un de moraliste. Il revient à dire, si on l'actualise: «Vos patrons vous exploitent? N'enviez pas leur sort, ils ne sont pas heureux. Pourquoi les syndicats revendiqueraient-ils des augmentations de salaire, puisque l'argent rend malheureux?» Etc.

Comme toutes les sentences jansénistes, le thème de Languirand est à double fond. On verra jusqu'à quel point tout à l'heure.

Il faut dire, à la décharge de notre auteur, qu'il avait vu juste: il y a bien là matière à une véritable épopée. Mais il aurait fallu tout d'abord que Languirand soit suffisamment froid, distancié, comme le recommande Brecht, par rapport à son thème, pour pouvoir en tirer une leçon, qui est l'élément qui manque à son théâtre pour qu'il soit épique dans la meilleure tradition. Cette leçon étant absente, ils me font bien rire, par leur ignorance, ceux qui disent que Languirand a fait du Brecht. Cette leçon aurait pu être la suivante: un autre ordre, un autre système peut remplacer celui où l'argent, entendez le profit, occupe toute la place.

Telle quelle, la pièce de Languirand prend fin sur un événement qui contredit tous les autres. On y voit un chercheur d'or se sauvant du Klondyke avec la fortune d'un de ses copains et deux filles de bordel. Le double fond du thème nous apparaît donc: l'argent fait le bonheur de ceux qui le volent, dans le cas qui nous occupe: le personnage joué par Gabriel Gascon, et dans la vie: les capitalistes.

La pièce, sous ses allures d'épopée et de moralité, n'est donc en fait, par sa morale, qu'une pièce de boulevard de plus. Ainsi voit-on que si l'on va au fond des pièces d'auteurs inconscients, on débouche sur un mal plus grand que celui que l'auteur voulait dénoncer.

❏

2. *Une maison, un jour* de Françoise Loranger

La pièce de Françoise Loranger est un constat qu'un monde est à la veille de basculer. Elle se déroule au moment où une famille se demande si elle va quitter sa maison paternelle ou y rester. La maison tombe en ruine. Son ancien propriétaire, le grand-père, est mourant. On l'enverra finir ses jours à l'hospice.

Si l'on veut jouer au jeu des correspondances, et je sais Mme Loranger une femme assez sensible et intuitive pour percevoir des courants cachés, ce qui nous fonde de jouer audit jeu, on pourra dire que la maison, c'est le Québec d'aujourd'hui, et le grand-père, l'esprit de tradition et d'immobilisme, attachant par ailleurs. Le Québec restaurera-t-il sa francité pour y vivre ou l'abandonnera-t-il pour le grand tout anglo-américain? Le Québec sera-t-il démembré comme cette famille, ou serrera-t-il les coudes pour résister?

Leur identité, les membres de la famille la trouvent dans les liens qui les unissent. Séparés, ils devront s'en faire une nouvelle, avec les déchirements que cela comporte, et dont toute notre littérature rend témoignage.

Dans un Québec français, nous trouvons notre identité. Dans un Québec bilingue, nous sommes abolis comme Québécois pour devenir des infirmes culturels, dont le joual offre tous les symptômes, avant de devenir anglais.

La pièce prend fin sur l'abandon de la maison. Mais Mme Loranger n'est pas prophète. Et de la génération d'Albert Camus, elle croit comme lui que la vie est absurde, la mort bête et l'effort inutile.

❏

3. *Les beaux dimanches* de Marcel Dubé

Dans deux de ces trois pièces, il y a un séparatiste. Dans *Une maison, un jour*, on ne le voit pas. C'est le fiancé de Geneviève Bujold. Dans *Les beaux dimanches*, c'est un médecin cynique et brutal.

Assez curieusement, Françoise Loranger et Marcel Dubé en font des cocus. Peut-être le fait d'être trompé en amour ouvre-t-il les yeux sur la tromperie historique dont est victime le Québec. Les Québécois sont tous cocus. Leur gouvernement (voir l'attitude de Lesage à l'égard de la formule Fulton-Favreau) les cocufie avec Ottawa.

Chez Françoise Loranger, le séparatiste tient ça mort parce qu'il a peur à sa carrière de sociologue. Chez Marcel Dubé, nous avons affaire à un séparatiste du dimanche, qui défend l'indépendance dans les salons.

Olivier, ledit médecin, est certainement le personnage le plus intelligent des trois pièces qui nous occupent. Il a l'intelligence dévastatrice, mais ce qu'il dit n'est pas entendu. Ses amis sont de la petite bourgeoisie profiteuse. Je ne sais qui, de Marcel Dubé ou de Louis-Georges Carrier, le metteur en scène, lui a fait tourner le dos aux autres personnages pour s'adresser directement à l'assistance, en espérant que dans la salle se trouveront d'autres esprits que petits bourgeois pour entendre son plaidoyer désespéré pour un réveil, sans trop le définir d'ailleurs. Mais ce moment est très clair: il ne faut pas compter sur la bourgeoisie pour faire l'indépendance.

Mais c'est la scène finale qui est la plus explicite du propos de Dubé. Une sorte de Gérard Filion, méprisé par sa femme et par sa fille, un parvenu qui a le sens des affaires et a gagné quelques piastres pour s'acheter un bonnegalo à Saint-Bruno, découvre la profondeur de son malheur et cherche à comprendre pourquoi il a, en somme, tout raté. Il ne peut trouver de réponse et pleure dans son turquie, entre son bar en teck et son stéréo.

La pièce prend donc fin sur un bourgeois qui pleure. La pièce peut avoir plusieurs morales, dont la même que celle de Languirand, «l'argent ne fait pas le bonheur». Mais non, la pièce de Dubé est plus profonde que cela. Ce peut être aussi «les femmes ne font pas le bonheur», mais nous retombons alors dans le vieux théâtre romantique. Non, je crois plutôt que c'est une question: «qu'est-ce qui fait le bonheur?» et qu'à cette question c'est Olivier qui a répondu un peu plus tôt: faire sa part dans la reconquête de la dignité de son peuple.

Parti pris, avril 1965

C. Chanson, jazz, musique africaine

Georges Brassens

La poésie de Brassens est tour à tour gaillarde, malpolie, canaille, mais le plus souvent elle est anarchiste d'une drôle de manière et quelquefois joue sur la corde sensible, fait appel à la pitié, à l'attendrissement le plus mélodramatique. À ce dernier titre, il y a du Bousille chez Brassens.

Les sabots d'Hélène, *La marche nuptiale* et *Le cocu* sont des chansons à faire pleurer. L'ours veut nous apitoyer sur les gens dont on rit, dont on se moque, les petits, les timides, les mal partagés, «ceux qui ont l'air des cons».

C'est lourd de bons sentiments, c'est «la vertu récompensée», le «plaignez-moi bien» des chants de résignation, l'hymne de «la revanche du faible».

Mais là n'est pas le pire.

Elles ont en effet quelque chose de sinistre, certaines chansons démagogiques où il est question, par exemple, d'un juge qui crie maman comme l'homme à qui il a fait couper le cou[1]. Si on n'écoutait que Brassens, on en viendrait à croire que les assassins sont tous de braves cons et les victimes des gens qui ne méritaient que de crever.

Au terme de cette logique, on tuera tous les riches, il ne restera plus sur terre que les miséreux avec, au milieu d'eux, M. Brassens avec ses souliers vernis, sa cravate, sa chemise à collet droit, ses voyages par Air France, ses gros contrats, ses séjours dans les grands hôtels…

Tel est le danger d'être un anarchiste à succès. Quand on est crève-la-faim, on est fondé de chanter ces histoires. Quand on est arrivé, on ne les chante plus. Par honnêteté.

Brassens n'est d'ailleurs pas le seul dans cette situation pour le moins paradoxale. Il y a aussi Léo Ferré qui dit dans *La mafia*, qu'il ne chantera jamais de «conneries qui plaisent aux riches»…

On dira: «Vous prenez tout au sérieux, jeune homme. Il n'y a aucun rapport entre ceci et cela, il n'y a aucun rapport entre cracher sur les riches et vivre soi-même la vie de château.»

Moi, j'en vois et je préfère de Brassens et de Ferré ces chansons d'amour et de mort, ces chansons sans âge, sans prédication, ces chansons de tendresse et de baisers, ces chansons de gendarmes assommés à coups de mamelles[2], enfin là où ne subsistent d'une part que l'humain rien qu'humain, d'autre part que cette forme de satire tellement exubérante, tellement excessive qu'il n'en reste qu'un grand rire universel.

Les chansons démagogiques ressemblent aux chansons pleurnichardes en ceci qu'elles font appel à l'imbécile un peu animal et fort naïf qui dort en chacun de nous.

Qu'on fasse des chansons avec d'autre chose que la misère, ou alors qu'on soit misérable. Simple question d'honnêteté. Les révolutionnaires qui dorment sur de la plume, les poètes maudits qui roulent Cadillac, les Brassens et les Ferré, vendez vos châteaux et l'on écoutera toutes vos chansons. Sinon, ne chantez que ces chansons qui touchent vraiment le fond de la condition humaine et non la condition sociale.

Le Nouveau Journal, 30 septembre 1961

---

1. *Le gorille.*
2. *L'hécatombe.*

À propos de Gilles Vigneault

1. Nécessaire à tous

Au temps où se préparait la Révolution française, et tout le temps qu'elle s'est faite, il y avait des Gilles Vigneault dans Paris.

Des professeurs de liberté de pensée, des professeurs de rire, des professeurs d'amour de la vie, des professeurs de fierté.

Comment vous dire à quel point Gilles Vigneault nous est nécessaire à tous!

Grâce à lui, la fierté nous revient de ce pays qui est le nôtre.

Grâce à lui, nous savons qu'il vaut la peine de peiner pour ce maudit pays qui nous appartient si peu, autant à cause des autres qu'à cause de nous.

Est-il aujourd'hui un Canadien français plus engagé que lui dans la guerre à la bêtise, dans la guerre au pognon, dans la guerre à la bigoterie, dans la guerre à la lettre qui tue l'esprit? Qu'on ne se demande plus ce qu'est l'engagement. Qu'on ne joue plus les engagés dans ceci ou cela qui est loin des problèmes de ce temps et de ce pays. Qu'on aille entendre et voir Vigneault, on verra ce qu'est l'engagement d'un homme et d'un poète et d'un chanteur et d'un comédien.

Gilles Vigneault est un protestataire comme tant d'autres, avec cette différence que sa protestation peut être entendue de tous.

Il ne veut pas nous rassurer ni nous ameuter, il ne veut que chanter, mais son chant est tel qu'on ne quitte pas cette salle du Gesù sans cette conviction qu'il faut faire quelque chose et que tout n'est pas perdu.

Que chante-t-il?

Des petites fables de la Côte-Nord sur les originaux de ce coin qui semble singulièrement riche en saveur humaine.

Des chansons d'amour et de purs poèmes paysagistes.

Des chansons où, sous couvert de naïveté, il veut nous réapprendre la simplicité et l'importance de garder bien vivant à l'intérieur de soi un petit coin de cœur.

Qui plus est, son spectacle est rodé. Tout est à la veille d'être parfaitement en place. Et qui a entendu Vigneault chanter *Tit-Paul la Pitoune* il y a un an ne s'y reconnaîtra plus à *Tit-Paul la Pitoune* d'aujourd'hui, tant elle est améliorée, tant Vigneault en tire le maximum d'efficacité.

Son style est simple. Les chansons d'amour bénéficient de l'intimité. Il n'y a que cet éclat de lumière sur son visage grave.

Ses chansons de grand vent, de grands buveurs, de grands coureurs de bois et de filles ont besoin d'espace. Vigneault les chante dans une lumière à grandeur de scène et ses gestes sont si grands qu'on ne doute pas qu'il puisse d'une enjambée porter des lettres d'amour des gars de l'Anse-à-Madrier aux filles de Blanc-Sablon.

Enfin, Vigneault ne se prive de rien, s'expose à tout, y va à fond de train. N'hésite pas à dire des poèmes. N'hésite pas à faire lever tout l'auditoire pour le dernier couplet d'une de ses chansons satiriques et obtient que personne ne tire la patte et reste assis.

Et surtout, sommet d'audace dans un récital: cette conférence dont il nous gratifie sur l'imbécillité des censeurs de tout poil.

Il y avait là tout un pari. Briser le tempo, fermer les rideaux, se présenter soi-même d'une façon presque banale. Repartir en somme à zéro et réussir à remonter le ressort, réussir à tenir tout ce monde en haleine, réussir ce tour de force d'habituer des gens, venus là pour un chanteur, aux alexandrins alambiqués d'un intellectuel humoriste sur les bords et férocement satiriste… Eh bien, chapeau! Il réussit.

Il y a là, indéniablement, une présence et cette voix blessée écrit dans notre mémoire des mots qui n'en voudront plus s'effacer.

Le Nouveau Journal, 6 octobre 1961

❑

2. Son univers

James Joyce écrivait un jour: «Bienvenue, ô vie! Je pars, pour la millionnième fois, chercher la réalité de l'expérience et façonner dans la forge de mon âme la conscience incréée de ma race.»

Gilles Vigneault, dans son récital de mardi soir au Séminaire, m'a rappelé ces mots, dans toute leur grandeur, leur tendresse et leur terrible dureté.

Vigneault se promène parmi nous avec un univers plus vrai que la vraie Côte-Nord, avec des Caillou la Pierre, des Jos Montferrand, des John Débardeur, des Jack Monoloy, des Jos Hébert, des Tit-Paul la Pitoune, des Zidor le Prospecteur, des Tit-Œil à mononc' Honoré plus vrais que nature, plus vrais que les vrais. Des sortes de cristallisations de conscience, en d'autres termes, des «types». Pour ne pas dire des mythes.

Mais s'il y a certains mythes nocifs, il en est d'autres qui sont nécessaires. Ceux qui sont nocifs sont ceux qui détournent de la réalité, mais ceux qui naissent de la meilleure part d'un milieu, d'une nature, d'un climat, d'un monde et d'une race ne sont pas autre chose que des enracinements, des accès de conscience et, au bout du compte, les sources d'une fierté.

Le répertoire de Gilles Vigneault est divisé en deux groupes majeurs: les chansons d'amour, lyriques, et les chansons anecdotiques. De celles-ci se dégage un dénominateur commun: l'homme. Et toujours, c'est l'homme qui ne démissionne pas, qui n'accepte pas la situation telle qu'elle est. Qui n'entrevoit peut-être que vaguement la solution, qui se rebelle presque dans le noir, mais qui veut tout de même s'en sortir.

C'est par là que Gilles Vigneault rejoint Joyce et les grands éveilleurs de fierté.

Et ce qui est plus important, c'est, sous-jacente à ce folklore où l'homme lutte, fait son destin, règle lui-même ses affaires de cœur et d'argent, une pensée articulée, grâce à laquelle le tour de chant est profondément structuré. Grâce à laquelle ce qui fait la grandeur de Vigneault ne se dément pas, grâce à laquelle Vigneault ne se trahit pas.

Le climat de cette soirée consiste surtout en une santé pétante et sautante. La santé de l'homme mûr, équilibré, viril, que n'étranglent pas l'introspection, la psychologie et autres finasseries propres à notre littérature et à notre critique, de Gilles Marcotte à Jean Le Moyne.

L'homme qui rit, l'homme qui danse, l'homme qui travaille pour se marier ou pour oublier que sa fiancée en a marié un autre, l'homme qui «tinque» à la bière et au gin, l'homme qui pêche, l'homme qui chasse, l'homme qui assume sa condition et son habitat, l'homme enfin réconcilié avec la vie et le monde.

Et, plus encore, l'homme qui commence à «savoir où il va», pour reprendre la devise d'un parti politique bien connu, c'est-à-dire l'homme qui a atteint à un degré supérieur de conscience, c'est-à-dire à celui de la politique. En son sens étymologique: l'homme dans la ville.

C'est ce que je retiens d'abord de ce tour de chant. Pour les chansons d'amour, on en parlera au prochain récital. Bientôt, j'espère.

Le Nouvelliste, 28 mars 1963

❏

3. Le TGV

La première fois que j'ai entendu Gilles, je me suis dit que c'est ainsi que commencent les révolutions. Et que le Québec ne serait plus jamais le même. Les pays, comme les enfants, sont des gestes d'amour. Et nul plus que Gilles n'a aimé les gens du Québec, les paysages du Québec, les mots du Québec, la production de ce petit peuple qui aspire à tout faire. En France, on dit TGV, au Québec aussi, mais ça signifie très Gilles Vigneault, c'est-à-dire très en amour avec le Québec à qui il ne manque que d'apparaître. Quand il sera suffisamment aimé.

Gilles Vigneault, *Chemin faisant.*
Cent et une chansons 1960-1990, 1990

Charles Aznavour ou le don nerveux

Comme on disait de Stendhal: «Henri Beyle», on peut dire d'Aznavour: «Charles bêle».

Sa voix de mouton qu'on égorge est déchirante. Aux abattoirs de l'amour, Aznavour aura laissé une partie de sa peau. Il en sera revenu avec des chansons.

L'amour passé, l'amour présent, l'amour futur, l'amour naissant, l'amour jaloux, l'amour mort, l'amour simple, l'amour déçu sont sa panoplie.

Il fait flèche de tout amour et nous atteint en plein cœur à chaque coup.

On devrait l'appeler Charles Aznamour.

Mais il y a plus encore. Il entre en scène en claquant des doigts, en tapant du pied, en virevoltant. L'excellent trio des frères Rabbath fait claquer la musique. Tous quatre veulent perdre la tête. Ils sont à la recherche du «mood».

Le plus d'intensité possible. La chanson qui vous prend aux tripes. Le chanteur qui se prend les tripes. Les mots qu'il chante ne lui suffisent pas. Il veut les chauffer à blanc. Il est à la recherche du cri. Mais le cri n'est pas du chant, on voit d'ici le drame.

Il demandera à la musique de ne plus être qu'un rythme. Il demandera aux mots de tout dire, il demandera à sa voix d'être déchirante. Charles bêle, mais il bêle juste.

C'est pourquoi, à chaque fois, ça nous claquera dans la mémoire. C'est du vécu.

Mais il n'y a pas que Charles Aznamour. Il y a aussi Aznavour.

Aznavour clin d'œil, Aznavour gouailleur, Aznavour gamin, Aznavour tendre, Aznavour intime, Aznavour copain, Aznavourian et ses deux guitares, Aznavour sexy, Aznavour jazzman, Aznavour poète romantique, Aznavour-Peynet.

C'est un spectacle pour les femmes, évidemment. Et aussi pour les amateurs de jazz. *Hot and cool.*

L'économie de son tour de chant est parfaite. La petite gueule d'Aznamour, déçu dans un rond de lumière bleue, suit toujours la grande fête à Brasilia ou ailleurs. La grande fête à Brasilia ou ailleurs suit toujours la chanson clin d'œil. On ne s'ennuie jamais.

Cette manière de cabotiner sans en avoir l'air, cette voix dont on a parlé plus haut, ce trio docile, ce talent d'acteur, cette sincérité, enfin tout fait de cette soirée une sorte de lecture d'un journal très intime.

Aznavour se livre sans compter. Il serait tout seul chez lui qu'il ne se donnerait pas plus. Et nous ne sommes jamais déçus. Cette vertu n'est donnée qu'aux plus grands.

Le Nouveau Journal, 13 novembre 1961

Pauline Julien

Bien campée sur la scène, en attitude de conquête si l'on peut dire, Pauline Julien chante vingt chansons dont quinze parlent d'amour.

Les autres sont des réflexions de Léo Ferré, de Louis Aragon et de Gilles Vigneault sur l'homme. Réflexions pleines de tendresse (Louis Aragon), pleines d'amertume souriante et fataliste (Léo Ferré), et réflexions lyriques (Gilles Vigneault).

Chaque chanson est un drame ou une comédie «aux cent actes divers» et aucun d'eux n'est escamoté. Chacun de ces actes est présent, indiqué d'un geste, d'un sourire, d'un coup de tête ou d'œil ou de vent. Il lui arrive même d'ajouter les siennes, d'intentions, les siens, d'actes.

Et si ses chansons sont des machines qui se déroulent comme des engrenages de revolvers pour nous décocher une balle en plein cœur, ses entre-chansons sont beaucoup plus fragiles, beaucoup plus menacés. Certains voient ces moments comme plus humains, plus chaleureux parce que moins disciplinés, j'y vois pour ma part des faiblesses. Légères bien entendu, mais des faiblesses tout de même.

Toute maîtrise dans ses chansons, elle me semble trop indécise dans les intermèdes. Mais cela n'est que mon opinion, bien entendu, et ces gaucheries sont peut-être voulues et conscientes, comme pour toucher davantage, car le public aime ce genre d'abandons. C'est par les failles que l'humain, trop humain, surgit.

Reproches mineurs à la vérité que ceux-ci.

Une émotion qui balaie tout, une voix constamment frémissante qui nous envahit et, quelquefois, l'humour comme une grâce parmi ces complaintes qui nous concernent tous.

S'il y a un mythe qui se dégage d'un récital de Pauline Julien, c'est celui de l'amoureuse permanente. Le même mythe qui a fait la Belle Otéro, Lola Montès et toute une pléiade de «Belles» au début du siècle.

Ce mythe est dépassé, bien entendu. Qu'est-ce qu'on ferait d'un cœur, en 1962? Mais précisément parce qu'il est dépassé et que le cœur n'est plus à la mode, il n'en est que plus émouvant.

Cette femme, seule dans un aquarium de lumière, qui incarne avec insolence les sentiments d'une époque révolue, remet en question par sa seule présence tout le rationalisme d'aujourd'hui et nous allons à elle comme à un havre. Nous avons cru que la raison connaissait toutes les raisons du cœur. Pauline Julien nous en fait douter, qui se consacre à dire la complainte des cœurs.

Le Nouvelliste, 13 novembre 1962

À propos de Félix Leclerc

1. Le moraliste, le lyrique et le folkloriste

Trente fois, jeudi soir, il s'est rangé le long du rideau, a lu quelque chose qui semblait écrit sur sa guitare, a tiré sa chemise de velours cordé verte vers le bas, a posé son pied sur une chaise entourée de micros.

Trente fois, le même petit manège a été repris.

Entre chaque manège, il a chanté une chanson.

Le récital, qui avait commencé peu après 8 h 30, a pris fin peu avant 10 h 15. Dès 9 h 20, il s'est retiré dans les coulisses, comme s'il avait terminé, et tout ce qu'il a chanté de 9 h 20 à 10 h 15, il l'a chanté sur rappel.

Un récital sans entracte, donc. Et au cours duquel Félix Leclerc nous est apparu comme figé dans une image définitive, qui ne changera plus.

C'était donc un peu une anthologie de Félix Leclerc. Il a vieilli, le rythme de ses chansons a ralenti, ainsi que l'enthousiasme du chanteur. Il chante presque avec indifférence, sans trac, sans émotion superflue: c'est un Félix dépouillé par l'âge, par la vie, et peut-être par la sagesse.

Ce récital, par le fait même, prend figure d'objet de musée. Et si l'on a à parler de Félix, c'est à partir de ce récital qu'on peut vraiment le faire. Ce récital sans fard, sans oripeaux, rien que Félix et ses chansons.

Le Félix qui y apparaît est tour à tour moraliste, lyrique et purement folkloriste. Quoique, pour bien des gens, toute l'œuvre de Leclerc est aujourd'hui partie du folklore.

Le moraliste dit que l'homme est une bête, que la ville n'est pas faite pour lui, que les rois sont plus malheureux que les miséreux et que les millionnaires ne connaissent de la vie que la misère tandis que

357

les pauvres sont les seuls gens heureux. Comme on voit, il n'y a rien là de bien révolutionnaire. J'y vois même une sorte de résignation morose. Le renard de Félix Leclerc ne dirait pas: ces raisins sont trop verts, mais bien plutôt: qui les aura sera malade! Un spécialiste verrait probablement là une conséquence de l'esprit janséniste selon lequel tout plaisir est, sinon punissable, du moins tellement passager qu'il vaut mieux s'en priver.

Le moraliste dit encore que la vie est dure et bonne tout à la fois, que l'amour est doux, fort et fuyant tout à la fois, et que la mort est toujours là: «Dans un' semaine aussi / Ça s' peut qu'tout soit fini[1]»!

Enfin, toute préoccupation sociale ou politique est absente des chansons de Leclerc et l'homme y est montré avec pessimisme, comme un loup pour l'homme, comme un exploiteur et un calculateur: «Le plaisir de l'un / c'est d'voir l'autre se casser l'cou[2]». Encore là, on retrouve l'homme sali par la Faute, maudit et condamné à être méchant.

Et tout ça porte l'empreinte de la fatalité. L'homme tue ses deux amies perdrix pour manger. Parce que manger est une loi de la nature. Et cette loi est infrangible. Mais il va plus loin, et c'est ici qu'il est un poète: l'homme tue, blesse, mord, exploite, mais il arrive qu'il ait du cœur, qu'il s'attache ce qu'il tue, blesse, mord et exploite. Dès lors, il constatera ses conflits intérieurs entre des lois naturelles qui sont des instincts à assouvir inéluctablement et la tendresse qu'il porte à toute chose. Et il dira: que voulez-vous que j'y fasse? Je ne vous mentirai pas, je n'ai rien d'un héros. «Tu vois y a pas plus salaud / Que moi qui chante ce refrain[3]».

Transposant cette attitude morale et éthique à un autre niveau, on peut inférer de l'œuvre de Félix ce principe: rien ne peut changer dans le monde.

On retrouve d'ailleurs la même attitude chez la plupart des écrivains de cette génération et dans la plupart des œuvres publiées à cette époque. Saint-Denys Garneau en est le plus illustre représentant. Je n'accuse pas qui que ce soit, ne vous méprenez pas. Je constate la résignation qui sourd des manifestations de toute une génération.

Le lyrique est plus intéressant. Il chante la femme, des souvenirs de jeunesse et d'enfance, et surtout l'amour.

Et un amour heureux. Un amour qui dure. Un amour où le quotidien chante dans sa beauté simple et grande, tout à la fois. «Depuis cette entente ma mie porte chignon. / Et lui à tous les vents il marche tête nue[4]». Un amour qui a la tentation de se réfugier dans une tour d'ivoire, mais qui accepte de redescendre sur terre, en attendant le paradis, où il pourra vraiment vivre isolé, consacré exclusivement à la vie à deux.

Ainsi, c'est quand il chante l'amour que Félix est le plus grand. L'infini au fini se marie, la matière à l'esprit et l'homme est réconcilié avec la nature et la vie.

Le folkloriste est le plus authentiquement poète des trois Félix. *La chanson du vieux polisson*: une femme meurt dans une cheminée en cachant l'argent de son mari; *L'héritage*; *Le train du nord*; *Chanson du pharmacien*: la fille en coupant son pain. Et ce chef-d'œuvre, *La gigue*, cette chanson des deux amis dont l'un se noie; le survivant voit la veuve dansant la gigue au bord de l'eau, lui offre de danser toute la nuit, ce qu'elle accepte; il la prend dans ses bras, ils tournent jusqu'au petit matin; il ne cesse de danser que lorsqu'elle est morte.

Leclerc rejoint là les meilleures sources du folklore universel. Il n'y a pas de morale, pas de prédication, tout simplement la fixation d'un moment privilégié du mouvement des forces de la nature, incarnées dans des êtres profonds et mythiques.

Nous touchons là la vraie poésie.

Le folkloriste est aussi celui qui évoque des réalités de chez lui: la drave, les labours, les ruisseaux, les champs, les saisons, les travaux et les jours, pour reprendre le beau titre de ce poète bucolique latin dont j'oublie le nom. Leclerc a été un de nos quelques poètes à s'emparer de ce patrimoine. Ce patrimoine affleure d'ailleurs dans toutes ses chansons, qu'elles soient d'amour ou moralisantes.

Quand il procède par voie de comparaison ou de symboles, c'est toujours à la terre qu'il nous ramène.

J'aurais pu dire aussi que Leclerc a été le premier chansonnier guitariste d'une école qui a fait des petits, et qu'il prend ainsi valeur d'exemple. Qu'il est ainsi révolutionnaire à sa manière et qu'il ne faut pas trop demander à un homme. Qu'au mitan de sa vie, il a droit à nos hommages et à notre respect pour le travail accompli, qui est considérable. J'aurais pu parler aussi de sa poétique qui est inégale: ce sera pour le prochain récital.

Le Nouvelliste, 2 mars 1963

❏

2. L'intellectuel

L'intellectuel, je ne sais pas si c'est Félix lui-même ou l'idée que Félix se fait d'un intellectuel et que l'on retrouve, tout au long de ses chansons[5], est franchement insupportable. Livresque, révolté sans grandeur, inculte, sentimental comme une jeune fille aux frontières de la puberté, hâbleur de rhétorique ou de philo senior, existentialiste de fond de cour et, à tout prendre, le représentant parfait du néant intellectuel, prétentieux et «blablateur», il donnerait presque raison aux réactionnaires de parler des pseudo-intellectuels barbus à «joueux» longs. Y a-t-il mauvaise foi de la part de Leclerc, ou secrète rancune, il fait toujours ses intellectuels comme celui-là. Comme dans les films français d'une certaine époque, tous les prêtres étaient des goujats. Cette caricature est manquée.

Et elle ne sert personne, sinon ceux-là mêmes qui méprisent l'esprit et se targuent de ne lire qu'un livre durant toute leur vie. Il y a de ces contradictions chez Félix Leclerc qui ridiculise d'une main pour être inconsciemment complice de l'autre.

Le Nouvelliste, 27 avril 1963 (*extrait*)

❑

3. La mort de Félix

La formule de politesse veut que l'on dise: j'ai lu «avec intérêt» votre chronique[6], mais la vérité me commande de dire que je l'ai lue plutôt avec une certaine indignation. En effet, tous les Jean-V. du Québec, qui en est abondamment truffé, déplorent depuis des lustres que les Québécois soient un peuple de Béotiens qui n'ont cure de leurs écrivains et de leur littérature. Et ils (les Jean-V.) versent tous un pleur sur l'absence de tout monument à Saint-Denys Garneau, Émile Nelligan, Jacques Ferron ou Gabrielle Roy pour ne nommer que quelques-unes des gloires littéraires d'ici.

Or, ne voilà-t-il pas qu'à la faveur d'une émotion un peu délirante à certains égards pour l'incorrigible cartésien que tu es, le pouvoir politique québécois et municipal se bouscule aux portes pour honorer la mémoire de Félix. Qu'on donne son nom à un pont, à une rue ou à une salle de spectacles n'ajoutera rien à son œuvre, c'est bien vrai. Mais j'y sens comme un retour du pendule que j'estime être dans la bonne direction. De grâce, ne le freine pas et ne tombe pas dans l'excès contraire. Il n'est pas une rue dans Paris sans une plaque qui nous rappelle que tel créateur y a habité, ne serait-ce que fort peu de temps. C'est ce qui fait de Paris une des capitales mondiales des arts et des lettres.

Moi, j'en suis à souhaiter que la logorrhée qui entoure la mort de Félix lui vaille un pont, une rue, un cégep et autre chose encore. De manière que, dans l'avenir, chaque créateur qui compte au Québec voit son nom reconnu officiellement afin que tes et mes petits-enfants, les Alexis, les Alexandre et les Marie, demandent un jour à leurs parents: «C'est qui ça, Félix Leclerc?» et qu'illico ceux-ci, transformés en professeur d'histoire ou de lettres, leur donnent une improvisation. Ce n'est que de cette manière que le patrimoine réel sera toujours vivant et que les Québécois auront une conscience historique, comme tous les peuples du monde.

Le Devoir, 26 août 1988

---

1. *Comme Abraham.*
2. *Attends-moi, ti-gars.*
3. *Ibid.*
4. *Dialogue d'amoureux.*
5. Et dans sa pièce *L'auberge des morts subites*, ici objet de la critique de Gérald Godin.
6. Jean-V. Dufresne, «Les cimetières napolitains», *Le Devoir*, 16 avril 1988, p. 8.

Ferré, c'est une présence

Léo Ferré chante cette semaine vingt-sept de ses chansons à la Comédie canadienne. Pendant plus de deux heures, cette homme trapu comme un paysan, à demi chauve, aux gestes gauches et empêtrés, mais suffisamment comédien pour jouer de cette gaucherie et la faire servir, cet homme chante vingt-sept chansons dont certaines sont et resteront parmi les plus belles de tout le music-hall français.

Léo Ferré est probablement l'auteur-compositeur français que l'on a le plus souvent réduit en formules et les plus contradictoires. Il a dit de lui-même d'une part qu'il était le poète de la révolte, de la misère et de l'amour, le défenseur du faible et de l'exploité, d'autre part qu'il était un faux poète maudit, l'exploiteur d'une certaine mode, un anticonformiste de salon, un bourgeois qui joue les engagés et, enfin, un millionnaire qui a fait son fric en chantant la misère et la révolte.

Nous savons depuis hier soir d'où procèdent ces contradictions: de lui-même. Car il est tout ce qu'on lui reproche et, en même temps, tout ce pourquoi on l'admire. Parce qu'il est tour à tour strictement interprète et strictement revendicateur. Il y a de la naïveté à confondre un interprète avec ce qu'il chante. Mais il est des fois où Ferré tient lui-même à être confondu avec ce qu'il chante. Il en va ainsi, par exemple, de *Franco la muerte*, revendication antifranquiste.

Par contre, quand il chante l'homme moyen disant à son amour: «Ta robe de dix sacs, ça t'va», et qu'on voit Madeleine Ferré paraître sur scène avec un costume signé Lola Trussac, on a envie de protester. Mais là, il ne le faut pas, M. Ferré nous le défend bien.

On voit où se situe l'ambiguité: quand on est d'accord avec lui, on peut confondre Ferré avec ce qu'il chante, et quand on ne l'est pas, Ferré nous reproche de le confondre avec ce qu'il chante. C'est ce qui s'appelle mettre toutes les chances de son côté. Et, de toute façon, nous dira Ferré: les créateurs ont toujours raison.

Ce qu'il importe de découvrir au-delà de ces querelles de détracteurs et d'admirateurs, c'est ce qui distingue Léo Ferré de tous les autres auteurs-compositeurs français. Pour ce, il faut prendre son tour de chant tel quel, en oubliant tout ce qu'on a dit de lui, tout ce que lui-même a dit et écrit. Or ce tour de chant, il est moraliste. Et moraliste d'une façon bien particulière: par le ridicule et la caricature. Léo Ferré, c'est La Bruyère, le La Bruyère des *Caractères* ou le Molière des *Précieuses ridicules* et des *Femmes savantes*. Comme eux, il n'a aucune tendresse pour ceux qu'il fustige: snobs, cannois d'occasion, les cocos qui sont fous du rock, etc. L'acidité de ses propos, leur verve, le don de Ferré pour l'ellipse, son goût pour les expressions percutantes: «Des bêtas dans du béton», «La frimousse en comprimé de chez Héléna Rubinstein», etc., ne laissent de place pour aucune tendresse. Il y a là une critique, une charge, et c'est tout.

De là à dire que Ferré, comme tous les moralistes français, n'a que mépris pour l'homme, il n'y a qu'un pas que l'on franchirait allègrement si, tout à coup, Ferré n'interprétait *Mon petit voyou*, *Vingt ans* et autres chansons où la tendresse affleure.

Ferré chante aussi l'amour, la triste condition humaine et sa dérision, et quelquefois des œuvres qui ne sont que des chansons, telles *L'étrangère*, *Le temps du tango*, *Merde à Vauban*, *Monsieur mon passé*, où l'affirmation est moins radicale et cède le pas à un climat, à quelque chose de vague et peut-être, tout simplement, à l'écoulement du temps, c'est-à-dire à la vie même.

On voit que ce tour de chant en est vraiment un. Laquelle de ces tendances de Ferré préfère-t-on? Toutes à la fois car, dans chacune, il se révèle un interprète de haute tenue, un comédien de première valeur, qui possède ce qui fait défaut à tant d'autres, et à quoi ils suppléent par un pas de danse et des singeries: la présence.

Le Nouvelliste, 25 novembre 1963

Willie Lamothe, Paul Brunelle
et Marcel Martel:
ils ont inventé le cow-boy québécois

La scène: à la taverne Willie Lamothe, 560 rue Saint-Denis à Saint-Hyacinthe. Trois hommes chantent en s'accompagnant à la guitare: «Quand le soleil dit bonjour aux montagnes». Ils sont dans la chanson depuis vingt ans. Ils sont tous trois les rois d'un style dont personne n'eût pu croire qu'il pourrait survivre au Québec: le style «western». Ils sont tous trois habillés en cow-boy. Deux d'entre eux portent des Stetson «Buckaroo» blancs. Chacun d'entre eux a écrit trois ou quatre chansons qui se sont vendues à plus de cent mille exemplaires.

Tous les trois sont aujourd'hui prospères: leurs Galaxie et Pontiac de l'année les attendent à la porte. Ils se connaissent depuis vingt ans et, pourtant, c'est la première fois de leur vie qu'ils sont tous les trois réunis, Paul Brunelle, Marcel Martel et Willie Lamothe.

Le public est goguenard. Il est par excellence celui à qui on ne la fait pas. Le nouveau trio en chante une deuxième pour la photo.

Elle est de Paul Brunelle: *Le train qui siffle*. Quand il termine, c'est le délire. Le public est conquis. Mieux que ça, il va même jusqu'à faire ce qu'on appelle à la radio des «demandes spéciales».

— Chante-nous *Allô, allô, petit Michel*, Willie!

Et Willie chantera. Et il paiera une tournée, sur «demande spéciale» aussi. Et il me glissera à l'oreille: «Ça marche notre affaire, il y a autant de monde qu'un vendredi soir.»

Mais cette taverne qui porte son nom, ce n'est plus son affaire. Il vient de la vendre «un bon prix». Il m'avait dit: «Moi, j'ai des idées. Ma taverne à Saint-Hyacinthe, quand je l'ai achetée, il y avait deux personnes le samedi soir. J'en ai fait une taverne de style western. Des photos de cow-boy, les murs lambrissés de bois, la bière servie en bock, des tables rondes, des pichets sur les tables. Je vais la vendre, je vais faire de l'argent avec. J'ai pensé une heure. Il y en a qui pensent toute leur vie, puis ils font jamais une cenne.»

À la compagnie London qui vend leurs disques, on m'a dit: «On ne les échangerait pas pour n'importe qui dans la chanson à l'heure actuelle. Ils sont des valeurs sûres. Lamothe vend trente mille copies de chaque long-jeu qu'il sort. Brunelle en vend entre quarante et quarante-cinq mille. Martel entre quinze et seize.»

Et ça fait vingt ans que ça dure. Ils sont les derniers survivants du 78 tours. Ils sont les derniers survivants de l'époque des tournées.

Dans le temps, c'était le triomphe dans le nord de l'Ontario, en Abitibi, en Gaspésie, en Nouvelle-Angleterre et même au New Hampshire. Paul Brunelle avec «La troupe des soirées du bon vieux temps», Willie Lamothe avec «La troupe de Willie Lamothe», Marcel Martel avec ses «amis de l'Ouest».

Paul Brunelle: On a commencé à baisser quand la télévision est arrivée. J'ai arrêté ça tout de suite. Je ne chante plus tellement. Seulement dans des circonstances spéciales et quand je fais des disques. J'en enregistre quatre par année. Deux chez RCA Victor et deux chez London.

Marcel Martel: Moi, je vais lâcher ça. Je suis tanné. Chanter quatre soirs par semaine de neuf heures du soir à deux heures du matin, c'est fatigant.

Willie Lamothe (à Marcel Martel): Tu pourras pas lâcher ça. T'as essayé quand tu as passé quatre ans en Californie pour ta santé. T'es revenu quand même chez vous, tu t'es acheté un bloc. Tu pourrais pas lâcher ça, toi, quatre cents piastres par semaine à rien faire».

— Et toi, Willie, jusqu'à quand vas-tu chanter?

Willie Lamothe: Tant qu'ils vont vouloir m'entendre. Tant qu'on va m'accepter. Je vais arrêter quand je vais être mort. Puis toi aussi, Marcel.

Mais comment expliquer ce succès?

Willie Lamothe: On a des voix comme des manteaux de fourrure cheap. Quand les femmes vont magasiner, elles regardent les beaux manteaux, mais elles ne les achètent pas, elles n'ont pas les moyens. Elles achètent des manteaux cheap. Vois-tu, nous autres, c'est deux ou trois accords, tu les entends une fois, tu les sais par cœur. Tu t'achètes une guitare, tu peux les chanter. Une bonne chanson, c'est une chanson que n'importe qui peut chanter aux noces. À part ça, j'ai remarqué une chose: ceux qu'on snobbe, c'est eux autres qui réussissent. Parce que le public, lui, il n'est pas snob.

Ont-ils des successeurs? Ils n'en voient pas. Il y a eu Tony Ville-mure, mais il est mort. Il y a Pierre Daigneault, mais ce sont des chansons à répondre. Non, il n'y en a plus, du moins à l'horizon. Marcel Martel ajoute: «S'il en arrivait un jeune, un très bon, il nous ferait mal.»

Il y a un public pour ça. Willie Lamothe a vendu deux cent mille exemplaires de *Quand je chante à cheval*. Et la seule chanson cana-dienne qui soit devenue internationale, c'est une chanson western d'Annette et Carmen, cette fameuse, *Quand le soleil dit bonjour aux montagnes* qui, en version anglaise, a été sur le «Hit parade» améri-cain pendant vingt-six semaines et dont Lucille Starr a vendu un million et demi de disques.

Un monde inconnu de Montréal

Un poste radiophonique anglais de Montréal, CFOX, diffuse de la musique western 75 p. 100 du temps qu'il passe en ondes. Et Willie Lamothe raconte: «Hank Snow, quand il vient à Montréal, il fait passer des spots sur CFOX. C'est tout ce qu'il fait et il pacte le Forum: quatorze mille personnes à trois piastres chaque.»

C'est donc vraiment tout un univers privilégié, à part, et prati-quement inconnu de Montréal. Marcel Martel n'a jamais chanté à Montréal et ça fait vingt ans qu'il est dans le métier! Il a sa demi-heure hebdomadaire au canal sept à Sherbrooke. Willie Lamothe aura bientôt à nouveau son émission de radio à Montréal.

Mais la grosse vague, c'était de 1950 à 1958. Où chantent-ils maintenant? Dans les théâtres, dans les salles paroissiales et rarement dans les clubs. De toute manière, en province, à l'écart de Montréal. Même si, en 1955, Willie Lamothe a tenu quinze jours au National, et Paul Brunelle trois semaines au théâtre Canadien en 1956.

Willie Lamothe: Tu devrais voir ça, chez nous, j'ai un Stetson 3X Beaver. C'était à Gene Autry. Il me l'a donné. C'est un chapeau de cent cinquante piastres. Tu peux mettre de l'eau dedans, de la bière, n'importe quoi, ça lui fait rien. Regarde la photo sur le mur, c'est moi avec Gene Autry.»

Willie Lamothe est venu bien près de tenter sa chance en Europe: «Avant qu'il devienne très populaire, Charles Aznavour a apporté mes disques en Europe. Il disait que mon affaire pourrait marcher là-bas.

Trenet m'a dit ça lui aussi. J'ai eu une offre: deux cent cinquante piastres par semaine. J'étais pas intéressé à y aller, j'en faisais mille par semaine ici en tournée. Ça marchait trop bien pour que je parte. Il faut pas que tu sois trop aventurier. Il faut que tu sois un peu biznesse, si tu veux arriver.»

Willie Lamothe, c'est le fantaisiste des trois. Une vraie queue de veau. Une farce n'attend pas l'autre; petit, nerveux, quand on prendra la photo tout à l'heure, il se haussera sur la pointe des pieds pour être à la hauteur de Paul Brunelle qui mesure six pieds. «J'ai déjà eu des chevaux, mais je les ai vendus, ils mangeaient mon foin.»

Willie Lamothe est né Guillaume Lamothe à Saint Hyacinthe. «On n'était pas riches. Mon père était tanneur, il gagnait quinze piastres par semaine. Quand tu as payé le loyer et fait vivre sept enfants avec ça, il t'en reste pas beaucoup. Mais j'ai aimé ça, avoir de la misère. Aujourd'hui, j'apprécie mieux ce que j'ai. Si j'avais eu une Thunderbird à dix-sept ans, quel char qu'il m'aurait fallu après ça, pour être heureux?»

Il a commencé comme professeur de danse moderne dans les Studios Willie Lamothe. Ensuite, il fut chanteur fantaisiste. Il jouait Chevalier et Trenet. Et ce fut l'armée, où il apprit à jouer de la guitare en même temps qu'il devint sergent-instructeur. À sa sortie de l'armée, il fit du théâtre avec Lionel Daunais et Carlo Lamoureux et il fut voyageur pour la compagnie RCA Victor. De vendre des disques à chanter, il n'y a qu'un pas. Willie Lamothe le franchit aisément. «Des vedettes qui durent six mois ou deux ans, il y en a comme ça. Moi, j'ai horreur des imitations, ça ne peut pas durer. Ils se tuent entre eux autres. Il faut que quelqu'un ait du style. Il ne faut pas arriver sur la scène habillé comme Trenet ou comme Gene Autry. Le yé-yé, le rock, c'est tout dérivé du western.»

— Oui, mais toi, c'est de l'imitation du western américain.

Willie Lamothe: Non, c'est en français. Et le style est différent. Il y a beaucoup de gros chanteurs américains qui me l'ont dit. Le style est pas le même. Cet automne, je vais m'engager un parolier bilingue, je vais sortir mes chansons en français et en anglais.

— Après une vie comme ça, es-tu heureux?

Willie Lamothe: Moi, dans la vie, quand ça allait mal, je me suis cherché des phrases dans les livres. Quand j'en ai une, je la mets là. (Il se touche le front.) Celle que j'ai, de ce temps-là, ça vient de Dale Carnegie: «Si tu veux être heureux, dis-toi qu'hier est passé, que demain n'est pas arrivé et vis le jour présent.» Avec ça, j'ai la bonne gaffe.

— Quelle marque de voiture avez-vous?

Willie Lamothe: J'ai un char bien ordinaire. Je me suis déjà fait poigner par l'impôt, c'est fini les cadillacs.

— Dans quelle catégorie classeriez-vous Ti-Blanc Richard?

Willie Lamothe: Dans la catégorie des fins. Quand il a eu son quart de million, il a cassé son violon et il est parti en Europe avec sa femme. Ils voyagent sur le Train bleu.

Paul Brunelle est un paysan. Costaud, grand, le teint hâlé, il est celui dont la carrière a été la plus rapide et la plus fructueuse. Il n'aura vraiment été dans le métier qu'une douzaine d'années. Il a été le premier chanteur western français. Il précédait Willie Lamothe d'un ou deux ans à la guitare. À ses débuts, il chantait du Tino Rossi et du Bing Crosby, quand un jour la compagnie RCA Victor lui a demandé de chanter du western. Pour concurrencer le soldat Lebrun. Et il écrivit ce qui devait devenir une série de succès: *Sur ce vieux rocher blanc*, *Par une nuit d'étoiles*, *Ma petite maison* et *Le train qui siffle*. Il a sorti une soixantaine de 78 tours, une soixantaine de 45 tours et neuf microsillons.

— Comment avez-vous commencé?

Paul Brunelle: Les gens venaient me voir; viens chanter chez nous, viens chanter ici, viens chanter là. C'est la demande qui m'a amené là-dedans.

— Qu'est-ce que votre père faisait?

Paul Brunelle: Il était cultivateur. Je suis le seul vrai habitant des trois. Quand j'ai vu que la chanson marchait comme ça, j'ai formé une troupe. Il y avait des comédies, des numéros, une soirée de burlesque en somme. Quand j'ai arrêté, après douze ans, je me suis mis à vendre des chars usagés. Ça s'appelle Aubaines automobiles enr.

— C'est à vous?

Paul Brunelle: Oui, c'est à moi.

Nous avons rejoint Paul Brunelle à l'encan annuel d'automne de chevaux de courses à Blue Bonnets. Sous une tente verte, une couple de cent personnes sont assises autour d'un enclos où les chevaux font la ronde tour à tour. Il en passera cent cinquante aujourd'hui et cinquante demain. Paul Brunelle a déjà acheté une pouliche de 10 000 $ à l'encan d'Harrisburg. Il est propriétaire des Écuries Brunella à Granby, qui comptent quinze pur-sang.

— Écrivez-vous encore des chansons?

Paul Brunelle: Quand j'ai le temps, j'en écris.

— Comme ça, tout simplement.

Paul Brunelle: Quand je m'y mets, j'en écris.

Il conduit lui-même ses chevaux sous harnais à la piste de Sherbrooke.

Paul Brunelle: Écrivez que je suis reconnu comme un des meilleurs conducteurs.

— Oui mais, c'est-y vrai? Vous êtes parti combien de fois cette année?

Paul Brunelle: Cinquante fois

— Combien de fois avez-vous été dans l'argent?

Paul Brunelle: J'ai été rien que six fois en dehors de l'argent.

Les Écuries Brunella ont vu le jour il y a sept ans. L'an prochain, à la piste de Sherbrooke, deux poulains et une pouliche prendront le départ, qui portent les noms de Brunella Samson, Brunella Prince et Brunella Princesse.

Paul Brunelle: Je fais l'élevage, je vends des poulains. En 1944, j'avais des chevaux de selle.

— Pour votre plaisir ou pour location?

Paul Brunelle: Pour moi. Mais j'aime mieux les chevaux de course.

— Vos affaires vont bien comme ça. Il ne doit pas y avoir bien des gens à Granby qui peuvent se payer une écurie de chevaux de course.

Paul Brunelle: C'est un side-line complet. Attention, il ne faut pas que je manque mes achats.

Mais il ne trouvera rien à son goût sous la tente verte de Blue Bonnets.

Marcel Martel et celui des trois qui travaille le plus à l'heure actuelle. Très grand, soucieux de sa personne, bien coiffé, maigre. Il n'a pas une grosse santé. Outre ses quatre ans de repos en Californie, il reçoit des conseils de Paul Brunelle de ne pas prendre trop de bocks, que c'est mauvais pour lui. Il pense à se retirer. Et bientôt. Il a trois maisons à logements à Drummondville, ses affaires sont bonnes, il trouve la carrière «parfaite».

Marcel Martel: C'est fatiguant, rouler mille milles par semaine. J'ai un char neuf du mois d'avril, j'arrive à vingt-huit mille milles. Je vise à abandonner ça. Je vais juste garder mes chansons, le disque.

— Quand avez-vous commencé à chanter?

Marcel Martel: À l'âge de douze ans.

— Comme professionnel?

Marcel Martel: Ça va faire vingt ans l'année prochaine.

Il est né à Drummondville; son père, électricien de son métier, a été journalier, puis patron à la Canadian Celanese. Marcel Martel a toujours aimé la campagne. Il vient d'acheter un cheval de selle blond. Il a enregistré quatre-vingt-neuf disques 45 tours, douze microsillons et je ne sais combien de 78 tours, et composé deux cent trente-cinq chansons. Au début, il ne faisait pas dans le western, mais dans le populaire, la chanson américaine surtout. Mais il avait toujours rêvé d'écrire ses propres chansons: *La chaîne de nos cœurs*, *Un coin du ciel*, *Cruauté d'un songe* sont ses plus grands succès.

Aujourd'hui, Marcel Martel donne des spectacles avec sa femme et sa fille Renée, qui elle aussi va faire carrière.

Martel plaît aux femmes

C'est lui qui plaît le plus aux femmes. Au Festival du disque, à l'aréna Maurice-Richard, c'était unanime. «Moi, j'aime mieux Marcel Martel. J'aime bien Lamothe et Brunelle, mais j'aime mieux Martel.

— Pourquoi?

— Parce qu'il chante l'amour, parce qu'il est plus prononcé.

— Avez-vous tous ses disques?

— Oui.

— Pourquoi aimez-vous ces trois chanteurs-là?

— Parce qu'ils sont sincères. Parce qu'ils sont simples. Parce qu'ils ne sont pas gênants. Parce qu'on comprend ce qu'ils chantent.

— Écoutez-vous leurs disques souvent?

— Tous les jours.»

Et voilà. De retour à la taverne, Willie continue de barber Brunelle et Martel. «Eux autres, ils ont des guitares à trois cent cinquante piastres, la mienne en vaut sept cent cinquante. Écoutez-moi le *mi*, les gars, vous êtes pas capables d'en faire autant.»

Marcel Martel: Il est choquant.

— Vous devriez faire une semaine à la Comédie canadienne: Spectacle vingtième anniversaire des trois grands de la chanson western.

Marcel Martel: On y pense justement. On pourrait commencer à en parler ce soir.

Willie Lamothe: On a déjà commencé à répéter.

Paul Brunelle: Il faudrait faire ça. On devrait commencer par une tournée. Peux-tu trouver des musiciens à dix piastres par jour logés?

Willie Lamothe: Es-tu fou, nourris-les au moins. Ça fait soixante-dix piastres par semaine seulement. Le ferais-tu, toi?

Marcel Martel: Mes deux musiciens noirs, je leur en donne cent dix, moi.

Willie Lamothe: Les temps ont changé tu sais, mon Paul. C'est plus comme c'était.

Paul Brunelle: Oui, mais ils joueront pas tous les soirs, rien que cinq soirs par semaine.

Willie Lamothe: Ça va faire cinquante piastres, c'est encore mieux. Ils gagnent plus à rester à Montréal, ils sont pas intéressés à partir d'ici.

Paul Brunelle: En tout cas, trouve des gars qui prennent pas un coup, qu'on n'ait pas de trouble.

Willie Lamothe: Aie pas peur. Il faut que tous les trois on s'aide. S'il y en a un qui commence à baisser, on va se mettre à deux, quand ça sera les deux, on se mettra à trois.

Et avec le geste d'une tordeuse de linge humide: «On va aller chercher jusqu'à la dernière goutte.»

Marcel Martel: Vous devriez financer ça, vous autres, *Maclean*, un spectacle comme ça.

— Non, ce serait à Willie de faire ça. Il dépense cinq mille et il en ramasse le double.

Willie Lamothe: La Comédie canadienne, on «pacte» ça, après ça je vais voir le boss, je lui dis: je vais te l'acheter, ton maudit bloc.

Le magazine Maclean, décembre 1965

Les anges noirs du Modern Jazz Quartet

La dernière critique de jazz que j'ai lue commençait ainsi: «Au moment où le rideau rouge de l'Olympia s'est ouvert samedi dernier, un peu après six heures du soir, au moment où nous avons aperçu dans l'ombre un Sonny Rollins énorme, agrandi, encore tout grisaillé d'absence, le crâne passé au papier de verre, frôlant les murs d'une démarche inconnue d'éléphant blessé à mort mais cherchant à se tenir droit» etc. (*L'Express*, n° 606). J'ai alors compris que je ne serais jamais critique de jazz. Le lyrisme nécessaire me manquera toujours.

Je n'écrirai jamais, comme Michel Cournot: «Il (Sonny Rollins toujours) a laissé la trompette éclater de culot, il lui a fait sonner le grand soleil, le Réveil de Jéricho, il lui a donné la mission de déblayer le terrain à coups d'affirmations claironnantes, et il n'a daigné entrer en tête-à-tête avec elle que pour noyer le poisson, à la Gerry Mulligan, pour lui rentrer dedans à cent vingt à l'heure [il s'agit ici de kilomètres, et il s'agit alors d'environ quatre-vingt-dix milles à l'heure], à la Charles Mingus.»

La salle était, dimanche soir dernier, aux trois quarts pleine au Her Majesty's où le Modern Jazz Quartet donnait un concert. Dave Brubeck avait tout raflé, quelques semaines auparavant: le délire, la salle comble, les applaudissements sans nuances, l'enthousiasme presque aveugle, en un mot.

La salle n'était pas la même, dimanche soir. Les enthousiasmes étaient mesurés. La musique standard, par exemple *Mean to me*, la musique populaire par conséquent, n'était pas populaire. Les applaudissements étaient plus brefs. Là où ils devenaient délirants, c'est quand le MJQ donnait dans son style propre, c'est quand le MJQ passait dans ses domaines à lui. Nous les définirons tout à l'heure. Ce qui est important pour le moment, c'est que l'assistance avait du goût, du sens critique, et qu'il n'est rien qui lui plaisait davantage par exemple que l'humour comme dans la pièce qui s'appelait *The Sheriff*.

Or il n'est pas donné à tout le monde d'aimer l'humour, qui est le vestibule de la sagesse.

Le MJQ comprend un vibraphone, une contrebasse, un piano et une batterie. En d'autres termes, cordes et percussions. Pas de vents, donc, plus de rythmes que d'harmonies, plus de contrepoint que de chorus. Le MJQ ne procède donc pas par lentes et longues bouffées de musique, mais par l'accumulation.

Le MJQ atteint son sommet par l'intrication serrée des quatre instruments, l'un cédant la place à l'autre et vice versa avec un ensemble tel que l'on a l'impression que la plus complexe des machines musicales n'est régie que par un esprit et un seul

À l'intérieur de cette intrication, les rythmes sont d'une telle science, d'un tel raffinement et le contrepoint d'une telle subtilité et d'une telle fidélité qu'on a la certitude d'une perfection.

Peut-être à la cohésion intime qui existe entre chacun des instruments, cohésion qui ne peut tenir qu'à l'humilité, au respect, au détachement de chacun des membres du MJQ.

Peut-être à la précision infinie du quartet, comparable, quand on y pense, à la précision du mouvement planétaire de notre galaxie. Qui a pris conscience de cette précision est saisi d'une grande joie. Car le mouvement des planètes, comme celui de chaque instrument du MJQ, est d'une infinie fragilité, la moindre déviation entraînant la corruption et la désintégration de l'ensemble. De plus, chaque minute du mouvement, comme chaque note du MJQ, est chargée de l'ordre de tout le passé et de tout l'avenir de la structure.

Tout cela est peut-être un peu vachement intellectuel, il est vrai, mais on essaie comme on peut d'expliquer des joies ressenties.

On voit d'ores et déjà que le MJQ joint des vertus humaines à des vertus musicales.

C'est pourquoi il avait raison, celui qui disait, en voyant arriver les quatre membres du MJQ sur la scène du Her Majesty's, qu'il se croyait dans le chœur d'un monastère où quatre moines viendraient lui faire part de leurs découvertes et de leurs recherches dans l'univers du son.

Et comme concluerait Michel Cournot: «Quatre anges noirs, frais sortis du Black Paradise [nom d'un club de jazz bien connu], au grand désespoir des Séraphins et autres archanges chantants qui étaient ainsi privés de leurs essentiels accompagnateurs, nous ont conduit deux étages plus haut que le lieu d'où ils venaient: au septième ciel.»

Le Nouvelliste, 16 février 1963

Les tambours africains
(entrevue de Marie-Christine Abel)

J'avais toujours apprécié ce jazzman[1]. Mais ce soir-là[2], j'ai trouvé Miles cabotin et sa musique maniérée. Ça m'a donné envie de retourner aux sources du jazz. Et, le lendemain, je faisais l'acquisition de mon premier disque: *Drums of West Africa*.

Là-bas, la musique n'est pas au service d'une mise en scène spectaculaire, elle est essentielle à toute communication. Du reste, il m'apparaît beaucoup plus civilisé d'évider un tronc d'arbre dans le but de tambouriner des messages à distance que de réduire le même arbre en purée à papier. Là-bas, les journalistes sont musiciens.

Il s'agit ici de passion musicale, non pas d'inconscience politique. D'ailleurs, j'admets que la volonté africaine de s'ouvrir aux sociétés industrialisées a peut-être déjà des conséquences. Qui peut affirmer que, dans la capitale du Ghana par exemple, il ne se trouve pas un ministre[3] qui collectionne les enregistrements de Ti-Jean Carignan?

Il est extrêmement rare que deux instruments soient joués à l'unisson ou même par mouvement parallèle, tant le goût pour la polyphonie instrumentale est répandu chez l'Africain.

L'idée de la prépondérance du rythme n'est pas toujours fondée. Le cliché qui la qualifie de musique répétitive est totalement faux: les mélodies sont aussi nombreuses que les génies ou les dieux qu'on invoque. Même l'idée sacro-sainte de l'omniprésence de la musique en Afrique est à réviser parce qu'il y a des peuples où la musique est contraire aux bonnes mœurs. Finalement, il faut dire tambour et oublier le mot tam-tam qui a été emprunté à l'Extrême-Orient où ça désigne une sorte de gong en métal!

Curieusement, les Africains ne sont généralement pas des maniaques de jazz.

Le Devoir, 19 octobre 1985

374

1. Miles Davis.
2. Au Festival international de jazz de Montréal, 7 juillet 1983.
3. «Au début de l'entrevue, il était ministre de l'Immigration et des Communautés culturelles [...]. Cependant qu'il ne lui restait plus qu'à préciser des détails sur son credo poétique [...], notre interlocuteur se retrouva soudain, par la magie blanche du pouvoir, ministre des Affaires culturelles et "heureux comme un p'tit garçon. Ça fait neuf ans que j'attends ça!"» écrit Marie-Christine Abel.

D. Cabaret

À propos d'Olivier Guimond

1. Le dernier de la dynastie. Ti-Zoune III

Il a consacré sa vie à cet étrange métier qui consiste à divertir les gens, comme l'appelait déjà Molière.

Ses journées, ses semaines, ses mois et ses années, il les partage entre la télévision et la scène. Entre des répétitions et des spectacles.

Il y a quelques années, Olivier Guimond ne travaillait qu'à la scène. Scène de cabarets, scène de théâtres, scène de clubs.

Aujourd'hui, il fait de la télévision. C'était, au début, quelques apparitions au défunt *Music-hall*, avec Paul Desmarteaux. Ce fut ensuite *Les pique-atout*, une fois par mois, le jeudi soir. C'est aujourd'hui *Zéro de conduite*.

Depuis ce temps-là, évidemment, son nom a couru. Son visage «comme une mâchée de gomme», pour reprendre l'expression d'un admirateur, commence à être connu. Ainsi que son chapeau sur le dessus de la tête. Ou son meilleur numéro: celui de l'ivrogne, dans lequel Olivier Guimond est tour à tour Charlot, Groucho Marx, Jacques Tati et Buster Keaton.

Mais avant la télévision, il y avait déjà un Olivier Guimond. Et un personnage qui s'appelait Ti-Zoune. Il y avait déjà un public et des admirateurs de Guimond.

Il y avait surtout l'univers dans lequel travaillait Guimond. Un univers qui a commencé par les théâtres de music-hall pour déboucher dans les cabarets.

Or, avant que tout cela n'ait disparu, nous avons demandé à Olivier Guimond de nous en livrer le fin mot. Nous avons été admis dans sa loge au Casa Loma, lors d'un récent spectacle.

Le col de sa chemise ouvert, le pot de fond de teint dans une main, il s'étend de l'autre une espèce de graisse couleur chair sur le visage. Avec précautions, il rehausse au crayon noir le tour de ses yeux.

379

On m'avait dit que sa gentillesse et sa simplicité étaient proverbiales dans le monde du spectacle. J'en vérifie le bien-fondé depuis une heure.

Depuis une heure je suis là. J'encombre la place et le photographe aussi. Des gens entrent dans la loge et en sortent, saluent en passant, échangent quelques mots.

Je regarde Olivier Guimond vivre les moments de tension dans la vie de tout comédien, avant l'entrée en scène.

Il ne boit plus que du café. Jusqu'à une douzaine par jour. Mais il le boit dans des verres à scotch. En guise de souvenir, sans doute.

Qui est Olivier Guimond?

Le deuxième du nom. Depuis un demi-siècle, il y a un Olivier Guimond qui fait rire les gens, quelque part dans la province. La plupart du temps à Montréal, parce que c'est à Montréal que les cabarets marchent le mieux. Parce que c'est à Montréal que les cabarets ferment les derniers, tant la semaine que les dimanches.

La coutume était aux théâtres, il y a trente ans. Elle est aujourd'hui aux clubs et aux cabarets. Des manières de théâtre aussi, mais où l'on aurait sacrifié quelques sièges pour y mettre des tables rondes. Petites mais où quelques bouteilles de bière et quelques verres peuvent tenir à l'aise.

Un enfant de la balle, c'est quelqu'un dont le père et la mère sont dans le show biznesse eux aussi. Olivier Guimond est un enfant de la balle.

Son père était comique, danseur et chanteur. Il s'appelait Olivier Guimond, et sa mère Effie Mack.

«Ma mère pourrait vous en conter long là-dessus. Quand j'étais bébé, ils m'emmenaient en tournée. Ils m'installaient dans une valise pleine de coussins.»

Comment ne pas avoir le show biznesse dans le sang!

Son père était contre la pensée que son fils devint un comique.

«Il m'avait placé pensionnaire au Mont-Saint-Louis. Il voulait ensuite m'envoyer à Kingston, à l'école des Cadets.

— Avez-vous souvent vu votre père en scène?

— Pas quand j'étais étudiant. J'allais le voir en coulisses, les jours de congé. Et pas longtemps.»

Son père était si peu intéressé à voir son fils faire du cabaret que, tout en ne s'opposant pas formellement aux débuts d'Olivier fils, il lui donnait toujours les rôles où il y avait des tartes à la crème à recevoir en pleine figure.

Mais commençons par le commencement.

Il avait seize ans. C'était au théâtre Impérial, de Trois-Rivières, qui servait alternativement au cinéma et aux revues musicales et comiques. Il jouait avec Juliette Béliveau, dans un sketch intitulé *Beau et chaud*. En 1963, il a quarante-huit ans, il joue avec Claire Richard un sketch intitulé *Beau et chaud*. Nous sommes au Casa Loma, comme disent les habitués, ou à la Casa Loma, comme disent Denis Drouin et ceux qui parlent espagnol.

Entre ces deux spectacles, une vie de comédien. Dans le premier *Beau et chaud*, il était *straight*. Dans celui d'aujourd'hui, il est *first*. Nous verrons ce que tout cela signifie.

Car devant l'entêtement du fils, le père s'était lassé. Et Olivier Guimond devint, après avoir été «Exhaust», «Ti-Zoune Jr».

D'où vient ce nom? Personne ne sait d'où, mais on sait de qui.

Vers 1950, un candidat défait à la mairie de Montréal se nommait Jean-Paul Desrosiers. Quarante ans avant d'être candidat à la mairie, il avait été candidat à la gloire dans le show bizness. Il était en 1910 chansonnier-fantaisiste dans les petits théâtres de la rue Notre-Dame ouest, et s'appelait Ti-Zoune.

Un jour de 1912, au Family, une de ces salles du type «ruée vers l'or», un jeune joueur d'harmonica qui s'appelait Olivier Guimond, danseur à claquettes à ses heures, proposa à Desrosiers de lui acheter son nom de scène. Quelques dollars changèrent de main et le marché fut conclu. Il dure encore. Et nous en sommes au troisième Ti-Zoune!

On cherche un homme et on trouve de l'histoire.

Soixante années de cet étrange métier qui consiste à divertir les gens. Métier qui se meurt, d'ailleurs.

«Quand j'ai commencé, en 1930, il y avait une dizaine de théâtres qui marchaient dans la revue comique, rien qu'ici dans l'est. Aujourd'hui, tous ces théâtres-là marchent au cinéma et il y a seulement deux ou trois clubs dans l'est qui font leur affaire.»

Des tournées avec la Bolduc

Ces théâtres s'appelaient le Starland, sur Saint-Laurent, le Lido, sur Notre-Dame, le Cartier, dans Saint-Henri, le King Edward, le Crystal, le Midway. Tous fermés aujourd'hui. Démolis, disparus ou voués au film.

On ne peut pas toucher à un Guimond sans toucher à l'âge d'or du vaudeville canadien. Quand un Guimond parle, c'est soixante ans de spectacle au Canada français qui sont évoqués.

C'était avant la télévision, avant la radio, avant le cinéma. Il n'y avait que le spectacle: théâtre ou vaudeville. Occupons-nous du vaudeville.

«Dans le temps, on faisait seize semaines de tournée par année.»

Partout dans la province de Québec, mais aussi dans les provinces de l'Ouest, dans quelques États américains. Enfin, partout où il y avait du *French-speaking audience*.

«Je me souviens, j'ai fait des tournées avec Mme Bolduc. On voyageait huit dans un cinq passagers. Quand il y avait des "parties" la veille, je vous dis que, le lendemain, ça sentait fort dans la voiture.

«C'est vieux ça, mon petit garçon. Il n'y avait pas de chemin entre Amos et Val d'Or. On faisait ça en bateau.

«Il y avait deux prix: une piastre, et soixante-quinze cents pour ceux qui avaient leur chaise. Les gens traversaient tout le village avec leur chaise au bras.

«Jean Grimaldi était dans la troupe. Dans ce temps-là, il faisait cinq piastres de moins que moi par semaine. Aujourd'hui je ne pourrais pas l'acheter. C'en est un qui a fait son argent avec les tournées. C'est avec ça qu'il a acheté le Théâtre national.

«J'ai fait ça pendant dix ans.

«Aujourd'hui, mon Dieu, tout se perd. L'esprit d'équipe, dans le temps, c'était quelque chose. Il n'y a plus que deux ou trois clubs qui font leur affaire.»

Mais comment le changement s'est-il fait? Des théâtres aux clubs? De l'âge d'or à la décadence?

La radio, le cinéma, la télévision. À un moment donné, les clubs ont commencé à engager des comiques et, peu à peu, la scène des théâtres a glissé sous les pieds des équipes de revue et ils se sont tous retrouvés devant une salle où il y avait des tables et des gens qui buvaient en attendant de rire.

«Quand j'ai commencé, j'étais jeune premier. Ensuite, j'ai travaillé comme *straight* avec Pizzy Wizzy, Swifty, Pick-Pick. C'est eux autres qui m'ont appris mon métier.

«Pizzy Wizzy était très strict. Il ne fallait pas dire un mot, faire un geste de plus qu'il ne l'avait indiqué dans la mise en scène. Il y a des jalousies terribles, là-dedans.»

Un *straight*, nouveau venu par surcroît, essaie toujours d'en faire plus que son *first* n'en exige, et le *first* trouve toujours que le nouveau en fait trop.

Les jeunes poussent, les vieux se sentent bousculés. Chaque nouveau est peut-être celui qui vous supplantera.

«Jean, apporte-moi donc un café, s'il vous plaît. Toi, mon petit garçon, qu'est-ce que tu prends?

— Une bière. Mais d'où cela vient-il, vos sketches, vos numéros, votre personnage?

— Les sketches, c'est du matériel de mon père, pour la majeure partie. Tous les ans, il allait à Broadway Il prenait une scène ici, une scène là, achetait les droits, coupait des pièces de trois actes à une seule scène, émondait, rajoutait, etc. Le personnage, ça se fait avec les années. On regarde, on écoute, on apprend.»

Tout à coup, le silence tombe. Et la gravité s'installe.

«Tu sais, j'ai jamais eu confiance en moi…

«Avant d'entrer en scène, mon petit garçon, si tu savais à quel point je me trouve ridicule, des fois.

«Ma femme est partie en Europe pour trouver du matériel, il y a quelques années. Je l'ai jamais revue. Ni mes deux enfants…»

Il n'y avait plus qu'à me taire.

Puis le café et la bière sont arrivés.

«Il y a des gars qui commencent, ils me disent: je prends toujours mon petit verre, avant d'entrer en scène. Ça m'aide, je suis meilleur. C'est pas vrai. Tu ne peux pas être aussi vite.

«Le pire, c'est qu'un jour tu peux pas t'en passer. C'est deux verres, puis trois, puis quatre. J'ai arrêté deux fois, moi. Mais je recommençais. Aujourd'hui, je me fais suivre par un médecin, je suis correct. Je bois rien que du café. Des fois douze par jour. Et cinq ginger ale et six seven-up.»

Il faut en convenir, cet univers du vaudeville en est un où la bouteille est reine. Les clubs vendent plus de bouteilles si le spectacle est bon et plus le club vend de bouteilles, mieux les comédiens sont payés. C'est aussi simple que ça. Et Olivier Guimond est probablement le seul être vivant, dans ces clubs, à ne boire que du café.

Aujourd'hui, Olivier Guimond fait du cabaret par la bande, pour ainsi dire. Il travaille surtout pour la télévision.

«Mais à la TV, je peux me brûler vite.»

Il est très demandé. Des films, des séries d'émissions, les meilleurs clubs de la province.

Le disque et la radio?

«Jamais, j'ai peur de ça. Je me fie surtout à mon visage, moi.»

Et si tout était à recommencer?

«Je recommencerais. Mais avec ce que je sais aujourd'hui, j'irais peut-être aux États-Unis. Mon père aussi pensait aux États-Unis. Il a manqué la chance de sa vie, une fois, en Floride. Un gros impresario l'avait trouvé bon. Il voulait lui faire signer un gros contrat. Mais il a demandé à mon père une audition. Mon père a refusé. Des auditions, il n'en donnait pas.»

Dialogue avec la salle

Et l'on touche peut-être là le secret de cet art qui se perpétue depuis déjà un demi-siècle et qui a des racines dans la nuit des temps de la comédie, de cet art propre aux Guimond, cet art qui ne souffre pas d'auditions.

Olivier Guimond n'est Olivier Guimond que quand la salle est remplie à craquer. Ti-Zoune, c'est surtout le dialogue avec la salle. Pas le dialogue de mots, mais le dialogue de mimiques. Olivier Guimond sait quand une chose prend ou ne prend pas, sait quand un clin d'œil, un sourire désarmant, un geste, une expression passent la rampe ou ne la passent pas.

«Jack Benny accordait une entrevue l'autre soir à la télévision. Il disait: on peut prendre une «joke» qui vaut rien du tout et en faire un succès. C'est vrai, ça. Tout est question de timing.

— Le timing, qu'est-ce que c'est?

— Pas parler par-dessus un rire. En donnant telle réplique, donner telle expression, etc.»

C'est donc dans un rapport très intime entre le travail du comique et les réactions de la salle que se constitue le personnage d'Olivier Guimond.

Il vient d'entrer sur la scène du Casa Loma. Il lit un journal et sursaute:

«Ah mon Dieu!

— Quoi?

— As-tu vu le journal? Un accident terrible. Une femme tombe d'un cinquième étage et l'enfant vient au monde avec les dents de sa mère.»

Un peu plus tard, sa femme entre en scène et se pavane avec une robe neuve.

«Comment trouves-tu ma robe, Olivier? Je l'ai achetée pour toi.

— Sais-tu, mon pitou, je pense pas qu'elle me fasse.»

À la fin du sketch, Olivier est ivre. Il contemple une bouteille:

«Du Black and White. 1867. Mon doux, elle est pas grande pour son âge.»

Et le timing joue à plein.

Il y a beaucoup de mots américains dans cet univers. Le vaudeville canadien s'est fortement inspiré du burlesque américain. Mais quand le burlesque traversait la frontière, la gauloiserie demeurait aux États-Unis.

«Il n'y a pas de farce à double sens dans le burlesque. Il n'y a qu'un sens, et c'est le bon.

«Dans le burlesque, il y avait toujours une "ligne" de filles et du strip-tease. Ici, on ne pouvait pas faire ça.»

Les *bits* du burlesque se déroulaient suivant un plan aussi strict que la commedia dell'arte. Les rôles, toujours au nombre de quatre, étaient ainsi répartis: le premier comique, ou *first*, le deuxième, ou *straight man*, ou *straight* tout court. Du côté des femmes, la *prima donna*: une femme mûre et qui avait beaucoup d'abattage; et la soubrette.

Le *straight* et la soubrette servent simplement de repoussoir au *first* et à la *prima donna*. Ils donnent la réplique et c'est tout.

Un *bit* est un sketch qui se termine par un *punch*, c'est-à-dire dont la chute donne lieu à un éclat de rire.

«Quand mon père a eu le *break* de sa vie, en Floride, ils voulaient l'emmener à Hollywood. Mais il avait des attaches à Montréal. Il avait pas mal de propriétés. Il travaillait avec une ligne de filles, dans ce temps-là.

«Lui, il jouait *sharp* pour le vrai. Il pouvait tenir la salle à lui tout seul pendant une demi-heure.»

Mais Ti-Zoune père n'est plus. Ni Pizzy Wizzy, ni Swifty, ni Pick-Pick, ni Jimmy Hodges.

«Il y en a de moins en moins.»

Le dernier, ce sera peut-être Olivier Guimond. Qui fut jeune premier; puis «Exhaust», qui ne compte plus les tartes à la crème qu'il a reçues en plein visage; puis maître de cérémonie; puis chanteur et danseur à claquettes; qui fit des tournées à Buffalo, Detroit, Chicago et dans le Kentucky, avec son père, du temps où la troupe s'appelait «Ti-Zoune and his French Dolls». Des «French Dolls» qui venaient de la rue Notre-Dame et de la rue Saint-Laurent. Des petites filles de chez nous.

Le dernier, ce sera peut-être Olivier Guimond, fils d'Olivier Guimond et d'Euphemia MacDonald, à la scène Effie Mack, qui vint d'Edimbourg au Canada avec un répertoire de danses écossaises, avant de devenir Mme Olivier Guimond et chorégraphe des «French Dolls».

Car tout cela est disparu. Ainsi que le Gayety, le Starland, le King Edward, le Crystal et le Midway.

Le bateau entre Amos et Val d'Or est disparu. Il n'y a plus que deux ou trois clubs qui font leur affaire, dans tout l'est de Montréal. Et dans le reste de la province, la plupart des clubs ne donnent pas de spectacles trois semaines sur quatre.

Et les espaces de scène ne serviront plus qu'à la danse, au Casa Loma, au Fleurdelysé et chez Gérard[1]. Et Olivier Guimond avait peut-être raison de dire:

«Moi ça va très bien, mais *touch wood*, mon petit garçon, *touch wood*.»

Et ce sera tout simplement la fin d'un monde.

Le magazine Maclean, décembre 1963

❑

2. Olivier, trop bon, trop gentil pour notre monde

Olivier Guimond égale gentillesse.

Il y a neuf ans, j'ai fait une entrevue de lui dans *Le magazine Maclean*. Ce fut un *cover-story*.

En mai dernier, dans le cadre des prix Orange, je revis Olivier pour la première fois en neuf ans, en Espagne. Il se souvenait de tout. Et pourtant, il a dû être interrogé dans sa vie par des centaines de journalistes.

Ce court séjour en Espagne fut ses dernières vacances. Ce fut une comédie perpétuelle! À tout moment, il se lançait dans des histoires ou des mimiques qui nous faisaient éclater de rire.

Un soir, à table, il nous refit son fameux numéro du client du Vaisseau d'Or qui ne doit pas parler pour ne pas déranger les musiciens. Dans le sketch original, Denis Drouin jouait le garçon et Denise Pelletier jouait la snob qui veut écouter la musique classique. Olivier nous fit les trois à lui seul. J'en avais des crampes dans le ventre.

Au cours de ces vacances, le groupe fit une brève visite à Tanger. On ne va pas à Tanger sans visiter la casbah, là où tout un univers de boutiquiers consacrent leur vie à vendre aux touristes des choses inutiles. Olivier, qui était la bonté même, était le client idéal! Il payait tout plus cher que n'importe qui. Il avait été tellement généreux dans une de ces boutiques qu'en sortant, comme il s'informait du prix d'un objet, le marchand lui dit: pour vous, c'est gratuit.

Ce qui me frappe le plus chez Olivier, quand j'y repense, c'est qu'il n'avait pas de défaut: il était bon comme du pain, il était poli comme un élève de jardin d'enfance. Il était gentil comme votre meilleur ami. Il était généreux comme un prince qui décide un jour de donner tous ses biens. Il était drôle comme Stan Laurel et Chaplin en même temps, avec quelque chose de W. C. Fields en plus: Laurel pour la figure de naïf souriant, Chaplin pour l'acrobatie et le mime et W. C. Fields pour son côté faussement bourru.

Il regrettait que Radio-Canada n'ait pas accepté son projet de présenter en continuité *Olivier au cégep*, au lieu de *La branche d'Olivier*. Il nous parlait en détail de ce qu'aurait pu être cette série, un Olivier retournant à l'école d'aujourd'hui, avec la contestation et tout ce qui constitue le monde actuel de l'enseignement. Ça aurait pu être fantastique…

Mais c'est une chose qu'on ne verra jamais. Et on ne verra jamais non plus Olivier au cinéma, car personne ici n'a eu le génie d'utiliser ses talents inouïs dans un long métrage. Et on ne verra plus sa bonne tête de gars trop doux, trop bon, trop gentil pour notre monde.

Avant de se quitter, en Espagne, il m'avait dit: «Téléphonez-moi, on ira manger ensemble.» Il vouvoyait tout le monde, même les plus jeunes que lui. Et il avait du temps à donner à tout le monde. C'est ce qu'on appelle la bonté.

E tout le groupe, Roger Chabot de *TV-Hebdo*, les deux journalistes, Trudel, Pauline Julien et les autres, on devait se revoir chez lui, à Montréal, pour voir les photos du voyage. Mais c'est une chose qui n'aura pas lieu. Il y a bien des choses qui n'auront pas lieu, maintenant qu'il est parti.

Je n'eus pas la chance ni l'honneur d'être au nombre de ses amis. Mais sa perte me fait aussi mal et je trouve la mort plus bête que jamais.

Québec-Presse, 5 décembre 1971

1. Cabarets de Montréal, Trois-Rivières et Québec, respectivement.

E. Cinéma québécois, cinéma étranger

Pour la suite du monde
de Pierre Perrault et Michel Brault

Pour la suite du monde, c'est beaucoup plus que du cinéma. C'est du cinéma rédempteur. Sans les cinéastes Pierre Perrault et Michel Brault, les habitants de l'île aux Coudres auraient pris leur dernier marsouin en 1924 et, la légende s'éloignant de l'événement, on peut se demander ce qui serait resté, dans dix ans, disons, de cette pêche presque magique.

Mais grâce à Perrault et Brault, la légende a été ravivée, l'événement a eu lieu de nouveau et deux autres générations d'insulaires l'auront vu et y ajouteront leurs impressions. La pêche au marsouin donne à cette île un passé, et c'est à ce passé que Perrault et Brault ont donné une nouvelle force.

En échange, les gens de l'île aux Coudres ont donné un film à Perrault et Brault. Ce film est pour nous, pour moi en tout cas, un chant de victoire. Il poursuit fort bien la conquête de notre fierté nationale. Le langage en est très beau et très précis, le vocabulaire, très riche. Les gens de l'île aux Coudres sont extrêmement cultivés, de cette culture que donne la curiosité alliée à l'intelligence la plus vive. Ils procèdent par images, par comparaisons, par rappels. Leur langage est le reflet d'un univers intérieur abondant, varié et bien irrigué.

Mais il y a plus. Le film, dans sa forme, pourrait être lassant. Perrault et Brault ont voulu ne rien perdre de ce qu'ils avaient filmé de beau et le film pourrait avoir l'allure d'un fourre-tout. Mais, heureusement, il y a le suspense de la pêche à organiser et, ensuite, le suspense de l'attente du marsouin. L'intérêt, par conséquent, n'a pas le temps de se démentir. Ma seule déception est que le marsouin soit si petit. À la façon dont les gens en parlaient, je l'imaginais un peu comme une baleine. Comme déception, c'est bien peu.

Le Nouvelliste, 6 août 1963

À propos d'Arthur Lamothe

1. *Les bûcherons de la Manouane*

Les bûcherons de la Manouane d'Arthur Lamothe, tourné en Haute-Mauricie, a été chaudement applaudi. Le commentaire y est explicite et revendicateur, juste ce qu'il faut. Un film engagé où nous voyons les misères du ruralisme de la belle province et les atroces exigences de la vie de bûcheron. Il faut être reconnaissant à Lamothe de ne pas avoir romancé ni mythifié cet univers. Les fils de cultivateurs sur des terres trop pauvres passent l'hiver dans les hauts, dans la neige jusqu'à la taille. Ils sont payés «à la job» et non pas à l'heure. C'est à qui se fatiguerait le plus. Cette affreuse course de l'être humain contre la piastre est là, et une affiche le dit bien: «Le travail du dimanche est interdit par la loi, sauf à la demande des autorités.» De plus, le film est bien fait. J'espère qu'il aura le premier prix du concours de courts métrages canadiens.

Le Nouvelliste, 5 août 1963

❑

2. *Mistashipu*

Les Amérindiens du Québec sont la mauvaise conscience des Québécois progressistes. On ne sait pas trop par quel bout prendre le problème. Ce pays, on se dit qu'il est à nous et d'autant plus qu'il est contrôlé par d'autres.

Or il est d'abord la propriété des Indiens. La meilleure partie de la conscience que les Québécois ont de leur pays, elle leur vient en droite ligne des Indiens. Le respect du paysage et surtout la connaissance intime des moindres détails de sa géographie, ainsi que de sa faune et de sa flore. Une connaissance intime aussi des âpretés et des beautés du pays, de ces beautés qui sont d'autant plus belles qu'elles sont intraitables et même mortelles en certains cas. Toute cette réalité qui a donné ce que le Québec compte de meilleur: l'œuvre de Marie-Victorin, certaines chansons de Vigneault, un attachement sensuel pour la terre d'ici et qui affleure aussi bien chez nos poètes, nos géographes, nos arpenteurs que chez certains de nos hommes politiques. Tout cela était d'abord chez les Indiens, tout cela était même l'essentiel de la vie et de la réflexion des Indiens. Car ils vivaient des fruits de la terre et de l'eau.

Une conscience collective

C'est tout ce que la conscience collective des Québécois doit aux Indiens qui apparaît le plus clairement dans le film qu'Arthur Lamothe consacre aux Montagnais de la rivière Mistashipu, que nous nommons Moisie.

Les Québécois, donc, doivent tout aux Indiens. Et la meilleure partie des Québécois, c'est leur partie indienne. Toutefois, rares sont ceux qui le savent et, à cause de leur propre tragédie historique, les Québécois ont tendance à se considérer comme plus enracinés ici que quiconque. Or c'est faux! Les premiers Québécois, ce sont les Indiens. Reconnaissons-le.

C'est cette perspective que dégage le film d'Arthur Lamothe: le regard le plus affectueux et le plus respectueux jamais posé par un cinéaste blanc sur la réalité indienne, du moins au Québec.

Une toute petite place

Et ce qui fait la force du film, c'est la constante comparaison qu'il fait entre la place que le gouvernement québécois consent à donner aux Américains sur les rivières indiennes et la place toute menue qu'il laisse aux premiers détenteurs des lieux.

Le seul passage un peu gênant, c'est peut-être le passage de la messe catholique où Lamothe tombe dans le travers de jouer au plus fin. C'est toutefois bien peu dans ce moyen métrage qui brille par sa modestie et sa sympathie à l'égard des premiers occupants du pays.

Présenté à la Bibliothèque nationale la semaine dernière dans le cadre des Rencontres internationales pour un nouveau cinéma, le film de Lamothe sera repris sous peu à la télévision d'État. Ne le manquez pas.

Québec-Presse, 16 juin 1974

❏

3. *Carcajou ou le péril blanc*

C'est le grand poète Charles Baudelaire qui comparait la nature à un temple dont les piliers étaient vivants. Il inventait ainsi, sans le savoir, ce qu'on appelle aujourd'hui l'«écologie».

La nature a mis des millénaires de violences volcanique, océanique et climatique avant d'atteindre à une sorte d'équilibre qui a coïncidé avec l'apparition de l'homme sur la terre. Déplacez un seul des éléments de cet équilibre, ou un seul des piliers de ce temple vivant, et tout est bouleversé.

Les Égyptiens ont construit le barrage d'Assouan pour en tirer de l'électricité et régulariser le cours du Nil. Avant, le Nil sortait de son lit à chaque printemps et, en se retirant, laissait derrière lui le limon qu'il charriait sur trois mille cinq cents milles, du lac Victoria à la Méditerranée. Avec le barrage, fini le limon, fini l'engrais naturel. Les paysans égyptiens utilisent maintenant des engrais chimiques qui leur coûtent une fortune. Et ils disent que les tomates n'ont plus le goût d'antan!

Les Russes ont détourné les eaux qui se déversaient auparavant dans la mer Caspienne, en vue d'augmenter la capacité hydro-électrique d'un autre fleuve. Résultat: les eaux de la mer Noire, privées de cet apport d'eau pure, voient leur degré de salinité augmenter d'année en année et on trouve de moins en moins de poisson. Ainsi, des villages de pêcheurs sont aujourd'hui menacés non pas de disparition, mais de recyclage, ce qui est peut-être pire, d'un point de vue culturel. Sans compter que l'URSS s'est ainsi privée d'une grande ressource alimentaire.

Où veux-tu en venir? À cette série de films d'Arthur Lamothe qui s'intitule *Carcajou ou le péril blanc*. Tournée chez les Montagnais de la Côte-Nord du Québec, la série nous montre deux choses: à quel point les Amérindiens avaient réussi à réaliser cet équilibre délicat entre eux, la terre, la nature et les dieux. Écoutez attentivement Marcel

Jourdain quand il parle de la chasse à l'ours, en hiver. L'ours est appelé «Grand-papa». Quand il fait sa «ouache» sous un arbre, il ramène sur lui les branches de cet arbre, sapin ou épinette. En dénudant l'arbre, il se trouve à indiquer au chasseur qui a faim, exactement comme une enseigne de restaurant, qu'il s'offre à la famille indienne. Et l'Indien lui parle et l'ours sort de sa ouache pour se donner en cadeau. Si l'ours blesse l'Indien, c'est que l'Indien, au fond de lui-même, s'est moqué de l'ours.

En d'autres termes, tout, mais absolument tout, a un sens. Chaque fait, même l'accident mortel du chasseur, s'intègre au déroulement naturel des choses. C'est ainsi que l'Indien appréhende le monde, c'est-à-dire le prend avec les mains de son esprit et l'analyse et l'interprète et en devient lui-même un objet familier.

Les Indiens n'ont pas du monde et de ses richesses la vision phallique des Blancs, capitalistes ou communistes. Par vision phallique, j'entends le besoin de «déviarger». Le besoin de tirer le plus vite possible des entrailles de la terre tout ce qu'elle y cache.

Distinguons enfin entre les ressources renouvelables, tel le bois, et les non renouvelables, tels le fer, le pétrole et l'amiante. Le début de la civilisation consiste à utiliser plutôt du renouvelable que du non renouvelable. Les Indiens vivaient à 99 p. 100 du renouvelable. Leurs maisons, leurs vêtements, leurs armes même: tout leur provenait du renouvelable. Aussi ont-ils pu vivre des millénaires dans la nature québécoise sans la modifier d'un poil. Les civilisés, c'est eux.

La deuxième chose que nous montrent les films de Lamothe, c'est les dégâts du Blanc, ou du carcajou, dans le paysage indien. Il arrive sur la Mistashipu, il change son nom, elle devient la Moisie. Marcel Jourdain, le protagoniste de la série, dit: «Quand je vais à Québec, moi, je ne change pas le nom de la ville en arrivant!»

Le carcajou coupe ensuite le bois, c'est-à-dire International Telephone and Telegraph coupe ensuite le bois. Mais dans le bois, il y a tout un réseau de pièges, de trappes et de caches à nourriture bien dissimulés qui fait de la forêt un immense congélateur grâce auquel l'Indien peut vivre sans trop de difficultés malgré les rigueurs du climat. Sans même s'en douter, le carcajou détruit tout ça. L'Indien y perd son milieu. Il se rabat sur la ville la plus proche, ou dans des bidonvilles fédéraux il doit se mettre à manger des «binnes» ou, quand il a un peu plus de moyens, de l'agneau de Nouvelle-Zélande. Marcel Jourdain dit ceci: «Le Blanc m'a enlevé mes aliments à moi, pour me donner les siens. Mais moi, je ne veux pas des siens. Avant je mangeais du caribou et maintenant, je mange du pain Weston avec du jambon Swift.»

Je termine avec le poisson: le Blanc n'a pas enlevé le poisson à l'Indien, mais il a mis du mercure dedans et le poisson apporte aujourd'hui la mort de Minamata.

Nous avons fait une bonne «job». On peut être fiers de nous.

Le Maclean, juin 1976

❏

4. *Équinoxe*

J'avais déjà un préjugé favorable à l'égard d'Arthur Lamothe. Ses magnifiques documentaires sur les Montagnais du Québec étaient déjà pleins de poésie, d'enseignements et de respect de la nature et du mode de vie indien. Je me demandais ce que son talent nous vaudrait dans un film de fiction. J'ai retrouvé dans *Équinoxe* le même amour de la nature, en l'occurrence les îles de Sorel, un des plus beaux coins du Québec, qu'Arthur Lamothe nous montre comme le ferait un peintre impressionniste, c'est-à-dire en jouant la lumière à travers les feuilles vertes de ce paradis. De plus, les expériences indiennes d'Arthur Lamothe et la sagesse qu'il a acquise sont présentes dans son refus total de la violence comme moyen de résoudre des conflits collectifs ou individuels. Comme nous sommes loin des grands courants d'un cinéma à la mode! Et c'est peut-être ce qui explique la hargne avec laquelle certains critiques, à la mode eux aussi, ont assailli le très beau film d'Arthur Lamothe.

Si vous aimez les films où la sérénité et la force intérieure remplacent la violence stupide et sanglante à la *Rambo* et à la *Cobra*, et si vous voulez voir un grand-père initier sa petite-fille à la beauté d'un pays et à la maturité d'une vie tourmentée, forgée d'abord en prison et ensuite dans l'exil, courez vite voir *Équinoxe*, avant qu'un système de distribution à courte vue ne le retire de l'affiche.

Le Devoir, 13 septembre 1986

À *tout prendre* de Claude Jutra

Tous ceux qui attendaient le film de Claude Jutra, *À tout prendre*, avec une brique et un fanal peuvent aller se rhabiller. Il est excellent. Il abonde en trouvailles, tant cinématographiques que littéraires, et il ne lâche jamais, à peu de séquences près. Un jeune bourgeois canadien-français se vide le cœur. Il est intelligent et brillant. Son fils l'est. Il est naïf et désabusé. Son film l'est. Seul le touche ce qu'il est, ce qu'est le monde par rapport à lui, ce que sont les autres par rapport à lui.

Un document sur une certaine jeunesse canadienne-française, très libre et un peu futile comme toutes les jeunesses bourgeoises du monde. Une sincérité, une honnêteté, une authenticité profondes. Cinéma ultra-vérité. Un journal intime filmé par son auteur. Une nouvelle conception du cinéma. Comme tel, admirable.

Une question se pose tout de même, qui ressemblera fort à un jugement de valeur. Suffit-il d'être sincère et de tout dire? Nous avons là toute la vérité d'un homme et c'est ce qui est nouveau au cinéma. Mais cette complaisance, cette nostalgie, cette résignation, cette suffisance, cette «braille» sur soi-même, n'est-ce pas tout simplement ce bon vieux romantisme qui reviendrait à la surface? Et le cinéma serait-il en retard de cent ans sur la littérature? Je n'ose le croire. Ce doit être ce film qui est dépassé dès sa naissance, tout simplement.

Le Nouvelliste, 12 août 1963

❏

Le cinéma du journal intime? Très peu pour moi. On a vu *À tout prendre* de Claude Jutra tenter de (et quelquefois réussir à) devenir un film, constamment retenu d'atteindre à l'art par la trop grande place qu'y prenait son auteur. Bien peu d'auteurs, en effet, se retiennent de trop parler d'eux. Le meilleur moyen est de n'en point parler du tout et de faire un western.

On peut aussi objecter que le cinéma n'est pas tenu d'être comme le premier venu veut qu'il soit et que tout film est un film, peu importent les intentions de son auteur, et qu'il est bien prétentieux, celui qui distribue des étiquettes: «artistiques» et «non artistiques». Tout cela est vrai et il n'y a pas moyen de discuter avec vous.

Le Nouvelliste, 21 août 1963

24 heures ou plus... de Gilles Groulx

Dans le film de Gilles Groulx, *24 heures ou plus...*, le monde des travailleurs est comparé à un jardin zoologique. Des bêtes qui furent libres sont en cage. On les traite bien, on les nourrit mieux que certains Montréalais ne le sont. On assiste à la préparation d'un repas au zoo: raisins frais, bananes tranchées, etc. Ainsi, guépard, ours brun, lynx et bison sont dociles et paisibles. Ils acceptent leur sort et ils l'accepteront tant et aussi longtemps qu'ils seront nourris.

Le film de Groulx montre en parallèle des gens qui mangent un hot-dog chez Harvey's. Ainsi le système, en donnant le minimum à ses défavorisés et à ses exploités, réussit-il à se maintenir.

Et c'est parce que le système s'adapte aux nouvelles pressions que la Révolution avec un grand «R», que certains attendent de voir déboucher à chaque tournant de la route, n'est pas pour demain.

Vincent Meloche

Autour de ce thème s'agencent une série de témoignages, d'entrevues, de reportages sur le vif. Le document le plus important du film, c'est une longue entrevue de Mme Vincent Meloche, dont le mari est accusé d'avoir tué trois de ses patrons de la DuPont Chemicals. Mme Meloche parle de Vincent comme d'un homme qui lisait énormément, qui avait des lumières sur tout et qui, tout naturellement, pensait qu'au sein d'une entreprise son opinion valait celle de n'importe qui d'autre. Depuis «ça», comme elle dit, elle s'est ouvert les yeux. Elle a mieux compris les contradictions du système et elle se demande, incarnant par là le suprême espoir de ceux qui croient que le changement est possible, comment elle a pu vivre tant d'années sans savoir ce qui se passait autour d'elle... Maintenant, elle sait.

Des travailleurs

Dans *24 heures ou plus...*, comme dans *On est au coton*, également interdit par Sidney Newman, les travailleurs parlent. Un d'entre eux raconte que la colle qui était utilisée dans l'usine de meubles où il travaillait le «droguait» littéralement. Alors qu'il y a des enfants qui «sniffent» de la colle dans les écoles et qui s'en réjouissent, ce travailleur «sniffait» par obligation, au point d'y risquer sa santé. Il dit que la compagnie «ne pouvait pas faire autrement» et que, malgré tout, «ça pourrait être pire».

D'autres travailleurs racontent les difficultés qu'ils ont éprouvées en tentant de syndiquer leurs compagnons de travail. «Tout le monde signait les cartes, et quand l'assemblée arrivait, il n'y avait plus que quatre ou cinq personnes et tout était à recommencer», dit un travailleur plus âgé que les autres.

Les chiens

La séquence la plus terrible est probablement celle du dressage des chiens policiers par les policiers eux-mêmes. Le dresseur réussit à faire obéir son chien au doigt et à l'œil, et il dit au réalisateur: «Le contrôle, c'est ça!» Les pessimistes penseront que les policiers rêvent de voir un jour les citoyens dressés comme ces chiens.

Tourné en un mois, le film de Gilles Groulx évoque tous les événements de ce mois québécois parmi d'autres: le lock-out de *La Presse*, la mort de Michèle Gauthier au cours de la manifestation contre Power Corp., l'assemblée du Conseil central au Forum, la libération d'André Morency, qui était accusé d'avoir conspiré pour procéder à un enlèvement, la reconversion de Pierre Vallières de felquiste en péquiste, etc., et les belles images du premier ministre Bourassa dans sa piscine, sous l'œil vigilant de ses gardes du corps. Il déclarera ensuite à un intervieweur de la télévision qu'il lui arrive de prendre des décisions dans l'eau, au moment de ses exercices de natation. «Je ne dis pas des décisions finales, mais des décisions tout de même.» D'où la nécessité d'une piscine dans la vie de chaque Québécois... Faudrait demander aux gens du Centre-Sud ce qu'ils en pensent.

Un film-mosaïque qui montre, d'un côté, le degré d'aliénation ou d'inconscience politique de certains Québécois et, de l'autre, la passion de ceux qui veulent rendre les autres conscients. Un film-document sur les embûches que devront surmonter les Québécois qui veulent que ça change vraiment. Un film dangereux...

Québec-Presse, 17 décembre 1972

Bar salon d'André Forcier, On n'engraisse pas les cochons à l'eau claire de Jean-Pierre Lefebvre

Je me demande si ce n'est pas trop facile de devenir cinéaste, par chez nous. À peu près n'importe qui peut débloquer son petit prêt de la Société de développement de l'industrie cinématographique canadienne (la SDICC) et se mettre à tourner son petit «féfilm» sans rien connaître au cinéma. Remarquez que des fois, ça fonctionne. À preuve le *Bar salon* d'André Forcier (qui n'a peut-être même pas eu de prêt de la SDICC). Un petit chef-d'œuvre de vérité, un peu comme les Milos Forman de la meilleure époque. Mais qui a vu ce film? Il est passé à la sauvette dans un des rares cinémas qui prend ce genre de risque: l'Outremont. C'est là aussi qu'on pouvait voir *On n'engraisse pas les cochons à l'eau claire* de Jean-Pierre Lefebvre, où l'on voit deux des plus belles séquences fixes de tout notre cinéma. La première où, en douze minutes, une fille célibataire regarde en pleurant la fin d'une histoire d'amour à la télé, fait du *necking* avec son cousin, couche avec lui, le laisse partir et fond en larmes à nouveau. La deuxième où une *waitress* à gogo, assise au bar avec un *stool*, parle de ses examens, raconte sa vie, engueule les clients qui la dérangent et s'en prend au guerlot qui laisse la porte ouverte en plein hiver! C'est jouissant.

C'est probablement là le vrai filon du cinéma québécois: celui de la modestie dans le réalisme quotidien. À moins que ne se répète le miracle des *Deux femmes en or* et de *Valérie*, miracles commerciaux, entendons-nous bien, mais sans lesquels il n'y aurait pas eu cette subséquente explosion de la production québécoise. Car pour faire des films, il faut du foin, beaucoup de foin. Et les gars fointés ne s'embarqueront pas à moins d'espérer récolter au moins quelques piastres. Or il suffit d'un miracle par-ci par-là pour que la foi dans le cinéma québécois remonte. Un peu comme pour la motoneige. Vous souvenez-vous du temps où tous les médecins du Québec investissaient dans les motoneiges parce que Bombardier s'était mis riche en criant skidoo?

Le Maclean, septembre 1975

Pour le meilleur et pour le pire de Claude Jutra, Mustang de Marcel Lefebvre, Partis pour la gloire de Clément Perron

Marcel Lefebvre est passé de la chanson au cinéma avec *Mustang*. Clément Perron, merveilleux scénariste de *Mon oncle Antoine*, réussit dès son deuxième long métrage le tour de force de faire un bon film, c'est *Partis pour la gloire*. Après un *Taureau* au sujet trop ambitieux et peut-être trop symbolique, il est revenu à ce qui avait constitué l'acquis principal de *Mon oncle Antoine*: la bonne peinture réaliste et très détaillée de la vie d'un village beauceron, au moment de la Conscription. Film modeste, qui se fixe des limites pas trop larges et qui réussit à les combler toutes.

Claude Jutra (*Pour le meilleur et pour le pire*) a choisi lui aussi un sujet modeste: la vie à deux, avec seulement quatre personnages, ce qui l'oblige à être plus inventif. La première heure du film tient du pur délice. Parce qu'il se passe constamment deux actions simultanément sur l'écran. Monique Mercure jouant du violoncelle et parlant en même temps des hommes qu'elle a eus «entre les jambes», c'est du gâteau. La première heure, c'est vif, intelligent, plein d'humour, avec tout à coup des plongées dans le fantastique qui relancent le film très haut. Toute cette partie-là est très «écrite», très maîtrisée, très bien tenue en main par Jutra. Mais pour une raison ou pour une autre, est-ce paresse, fatigue, épuisement, Jutra cesse tout à coup d'écrire son film et de le maîtriser parfaitement, plus spécialement à partir de la scène des orteils, d'où tout humour est absent, et le film se met à claudiquer lamentablement, comme un Guy Lapointe retournant au banc des siens, après un *slapshot* sur la cheville. Jutra scénariste, réalisateur et comédien de son film a lâché en chemin. N'y avait-il

404

personne pour le lui dire, quelque part dans l'équipe de Pierre Lamy, son producteur?

Mustang nous apprend deux choses. Qu'il se passe au Québec des choses absolument farfelues, étranges et fascinantes comme le Festival western de Saint-Tite, la meilleure preuve peut-être que le Québec est probablement le pays du monde qui est bombardé culturellement par le plus grand nombre d'impérialismes.

On a ici l'Amérique au complet, de la Camaro au *New York Times* en passant par Marcus Welby, Columbo, Contac-C, Barry White et le bookie du coin qui prend vos paris pour les départs à Roosevelt Downs. On a aussi l'impérialisme français avec *Paris-Match*, *Elle*, Serge Lama, Dalida, la moutarde Bornibus, la collection Folio de chez Gallimard, la Renault 17 et les stagiaires français des échanges franco-québécois. On a aussi notre petit Québec d'amour, comme dirait Raymond Lévesque, qui est constitué de tout ça et, en plus, de notre propre histoire tourmentée, notre bill 22, nos propres contradictions, notre Robert Charlebois qui envoie des fleurs à Mme Trudeau quand elle accouche d'un quelconque Justin. «T'sais, j'veux dire», c'est compliqué en tabaslaque!

Mustang me fait penser à cette salade bizarre. Primo. Secundo, pour revenir au film proprement dit, Lefebvre avait opté pour le cinéma commercial. J'ai rien contre ça, j'en mange tous les deux jours du cinéma commercial américain et j'en raffole. Il y a des bons clairement identifiés. Des méchants clairement identifiés. Un sadique dans le genre Albert Millaire qui cloue le bec au niais du village, genre Marcel Sabourin, avec une agrafeuse de menuisier, t'sais j'veux dire, c'est un vrai sadique comme John Carradine en a joué pendant trente ans dans le western américain, le meilleur.

Moi, je dis que ce film-là, parodie du western classique, revu et corrigé par le quétaine québécois, avait tout pour marcher raisonnablement, même en France. Mais, il y a un gros mais. Un peu comme Jutra dans son film, Marcel Lefebvre a oublié de reprendre son sujet au vestiaire un matin qu'il revenait sur le plateau. Avec le résultat qu'on retrouve tout à coup notre Albert Millaire effondré dans les bras de Luce Guilbault. On découvre que le bon Johnny est, au fond, un enfant de chienne. Willie Lamothe est l'ami de Johnny. Au dernier quart du film, les bons deviennent les méchants et les méchants deviennent les bons. C'est contre toutes les lois du genre.

Le cinéma mythique, c'est réglé comme du papier à musique. C'est comme un bateau. Si ce n'est pas construit conformément aux règles, ça coule. Et le film de Lefebvre, malgré un excellent début, quoique les rôles secondaires soient bien dessinés, ce qui est déjà important et prometteur, coule lui aussi avant la fin.

Clément Perron, lui, évite de tomber dans ce piège-là. Il s'en tient à la logique de son sujet et le tableau de mœurs qu'il nous donne est parfaitement réussi. Ce film est à classer parmi les films québécois bien fignolés, qui se tiennent du début à la fin, qui ne partent pas en peur et qui montrent fidèlement la réalité d'ici à l'époque, malgré tout dorée, où les bombardements culturels étaient moins intensifs.

La critique des quotidiens a reproché à Perron d'avoir manqué d'envergure. Perron ne voulait pas avoir d'envergure, il me semble que c'est clair. Il a réussi le film que lui, il voulait faire. La différence avec Jutra et Lefebvre, c'est qu'eux autres ne me semblent pas avoir totalement réussi ce qu'ils avaient décidé de faire.

Le Maclean, janvier 1976

La vraie nature de la tête de Gilles Carle

Je l'avoue bien humblement, je ne sais pas comment «ouvrir», comme on dit aux échecs, qui sont l'une des passions de Gilles Carle. Ce que j'aimerais dire, c'est que Gilles Carle est tranquillement en train de passer d'un cinéma de légende à un cinéma de réalité. Remarquez que c'est gros, tout ça.

Carle a réalisé huit longs métrages, de *La vie heureuse de Léopold Z.* à *La tête de Normande Saint-Onge*. Cinéma de légende, ça veut dire que, dans la tête de la plupart des créateurs québécois, romanciers et cinéastes en particulier, il y a des représentations de certains types de héros québécois. Et à cet égard, on vient de loin! Les premiers types québécois de l'entre deux moitiés du XXe siècle venaient surtout de penseurs comme Jean Le Moyne qui, dans *Convergences* et dans ses conférences, le donnait pour un être «pogné» à mort, surtout sexuellement. Souvenons-nous que cette époque était celle de Saint-Denys Garneau, qui refusa un jour de continuer à vivre, à qui on ne connaît pas de grandes aventures amoureuses et qui, débarquant à Paris, trouva le *challenge* si insurmontable qu'il reprit le premier bateau pour revenir chez lui.

Contre ce genre de héros déchirés qui dominaient les esprits de l'époque, certains écrivains et cinéastes se mirent à la recherche de la santé. Les hommes devinrent des costauds sans problèmes qui forniquaient à gauche et à droite, cassaient quelques gueules au besoin, avaient horreur de passer inaperçus et, en un mot, crachaient le feu de tous leurs naseaux.

On en retrouve dans l'œuvre écrite d'Yves Thériault et surtout, puisqu'il s'agit ici de cinéma, dans la majorité des films de Gilles Carle. Que l'on pense aux frères Pilon du *Viol d'une jeune fille douce*, au héros de *Red*, aux *Mâles*: voilà des anti-Saint-Denys Garneau. Carle a même poussé plus loin, en inventant le personnage le plus sain du cinéma québécois: la Bernadette de *La vraie nature*.

Le problème, c'est qu'aussi bien le mythe maladif des Jean Le Moyne et autres socio-psychologues amateurs ne correspondait pas à la réalité, aussi bien les costauds à l'esprit sain des films de Gilles Carle sont plus près du symbole que des êtres humains que vous et moi nous rencontrons par centaines au cours d'une année ordinaire.

Remarquez que cette option de Carle et de certains autres créateurs québécois n'est pas forcément consciente. Elle procède spontanément d'un refus des valeurs établies par la génération précédente. Tous, à l'époque, nous sentions que la maladie mentale est une voie sans issue pour un peuple. Surtout la maladie mentale en art. Je n'exagère pas en disant que la maladie mentale et les dérèglements de l'esprit étaient partie intégrante du domaine spirituel québécois de l'époque. Relisez les romans parus au Cercle du livre de France il y a vingt ans, les romans d'André Langevin, Jean Simard, André Giroux ou Jean Filiatrault, vous verrez ce que je veux dire.

Ce qui s'est passé, au fond, c'est clair. Pour toute une génération du duplessisme, la réalité était sombre, l'avenir était bouché et le passé était crotté. On pourrait l'appeler époque du «duplessimisme». Sans parler de l'étroit contrôle de l'Église sur toutes les activités, y compris le sexe.

Donc, les Québécois ont eu un jour besoin de représenter autre chose que la maladie mentale, les infirmités de fonctionnement et les relations troubles des fils avec leur mère.

Ce qui s'est passé, c'est qu'à une vision foncièrement pessimiste des choses a succédé une vision volontairement optimiste de la réalité. Et je me souviens qu'en ce temps-là, Gilles Carle cherchait désespérément des héros «l'fun». Son premier fut Léopold Z. Un ouvrier optimiste. Dans la même foulée, d'ailleurs, on retrouve les vivants symboles de Pierre Perrault, de l'île aux Coudres. Et un peu plus tard, les héros «Ti-Pop» que Pierre Maheu a voulu déterrer à l'Office national du film: le frère André, Maurice Richard et, un jour, le grand Maurice Duplessis lui-même.

Avec Normande Saint-Onge, huitième long métrage de Gilles Carle, on quitte la légende pour passer à la réalité. Normande Saint-Onge assume son passé et son présent et devient à son tour, à la fin du film, Saint-Denys Garneau. Ainsi la boucle est bouclée. On a découvert que nous ne sommes pas tous des Saint-Denys Garneau ou des Louis Cyr ou des trousseurs ou des Bernadette, mais qu'il y a en chacun de nous un peu de tout ça. Et on rencontre au cinéma des gens comme vous et moi, on en rencontre des centaines dans le cours ordinaire d'une année fiscale: le drop-out, le jeune batteur qui habite au-dessus, et on se rend compte qu'ils sont plus attachants que les mythes du *Viol d'une jeune fille douce* ou de *Red*.

Le Maclean, février 1976

On est au coton de Denys Arcand

Denys Arcand, ce fut d'abord pour moi quelques textes baveux dans *Parti pris*. Il les désavoue aujourd'hui. Ceux qui les liront comprendront pourquoi. C'était l'époque où bien des gens au Québec croyaient que l'autonomie politique mettrait fin à nos dépendances et à la plupart de nos aliénations. Donc, dans un Québec libre naîtrait un cinéma libre.

La preuve *a contrario* allait nous en être donnée plus vite qu'on ne pensait. En 1969, *I was minus a job*, parce que j'avais déclaré sur les ondes de Radio-Cadenas que Pierre Trudeau (déjà lui) avait menti en déclarant que les Québécois parlaient un *lousy french*, un français de marde. Trudeau, qui n'a pas tout lu, ignorait que Robespierre avait dit, deux siècles plus tôt: «Il n'y a rien de plus contraire aux intérêts du peuple que d'être difficile sur le langage.» Robespierre avait eu l'intuition, que Chomsky n'a jamais eue, ni Claude Hagège ou autres Kristeva, que la langue est une production économique et qu'il vaut mieux parler mal que d'être silencieux, car le silence est le terreau de l'esclavage.

Arcand me téléphone et me demande de travailler avec lui sur un film qui traiterait de la condition des travailleurs du textile au Québec.

Le film avait pourtant bien commencé, dans le style classique «onéfien». On avait Jean-Luc Pépin, on avait des débats entre syndiqués et employeurs sur la nécessité de tarifs douaniers les plus élevés possible. Et que le cochon de consommateur paie! Fermez les frontières du pays pour protéger les jobs et le marché! L'alliance sacrée des classes sociales! Mais, très tôt, le film glissa vers un portrait d'une classe sociale: les ouvriers. On s'adjoignit Madeleine Parent qui avait été l'inspiratrice de la grève de la Dominion Textile à Valleyfield dans le temps de Maurice Duplessis. Lors du tournage d'un travelling de cette usine qui se dresse comme une véritable forteresse de pierre, une voiture de police s'interpose. Deux hommes par char devenaient deux hommes par bottine. Du gâteau! Ils se croyaient encore sous Duplessis et sous la toute-puissante Dominion Textile. Chaque réunion de production était une fête. Chaque fois, il s'agissait de faire reculer les frontières de la journée de tournage précédente. Découvrait-on chez Esmond Mills à Granby un ouvrier fier de son métier? On filmait le lendemain à Magog un cotonisé à 100 p. 100 qui réussissait quand même à nous dire, entre deux quintes de toux, que la compagnie avait fait ce qu'elle pouvait pour lui. Même Robert Bourassa était dans le film, ménageant la chèvre et le chou. Et les étudiants de l'Institut de technologie du textile de Saint-Hyacinthe qui disaient comprendre les Américains au Viêt-nam à en juger par le comportement de leur collègue vietnamienne à l'école! Les nègres blancs d'Amérique à leur meilleur. C'est ainsi qu'on décida d'aller filmer les nègres noirs d'Amérique dans la ville de Charlotte, North Carolina, château fort de la multinationale Cannon, qui fabrique de si belles serviettes de bain. La situation était pire qu'à Valleyfield, l'usine était une place fortifiée et le syndicalisme attendait depuis le début du siècle de prendre contact avec un seul des ouvriers de la Cannon. À Charlotte, en plein Bible Belt, toute l'équipe on s'initie aux joies et plaisirs des salons de massage que l'on retrouvera transmués dans *Le déclin*.

On est au coton sera interdit. Mais comme nous sommes en pleine ère de l'odieux-visuel, il sera reproduit sur vidéocassette des dizaines de fois et vu par des milliers d'étudiants avec l'attrait du fruit défendu. Une version-film intégrale circulera aussi sous le titre dérisoire de *The John A. MacDonald Story*.

J'ai revu récemment *On est au coton*, peu de temps avant *Le déclin,* et les deux films se ressemblent.

Quiconque a vu *On est au coton* se souviendra sûrement que tout au long du film, des phrases apparaissent en surimpression comme pour expliquer au spectateur sous-développé mentalement la portée de ce qu'il vient de voir sur l'écran. J'ai toujours été intrigué par cette décision de Denys Arcand de souligner ainsi le sens qu'il voulait donner à son film, au-delà de ce que le spectateur pouvait en penser lui-même et comme si Arcand doutait de la force même de son film. La direction à prendre, nous dit-il, c'est celle-là et pas une autre. Je cite pour mémoire une de ces sentences: «La texture de la domination est devenue la texture de la raison elle-même.»

Le contenu humain, historique et social de ce film était si fort que Denys Arcand en restera marqué pour ses films suivants, *Gina* étant la biographie romancée de la danseuse Brigitte rencontrée, au cours du tournage, à Coaticook. Belle soirée de machos entrecoupée de nombreux «*take it off, take it off*» et marquée par l'intervention du premier magistrat de la ville lui-même, donnant sa permission à la danseuse de se rendre aux demandes des clients. Et *Réjeanne Padovani* montrant les politiciens corrompus du ministère de la Voirie du Québec.

Il faudra attendre une pièce à sketches présentée à Québec pour voir un tout nouveau Arcand, un Arcand comique mettant en scène une hôtesse à Paris avant le départ d'un avion chargé de «pea soups» rentrant dans leur foyer.

Il y avait eu aussi *Québec: Duplessis et après...* qui relativisait la vision toute manichéenne des intellos québécois de l'époque sur le personnage Duplessis. Il y eut le *Duplessis* de Blandford qui fut suivi à la télévision tout autant que les séries de la coupe Stanley et qui donna peut-être à Arcand le goût des salles pleines.

Et l'illumination du *Déclin*, enfin des personnages qui parleraient si crûment que point ne serait besoin de sous-titres pour que le spectateur comprenne le propos de l'auteur.

Car le défi de cette génération de cinéastes est majeur: comment ne pas être dupe? Comment se donner sans être pris? Comment toujours garder son quant-à-soi et son sang-froid? Comment toujours être celui à qui on ne la fait pas?

Copie zéro, décembre 1987-mars 1988

A *Kind of Loving* de John Schlesinger

Tandis que la nouvelle vague française en est à l'exercice de style tant intellectuel que cinématographique, la nouvelle vague anglaise est résolument néo-réaliste.

Les quatre ou cinq meilleurs films anglais de ces dernières années montraient l'homme dans son habitat social aux prises avec la société et ce qu'elle impose.

Que ce soit *Room at the Top, Saturday Night and Sunday Morning, Look Back in Anger*, tous étaient des documents sociaux.

A Kind of Loving, de John Schlesinger, est dans la même veine. Les nouveaux noms du cinéma anglais sont occupés à écrire «La comédie humaine» de leur époque. Le film commence sur des photos de noces. Les époux seuls, les époux et les dames et garçons d'honneur, les époux et les bouquetières, les époux et les parents, et, enfin, les époux et tous les invités. Nous sommes ainsi tôt placés en face de la vie observée telle qu'elle est, sans arrêt, sans souci de métaphysique, sans cynisme, sans parti pris.

Le cinéma anglais de ces dernières années est descendu dans les maisons, dans les cuisines, s'est promené autour des tables, a jeté un œil par-dessus les portes à battant des pubs, a saisi des expressions non fabriquées, non photogéniques.

De plus, le langage des personnages, du héros de *Saturday Night and Sunday Morning* à celui de John Schlesinger, est le vert langage du peuple. Ils «sacrent» à qui mieux mieux...

Résultat: des films vivants, authentiques, chaleureux, humains.

Ces cinéastes ne refont pas le monde, n'orientent pas leurs œuvres dans tel sens donné, ne créent pas de toutes pièces un univers qui serait le leur. Ils achètent un bon roman qui soit une étude de mœurs et en tirent un film.

A Kind of Loving raconte les amours d'un jeune dessinateur industriel avec une sténodactylo. Lui ne songe pas à se marier d'abord parce que le mariage n'a pas bonne presse pour tout jeune homme, ensuite parce que ses revenus ne sont pas suffisants.

Mais l'amour, l'amour vous savez, ça ne se maîtrise pas, ni le désir. Pris entre le désir et l'impossibilité de se marier, ils cessent de se voir, puis se manquent, puis se revoient, puis cessent encore jusqu'au jour où mademoiselle attend un enfant tel que prévu.

Ils se marient, sont forcés de vivre chez la mère de mademoiselle qui, comme bien l'on pense, ne fait pas la vie facile à son gendre.

Tant et si bien que le mariage est sur le point d'échouer quand monsieur décide de louer un appartement de bas étage (sans jeu de mots), chose à laquelle il n'avait pu se résoudre parce qu'il croyait que son épouse n'accepterait pas de vivre ailleurs que dans un certain luxe. Mais son père lui fait comprendre: *She will live where she's bloody put.*

Le ménage sera ainsi vraisemblablement sauvé.

Une franchise de ton, le goût non caché de la bagatelle, des comédiens d'un grand naturel font de ce film un document proche du cinéma-vérité. Un montage quelquefois éblouissant, l'humour de la caméra et sa poésie dans la brume anglaise, les travaux et les jours de la *middle class* anglaise: en somme, un excellent roman à la Balzac, et un film bien fait.

Le Nouvelliste, 17 août 1962

À propos de Jean-Luc Godard

1. *Une femme est une femme*

Ce sont les humoristes qui, d'âge en âge, ont bousculé les habitudes, tant artistiques qu'autres.

Ils arrivaient dans un monde sérieux où les idées, parce qu'elles étaient établies, avaient la réputation d'être parfaites et définitives et, d'un sourire, ils remettaient tout en question. Voltaire a été de ceux-là, et ce seul frémissement aux commissures des lèvres a été pour une bonne part dans la Révolution française. Il parlait de tout en souriant, il parlait à tous en souriant.

Jean-Luc Godard sert le même sourire au cinéma.

Il bouscule les habitudes des génériques. Il bouscule les habitudes de dialogues suivis, de diction claire, de prise de son parfaite. Il bouscule les habitudes d'usage de la couleur. Il bouscule les habitudes de la direction d'acteurs. Au risque de passer pour un cinglé de Godard, je dirai qu'il fait consciemment des longueurs et des répétitions à ses films. Parce que, dans la vie, il y a des longueurs et des répétitions. Dans la vie, on s'irrite de voir les gens répéter les mêmes farces.

Je suis conquis par *Une femme est une femme*, présenté en fin de Festival jeudi soir.

Anna Karina a un accent slave irrésistible et l'on a, tout au long du film, l'idée de tomber en amour avec elle. Elle forme avec Jean-Claude Brialy un couple d'amoureux, et j'ai bien peur qu'il ne fasse trouver à chaque spectateur sa compagne sans saveur, et à chaque spectatrice son compagnon «cave».

Car outre le désir de désinvolture cinématographique de ce film, l'univers qu'il décrit n'est pas sans attrait. Après avoir erré dans le policier, les marivaudages, les histoires «écrites» où on ne faisait

415

qu'effleurer l'univers proprement dit des gens même de la «Nouvelle vague», après n'avoir que greffé sur des histoires narratives conventionnelles un peu de détails autobiographiques, un peu du sel de leur vie propre, les gens de la «Nouvelle vague», Godard le premier, décident de montrer leur univers, de le faire passer au premier plan du film, de s'asseoir confortablement dans les personnages, dans les situations mêmes.

Ainsi, en plus d'être du cinéma exceptionnel, *Une femme est une femme* est un document social, un coup de sonde dans un certain univers parisien en 1962.

On dira ce que l'on veut de ce film, je suis séduit et il a tant de charmes que j'écris: ce film est une femme.

Godard aura tracé par sa désinvolture de nouvelles voies au cinéma. À l'époque du gros document-vérité, où les faits nous tombent dessus comme des briques et la psychologie profonde des gens, pas tellement différente de la psychologie imaginée de quelques personnages de romans d'ailleurs, nous est montrée comme sur une dalle de dissection, ce film allusif et cursif, constamment léger et ricaneur, pure expression d'un tempérament d'humoriste, montre aux cinéastes la voie de la liberté et que tout est possible au cinéma.

Le Nouvelliste, 18 août 1962

❏

2. *Le petit soldat*

Le petit soldat de Jean-Luc Godard est, à mi-chemin de la fin du Festival, le film le plus important présenté jusqu'à maintenant. Le plus insupportable aussi, comme s'il volait trop haut pour nous. Le personnage central du film rappelle cette légende indienne rapportée par Tennessee Williams dans *Orpheus Descending*. Il existe, paraît-il, un oiseau qui vient au monde sans pattes, de sorte qu'il ne se pose jamais. Il dort sur les grands vents, plus haut que l'œil ne peut atteindre. Et on ne le voit jamais, sauf quand il meurt. Il a des ailes transparentes plus longues que celles d'un aigle et, quand elles sont refermées, l'oiseau tout entier tiendrait dans le creux d'une main.

Il ne sied pas de faire du symbolisme et de retracer dans le Bruno de ce film tous les points communs qu'il a avec cet oiseau. Disons qu'au niveau de pureté et de déchirement où il se tient, il est seul. Trop intelligent, il peut tout définir, analyser, disséquer et anéantir. Son intelligence lui permettant de tout concevoir, il ne lui reste bientôt plus rien à faire.

Dans ce film, Godard montre qu'il est dans la tradition des grands moralistes français qui se placent au centre de l'univers et postillonnent dessus, n'ayant de tendresse, de respect, au fond, que pour eux et les leurs. À l'égard des autres, ils ne ressentent que de la lassitude et, de toute façon, les autres n'ont pas d'importance.

Le petit soldat, c'est aussi un film hautain, un peu méprisant, bourré de clins d'œil à soi-même. Mircea Eliade écrivait un jour que le monde européen tendait de plus en plus à se diviser en chapelles exclusives, à l'écart de la majorité. Si le plus grand nombre aime la peinture abstraite, il ne formera une chapelle pour ne plus jurer que par le figuratif et dédaigner l'abstrait. Godard, c'est ça. Que ceux qui pensent comme moi me suivent. Il est sincère, n'en doutons pas, mais il a fait du *Petit soldat* un film pour initiés surtout.

Un film qui reste tout de même le plus important de cette première partie du Festival. Un cinéma d'une perfection inégalée, qui court tous les risques et gagne à tous coups. Le plus osé, cinématographiquement, et le plus réussi en même temps. Un chef-d'œuvre, mais aux idées tellement contestables.

Le Nouvelliste, 8 août 1963

❏

3. *Les carabiniers*

Les carabiniers commencent sur cette citation de Jorge Luis Borges que je rapporte en substance: «En vieillissant, je suis devenu simple. J'aime maintenant beaucoup les métaphores usées. Comme par exemple: les étoiles ressemblent à des yeux.»

Tout le film est de cette eau: modestie et simplicité. Mais une modestie et une simplicité entêtées contre la guerre. Un film bête et méchant comme la guerre, tels sont *Les carabiniers*.

Avec ce film, Godard quitte son univers personnel de fils de bourgeois passé à la vie de bohème, cultivé, désinvolte, intelligent et d'extrême gauche, pour choisir ses personnages parmi les crottés, les sans-grades, les naïfs, les aliénés ou, comme on dit ici, les tout nus ou les barbouillés.

Deux de ces barbouillés sont invités à faire la guerre pour le roi. Quel honneur! Les officiers recruteurs leur promettent mer et monde et, mieux encore, le droit de violer les femmes, d'arracher les bras des enfants, de crever des yeux, de couper des oreilles. Le fusil-mitrailleur fait du barbouillé un roi…

Un roi qui tue, envahit, écrase, fait la loi, jusqu'à la fin de la guerre. Puis, retour dans les foyers. Les mers et mondes promis, ils les ont, mais en cartes postales qu'ils croient d'ailleurs être des actes de propriété. On leur a, en effet, promis qu'à la signature de la paix, des cérémonies spéciales auraient lieu au cours desquelles le roi remettrait à chacun les réalités dont les cartes ne sont que le reflet.

Or, un jour, il semble y avoir fête chez le roi: des pétards éclatent. Les deux barbouillés courent à la ville où ils sont fusillés. Ce n'était pas une fête mais une révolution et les pétards étaient une rafale de mitrailleuse.

Ce film est sans pitié, sans concessions et pessimiste. Je trouve pour ma part la fin ambiguë, du moins par rapport au film. Et je me demande si, en laissant la vie aux barbouillés, Godard n'aurait pas rendu son film plus persuasif, parce que plus près de nous. La mort éloigne tout, purifie tout, excuse tout. Mais tout dépend évidemment de sa conception des barbouillés. Étaient-ils pour lui des robots, des brutes, des machines à tuer, ou des pauvres types, aliénés, pour lesquels il éprouve de la sympathie? Tout le long du film, on a senti cette sympathie, il me semble. Or, à la fin, ils meurent. Ils deviennent, à ce moment-là, légendaires. Ils ne sont plus. Mais je me demande s'il n'eût pas été plus effroyable que ces gens, pour qui nous sentons nous aussi une sympathie, et c'est bien là la force du film, continuent de vivre et, par exemple, repartent tout simplement pour une autre guerre. À ce moment, on aurait mesuré toute leur aliénation. Notre sympathie pour eux serait devenue monstrueuse et la leçon d'autant plus forte.

Mais tout ça est peut-être une vaine discussion. La nature du film est toute de douceur. Ces gens font la guerre sans allégresse d'une part, sans pitié d'autre part. Faire la guerre leur semble, tout au long du film, normal. Une occupation qui les change un peu de leur vie ordinaire, c'est tout. C'est ce qui fait de ce film une œuvre exemplaire.

Godard a-t-il donc du génie? Je serais porté à le penser. Et le génie, ce serait tout simplement l'acuité de la conscience. Et le génie, ce serait l'inquiétude et la remise en question de soi-même et l'évolution vers une conscience de plus en plus aiguë. De film en film, c'est l'acheminement vers cette acuité qui s'est dessiné en Godard qui assumait, en même temps, ses prédécesseurs de l'histoire du cinéma. Godard, ce sera, si ce ne l'est déjà, le Bertolt Brecht de la deuxième moitié de ce siècle.

Le Nouvelliste, 10 août 1963

Eddie Constantine, le désinvolte

À quoi cela peut-il tenir, demandons-le-nous ici. C'est dans les films d'Eddie Constantine que l'on a vu, ces dernières années, le plus d'humour et non seulement d'humour dans le dialogue, le ton ou l'intrigue, mais aussi, et c'est le plus important: dans le cinéma, dans la technique, dans le maniement de la caméra, dans la maîtrise du septième art. De cet humour qui montre la désinvolture technique du cinéaste. Eddie Constantine est un fort mauvais acteur, probablement. Il coupe ses répliques en deux, comme s'il bégayait. Il ne peut donner que dans le sourire: l'expression de tout autre sentiment lui est fermée. Il n'a donc jamais pu jouer aucun rôle, sinon le sien propre. Il n'a donc jamais pu être partie d'un film qui soit dramatique ou psychologique. Il a forcé, par ses limites, les cinéastes à faire parler l'image, à faire parler le climat d'un film, ils les a forcés à la simplification. Pas de psychologie, pas de problèmes, pas de profondeurs: du cinéma gratuit. Et comme tel, laissant au cinéaste entière liberté, entière légèreté, dépris des filets du réalisme ou de l'intrigue serrée. Je ne suis pas mécontent qu'un film comme *L'empire de la nuit* reste en deuxième semaine au Champlain et qu'*Une grosse tête* repasse au Madelon. Ça me permettra d'en souligner certaines vertus. *L'empire de la nuit*, c'est la plus belle anthologie qui soit des trucs du nouveau cinéma. Le cinéaste averti y retrouvera des parodies des styles de la «Nouvelle vague». Je n'en citerai qu'une: celle de *L'année dernière à Marienbad*, d'Alain Resnais, à l'instant où Mme David Balkis entre dans le château de son mari et marche dans un décor baroque et froid pendant qu'un orgue se fait entendre. *Une grosse tête* est également parodique du western américain: cette gare désaffectée, l'affrontement des méchants avec les bons, le suspense du premier coup de feu ou de poing. Des films à voir.

Le Nouvelliste, 9 mars 1963

Le prince et le barbouillé

Après une semaine de cinéma, c'est-à-dire après avoir vu une trentaine de métrages longs et courts, on peut dégager des tendances.

Les tendances qui frappent le plus, et probablement pourrait-on en dire autant de la littérature, sont celles-ci: le cinéma, en 1963, oscille entre la peinture du prince et la peinture du barbouillé (et du barbouillé qui veut devenir prince).

Cette norme, qu'on l'applique à n'importe quel des films présentés, trouve sa confirmation. *Le guépard*, c'est le prince et même le plus prince des princes. *Jeanne d'Arc*, c'est le prince, *Pour la suite du monde* est aussi un film de princes. Et c'est bien là le génie de Godard de nous donner un film de prince (*Le petit soldat*) et un film de barbouillés (*Les carabiniers*). *Salvatore Giuliano*, c'est un prince, mais le peuple de Sicile est formé de barbouillés.

Expliquons-nous. Le prince est toujours au singulier, c'est l'Unique, tandis que le barbouillé n'est jamais seul. Le barbouillé, c'est le petit, l'homme moyen, l'aliéné, l'intelligent. Le barbouillé, c'est nous et le prince, c'est ce que l'on voudrait être.

Pour ma part, j'accorde plus de prix aux films qui mettent en scène des barbouillés qu'aux films de princes. Car un prince peut parler, peut s'exprimer, peut lui-même dire au monde qu'il existe, tandis que le barbouillé, c'est l'être muet, qui ne peut rien dire, l'anonyme. Et sans des créateurs, écrivains, romanciers qui lui donnent une voix, il disparaît dans la nuit des temps.

This Sporting Life, c'est l'histoire d'un barbouillé qui veut devenir prince et y réussit. Le film nous le montre malheureux, en prince, autant qu'il l'était en barbouillé, mais, dès lors, il ne nous concerne plus. Tout comme *Le guépard*, d'ailleurs. La peine d'un prince, d'un possédant, d'un maître, c'est toujours petit, c'est toujours égoïste, tandis que la peine des barbouillés, c'est la peine du monde entier, c'est la condition humaine elle-même.

Ces deux perspectives sont presque infinies. La littérature française est une littérature de prince, tandis que la littérature russe est une littérature de barbouillés. La française était aussi une littérature de barbouillés au temps de Zola et de Balzac. Mais toute l'école de Mme de La Fayette et de Stendhal, toute la littérature du cœur, la littérature psychologique et d'analyse, c'est de la littérature de prince.

Pour illustrer autrement la même idée, disons que la littérature de prince place le personnage au centre de l'histoire racontée tandis que la littérature de barbouillés accorde la première place aux événements.

Les indigènes de l'île aux Coudres sont des princes, n'en doutons pas. Mais on n'est prince que sur une île, sociale ou autre. L'île aux Coudres, ce serait l'équivalent du château des Salina, en Sicile.

Le mérite d'*Hallelujah the Hills*, sous cet aspect, est grand. Il nous montre en effet des barbouillés dans un univers purement fictif, c'est-à-dire dans un univers qui ne peut être que cinématographique. C'est un film pur et ce ne peut être qu'un film. Ce qui fait peut-être d'Adolphe Mekas, son réalisateur, le plus artiste de tous les cinéastes dont on a pu voir les œuvres au cours de ce Festival

Heureux les festivaliers, en somme. Ces quelques milliers de personnes qui, en moins de dix jours, peuvent voir les créations d'une cinquantaine de cinéastes de tous les coins du monde. Une cinquantaine de fois, le résultat de quelques années de travail nous a été ramassé en un peu plus d'une heure. Nous avons vu le reflet de sociétés les plus diverses, présenté dans des mises en scène dont chacune révélait un homme, un créateur.

On dit que la vie c'est la création qui se poursuit. L'humanité, en ce cas, doit au cinéma une grande part de sa vitalité présente. Car l'on peut dire sans se tromper que le cinéma est aujourd'hui la plus grande usine de création au monde. Si l'on en juge, en tout cas, par ce Festival.

Le Nouvelliste, 10 août 1963

Les «thrillers»

Farewell my Lovely, Yakusa, The Drowning Pool, La fugue, avec Robert Mitchum, Gene Hackman, Paul Newman, ont tous été présentés à Montréal il y a quelques mois et poursuivent encore des fins de carrière au Monkland ou au Crystal sur Saint-Laurent. On appelle ça des «thrillers». J'avoue que depuis que je fréquentais le cinéma Impérial dans les années cinquante, à Trois-Rivières, le seul cinéma au monde, à ma connaisance, où l'on trouvait des *love seats* répartis un peu partout dans la salle, ce genre de film a toujours été mon préféré.

Le héros est, la plupart du temps, un de ces détectives privés qui a tout vu dans la vie, qui a peur quelquefois, mais qui fonce quand même, qui tombe les belles femmes à volonté et ne fait que les effleurer parce que son devoir l'appelle ailleurs. Ce personnage, à travers le cinéma américain, c'est le redresseur de torts, une sorte de Robin des Bois moderne, appelons-le Robin des Villes, mais sans le panache. Un Robin des Villes tout simplement humain, droit, honnête et courageux. Face à un meurtre crapuleux devant lequel la police est impuissante à cause de sa lourdeur administrative, ou à cause des interventions politiques, il réussit, lui, à retrouver les coupables.

L'univers de ces hommes, c'est le restaurant du coin où ils mangent en vitesse un hamburger et où ils prennent leurs messages téléphoniques, c'est le marchand de journaux qui est leur ami, c'est une danseuse, chanteuse ou barmaid sur le retour, avec laquelle ils évoquent des souvenirs du bon vieux temps.

Dans la galerie des symboles du cinéma américain, on a vu d'abord les bons Blancs en butte aux sauvageries sanguinaires des méchants Indiens; puis les bons shérifs en guerre avec les dégueulasses voleurs de grand chemin; le monde du bien et du mal.

Le détective privé, lui, sort tout droit d'une analyse beaucoup plus poussée de la société américaine. Créé en général par des écrivains qui furent dans la gauche américaine vers les années trente, il constitue une critique vivante du capitalisme nord-américain.

Il y a d'un côté les riches corrompus par l'argent et qui ne reculent devant rien. Il y a de l'autre les politiciens toujours véreux. Il y a enfin la police qui voudrait bien, mais qui ne peut pas.

Si cette image ne correspond pas à l'idée que se font l'immense majorité des Québécois de leur propre société, surtout après les enquêtes Cliche et Dutil, je veux bien être enfermé à Parthenais!

En 1516, dix-huit ans avant que Jacques Cartier n'aborde aux rives de la Gaspésie, un Anglais écrivait: «Ce que je sais de tous les gouvernements, c'est qu'ils sont une conspiration des riches qui, sous prétexte d'administrer le bien commun, ne poursuivent que leur bien particulier et ils inventent toutes sortes de moyens et de techniques, d'abord pour conserver sans danger ce qu'ils ont fort mal acquis, et ensuite pour faire travailler les pauvres aux plus bas salaires possible et les opprimer autant qu'il leur plaît.» Il s'appelait Thomas More.

Cette analyse, qui date de près de cinq siècles, on la retrouve telle quelle dans tous les écrits marxistes et elle s'incarne aussi dans Robert Mitchum qui joue le détective Philip Marlowe de *Farewell, my Lovely*.

Le cinéma Atwater, un des hauts lieux de la révolution? Évidemment pas. Mais il faut savoir lire le cinéma américain qui reste, parmi les cinémas mondiaux, celui qui est le plus riche, le plus varié et le plus libre. Prenons par exemple *La route de la violence* qui marche beaucoup ici. (En version anglaise: *White Line Fever*.)

Le héros est dans la lignée du juge Robert Cliche. Un syndicat de camionneurs indépendants se fait bousculer par les grands patrons qui leur confient le transport de leurs marchandises.

La ligne centrale du film, c'est que le jour où un des camionneurs indépendants a décidé de mener la bataille jusqu'au bout, le syndicat a suivi et a fait, enfin, une grève pour obtenir justice.

Dans *La Presse*, Luc Perrault a décrit le tout comme une caricature du syndicalisme et, par conséquent, comme un film antisyndical, après un raisonnement tarabiscoté dont il a le secret. Alors que le héros du film est exactement dans la position des quelques grévistes de la United Aircraft qui ont décidé un jour de rentrer dans l'usine et de l'occuper, avant d'en être expulsés à coups de matraque par la police. C'est par suite de cette action d'éclat que le gouvernement et la compagnie ont bougé. Idem du héros de *La route de la violence*.

De temps en temps dans la vie quotidienne, au travail ou ailleurs, on sait exactement que ce qui est en cause, pour soi-même, c'est la lâcheté ou la bravoure, la peur ou l'audace. Chaque fois qu'un homme opte pour l'audace, il y a progrès. Il est entendu que les grands changements, les changements profonds sont le fait des collectivités. Mais ils sont souvent aussi la somme de bien des bravoures individuelles et il n'est pas démobilisateur du tout de montrer au cinéma des cas où un individu se tient debout.

Dans un de ces pays d'Amérique latine dirigés par une junte militaire, on demandait récemment au cinéaste Chris Marker quels films il faudrait montrer au peuple pour le mobiliser, et il répondit: «Les films de Bruce Lee».

Le Maclean, décembre 1975

Dog Day Afternoon de Sidney Lumet, *One Flew over the Cuckoo's Nest* de Milos Forman

Pour le moment, parlons de deux très bons films: *One Flew Over the Cuckoo's Nest* de Milos Forman et *Dog Day Afternoon*, de Sydney Lumet.

Dans les deux cas, le héros est un *freak* américain. Une vivante incarnation d'un comportement parfaitement logique, mais totalement en marge de l'ordre généralement admis. Des exercices de liberté, en un mot. Dans *Un après-midi de chien*, le héros est un petit pégreux qui rate un vol de banque. Dans deux scènes socialement magistrales, tout le nouveau rêve américain apparaît. Le pégreux tient en otage dans une caisse pop tout le personnel. Les flics veulent négocier avec lui. Il sort de la caisse pop, les voit tous menaçants, revolvers braqués sur lui. Or comme il est en position de force, pour une fois dans sa vie peut-être, il leur dit: reculez, reculez, encore un peu, et rengainez vos armes. Et tous les gros *beefs* de la police, comme de petits moutons tranquilles, reculent et, dans la salle, c'est le délire. Un peu plus loin, il sort à nouveau de la banque et distribue des piastres à la volée, à la poignée, et les spectateurs venus en foule à la porte de la caisse pop se les arrachent. Quel ravissement! La police dirigée au doigt et à l'œil par une petit *punk* homosexuel! Et la maudite piastre jetée en l'air comme des confettis. C'est tout le système qui est bafoué... pour un temps bien court, il est vrai, mais quel beau sujet! Et tellement bien tourné, une vraie leçon de cinéma.

Dans *Le sale oiseau qui salit son nid*, de Milos Forman, seul véritable équivalent français de *One Flew over the Cuckoo's Nest*, c'est encore la lutte d'un individu contre le système. C'est encore une fable contestataire. Le système, dans ce cas, on le représente par un asile d'aliénés. Et la liberté, elle est incarnée magnifiquement par Jack

Nicholson, qui était si empêtré et faux dans *Profession: reporter*, d'Antonioni.

Que fait-il, le sale oiseau? Il ne se conforme pas. Il s'oppose toujours. Il a un comportement déviant. Il change le monde, uniquement parce qu'il a un appétit féroce de faire ce qui lui plaît. Il ne calcule pas, il prend tous les risques, toujours. Il finira lobotomisé. Et son grand ami, l'Indien qui jouait les muets pour ne pas se faire emmerder, le tuera pour lui rendre service, avant de s'envoler vers la liberté, vers le Canada, justement. Mais il n'y a que les fous à croire que le Canada est un pays libre.

Dans ces deux films, on retrouve un mythe du cinéma américain et nord-américain récurrent depuis le tout début du cinéma. Il est dans Chaplin, il est dans Buster Keaton, il est aussi dans quelques films de Gilles Carle et dans tout Perrault: la liberté, elle existe d'abord dans l'individu. Et l'imagination. Et la beauté: la beauté d'être soi-même. Mais la liberté, ne serait-ce que d'un seul individu, aucun système ne peut l'accepter. Demandez à Borduas. Demandez à Claude Gauvreau. Demandez à Soljenitsyne. Demandez à Huey Newton. Demandez à Galilée. C'est probablement le plus beau sujet de film au monde. Et le plus souvent repris. Et le deuxième plus beau sujet, c'est quand suffisamment d'individus aiment la liberté pour constituer une «gang» suffisamment grosse pour changer l'ordre des choses sur un territoire donné. Mais pour l'instant, un film comme ça, ce serait de la science-fiction.

Le Maclean, avril 1976

Histoire d'Adèle H. de François Truffaut, The Romantic Englishwoman de Joseph Losey, Violence et passion de Luchino Visconti, Barry Lindon de Stanley Kubrick

La récolte du printemps a été bonne. Un Joseph Losey, un François Truffaut, un Stanley Kubrick, un Luchino Visconti.

Histoire d'Adèle H., de François Truffaut, raconte les amours passionnées et malheureuses de la fille de Victor Hugo pour un sergent de l'armée anglaise qu'elle avait rencontré au cours de l'exil politique de son père à Guernesey. Elle l'aime tellement qu'elle l'espionne, le calomnie, le suit de Guernesey à Halifax, puis à la Barbade, devenant peu à peu, consumée par un amour terrible, un zombie, un «enfantôme», pour employer un néologisme de Réjean Ducharme.

Un de mes contemporains, amoureux déçu lui aussi, me racontait l'autre jour qu'il allait rôder la nuit dans le quartier de sa bien-aimée pour tenter de capter ou de lui envoyer je ne sais quels signaux amoureux. Il y a peu d'amours qui grandissent autant que les amours non partagées. Celui ou celle qui se refuse devient l'objet idéal, sublime, d'autant plus immense qu'il est absent. Loin des yeux, loin du cœur n'est pas vrai, pour les romantiques comme Adèle Hugo. L'absence est une immense fournaise dans laquelle se jette corps et biens celui des deux qui aime le plus. C'est sur ce beau thème que François Truffaut a bâti son dernier film qui intéressera tous ceux que l'amour n'a pas cessé de bouleverser.

The Romantic Englishwoman, de Joseph Losey, est aussi un film sur l'amour, mais dans un tout autre registre. Le couple Glenda Jackson-Michael Caine a des points communs avec le célèbre couple Jeanne Moreau-Marcello Mastroianni de *La notte*, d'Antonioni.

Quelque chose de ce couple est mort, mais une chose reste vivante: le désir. Le désir fou, qui frappe dans le dos, et n'importe quand.

Or cette femme s'ennuie et elle va se changer les idées à Baden-Baden, admirable ville de cartes postales, de casinos et de jeunes gigolos à l'affût. Un de ces gigolos, c'est Helmut Berger, le diable en personne, *pusher*, marrant et beau comme un personnage de Musset. Dans l'ascenseur, un soir, Helmut met la main au panier de Glenda. Du fond de son bungalow à Londres, l'époux en a l'intuition, la vision, puis la certitude. Poussé par un sentiment étrange où la jalousie se mêle à un goût de mort, il pousse Helmut dans les bras de Glenda. Et quand Glenda revient chez elle où son mari a vécu le temps de ses vacances avec leur fiston et une «jeune fille au pair», sa première précaution est d'aller vérifier dans les draps du lit conjugal et du lit de la bonniche s'il y a des traces d'amour. Admirable scène!

Ce n'est plus les amours impossibles d'Adèle, mais ces liens inusables des couples qui, comme on dit en prison, «ont fait du temps ensemble». Toute cette première partie est admirable. Dans la deuxième partie, les *pushers*, la pègre, etc., prennent le dessus et on tombe dans le «thriller» série B. On y souffre bien vite d'une raréfaction de l'oxygène vivifiant du début. Un film qui commence comme du Antonioni et qui se termine comme du Erle Stanley Gardner. Mais pour la première moitié, je vous dis: allez-y.

Violence et passion de Luchino Visconti met face à face deux Italies: celle de l'aristocratie raffinée et celle des nouveaux riches, parvenus bruyants, caves et épais. L'aristocratie qui s'est tenue debout pendant la guerre, qui a caché des Juifs dans ses palais, et les parvenus qui rêvent aujourd'hui de Mussolini et d'un retour à l'ordre. «Ordine». Entre ces deux mondes, il y a un gigolo, Helmut Berger encore, petit *punk* qui a maille à partir avec la pègre, encore, mais qui incarne une manière de réincarnation du raffinement et de la beauté aristocratique, tout issu du peuple qu'il soit. Visconti, seigneur marxiste comme seuls les Italiens peuvent nous en donner, veut-il nous dire par là que seul le peuple désormais est aristocrate? Ce film me rappelle un poème d'Heberto Padilla, poète cubain qui fit de la prison à la Havane pour avoir barbé Fidel. Dans ce poème, une survivante de la haute bourgeoisie fait l'amour avec un jeune Barbudo, jouit comme jamais avant dans sa vie et se dit: si c'est ça, la révolution, je suis pour!

Barry Lyndon, de Stanley Kubrick, est une longue histoire qui raconte avec un luxe de détails l'ascension d'un Irlandais pauvre jusqu'à la noblesse anglaise, dont il sera expulsé au crépuscule de sa vie avec une jambe en moins et une pension de cinq cents guinées d'or par année. Un peu comme nos députés canadiens-français à Ottawa qui tuent le temps pour le plus grand bien de la Confédération et se retirent au Sénat sur le tard avec une bonne pension et leur crédibilité en moins. Ils resteront toujours, quoi qu'ils fassent, «en marge», tout comme Barry Lyndon. Et vous verrez, même Trudeau n'y échappera pas. Sauf qu'il n'aura pas besoin de pension, grâce à la fortune que son père Charles amassa dans le pétrole Champlain dans les années trente. Tous les Barry Lyndon du monde qui veulent changer d'habitat ne le font jamais qu'en touristes, en passagers. Ils montent dans un autre train que le leur et, le moment venu, ils sont retournés à leur géhenne.

Le Maclean, mai 1976

All the President's Men d'Alan J. Pakula, *Family Plot* d'Alfred Hitchcock

All the President's Men et *Family Plot* posaient au départ deux questions: est-il possible de faire un film intéressant avec un sujet dont tout le monde connaît d'avance le début, la fin, les héros, et j'en passe? Quant à Hitchcock, on se demandait si le bonhomme avait encore le même coup de patte.

Aux deux questions, je vous avertis tout de suite, je réponds oui. Il n'y a donc plus de suspense.

All the President's Men est un film sur Watergate, bien sûr, mais surtout sur le journalisme. Et on y voit une scène qui résume tout. C'est le soir où le candidat George McGovern annonce qu'il abandonne son colistier Eagleton, parce que celui-ci a été soumis un jour à une psychanalyse. Dans la salle de rédaction du *Washington Post*, qui est plus petite que celle de *La Presse*, tous les journalistes sont massés autour du téléviseur pour voir McGovern. Tous les journalistes sauf deux, deux inconnus qui se nomment Carl Bernstein et Bob Woodward. Que font-ils? Ils téléphonent. Ils ont une piste fort mince suivant laquelle les cambrioleurs du Watergate ont des liens avec la Maison-Blanche. Ils feront du porte-à-porte pendant des semaines et des semaines. Ils vérifieront, par exemple, à la Library of Congress, tous les livres empruntés par la Maison-Blanche depuis deux ans. Dans le métier, on appelle ça du *legwork*, en français, du démarchage.

Un peu plus tard dans le film, au moment où l'enquête de Woodward et Bernstein piétine, un des cadres du *Washington Post* émet le doute suivant: «Écoutez, il y a deux mille journalistes à Washington et il n'y en a que cinq qui travaillent sur le Watergate. Il n'y a rien là!»

Qui avait raison? Les journalistes qui couvraient la conférence de presse de McGovern, avec des centaines et des centaines de leurs collègues? Ou les deux jeunes guerlots qui bûchaient comme des fous pour arracher la vérité à sa noirceur, accumulant les innombrables morceaux de l'invraisemblable casse-tête imaginé par l'homme le plus puissant du monde pour conserver le pouvoir?

Le film nous montre le *legwork*. Et la méfiance initiale de Woodward à l'égard de Bernstein, qui tient à l'amour qu'un journaliste porte à son scoop.

Non. Plus j'y pense, plus je trouve qu'il manque à ce film peu de choses. Et ce peu de choses, c'est peut-être la scène du ruban gommé. Le gardien de nuit du Watergate fait sa ronde. Il trouve une porte dont la clenche est bloquée par du ruban gommé. Il ne soupçonne rien et se dit que c'est un oubli d'un des préposés à l'entretien qui voulait éviter d'avoir à sortir ses clefs. Il l'enlève. Un des cambrioleurs repasse par là, s'aperçoit que son ruban gommé a été enlevé. Il le remet… Quand le gardien de nuit fait sa deuxième ronde et qu'il revoit le ruban gommé, il appelle la police de Washington… Et c'est comme ça que tout a commencé. La scène est escamotée dans le film. Et pourtant, elle est essentielle. Car elle montre que la vie des grands hommes tient à bien peu de choses. Ce soir-là, la vie de Richard Nixon tenait à un bout de ruban gommé.

Le film d'Alfred Hitchcock est consacré au hasard. Mais c'est aussi l'éloge de l'invention, de l'imagination et de la débrouillardise. Un comédien en chômage fait du taxi pour gagner sa vie et celle de sa blonde. Celle-ci arrondit leurs fins de mois en jouant les voyantes extra-lucides. Et elle le fait merveilleusement bien. La vraie comédienne, c'est elle. Il y a entre eux une sorte d'affection bruyante dans le genre de celle qui unit Buster Keaton à je ne sais plus qui dans *Le mécano de la générale*. Deux ennemis inséparables, comme tous les couples qui résistent au temps.

Parallèlement, il y a le maniaque collectionneur, qui kidnappe des personnages importants et exige des rançons en diamants rares. Son organisation est parfaite, et ses cachettes aussi. Il pourrait presque en remontrer à Jacques Rose.

Puis, un beau jour, les deux histoires s'emmêlent, comme si la voyante extra-lucide avait tellement d'intuition qu'elle ne pourrait pas la déchiffrer.

Quand l'histoire du kidnappeur-collectionneur rencontre l'histoire de la fausse voyante extra-lucide, le film devient du plus beau Hitchcock: pour raconter une histoire, le bonhomme n'a pas son pareil. Et remarquez bien, le film, c'est la victoire du canif de l'armée suisse contre les gadgets électroniques.

La morale des deux films est la même: deux petits débrouillards entêtés peuvent venir à bout de n'importe quelle organisation criminelle, gouvernementale ou privée. Tout ce qu'il faut, c'est un peu de chance ou, plus simplement, un bout de ruban gommé et un canif suisse.

Le Maclean, juillet 1976

L'heure du loup et Face to Face
d'Ingmar Bergman

Dix ans séparent *L'heure du loup* et *Face to Face*, deux films d'Ingmar Bergman, et le hasard de la distribution les fait sortir en même temps à Montréal.

Dans les deux cas, le mystère Bergman, la faculté qu'il a de jeter le spectateur dans l'effroi, son incroyable capacité d'envoûter par l'image et le montage sont omniprésents.

Dans *L'heure du loup* (1967), un peintre qui vit dans une île et perd peu à peu la raison est au centre du film. C'est un symbole de l'artiste en général qui se bat avec lui-même autant que contre les autres qui, au fond, veulent tous sa peau, tout simplement parce qu'il incarne la liberté. C'est aussi le mythe central de l'œuvre de Claude Gauvreau.

Le début du film est fulgurant. Car tout y est incompréhensible et le grand Max von Sydow, avec sa gueule de fer hermétiquement close, est impressionnant comme un menhir. Nous voilà en pleines ténèbres de l'âme et du cœur. Rien n'est plus attachant ni plus beau où que ce soit, et plus encore au cinéma, peut-être, dans l'obscurité magique de la salle.

Dans *Face to Face*, le personnage central n'est pas un homme, mais une femme qui, elle aussi, sombre lentement dans l'inconnu qui se tapit au fond d'elle comme au fond de chacun de nous. Ceux qui ont éprouvé ce délicieux vertige aimeront ces deux films.

Mais, dans les deux cas, ça se gâte un peu vers la fin. Et dans les deux cas, ça se gâte quand les sept démons qui piquent de leurs fourches les victimes prennent consistance.

Dès lors, le mystère tombe. Dans le cas du peintre, les démons ne sont plus que la bourgeoisie hargneuse et stupide, attachée aux conventions et qui réprouve des choses aussi simples que l'infidélité du peintre à sa femme. Il n'y a pas de quoi fouetter un chat, lâcher des démons aussi inquiétants et faire un film aussi beau.

Monsieur Bergman, tenez-vous-le pour dit! comme on écrivait dans *L'Action catholique* en s'adressant à Staline, dans les années quarante.

Dans *Face to Face*, c'est à cause de poupa et mouman que notre psychiatre devient folle; c'est à cause de la religion protestante qui brime la complète expression et l'exaltation de soi que la belle Liv Ullmann perd la boule. Ce recours à Freud, ce simplificateur terrifiant, pour expliquer l'immensité et la complexité de la folie, confine au débile. Monsieur Bergman, tenez-vous-le pour dit!

Mais quels beaux films, malgré tout! Beaux parce que la folie est montrée dans toute sa splendeur. M. Bergman serait peut-être tout simplement meilleur cinéaste que psychiatre. Car on peut devenir fou sans qu'il y ait quelque lien que ce soit avec un traumatisme de l'enfance, ou avec la méchanceté ou l'hostilité du milieu. Ramener la folie à ces petites dimensions, c'est croire qu'elle peut cesser d'exister.

L'Actualité, novembre 1976

Table

II D'un Québec anthropologique

Table

Écrits et parlés I, **volume 2**

III. Politique

Cet ouvrage composé en Times corps 11
a été achevé d'imprimer
sur les presses de l'Imprimerie Gagné
à Louiseville
en mars 1993 pour le compte des
Éditions de l'Hexagone.

Imprimé au Québec (Canada)